Redação
Científica

O GEN | Grupo Editorial Nacional – maior plataforma editorial brasileira no segmento científico, técnico e profissional – publica conteúdos nas áreas de ciências sociais aplicadas, exatas, humanas, jurídicas e da saúde, além de prover serviços direcionados à educação continuada e à preparação para concursos.

As editoras que integram o GEN, das mais respeitadas no mercado editorial, construíram catálogos inigualáveis, com obras decisivas para a formação acadêmica e o aperfeiçoamento de várias gerações de profissionais e estudantes, tendo se tornado sinônimo de qualidade e seriedade.

A missão do GEN e dos núcleos de conteúdo que o compõem é prover a melhor informação científica e distribuí-la de maneira flexível e conveniente, a preços justos, gerando benefícios e servindo a autores, docentes, livreiros, funcionários, colaboradores e acionistas.

Nosso comportamento ético incondicional e nossa responsabilidade social e ambiental são reforçados pela natureza educacional de nossa atividade e dão sustentabilidade ao crescimento contínuo e à rentabilidade do grupo.

João Bosco Medeiros

Redação Científica

Prática de fichamentos, resumos, resenhas

Estratégias de estudo e leitura
Dissertação de mestrado
Teses de doutorado
Trabalho de conclusão de curso – TCC
Redação de artigos científicos

13ª Edição

■ O autor deste livro e a editora empenharam seus melhores esforços para assegurar que as informações e os procedimentos apresentados no texto estejam em acordo com os padrões aceitos à época da publicação, *e todos os dados foram atualizados pelo autor até a data de fechamento do livro.* Entretanto, tendo em conta a evolução das ciências, as atualizações legislativas, as mudanças regulamentares governamentais e o constante fluxo de novas informações sobre os temas que constam do livro, recomendamos enfaticamente que os leitores consultem sempre outras fontes fidedignas, de modo a se certificarem de que as informações contidas no texto estão corretas e de que não houve alterações nas recomendações ou na legislação regulamentadora.

■ O autor e a editora se empenharam para citar adequadamente e dar o devido crédito a todos os detentores de direitos autorais de qualquer material utilizado neste livro, dispondo-se a possíveis acertos posteriores caso, inadvertida e involuntariamente, a identificação de algum deles tenha sido omitida.

■ **Atendimento ao cliente: (11) 5080-0751 | faleconosco@grupogen.com.br**

■ Direitos exclusivos para a língua portuguesa
Copyright © 2019, 2023 (3ª impressão) by
Editora Atlas Ltda.
Uma editora integrante do GEN | Grupo Editorial Nacional
Travessa do Ouvidor, 11
Rio de Janeiro – RJ – 20040-040
www.grupogen.com.br

Reservados todos os direitos. É proibida a duplicação ou reprodução deste volume, no todo ou em parte, em quaisquer formas ou por quaisquer meios (eletrônico, mecânico, gravação, fotocópia, distribuição pela Internet ou outros), sem permissão, por escrito, da Editora Atlas Ltda.

■ Designer de Capa: Saulo Schwartzmann
■ Editoração eletrônica: Set-up Time Artes Gráficas

■ **Ficha catalográfica**

■ **CIP – BRASIL. CATALOGAÇÃO NA FONTE.**
SINDICATO NACIONAL DOS EDITORES DE LIVROS, RJ.

AM439r
13.ed.

Medeiros, João Bosco
Redação científica: prática de fichamentos, resumos, resenhas / João Bosco Medeiros. – 13. ed. – [3ª Reimp.]. - São Paulo: Atlas, 2023.

Inclui bibliografia e índice
ISBN 978-85-97-01937-7

1. Redação técnica. 2. Pesquisa – Metodologia. I. Título.

18-53807
CDD: 001.43
CDU: 001.81

Leandra Felix da Cruz – Bibliotecária – CRB-7/6135

Para saber o que dizer, é preciso ter o que dizer em duplo sentido: de uma parte, deter fundamentação teórica bem tecida, variada, atualizada, argumentada; de outra, saber aonde se quer chegar, que problema se quer resolver, que tipo de desafio se pretende desvendar (DEMO, 2015, p. 55).

Ninguém é capaz de escrever bem, se não sabe bem o que vai escrever (CAMARA JR., 1978, p. 58).

A comunicação linguística é internamente clara, quando nela aparece limpidamente o pensamento. A linguagem pode então ser comparada a um copo cristalino através do qual se vê nitidamente o líquido que o enche. Torna-se um vidro de perfeita transparência, e, sem sentir-lhe a interposição, recebemos as ideias de outrem (CAMARA JR., 1978, p. 149).

Material Suplementar

Este livro conta com os seguintes materiais suplementares:

- Exercícios (acesso livre).
- Estratégias de leitura (acesso livre).
- Apresentação gráfica de dissertação de mestrado, tese de doutorado, TCC (acesso livre).

  - O acesso ao material suplementar é gratuito. Basta que o leitor se cadastre, faça seu *login* em nosso *site* (www.grupogen.com.br) e, após, clique em Ambiente de aprendizagem.

  - *O acesso ao material suplementar online fica disponível até seis meses após a edição do livro ser retirada do mercado.*

  - Caso haja alguma mudança no sistema ou dificuldade de acesso, entre em contato conosco (gendigital@grupogen.com.br).

Sumário

Introdução, 1

1 Estudo e aprendizagem, 5
    1 Estudo, 5
    2 Anotação, 11
        2.1 Anotação corrida, 14
        2.2 Anotação da estrutura do texto, 16
        2.3 Anotação resumida, 17
        2.4 Anotação comentada, 19
    3 Sublinha, 21
    4 Vocabulário, 24
    5 Seminário, 26
        5.1 Roteiro de seminário, 28

2 Pesquisa científica, 31
    1 Ciência, 31
    2 Pesquisa científica e sua classificação, 32
    3 Métodos de pesquisa, 35
        3.1 Métodos de abordagem, 37
            3.1.1 Método dedutivo, 37
            3.1.2 Método indutivo, 37
            3.1.3 Método hipotético-dedutivo, 38

VIII **Redação científica** • *Medeiros*

        3.1.4   Método dialético, 39

        3.1.5   Método fenomenológico, 42

    3.2   Métodos de procedimento, 43

        3.2.1   Método histórico, 43

        3.2.2   Método comparativo, 44

        3.2.3   Método experimental, 44

        3.2.4   Método estatístico, 44

        3.2.5   Método observacional, 44

        3.2.6   Método monográfico ou estudo de caso, 44

4   Enfoques de pesquisa, 45

    4.1   Positivismo, 46

    4.2   Fenomenologia, 48

    4.3   Materialismo histórico, 49

    4.4   Estruturalismo, 51

    4.5   Funcionalismo, 52

5   Técnicas de pesquisa, 52

6   Etapas da pesquisa, 53

3   Procedimentos de pesquisa, 57

1   Diversidade de classificação das pesquisas, 57

2   Pesquisas qualitativas, 58

    2.1   Pesquisa bibliográfica, 59

        2.1.1   Escolha do objeto de pesquisa, 60

        2.1.2   Levantamento bibliográfico, 61

        2.1.3   Formulação de um problema de pesquisa, 64

        2.1.4   Estabelecimento de um plano de pesquisa, 64

        2.1.5   Redação do texto da pesquisa, 65

    2.2   Pesquisa documental, 69

    2.3   Estudo de caso, 71

3   Pesquisas quantitativas, 72

    3.1   Ensaio clínico, 72

    3.2   Estudo de coorte, 73

    3.3   Estudo caso-controle, 73

    3.4   Levantamento, 73

4   Fontes de pesquisa, 75

1   Introdução, 75

2   Levantamento bibliográfico, 75

    2.1   Informações eletrônicas, 76

    2.2   Bibliotecas, 76

2.3   Acervo, 78

     2.3.1   Tipos de publicação, 83

     2.3.2   Tipos de informação, 83

     2.3.3   Divisão do acervo, 84

     2.3.4   Uso da biblioteca, 84

5   Prática de leitura, 89

1   A construção do sentido pela leitura, 89

2   Leitor e produção da leitura, 92

3   Condições de produção da leitura, 94

4   Análise de informação qualitativa, 97

5   Leitura interpretativa, 99

6   Leitura crítica, 99

7   Análise de texto, 100

8   Análise crítica do discurso, 101

6   Fichamento, 113

1   Regras do jogo, 113

2   Fichas de leitura, 116

     2.1   Fichamento de transcrição (citação direta), 119

     2.2   Fichamento de resumo, 125

     2.3   Fichamento de comentário, 129

3   Fichamento informatizado, 130

7   Redação de resumos, 133

1   Conceito de texto e discurso, 133

2   Contexto, 135

3   Relação intertextual, 136

4   Saber partilhado, 137

5   Gênero discursivo resumo, 138

6   Construção de resumo: regras, 141

7   Resumo acadêmico-científico: a NBR 6028:2003, 154

8   Apresentação do resumo acadêmico-científico, 158

8   Redação de resenhas, 161

1   Que é resenha?, 161

2   Leitura na produção de resenhas, 163

3   Características tipológicas da resenha: descrição, exposição, argumentação, 165

4   Características estruturais da resenha, 170

5   Padrão de organização retórica, 174

6   Comentários sobre os elementos estruturais da resenha, 177

X **Redação científica** • *Medeiros*

9 Gêneros acadêmico-científicos, 181

1 Gêneros do domínio acadêmico-científico, 181

2 Artigo científico, 183

3 Dissertação de mestrado, 189

4 Tese de doutorado, 191

5 Monografia: trabalho de conclusão de curso (TCC), 193

6 Comunicações científicas, 196

7 Informe científico, 197

8 Ensaio, 197

9 *Paper*, 197

10 Projeto de pesquisa, 198

11 Pesquisa-piloto, 198

12 Relatório técnico-centífico, 199

13 Relatório de pesquisa para exame de qualificação, 202

14 Resenhas, resumos, seminários, defesa de trabalhos acadêmicos, 202

10 Citação direta e indireta, 203

1 Dialogismo, 203

2 Conceito de paráfrase, 204

3 Tipos de paráfrase, 206

4 Apresentação de citação direta e indireta: NBR 10520:2002, 209

5 Sistemas de chamada, 211

   5.1 Sistema autor-data, 211

   5.2 Sistema numérico, 219

6 Notas, 222

11 Elaboração de referências bibliográficas, 223

1 Conceito, 223

2 Elementos essenciais e complementares, 224

3 Regras gerais de apresentação de livros, 228

4 Trabalhos acadêmicos: dissertação de mestrado, tese de doutorado, 231

5 Livro de série ou coleção, 232

7 Capítulo de livro sem autoria especial, 232

8 Capítulo de livro com autoria especial, 233

9 Anais, 233

10 Congressos e simpósios, 234

11 Entidades coletivas, 235

12 Citação de artigo de periódico (jornais e revistas), 236

13 Legislação, 239

14 Textos audiovisuais, 240

Sumário XI

15 Observações técnicas gerais, 241
16 Ordenação das referências, 251
    16.1   Sistema alfabético, 251
    16.2   Sistema numérico, 254

12 Estrutura e apresentação de trabalhos acadêmico-científicos, 257

1 Estrutura de dissertação de mestrado, tese de doutorado, TCC, 257
    1.1   Capa, 259
    1.2   Lombada, 261
    1.3   Folha de rosto, 262
    1.4   Verso da folha de rosto, 264
    1.5   Errata, 265
    1.6   Folha de aprovação, 265
    1.7   Dedicatória, 267
    1.8   Agradecimentos, 268
    1.9   Epígrafe, 269
    1.10   Resumo (*abstract*), 271
    1.11   Lista de abreviaturas, quadros, tabelas, 273
    1.12   Sumário, 274
    1.13   Introdução, 275
        1.13.1 Objeto, 276
        1.13.2 Objetivo, 277
        1.13.3 Problema de pesquisa, 278
        1.13.4 Justificativa, 279
        1.13.5 Hipóteses e variáveis, 280
        1.13.6 Métodos e *corpus* de pesquisa, 281
    1.14   Desenvolvimento, 285
    1.15   Conclusão, 285
    1.16   Referências, 285
    1.17   Glossário, 286
    1.18   Apêndice e anexo, 287
    1.19   Índice, 287
2 Títulos e seções, 288
3 Fontes: itálico, bold, sublinha, letras maiúsculas, 294
4 Numeração das folhas de um trabalho acadêmico, 295
5 Considerações finais sobre a apresentação de um trabalho acadêmico, 295

13 Redação: progressão textual e articuladores textuais, 297

1 Uso da variedade linguística de prestígio, 297
2 Plano da redação, 301

XII   **Redação científica** • *Medeiros*

3   Progressão textual, 302

4   Articuladores textuais, 311

    4.1   Articuladores de conteúdo proposicional, 311

    4.2   Articuladores enunciativos ou discursivo-argumentativos, 311

    4.3   Articuladores metaenunciativos, 312

14 Projeto de pesquisa, 313

1   Planejamento, 313

2   Realidade posta pela linguagem, 320

    2.1   Versões e revisões do texto, 321

    2.2   Características da linguagem, 324

3   Aspectos gráficos, 325

4   Erros em projetos, 325

5   Observação final, 326

Referências, 329

Índice remissivo, 345

Introdução

> O sentido está sempre no viés. Ou seja, para se compreender um discurso é importante se perguntar: o que ele não está querendo dizer ao dizer isto? Ou: o que ele não está falando, quando está falando disso? (ORLANDI, 1987, p. 275).

Esta nova edição de *Redação científica* foi completamente reformulada: acrescentamos alguns temas constantes dos manuais de metodologia científica, reestruturamos o texto, reorganizamos sua distribuição. Todavia, mantivemos o foco na leitura e produção de textos acadêmico-científicos, fichamentos, resumos, resenhas, projetos de pesquisa, redação de dissertação de mestrado, tese de doutorado, monografia (TCC).

Professores das mais diversas disciplinas salientam embaraços de seus alunos na elaboração de fichamentos, resumos, resenhas, monografias, enfim, todos gêneros acadêmicos de largo uso durante um curso universitário. Em relação à monografia, sobretudo para os que estão começando um curso superior, há muitas vezes total desconhecimento do gênero; jamais o praticaram, não conhecem seu propósito, sua estrutura, confundem o texto escrito da pesquisa com a defesa oral etc. Na redação da dissertação de mestrado e tese de doutorado, embora já contando com alguma experiência com textos acadêmicos, não são incomuns orientandos relatarem obstáculos, dificuldades, notadamente por desconhecimento de metodologia científica e ausência de prática desses gêneros, que exige letramento acadêmico.

Redação científica: prática de fichamentos, resumos, resenhas apresenta os mais variados instrumentos para a realização de trabalhos de pesquisa. Objetiva levar ao conhecimento

2 **Redação científica** • *Medeiros*

do pesquisador informações sobre leitura e técnicas de estudo, caminhos para a pesquisa e a redação de trabalhos acadêmicos.

O texto considera o tema básico da leitura como caminho para superar dificuldades quanto à realização de trabalhos escritos. Não se refere aqui à técnica de leitura dinâmica, mas à prática de leitura que privilegia a participação ativa na produção de sentidos. Mais que leitura, estimula-se o leitor à prática da releitura e da releitura pausada, exaustiva, com a checagem das informações, com o exame cuidadoso dos argumentos apesentados e criteriosa análise crítica.

Em relação à produção escrita, salientamos a necessidade de elaboração de várias versões do texto até se atingir um resultado satisfatório. A preocupação central é com a produção do sentido, para possibilitar o diálogo entre, num primeiro momento, autor do texto com o professor e arguidores (quando da defesa) e, posteriormente, com os leitores do texto de modo geral.

Os livros de metodologia científica, em geral, partem do pressuposto de que o estudante e o estudioso, ou pesquisador, já leem com espírito crítico e escrevem com desenvoltura. Quando tratam dos temas que são objeto deste livro, entendem que o ingresso no curso superior se dá em etapa posterior ao domínio das competências necessárias para ler e escrever textos técnicos e científicos.

Este livro se ocupa com os primeiros passos do pesquisador: Como converter uma leitura em fichamento? Como obter maior aproveitamento de uma leitura? Como resenhar uma obra? Como *parafrasear* um texto? Como fazer uma citação direta ou indireta? Como fazer um *resumo*? Como elaborar uma pesquisa bibliográfica? Qual a estrutura de um texto acadêmico-científico? Que é um ensaio, uma dissertação de mestrado, uma tese de doutorado, uma monografia (trabalho de conclusão de curso)?

Dividido em 14 capítulos, trata no Capítulo 1 da organização dos estudos, técnicas de anotações e estudo em grupo (seminários), passando imediatamente às considerações da pesquisa científica. Cuida então de métodos de abordagem e de procedimento, bem como dos chamados paradigmas de pesquisa, como positivismo, fenomenologia, materialismo histórico, estruturalismo, funcionalismo (Capítulo 2). O Capítulo 3 ocupa-se dos procedimentos de pesquisa; são objeto de seu foco as pesquisas qualitativas e as pesquisas quantitativas, como pesquisa bibliográfica, pesquisa documental, estudo de caso, ensaio clínico, estudo de coorte, estudo de caso-controle, levantamento. Fontes de pesquisa são objeto do Capítulo 4. Prática de leitura (Capítulo 5), por ser uma das maiores preocupações, notadamente, para quem se inicia na pesquisa científica, e por constituir-se em ferramenta necessária ao desenvolvimento dos trabalhos acadêmicos recebeu considerações sobre a análise crítica do discurso, um instrumento apropriado à produção crítica do sentido. Fichamento (Capítulo 6), resumos (Capítulo 7) e resenhas (Capítulo 8) são aqui vistos como elementos básicos para o desenvolvimento das atividades de pesquisa. No Capítulo 9, expomos os mais diversos tipos de gêneros acadêmico-científicos, como artigo científico, dissertação de mestrado, tese de doutorado, monografia (TCC), projeto de pesquisa, defesa oral das teses defendidas. Ao desenvolvimento desses gêneros dois conhecimentos são necessários: saber fazer citação direta e indireta (Capítulo 10) e elaborar referências bibliográficas, segundo normas técnicas (Capítulo 11). No Capítulo 12, tratamos da estrutura e apresentação dos trabalhos acadêmico-científicos, focalizando a ordem de aparecimento das mais variadas seções e os elementos constituidores da introdução e do desenvolvimento. Questões relativas à progressão textual são abordadas no Capítulo 13. No Capítulo 14, tratamos de projetos de pesquisa.

Todo o texto foi reelaborado, pensando em todos os que se interessam pelo letramento acadêmico e reconhecem nele a base para o desenvolvimento de trabalhos acadêmico-científicos.

Finalmente, nesta edição os exercícios estão disponíveis como Material Suplementar, que pode ser consultado no *site* do Grupo GEN. No *site*, o leitor encontra ainda dois textos: um sobre procedimentos de leitura e outro com informações sobre apresentação gráfica de trabalhos acadêmico-científicos.

1
Estudo e aprendizagem

> Lembremos a recomendação de Bacon ao leitor: "Leia, não para contradizer ou refutar, nem para acreditar ou aceitar como verdade indiscutível, nem para ter assunto para conversa e discurso, mas para pesar e considerar" (ADLER; DOREN, 1990, p. 117).

1   ESTUDO

Que se entende por estudo?

A resposta vai desde uma elaboração sucinta de algumas linhas até a realização de um ou mais volumes extensos. *Grosso modo*, estudar é realizar experiências submetidas à análise crítica e à reflexão com o objetivo de apreender informações que sejam úteis à resolução de problemas.

Segundo Aurélio Buarque de Holanda, em seu *Novo dicionário da língua portuguesa* (1986), estudo é aplicação zelosa do espírito para aprender; aplicar a inteligência para apreender; dedicar-se à compreensão de fatos, fenômenos, seres, ações.

Além da análise e do exame sistemático, o estudo inclui: organização de trabalhos, busca de informações, anotações, leitura, elaboração de resumos, memorização.

É muito comum hoje a afirmação de que a Internet interferiu nos hábitos de leitura. Antes se poderia ter uma leitura mais demorada, questionadora; hoje, a velocidade das informações e sua disponibilidade nos mais variados *sites* requisita leitura rápida que impossibilita a participação ativa na constituição do sentido. Prolifera então a leitura apressada em que o leitor se transforma em mero receptor passivo de informações. E como tudo está na Internet, infelizmente, a capacidade humana de guardar informações para resolver problemas futuros tem caído em desprestígio.

A grande quantidade de informações a que temos acesso diariamente pede de nossa parte seleção. Algumas delas podemos descartar imediatamente; outras nos serão úteis e nelas nos deteremos. Também é próprio do nosso tempo escrever muito: os jovens escrevem o dia inteiro. A todo momento respondem mensagens que lhes chegam por *e-mail* e *WhatsApp*. Valem-se rotineiramente de uma linguagem que se aproxima bastante da linguagem falada. Quando as trocas comunicativas se dão entre colegas, amigos e parentes, a variedade linguística que utilizam é adequada; quando, entretanto, precisam escrever para outro tipo de leitor, é necessário ajustar a linguagem, valendo-se de uma variedade menos coloquial.

Retomando o tema da **memorização**, Platão (2008, p. 102-103), em um de seus diálogos, nos apresenta Sócrates chamando a atenção de Fedro sobre os perigos da escrita:

> Pois bem: ouvi uma vez contar que, na região de Náucratis, no Egito, houve um velho deus deste país, deus a quem é consagrada a ave que chamam íbis, e a quem chamavam Thoth. Dizem que foi ele quem inventou os números e o cálculo, a geometria e a astronomia, bem como o jogo de damas e dos dados e, finalmente, fica sabendo, os caracteres gráficos (escrita). Nesse tempo, todo o Egito era governado por Tamuz, que residia no sul do país, numa grande cidade que os gregos designam por Tebas do Egito, onde aquele deus era conhecido pelo nome de Ámon. Thoth encontrou-se com o monarca, a quem mostrou as suas artes, dizendo que era necessário dá-las a conhecer a todos os egípcios. Mas o monarca quis saber a utilidade de cada uma das artes e, enquanto o inventor as explicava, o monarca elogiava ou censurava, consoante as artes lhe pareciam boas ou más. Foram muitas, diz a lenda, as considerações que sobre cada arte Thamuz fez a Thoth, quer condenando, quer elogiando, e seria prolixo enumerar todas aquelas considerações. Mas, quando chegou a vez da invenção da escrita, exclamou Thoth: "Eis, oh Rei, uma arte que tornará os egípcios mais sábios e os ajudará a fortalecer a memória." – "Oh, Thoth, mestre incomparável, uma coisa é inventar uma arte, outra julgar os benefícios ou prejuízos que dela advirão par aos outros! Tu, neste momento e como inventor da escrita, esperas dela, e com entusiasmo, todo o contrário do que ela pode vir a fazer! Ela tornará os homens mais esquecidos, pois que, sabendo escrever, deixarão de exercitar a memória, confiando apenas nas escrituras, e só se lembrarão de um assunto por força de motivos exteriores, por meio de sinais, e não dos assuntos em si mesmos. Por isso, não inventaste um remédio para a memória, mas sim para a rememoração. Quanto à transmissão do ensino, tramites aos teus alunos não a sabedoria, pois passarão a receber uma grande soma de informações sem a respectiva educação! Hão de parecer homens de saber, embora não passem de ignorantes em muitas matérias e tornar-se-ão, por consequência, sábios imaginários, em vez de sábios verdadeiros!"

O desinteresse por memorizar advém de múltiplos fatores, entre os quais se destaca a não utilidade de determinadas informações. Se não temos por que reter na memória uma informação, nenhum esforço fazemos para memorizá-la. Os mais diversos meios de que dispomos para armazenar conhecimentos também é outro fator que nos leva a pensar que é desimportante arquivar fatos e informações na memória. E há os que acreditam ser possível aprender sem reter informações relevantes e que saber é saber localizar informações. Evidentemente, não se trata de decorar discursos parnasianos ou textos sem nenhuma importância; não se trata de decorar maçantes e intermináveis textos verborrágicos destituídos de qualquer interesse, mas de guardar o que será necessário para resolver problemas humanos. Pessoas desacostumadas a reter informações por mínimas que sejam acabam reduzindo sua capacidade memorativa e dificultando a aprendizagem. Alguns exercícios para a ampliação da memória, como guardar nome de pessoas com as quais se relaciona, fixar nome de ruas das proximidades do local onde se reside, reter título de livros e suas respectivas editoras, e assim por diante, constituem um caminho até se adquirir segurança para memorizar informações maiores.

Para Teles (2016, p. 31), experiente neurologista, há um equívoco no conceito de memória: ela "não é uma função, mas um processo, cujas funções são dispostas em série e em paralelo, como em um circuito elétrico complicado. Uma vivência percebida pelo cérebro passa por uma maratona antes de ser fixada e alocada na sua gaveta cerebral". E continua, à gente, dizendo que gosta de

> imaginar a memória como uma corrida de obstáculos, em que sucessivas dificuldades pontuais acabam determinando o resultado final. E, da mesma forma que um atleta de alta *performance*, devemos buscar os pequenos ajustes necessários para concluir a prova da melhor maneira possível.

O ponto de partida seria a vivência: "sem vivências, não se formam memórias". E é a partir daí que começam a surgir obstáculos, que prejudicam a memorização, que levam ao esquecimento. Para o neurologista, o primeiro obstáculo é a atenção. São muitas as informações a que estamos expostos no cotidiano. Daí que "a aspirante a memória precisa vencer a concorrência inicial e receber destaque nesse primeiro momento" (p. 32), ou seja, entre as muitas informações com as quais deparamos, precisamos eleger as que nos interessam, dar ênfase àquelas que queremos guardar. Se não dermos a atenção devida aos acontecimentos, fatos, conhecimentos, não os reteremos. Esse o princípio básico. Suponhamos: acabamos de conhecer uma pessoa, que nos diz seu nome. Não prestamos atenção no que ela diz e, pouco depois, quando vamos nos dirigir a ela pelo nome: qual é mesmo seu nome? Nossa desatenção contribui, portanto, para que não memorizemos e, então, acusamos a memória: Ah! Minha memória não é boa!" Evidentemente, nem tudo a que damos atenção será motivo para memorizar. Nosso cérebro vai atribuir relevância a algumas informações e não a outras; àqueles que atribuir importância, reterá; as outras vai descartar.

Nossas lembranças, segundo o neurologista citado, constituem "uma versão da vivência e é ancorada de forma a poder ser evocada em um *segundo momento*" (p. 32). Entende, ainda, que o processo de fixação é uma fase crítica: nada que não é fixado pode vir a ser evocado. E essa fixação depende da qualidade de como se deu o acontecimento, o fato, a informação: algo mal fixado comprometerá a lembrança. Às vezes, depois de fixada uma informação, descuidamos dela, não temos consciência de que, se não for "regada", a lembrança não prosperará. Se ocorrida uma vivência, nos detivermos alguns minutos depois a avisar o cérebro que ela tem importância e que é preciso retê-la; se, passadas algumas horas, não retomarmos a vivência; se passados alguns dias, não fizermos nenhum esforço para revivê--la, quando precisarmos da informação, da lembrança, é possível depararmos um "branco". Afirma o neurologista:

> Vivências não viram memórias de longo prazo (com duração de horas ou muitos anos) em um passe de mágica. Elas são transformadas por um processo complexo de aprofundamento que é feito nas primeiras horas e dias após a exposição. Trata-se de um processo natural de fortalecimento e de combate ao esquecimento (TELES, 2016, p. 33).

Pouco adiante, volta a insistir:

> O decaimento da memória ocorre automaticamente, sendo crítico nas primeiras horas e nos primeiros dias após o contato com o estímulo. Uma recordação precoce e iterativa pode garanti que um estímulo sobreviva e seja sedimentado na memória de longo prazo (p. 43).

Traça então o caminho da percorrido por uma vivência que pode vir a se tornar lembrança:

Vivência → Atenção → Relevância → Consolidação → Organização da informação

Teles entende que o decaimento é "uma força de enfraquecimento mediada pelo tempo". Nossas vivências vão, paulatinamente, perdendo o vigor dos primeiros momentos; perdemos detalhes, nuanças, simplificamos os acontecimentos. Diz ele:

> Ao término de um dia, nossas experiências recentes já estão bastante editadas; após uma semana, retemos apenas pontos-chave; em um mês, pode sobrar muito pouco de uma experiência (p. 34).

A fase mais crítica desse processo se dá nos primeiros momentos que segue a vivência. Se interferimos para ampliar a capacidade de fixação da informação, podemos evitar o decaimento. Se associo um acontecimento a outros, ajudo a memória a fixa-lo. Usando a metáfora do neurologista, precisamos dar um golpe fatal no esquecimento, retomando vivências que queremos que fuja de nossa memória. Daí postular que "a recordação e interação precoce com a informação parece fortalecer muito sua consolidação, resistindo ao natural decaimento" (p. 35). A exemplo que apresenta então é relevante para os fins deste capítulo que trata do estudo e da aprendizagem: um aluno assiste uma aula, realiza adequadamente as atividades dentro da escola. Conta, porém, com fatores que constituem obstáculo à aprendizagem: passividade (aula expositiva em que ao aluno cabe apenas ouvir), conteúdo nem sempre de seu interesse. Como estarão as informações que ouviu durante as aulas quando delas precisar no momento de uma prova, um exame, um vestibular? Nos primeiros dias, logo após a aula, pode ser que ainda retenha algumas delas, mas elas vão pouco a pouco fugindo da memória, porque "não teve uma vivência intensa e de alta relevância" (p. 36). Precisamos favorecer a fixação, ajudando o cérebro a reter o que precisamos guardar: "Devemos caprichar ao máximo durante a exposição ao estímulo importante e na fase de decaimento da memória (primeiras horas e primeiros dias), sinalizando ao cérebro que aquilo merece destaque e assim ajudando-o na organização" (p. 37) Se depois da aula, ele imediatamente retomou o que o professor disse; se passada uma semana, fez novamente esforço para recordar o que se deu durante a aula; se nas proximidades da prova, outra vez, indicar para seu cérebro que a fixação é importante, provavelmente a aprendizagem vai se concretizar; as informações necessárias estão memorizadas. Uma interação precoce, acompanhada de outros estímulos, como exemplo, leitura de textos que tratam do assunto estudado, anotação, recordação de um fato que ocorreu durante a aula, tudo isso aciona o cérebro, mantém vivas as informações recolhidas. Estudo apenas de véspera, em geral, produz efeitos desastrosos, sobretudo porque feito sob tensão, dificuldade de selecionar o que é mais relevante, distância do primeiro contato com o que é objeto da aprendizagem etc. Talvez, possa até levar o estudante a alcançar algum resultado em uma prova ou exame, mas será insuficiente para a aprendizagem a longo prazo.

Teles (2016, p. 37-38) afirma ainda que nosso cérebro aprecia "estímulos intensos, repetidos, relevantes (condizentes com seus interesses), emocionalmente interessantes e que destoam do contexto em que foram apresentados (ou seja, que são esquisitos)".

Agora, retomemos o tema do estudo. Ele é fruto da experiência direta ou indireta. É direta a experiência da qual o indivíduo participa. Indireta, se o exame é feito pela observação de filmes, mapas, leitura de relatórios, fotografias, participação em conferências, congressos, colóquios, conversas.

É relevante no estudo a atitude de análise, reflexão, avaliação e aplicação dos conteúdos aprendidos.

O rendimento nos estudos parece estar ligado a certa organização, assiduidade, adequação do ambiente, utilização de técnicas de leitura, mas sobretudo aprendizagem da leitura refletida, crítica.

Antes de tudo, é preciso ter *motivação* para o estudo. Indivíduos desmotivados para aprender, por exemplo, uma língua qualquer dificilmente chegarão a falar e a escrever nessa língua. E a motivação relaciona-se com interesses internos ao indivíduo, independendo de estímulos externos. Se ela existe, a influência externa positiva pode favorecê-la; no entanto, a um indivíduo motivado dificilmente influências externas, ainda que negativas, o demoverão de buscar atingir seu objetivo. Portanto, cabe ao estudante motivar-se interiormente antes de pôr-se a estudar qualquer assunto. Não se, confundem, pois, motivação (que é interna) com estímulo (que é externo). Uma pessoa movida apenas por estímulo pode vir a desistir de uma ação assim que o estímulo cessar.

Em segundo lugar, a *organização* do estudo é fundamental. Estabelecer um cronograma de estudos, reservando determinadas horas do dia para o estudo e a revisão de uma matéria, é passo relevante para a prática do estudo eficaz. E, ao realizar um cronograma de estudos, evidentemente não se reservam as piores horas do dia para tal. Quem empurra o estudo para o fim do dia, quando se está muito cansado, ou adia indefinidamente a hora de se colocar à mesa para dar início ao estudo talvez não esteja suficientemente motivado para estudar e, consequentemente, o grau de aproveitamento será quase nulo. Além disso, há pessoas que se dizem sem tempo para estudar.

É possível encontrar tempo, se somos organizados, se estabelecemos horário para iniciar e concluir determinadas tarefas. É possível encontrar tempo, economizando-o nas situações mais diversas do dia. Podem-se abreviar determinadas ações, determinadas conversas, selecionando melhor a leitura de jornais, revistas e livros. Suponhamos o seguinte cronograma de estudos:

DOMINGO	SEGUNDA-FEIRA	TERÇA-FEIRA	QUARTA-FEIRA	QUINTA-FEIRA	SEXTA-FEIRA	SÁBADO
Das ... às ... horas: *Estudo de Língua Portuguesa*	Das ... às ... horas: *Estudo de Psicologia*	Das ... às ... horas: *Estudo de Sociologia*	Das ... às ... horas:	Das ... às ... horas:	Das ... às ... horas:	Das ... às ... horas: ....

Isto não é suficiente se o estudante não dispuser de material de consulta e pesquisa: dicionários, enciclopédias, livros especializados, livros-textos. Textos da Internet também constituem objeto de consulta; todavia, exigem preocupação com a qualidade da informação. São muitos, por exemplo, os artigos científicos que são veiculados nos mais variados *sites*. É ideal uma seleção rigorosa de tais textos. Além disso, um ambiente favorável ao estudo é sempre arejado, de temperatura amena, confortável.

Os tempos modernos contam com um estímulo negativo que dificulta o estudo e a aprendizagem: o celular ligado, as constantes distrações para responder a mensagens etc.

Se o estudioso se habitua a examinar rapidamente seu material de leitura, é provável que eliminará muito desperdício com leituras injustificáveis. Esse exame compreende a análise do título e subtítulo de uma obra: o assunto interessa à pesquisa que está sendo realizada? O título é excessivamente amplo? Há adjetivos restringindo a abordagem do texto? Outras informações também podem ser objeto de rápida verificação, como tabelas, quadros, sumários, prefácio, introdução, orelhas, quarta-capa. Quem é o autor? Há atualidade e interesse nas informações que difunde?

O passo seguinte é relacionar o tema a ser estudado com outros. O livro que tem em mão oferece algum subsídio temático? Contribui para os objetivos traçados para seus estudos ou pesquisa? Se o leitor já realizou um plano de ideias do texto que vai desenvolver, então poderá verificar a que tópico de seu plano o livro oferece alguma contribuição.

O rendimento da leitura pode ser ampliado se o estudioso tem um objetivo definido, bem como se estabeleceu um tempo para o estudo que tem em vista.

O estudo depende ainda de técnicas de anotação, de esquematização de um texto, da transformação do texto em um roteiro, da realização de resumos, do fichamento das ideias relevantes.

Os manuais que tratam do estudo, como o de Magdalena del Valle Gomide (1988, p. 36), recomendam que o estudioso busque informações não só em enciclopédias, dicionários e livros especializados, mas também em revistas, jornais, aulas, seminários, arquivos, catálogos, bibliografias. Hoje, pode valer-se de inúmeros periódicos eletrônicos.

2 ANOTAÇÃO

Define-se anotação como processo de seleção de informações para posterior utilização. Varia o estilo de anotação, conforme as características da pessoa: se nela prevalece a parte direita do cérebro, ela dará preferência a imagens e ao espaço, às sínteses, à percepção global. Diz-se que o cérebro direito é analógico, dominado pela intuição criadora, pela imaginação e emoção. É visual e sensível às semelhanças. As anotações de uma pessoa cujo hemisfério direito de seu cérebro prevalece em seu dia a dia serão preferencialmente em forma de gráfico, desenho, esquema, esboços, mapas, quadro sinóptico, tabelas, quadros, ou seja, se funciona prevalentemente seu lado direito, a pessoa fará representações visuais das informações para memorizar e compreender. O hemisfério esquerdo do cérebro, por sua vez, é o que comanda a linguagem, a fala. Estamos aqui no domínio da análise, da lógica, do raciocínio, do tratamento linear, do tempo: para a compreensão das informações, a pessoa se dedica ao exame dos pormenores, de sua sequência. Nesse caso, a preferência nas anotações é por palavras, resumos.

Os dois hemisférios representam maneiras diferentes de apreender o mundo. Todavia, se o cérebro funciona predominantemente com base em um modo, isso não significa que a pessoa não posa fazer funcionar o outro. Chevalier (2005, p. 19) afirma:

> Temos à nossa disposição duas formas diferentes e complementares de tratar a informação: um tratamento linear analítico, que administra as palavras; um tratamento global, espacial, que administra as imagens.
>
> Em toda ação bem-sucedida, os dois cérebros precisam colaborar. Ambos são indispensáveis para pensar eficazmente. É sua complementaridade que permite ao homem utilizar todas as suas faculdades e adaptar-se.

As notas recolhidas constituirão embasamento para a redação de qualquer trabalho acadêmico: dissertação de mestrado, tese de doutorado, monografias (TCC). Alguns cuidados elementares: se excessivamente sintéticas, podem dificultar seu aproveitamento; são acompanhadas dos elementos identificadores da fonte (nome do autor, título da obra, local, editora, ano, página). As anotações podem ser de palestras, aulas, consultas bibliográficas.

Para as anotações recolhidas de textos escritos, Chevalier (2005, p. 109 s) recomenda um itinerário de oito etapas para a leitura aprofundada:

- Leitura de sobrevoo, para obtenção de uma visão geral de um capítulo, de um artigo científico, de um livro; observam-se: título das seções, ilustrações, palavras destacadas (*itálico*, **bold**).

- Enunciação de expectativa por meio de questionamento: esse comportamento contribui para a criação de uma atmosfera mental ativa e para atiçar a curiosidade. Que expectativas em relação ao texto você tem? O que você deseja saber? Que informações o texto lhe poderá fornecer?
- Leitura total do texto, sem interrupção.
- Recuperação das grandes partes do texto. O que permaneceu em sua memória ao final da leitura?
- Reconhecimento de palavras-chave. É possível identificar nos parágrafos de um texto palavras que são fundamentais para sua compreensão. Nesse caso, utiliza-se a sublinha para cada uma delas. Se a sublinha não for feita logo na primeira leitura, é possível verificar na segunda e terceira leitura sentidos que são mais básicos à compreensão do texto. Sublinhas feitas logo na primeira leitura tendem a ser mais caudalosas; em vez de destacar palavras-chave, corremos o risco de sublinhar todo um parágrafo, às vezes toda uma página.
- Verificação dos conectores de articulação argumentativa: *mas, porque, portanto...*
- Evocação do conteúdo do texto: se em você prevalece o hemisfério esquerdo, a reformulação do texto com suas próprias palavras é ideal; se prevalece o hemisfério direito, desfilar as imagens que o texto produziu no cérebro é mais recomendado. A evocação, de uma forma ou de outra, é fundamental; é ela que permite apropriar-se do sentido do texto.
- Verificação, comparação, retificação. O texto correspondeu ao que esperava, ao seu questionamento inicial? O que ainda ficou obscuro? Se há ponto obscuros, podem-se consultar outros livros.

Numa exposição oral, o ouvinte se preocupará com palavras-chave e com expressões que dividem o discurso. Exemplo: *"Determinado fato pode ser analisado segundo três pontos fundamentais: primeiro..., segundo..., terceiro..."* O ouvinte atento ocupa-se de anotar os três pontos fundamentais segundo o orador. A atenção se concentrará também nos gestos do falante e, se possível, a anotação fará referência a eles: *"nesse momento, o expositor ergueu o braço e indicou..."; "nesse momento, o expositor sorriu"*. Ao ouvinte cabe participar ativamente na constituição do sentido do texto exposto. Registrem-se também dúvidas e respostas surgidas durante o evento: conferência, aula, palestra.

As anotações de textos escritos, como livros e artigos de periódicos, quando feitas depois da segunda ou terceira leitura completa do texto e após sublinha das ideias principais, podem levar a melhores resultados.

Apontamentos rigorosos, claros, completos evitam a perda de tempo futuro na busca de livros em bibliotecas, ou emprestados de terceiros, mesmo quando estejam próximos. Apontamentos rigorosos compreendem: citações diretas e indiretas (sempre retomando o texto depois de feita a anotação, para verificar se não faltou nada, se não foi omitida alguma palavra) e rigor na transcrição dos elementos da fonte: nome do autor, observando acento, grafia, letras dobradas, títulos e subtítulo da obra, tradutor, edição, local, editora, ano, página.

Se a consulta for a um texto da Internet, são fundamentais: o endereço eletrônico e a data da consulta.

As notas podem ser de três tipos: corridas, esquemáticas ou em forma de resumo. As primeiras registram palavras-chave que serão transformadas em texto futuramente. As esquemáticas ordenam hierarquicamente as partes principais do conteúdo de uma comunicação. O resumo sintetiza informações colhidas em livros, ou exposições orais.

Para Chevalier (2005, p. 127), as anotações podem ser:

- Estruturadas: tem a forma de um sumário; ela hierarquiza as ideias. Nesse caso, transforma-se o conteúdo de um parágrafo em um título de uma seção:
1 Título
   1.1 Ideia complementar
   1.2 Ideia complementar
2 Título
   2.1 Ideia complementar
   2.2 Ideia complemenar

- Anotações em árvore, ou esquemáticas. Nesse caso, temos (os títulos 1 e 2 compreendem a ideia primária, principal):

Título 1 { Ideia secundária
        Ideia secundária

Título 2 { Ideia secundária
        Ideia secundária
        Ideia secundária

Ou:

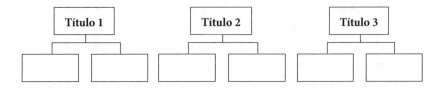

- Resumo: como já dissemos, pessoas comandadas pelo hemisfério esquerdo de seu cérebro sentem-se mais à vontade para a realização de resumos. No resumo, observa-se a ordem de apresentação do conteúdo do texto, salientando sentidos principais e secundários.
- Palavras-chave: nesse caso, vale-se de um quadro em que se anotam as palavras-chave dos parágrafos:

	PALAVRA-CHAVE 1	PALAVRA-CHAVE 2	PALAVRA-CHAVE 3
Parágrafo 1			
Parágrafo 2			
Parágrafo 3			

Esquema heurístico: com base em uma palavra identificadora do tema do texto, desenham-se ramificações. Temos algo como:

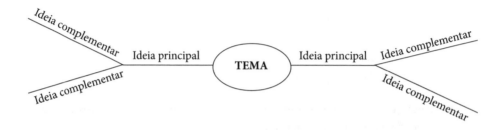

Para Chevalier (2005, p. 145), a memória é exigente: "ela precisa de várias revisões". Já a partir do dia seguinte, são esquecidas 80% das informações recebidas no dia anterior. Daí a necessidade de rememorações frequentes; algumas horas depois de recebida uma informação, se desejamos retê-la, é preciso reavivá-la. Mais algumas rememorações serão necessárias, como a do dia seguinte, uma semana depois etc., para que nossa memória registre a informação de forma duradoura.

As informações hoje são armazenadas em arquivos eletrônicos. Um cuidado elementar diz respeito à abertura de uma pasta, que receberá todos os arquivos necessários ao desenvolvimento da pesquisa e redação do texto final. Até pouco tempo atrás, quando não havia a difusão de *notebooks* as informações eram registradas em fichas de papel, que possibilitavam a organização e o manejo dos dados com eficiência. Utilizava-se uma ficha para cada anotação; se a anotação ocupasse mais de uma ficha, elas eram numeradas; dava-se título a cada ficha e registrava-se a fonte consultada.

Nas subseções seguintes, expomos procedimentos comuns nas anotações.

2.1 Anotação corrida

Anotação corrida é a que se faz respeitando a ordem do conteúdo do texto original. Ela compreende:

- Leitura total do texto, sem interrupção.

Cap. 1 • Estudo e aprendizagem   15

- Releitura do texto, consultando no dicionário palavras cujo sentido se desconhece e anotação, à margem do texto estudado, do significado que se ajusta ao contexto.
- Busca, em *sites* eletrônicos, livros ou enciclopédias impressos, de outras informações relevantes para a compreensão do texto, como históricas, geográficas, gerais.
- Destaque de trechos e palavras-chave somente após ter compreendido o texto.
- Consulta aos textos citados mais relevantes: artigos científicos e livros.
- Redação da anotação corrida, submetendo-a a uma avaliação própria e correção do rascunho das anotações.

Vejamos um exemplo:

> Indo mais longe que <u>Platão</u>, <u>Plotino</u> entende que a imitação dos objetos visíveis é um pretexto para <u>a</u> <u>atividade artística</u>, que <u>tem por fim intuir</u> as <u>essências</u> ou <u>ideias</u>. Mais do que atividade produtiva, a <u>Arte</u> é também <u>um meio de conhecimento da Verdade</u>.
>
> <u>As obras de arte são transitivas</u>. Feitas de matéria, é <u>imaterial</u> o que representam; exteriores e sensíveis, <u>possuem significado interior e inteligível</u>. O que importa a <u>Plotino</u> é a <u>Arte</u> como <u>obra do espírito</u>. <u>Os produtos artísticos são signos de uma outra arte, imaterial</u>. Acima da música audível, ondulam harmonias inteligíveis, que o artista deve aprender a ouvir. E, assim, <u>a verdadeira Arte</u>, que <u>não se esgota em nenhuma de suas realizações exteriores</u>, identifica-se com o princípio espiritual que a todos vivifica e supera. <u>Cada obra é apenas um veio provisório aberto no perene manancial da inteligência e da beleza universais</u>, em que a mente do artista se banha, e onde vai encontrar a musicalidade pura, que precede e alimenta a criação musical sensível.
>
> O <u>acesso</u> à <u>Beleza</u> proporcionado <u>pela Arte</u>, entendida como atividade espiritual, não é diferente do <u>conhecimento intuitivo do ser</u> e da <u>contemplação</u> da <u>realidade absoluta</u> (NUNES, 1989, p. 31).

Antes de fazer a anotação do texto de Benedito Nunes, vamos procurar no dicionário o significado de algumas palavras, como, por exemplo:

- pretexto
- intuir
- transitivo
- inteligível
- signo
- vivificar
- veio
- perene
- manancial
- contemplação

Essa lista pode variar conforme o conhecimento que o leitor tenha do vocabulário da língua. Às vezes, conhecemos a palavra, mas não o sentido exato que ela tem no texto.

Feito o estudo do vocabulário, vamos localizar num *site* ou numa enciclopédia o verbete que trata de Platão e de Plotino. Se dispusermos de um livro de História da Filosofia, podemos enriquecer a consulta, observando que ambos têm concepções diferentes sobre a

16 **Redação científica** • *Medeiros*

arte: enquanto para Platão a arte é imitação da realidade (que é uma sombra do Mundo das Ideias), para Plotino ela é obra do espírito e um caminho para se chegar ao Absoluto.

Agora, com base em algumas palavras que foram sublinhadas, podemos passar à etapa da redação da anotação corrida:

> Para Plotino, a atividade artística objetiva intuir essências ou ideias. A arte é um meio de conhecimento da verdade. É imaterial; obra do espírito. As obras de arte são transitivas e possuem significado interior. A arte é obra do espírito e a Arte verdadeira não se esgota nas realizações exteriores. Permite o acesso à beleza e à realidade absoluta.
>
> NUNES, Benedito. *Introdução à filosofia da arte*. 4. ed. São Paulo: Ática, 1999. p. 31.

Como podemos verificar, na anotação privilegiamos o que Plotino entende por arte, mas não esclarecemos o que postulava Platão sobre a arte. Daí, para efeito de estudo, a necessidade de consultar algum texto para verificar a diferença de concepção de arte desses dois filósofos. Ao final da anotação, indicamos a referência bibliográfica, que é sempre necessária.

2.2 Anotação da estrutura do texto

Realizadas as anotações corridas, pode-se, em uma segunda etapa dos estudos, fazer anotação da distribuição hierárquica do conteúdo do texto. Quando se ignora a etapa anterior, corre-se o risco de perder alguma informação relevante. Frequentemente, temos de retomar o texto, fazer mais uma leitura, fixar um conceito, perceber uma diferença, atentar para a exemplificação.

Organizar hierarquicamente um texto é transformá-lo em uma espécie de sumário, mostrando como ele se estrutura e organiza a produção dos sentidos. Considerando o texto de Benedito Nunes, podemos anotar:

> 1 Objetivo da arte: intuir essências ou ideias.
>
> 2 A arte é meio de conhecimento da Verdade.
>
> 3 Transitividade da obra de arte
>   3.1 Possui significado interior e inteligível
>   3.2 Imaterialidade do objeto artístico
>   3.3 Arte como objeto do espírito

> 4 Os produtos artísticos são signos de uma arte imaterial
>   4.1 Inesgotabilidade do objeto artístico
>   4.2 Obra de arte como veio provisório aberto no perene manancial da inteligência e beleza universais
>
> 5 Atividade espiritual da arte
>   5.1 Acesso à Beleza
>   5.2 Conhecimento intuitivo
>   5.3 Contemplação da realidade absoluta
>
> NUNES, Benedito. *Introdução à filosofia da arte*. 4. ed. São Paulo: Ática, 1999. p. 31.

Podemos também organizar o conteúdo desse mesmo texto por meio de chaves ou diagramas:

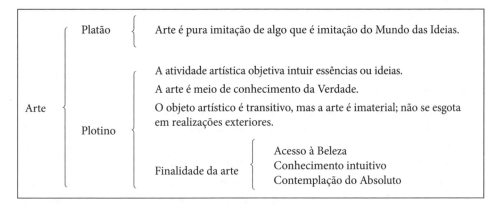

NUNES, Benedito. *Introdução à filosofia da arte*. 4. ed. São Paulo: Ática, 1999. p. 31.

2.3 Anotação resumida

O resumo contempla de forma sintética o conteúdo de um texto. Constitui uma paráfrase do texto original. É feito após as duas etapas anteriores: a da anotação corrida e a da esquematização (hierarquização) do conteúdo lido. Não é produto de notas esparsas nem simples relação de tópicos. Melhores resultados proporciona quando não se reduz a uma colcha de retalhos, a um amontoado de fragmentos ou expressões. É hora de fazer um esforço para produzir um texto compacto coeso e coerente. Em geral, resumos requerem mais de uma leitura, retorno ao original várias vezes, para que nenhum sentido relevante se perca. Atenta--se sobretudo para o objeto do texto (tema), objetivo, ponto de vista que o autor defende,

18 **Redação científica** • *Medeiros*

diferenças que estabelece, comparações, estrutura do texto. Selecionam-se partes relevantes, apagam-se informações não essenciais, No caso do fragmento de Benedito Nunes, temos:

- ■ O tema (objeto, assunto) é a arte.
- ■ O objetivo é mostrar a concepção de arte de Plotino.
- ■ O texto está estruturado pelo contraste entre as ideias de Platão e as de Plotino.

Com estas informações iniciais, podemos redigir o resumo, com nossas próprias palavras:

> Diferença entre a concepção artística de Platão e a de Plotino. A atividade artística para Plotino visa intuir as essências ou ideias e, assim, se torna um meio de conhecimento da Verdade. A obra de arte tem um significado que vai além da aparência. Ao artista cabe apreender o artístico que está acima da realidade sensível. O objeto artístico é transitório, e por intermédio dele o artista entra em contato com realidades suprassensíveis, essenciais. A arte é atividade espiritual que proporciona acesso à Beleza e à realidade absoluta.
>
> NUNES, Benedito. *Introdução à filosofia da arte.* 4. ed. São Paulo: Ática, 1999. p. 31.

Resumir um texto é parafraseá-lo. É uma atividade essencial para o estudo e para o desenvolvimento de trabalhos acadêmicos.

Se o resumo foi precedido de anotações corridas e esquematização do conteúdo (organização hierárquica dos sentidos apresentados), a redação de um resumo fica facilitada. Proceder de forma contrária é correr o risco de um enorme bloqueio, de dificuldades para elaborar as frases, de ignorar partes relevantes do texto original.

Na elaboração de resumos, uma grande armadilha é trocar palavras por outras que consideramos equivalentes ("sinônimos). Qualquer precipitação pode comprometer o entendimento do texto original; fazer o texto dizer o que não disse. A propósito, podemos verificar esse tipo de engano em entrevistadores que trocam descuidadamente palavras de seus entrevistados (jogadores de futebol, dirigentes de clubes, políticos, governantes, médicos, técnicos em determinadas áreas, sociólogos, psicólogos, linguistas etc.). Objetivando esclarecer o que o outro acabou de dizer (ou posteriormente), produzem textos que o outro não disse, às vezes por uma simples substituição de um verbo ou um substantivo. O ideal é não fugir do vocabulário utilizado. Se o sujeito disse, por exemplo, que "o céu está carregado; deve chover a qualquer momento", o verbo *dever* tem sentido aí de probabilidade. Afirmar que fulano disse que ia chover não corresponde ao que fulano disse. No contexto, o verbo *dever* tem sentido de probabilidade; não tem sentido deôntico. Outros exemplos: "O economista ressaltou apenas os pontos positivos das alterações introduzidas na CLT" é diferente de "O economista só vê pontos positivos nas alterações introduzidas na CLT"; "o médico me recomendou cuidado com a ingestão de carboidratos" também não é o mesmo que "o médico me proibiu comer pão, macarrão, *pizza*, enfim, todo tipo de carboidratos". Se alguma troca for necessária, todo cuidado é pouco. Antes de tudo, preocupemo-nos em compreender o que o autor quis dizer e como fez para chegar aos resultados expostos. Resumos exigem reflexão, percepção apurada para distinguir diferenças e semelhanças, atenção aos pormenores e ilustrações (exemplificações), rigor com relação ao vocabulário.

Além da troca indevida de uma palavra por outra que não se ajusta ao que consta do texto original, outros obstáculos a um leitor desatento dizem respeito a ironia, eufemismos, sentido de humor, lítotes, pressupostos, subentendidos. Na **ironia**, afirmamos no enunciado o que negamos na enunciação. Suponhamos o enunciado: "Fulano vai deixar saudade: alterou a legislação que prejudica os trabalhadores, assinou decreto favorecendo mineradoras, afirmou ser o trabalho escravo no Brasil uma balela." A paráfrase aqui salientará a ruindade administrativa de fulano. Na lítotes afirmamos o positivo pelo negativo: "Esse governo não se esquece de prejudicar os trabalhadores" (= atua constantemente para prejudicar os trabalhadores); "esse governo não anda bem" (= esse governo anda mal). A **lítotes** é uma figura que serve para abrandar uma afirmação. Da mesma forma o **eufemismo** (utilizado para atenuar um sentido): "Essa administração municipal deixa a desejar" (= essa administração municipal é ruim); "Fulano construiu um patrimônio sólido com maracutaia" (= construiu um patrimônio sólido com roubalheira). Além dessas três figuras, os pressupostos e subentendidos podem ser fonte de leitura enviesada. Suponhamos: "Fulano continua governando para a elite" = "Fulano governava para a elite e permanece governando para a elite"); "Esse governante deixou de aplicar recursos financeiros em programas sociais" (= "havia anteriormente um programa social em que se aplicavam recursos financeiros, mas esse governante interrompeu a continuidade do programa"); "O governo vai mexer de novo na legislação trabalhista" (= "o governo já havia alterado a legislação trabalhista e vai novamente modificá-la"). **Informações pressupostas** são manifestadas no texto explicitamente (*continua, deixou, de novo*), já os **subentendidos** permanecem implícitos; dependem da interpretação do enunciatário: "Nessa eleição, preste atenção em quem você vai votar" = "você é responsável pelos políticos que elege" (o que é uma simplificação: maus políticos são eleitos por várias razões). Informações implícitas, subentendidas (diferentemente dos pressupostos que são indiscutíveis, porque aparecem explicitamente no texto) são de responsabilidade do enunciatário. O enunciador pode escamotear o que disse implicitamente, dizer que "não foi bem isso o que quis dizer": "— Você vai sair com essa blusa amassada?" "— Você está insinuando que está feia?" "— Não, apenas disse que está amassada."

2.4 Anotação comentada

Na anotação comentada, há maior participação do estudioso. Além de anotar os sentidos produzidos no texto, faz considerações sobre o texto que leu. Exemplo:

> O conto cumpre a seu modo o destino da ficção contemporânea. Posto entre as exigências da narração realista, os apelos da fantasia e as seduções do jogo verbal, ele tem assumido formas de surpreendente variedade. Ora é o quase-documento folclórico, ora a quase-

20 **Redação científica** • *Medeiros*

-crônica da vida urbana, ora o quase-drama do cotidiano burguês, ora o quase-poema do imaginário às soltas, ora, enfim, grafia brilhante e preciosa votada às festas da linguagem.

Esse caráter plástico já desnorteou mais de um teórico da literatura ansioso por encaixar a forma-conto no interior de um quadro fixo de gêneros. Na verdade, se comparada à novela e ao romance, a narrativa curta condensa e potencia no seu espaço todas as possibilidades de ficção. E mais, o mesmo modo breve de ser compele o escritor a uma luta mais intensa com as técnicas de invenção, de sintaxe compositiva, de elocução: daí ficarem transpostas depressa as fronteiras que no conto separam o narrativo do lírico, o narrativo do dramático. [...]

Quanto à invenção temática, o conto tem exercido, ainda e sempre, o papel de lugar privilegiado em que se dizem situações exemplares vividas pelo homem contemporâneo.

Repito a palavra-chave: situações. Se o romance é um trançado de eventos, o conto tende a cumprir-se na visada intensa de uma situação, real ou imaginária, para a qual convergem signos de pessoas e de ações e um discurso que os amarra.

É provável, também, que o "efeito único" exigido por Edgar Allan Poe de todo conto bem feito não resida tanto na simplicidade do entrecho ou no pequeno número de atos e de seres que porventura o habitem; o sentimento de unidade dependerá, em última instância, de um movimento interno de significação, que aproxime parte com parte, e de um ritmo e de um tom singulares que só leituras repetidas (se possível, em voz alta) serão capazes de encontrar.

Diz Poe: "Um escritor hábil construiu um conto. Se foi sábio, não afeiçoou os seus pensamentos para acomodar os seus incidentes, mas, tendo concebido com zelo deliberado um certo efeito único ou singular para manifestá-lo, ele inventará incidentes tais e combinará eventos tais que melhor o ajudem a estabelecer esse efeito preconcebido. Se a sua primeira frase não tender à exposição desse efeito, ele já falhou no primeiro passo. Na composição toda, não deve estar escrita nenhuma palavra cuja tendência, direta ou indireta, não se ponha em função de um desígnio preestabelecido" (*Graham's Magazine*, maio de 1842).

A invenção do contista se faz pelo achamento (*invenire* = achar, inventar) de uma situação que atraia, mediante um ou mais pontos de vista, espaço e tempo, personagens e trama. Daí não ser tão aleatória ou inocente, como às vezes se supõe, a escolha que o contista faz do seu universo. Na história da escrita ficcional, esta nega (conservando) o campo de experiências que a precede. Da dupla operação de transcender e reapresentar os objetos, que é própria do signo, nasce o tema. O tema já é, assim, uma determinação do assunto e, como tal, poda-o e recorta-o, fazendo com que rebrote em forma nova. Toda determinação é, como ensina a velha Lógica, um modo de pôr termos às coisas: demarcá-las de tal sorte que avance para o primeiro plano simbólico só aquele aspecto, ou aqueles aspectos, que interessa tratar (BOSI, 1989, p. 7-8).

Nesse caso, podemos ter a seguinte anotação comentada:

> Bosi afirma primeiramente o caráter plástico do conto: trata-se de um gênero que não se encaixa no quadro fixo de gêneros (épico, lírico, dramático): "Ora é o quase-documento folclórico, ora a quase-crônica da vida urbana, ora o quase-drama do cotidiano burguês, ora o quase-poema". Essa plasticidade permite à narrativa curta condensar e potenciar "no seu espaço todas as possibilidades de ficção". O modo breve de ser, que é próprio do conto, leva o escritor a travar luta intensa com as técnicas da invenção e dilui as fronteiras rígidas que separam o narrativo do lírico, o narrativo do dramático. Relativamente à invenção temática, o conto tem sido o lugar privilegiado "em que se dizem situações exemplares vividas pelo homem contemporâneo". Para Bosi, é a intensidade da situação a expressão-chave para o conto. Em seguida, dialogando com Edgar Alan Poe, contista exímio, que também teorizou sobre o conto, Bosi afirma ser provável que o "efeito único" de que fala Poe não resida "tanto na simplicidade do entrecho ou no pequeno número de atos e de seres que porventura o habitem" [= habitem o conto], mas depende "de um movimento interno de significação, que aproxime parte com parte, e de um ritmo e de um tom singulares que só leituras repetidas [...] serão capazes de encontrar". Daí Bosi voltar à tese de que no conto é relevante a invenção temática, a "escolha que o contista faz do seu universo"; escolha que não é "tão aleatória ou inocente, como às vezes se supõe". Finalmente, outra voz surge no texto, a da Lógica, que ensina a necessidade "de pôr termos às coisas: demarcá-las de tal sorte que avance para o primeiro plano simbólico só aquele aspecto, ou aqueles aspectos, que interessa tratar", o que significa tratar de coisas bem delimitadas para que se possa aprofundar no seu sentido.
>
> BOSI, Alfredo. Situação e formas do conto brasileiro contemporâneo. *In*: BOSI, Alfredo. *O conto brasileiro contemporâneo*. 6. ed. São Paulo: Cultrix, 1989. p. 7-8.

Um cuidado elementar para quem busca aprimorar a redação de textos acadêmicos é verificar sempre o contexto em que aparece o trecho objeto de seus comentários ou transcrição. Um descuido com relação ao contexto da citação direta ou indireta pode levar a afirmar o que o autor citado não disse.

3   SUBLINHA

O ato de sublinhar, destacando apenas os sentidos principais, revela-se consistente e eficaz quando é realizado com parcimônia, distinguindo-se o essencial do acessório. Esse processo facilita as revisões de leitura ao término de um parágrafo, de um tópico, de todo o texto. Um procedimento menos precipitado leva a não sublinhar à primeira vista, à medida que se faz a leitura inicial. Outras leituras são necessárias para o destaque das informações, dos conceitos, dos argumentos, das conclusões, Não se pode determinar o número de leituras de um texto para sua compreensão, mas pode-se afirmar que somente a leitura exaustiva colhe melhores resultados. A divisão do texto em blocos, distinguindo partes dentro de um mesmo texto, a

22 **Redação científica** • *Medeiros*

verificação da articulação dessas partes, a hierarquização dos sentidos são todos procedimentos para a prática de uma leitura consistente.

Não há um código único para destacar, sublinhar; não há uma simbologia rigorosa, convencional. Por exemplo: podem-se utilizar a marcação de determinadas palavras no próprio texto; assinalar à margem alguns símbolos, como um círculo para um conceito, um triângulo para um argumento, um quadradinho para uma referência relevante (um autor citado), uma interrogação para dúvida; duas interrogações para questões que o texto propõe, um traço vertical lateral para um trecho que se considera fundamental etc. Cada pessoa, no entanto, tem sua própria metodologia, seus símbolos.

São procedimentos comuns:

- Sublinhar ou destacar (com o uso de caneta hidrográficas) palavras-chave apenas depois de feitas várias leituras. Os nexos de coesão que produzem sentido de oposição (*mas, embora* e outros): eles devem ser destacados. Outros nexos que se considerar relevantes também podem ser destacados, como: *porque, logo, por conseguinte, portanto, se* etc.

- Reconstruir o parágrafo com base nas palavras e expressões sublinhadas. Outra não é a finalidade de sublinhar que possibilitar visualização imediata dos sentidos principais.

- Colocar um traço vertical à margem do texto para indicar passagens mais significativas.

- Havendo passagens obscuras, falhas na exposição dos argumentos, dúvidas, discordâncias, colocar à margem do texto um ponto de interrogação.

- Uma conclusão pode ser destacada com traço lateral duplo.

Exemplo:

> Portanto, <u>para</u> que haja alguma esperança de <u>obter a iniciativa</u> de seus <u>trabalhadores, o administrador deve fornecer-lhes incentivo especial</u>, além do que é dado comumente no ofício. Esse incentivo pode ser concedido de diferentes modos, como, por exemplo, promessa de rápida <u>promoção</u> ou melhoria; <u>salários mais elevados</u>, sob a forma de boa remuneração por peça produzida, ou por <u>prêmio</u>, ou por <u>gratificação</u> de qualquer espécie a trabalho perfeito e rápido; <u>menores horas de trabalho</u>, melhores condições de <u>ambiente</u> e serviço do que são dadas habitualmente etc., e, sobretudo, este incentivo especial deve ser acompanhado por <u>consideração pessoal</u> e <u>amistoso tratamento</u> que somente pode derivar de interesse verdadeiro, posto a serviço do bem-estar dos subordinados. E somente quando é dado estímulo especial ou incentivo desse gênero é que o patrão pode esperar obter a <u>iniciativa</u> de seus empregados. Sob o <u>sistema comum de administração</u>, tem sido de tal modo reconhecida a necessidade de <u>oferecer ao empregado um estímulo especial</u> que grande número de interessados no problema considera a adoção de alguns <u>modernos esquemas de pagamento</u>, por exemplo, remuneração por peça, plano de prêmios, ou de gratificações como sendo, praticamente, todo o sistema de administração. Sob a <u>administração científica, entretanto, o sistema particular de pagamento</u> que é adotado <u>constitui apenas um elemento subordinado</u> (TAYLOR, 1994, p. 39).

Cap. 1 • Estudo e aprendizagem   23

O resultado da sublinha é:

> O administrador obtém a iniciativa dos trabalhadores proporcionando incentivo especial: promoção, salários mais elevados, prêmio, gratificação, [redução de] horas de trabalho, bom ambiente, consideração pessoal, tratamento amistoso. A administração científica, todavia, [não se reduz à prática de incentivos especiais]: modernos esquemas de pagamento são apenas um elemento subordinado.
>
> TAYLOR, Frederick W. *Princípios de administração científica*. Tradução de Arlindo Vieira Ramos. 8. ed. São Paulo: Atlas, 1994. p. 39.

Vejamos outro exemplo:

Com esse enfoque, o tema motivação passa a ser encarado a partir de uma das suas mais importantes características, que é a da gratuidade ou da sua independência perante a recompensa vinda de fora do próprio indivíduo. Aquilo que importa e que, assim sendo, mais energiza um comportamento motivacional é a busca da felicidade pessoal, pois o homem procurará estar sempre fazendo aquilo que o torna pessoalmente feliz, caso se possa oferecer a ele a oportunidade de escolher livremente o seu programa de vida!

Depoimentos de pessoas que se dizem sentir altamente motivadas são unânimes ao acusar que elas sentem que o tempo para elas passa depressa demais, que sempre lhes falta maior disponibilidade para executarem tudo aquilo que planejaram para si mesmas. Em resumo, para as pessoas motivadas, a vida parece ser sempre curta demais. De maneira oposta, aqueles que acusam possuir baixo nível de satisfação motivacional queixam-se de que estão muito frequentemente fazendo coisas que os aborrecem e que isso lhes rouba um tempo demasiadamente longo – e, como se diz no jargão popular, eles experimentam um sentimento de culpa por sentirem que passam a vida "matando o tempo", especialmente em atividades que nada têm a ver consigo mesmos (BERGAMINI, 1993, p. 126-127).

O resultado da sublinha é:

> Motivação [é o estado de] gratuidade e independência [de] recompensa [externa ao] indivíduo. [O que] importa, energiza [o] comportamento é a busca da felicidade. Pessoas motivadas sentem [que] a vida [é] curta para executarem [o que] planejaram. [É] baixo [o] nível de satisfação [das] pessoas [que] executam atividades [que não] têm nada que ver consigo mesmas.
>
> BERGAMINI, Cecília Whitaker. *Motivação*. 3. ed. São Paulo: Atlas, 1993. p. 126-127.

4 VOCABULÁRIO

A *qualidade da leitura* depende também do conhecimento que se tem do vocabulário. O domínio do sentido exato que a palavra assume no contexto possibilita maior compreensão do texto e maior eficácia da leitura.

A ampliação do vocabulário caminha paralelamente ao desempenho da leitura. Em geral, quem pouco lê tem vocabulário reduzido.

Em princípio, pode-se recomendar buscar no dicionário toda palavra desconhecida que aparece num texto. Outro procedimento é experimentar descobrir o sentido da palavra no contexto. Às vezes, o significado de uma palavra desconhecida vem logo a seguir por um termo de sentido equivalente. O esforço, portanto, para descobrir o sentido de um vocábulo parece constituir-se em valioso exercício para a ampliação do vocabulário.

Não é suficiente, porém, procurar esclarecer apenas o sentido as palavras. No caso, por exemplo, do texto de Bosi apresentado, tivemos de recorrer ao conceito de gêneros (que compreende épico, lírico e dramático); também poderíamos localizar em um *site* para verificar quem foi Edgar Alan Poe; finalmente, como Bosi afirma que o caráter plástico do conto "já desnorteou mais de um teórico da literatura", podemos pesquisar em um manual de literatura o que se entende por conto. Suponhamos: *A criação literária: poesia e prosa*, de Massaud Moisés (2012). As referências históricas, geográficas, bibliográficas e outras merecem igual tratamento. Daí a necessidade de textos de referência para consulta, como dicionários, enciclopédias, *sites* e outros. A propósito de referências bibliográficas, quando com elas um estudioso se depara, elas podem ser motivo de localização da obra para outras leituras.

Quanto aos dicionários, lembramos ao leitor que os há das mais variadas espécies: Administração, Psicologia, Sociologia, Filosofia, Arte, Religião, Geografia, História, símbolos. Essas ferramentas constituem valiosos instrumentos de estudo.

Para Garcia (1986, p. 184), vários são os meios de enriquecer o vocabulário: "O mais eficaz, entretanto, é aquele que se baseia na experiência, isto é, numa situação real, como a conversa, a leitura ou a redação." Salienta que grande parte de nosso léxico ativo é formada pela língua falada, incluindo aí programas de rádio e televisão. E, para ampliar o vocabulário, ensina que o melhor processo é fazer leitura atenta, de lápis na mão para anotar palavras desconhecidas e depois consultar o dicionário, registrando o significado delas. A transformação de tais palavras em vocabulário ativo depende do seu uso, do seu emprego. Se apenas localizamos uma palavra desconhecida no verbete de um dicionário, mas dela não fazemos uso, a possibilidade de esquecermos seu significado aumenta. Exercícios para ampliar o vocabulário compreendem: paráfrases de comentário, resumos, transformação de estruturas fraseológicas, mudança de tempo verbal, alteração de voz verbal, paródias.

Tomando por base o texto seguinte, podemos verificar a existência de várias palavras que talvez sejam desconhecidas de um leitor não acostumado com esse tipo de informação:

> A criança desajustada que, no final da idade escolar, ainda se encontra inadaptada, dirige-se espontaneamente para a *gang*. Esse grupo patológico é muito vasto e deve chamar a atenção do psicólogo ou do educador. O grupo patológico é um imenso ancoradouro onde vêm aportar os tipos mais diversos de inadaptados aos grupos normais. Acolhe o débil mental definitivamente desadaptado, o esquizofrênico em vias de desadaptação, o adoles-

cente que o escotismo e os movimentos juvenis foram incapazes de integrar. Pode acolher até mesmo o infantil prolongado [...] durante sua crise tardia de revolta. Mas todos esses elementos diversos acham-se reunidos por um vínculo comum: a inadaptação desde a idade escolar, na maioria dos casos, e a inadaptação somente ao grupo ou somente ao trabalho escolar. Uns se dirigem para a *gang*, ao final da idade escolar, outros, mais tarde, depois de ingentes esforços de adaptação ao grupo social que marcou sua adolescência. Mas, em suma, tudo se passa como se, tanto nas crianças como nos adolescentes, a necessidade de ser aceito pelos outros seja tão imperiosa que, na impossibilidade de aceitação por um grupo normal, a evolução para um grupo patológico se torna inevitável (MINICUCCI, 1991, p. 221).

A primeira etapa do estudo do vocabulário consiste em anotar as palavras e expressões desconhecidas, que podem ser:

Criança desajustada	Movimentos juvenis
Inadaptada (inadaptação)	Infantil prolongado
Gang	Crise tardia de revolta
Grupo patológico	Inadaptação desde a idade escolar
Grupo normal	Vínculo
Ancoradouro	Trabalho escolar
Aportar	Ingentes esforços
Esquizofrênico	Grupo social
Em vias de desadaptação	Necessidade de ser aceito
Escotismo	

Em seguida, localiza-se num dicionário comum o significado que se ajusta ao texto onde elas aparecem: *gang* (grupo de malfeitores combinados), patológico (relativo ao ramo da medicina que se ocupa da natureza e das modificações produzidas pela doença num organismo), ancoradouro (lugar apropriado para estacionamento de embarcações; evidentemente a palavra foi usada no texto em sentido conotativo, figurado, como metáfora), aportar (estacionar num porto, chegar a um porto, chegar a algum lugar; também utilizada em sentido figurado), esquizofrênico (relativo à esquizofrenia = conjunto de psicoses cujos sintomas apontam para a existência de dissociação da ação e do pensamento; relativo à demência), escotismo (organização mundial de educação juvenil baseada em valores éticos e vida em grupo), vínculo (ligação), ingente (enorme). As demais expressões relacionadas exigem busca em dicionários especializados, de Psicologia, por exemplo, para saber o que é uma criança desajusta; o que significa uma pessoa inadaptada; qual a diferença entre um grupo patológico e um normal; que significa em vias de desadaptação, quais são os movimentos juvenis atuais, que é "infantil prolongado", bem como "crise tardia de revolta" e "desadaptação desde a idade escolar". Que é trabalho escolar, grupo social e necessidade de ser aceito? Todos esses esclarecimentos são necessários se o estudioso pretende aprofundar seus conhecimentos com base no texto de Minicucci.

Feito o registro do significado das palavras, passa-se ao exercício da construção de frases. Por exemplo, com o adjetivo *ingente* é possível escrever: *"Os políticos brasileiros estão sempre afirmando os ingentes esforços seus na luta pela melhor distribuição da riqueza nacional."*

Em um segundo exercício, podem-se substituir as palavras desconhecidas do texto pelas de sentido equivalente encontradas no dicionário. Nesse caso, é preciso reescrever todo o texto, fazendo as substituições. Todavia, as trocas são feitas observando sempre se não interferem no sentido que o autor deu ao texto. Se o autor disse que "a necessidade de ser aceito pelos outros seja tão imperiosa que, na impossibilidade de aceitação por um grupo normal, a evolução para um grupo patológico se torna inevitável", não podemos afirmar que tenha dito que estudantes não adaptados devam ser expulsos da escola.

Outro exercício seria resumir o texto, utilizando as próprias palavras e não as do texto.

A ampliação do vocabulário também compreende a paráfrase, como o comentário a um texto que lemos. Nesse caso, escreve-se um novo texto, procurando apresentar reflexões motivadas pelo original, como postura crítica de avaliação dos argumentos do autor.

Quando o texto permitir, pode-se inverter seu sentido, substituindo determinadas palavras por outras de sentido contrário. Suponhamos um político defendendo posições de força, gestos antidemocráticos. Nesse caso, é possível contra-argumentar, apresentando postura democrática, contestando argumentos autoritários.

5   SEMINÁRIO

Seminário é um dos gêneros acadêmicos comuns na atividade escolar dos cursos superiores. Hoje, com as inúmeras possibilidades que a tecnologia oferece, como *data-show, youtoob,* programas para a confecção de imagens (Photoshop, InDesign, Power Point etc.), os seminários podem tornar-se um evento de estudo dos mais atraentes.

Minicucci (1987, p. 221), define seminário como *"lugar onde germinam as ideias lançadas".* Participam de seu conceito a elaboração de pesquisas, o trabalho da organização das informações e a síntese das atividades. Exige visão global do assunto, análise, síntese.

O seminário consiste em buscar informações, por meio de pesquisa bibliográfica ou de entrevista de especialistas, discussão em grupo, confronto de pontos de vista, formulação de conclusões. Realizado o trabalho inicial, leva-se o resultado a uma assembleia para discussão. Quando todos os integrantes do grupo participam ativamente na pesquisa, na elaboração do texto e figuras, torna-se um instrumento de aprendizagem consistente e estimulante. Não é o seminário uma assembleia para relatar informações tão somente.

Essa técnica de trabalho em grupo objetiva o exame de um tema em reuniões planejadas. Portanto, é necessário haver interesse comum dos participantes pelo tema, e que este possibilite pesquisa em livros, *sites*, pesquisa de campo.

A finalidade do seminário é motivar para a pesquisa; é ensinar a aprender sem dependência do professor, monitor, orientador e outros que tais. Outra finalidade sua é desenvolver a capacidade de pesquisa, de análise textual, de análise dos fatos, de construção de ponto de vista crítico. Exige habilidade dos participantes para o diálogo, o debate, a reflexão. É técnica básica para a elaboração de trabalhos acadêmicos (monografias), ensaios.

A organização do seminário inclui:

- Formação do grupo (em geral, de 5 a 12 integrantes).
- Primeira sessão: distribuição das tarefas.
- Segunda sessão: planejamento e distribuição das atividades.
- Terceira sessão: reuniões para discussão do que já foi pesquisado e discussão dos sentidos a serem expostos.
- Quarta sessão: resumo e avaliação dos trabalhos realizados.
- Apresentação (às vezes, sob a responsabilidade de um dos integrantes do grupo).

Para evitar desperdício de tempo, dispêndio de energia e desorganização dos trabalhos, o número ideal de participantes é 5, podendo chegar a 12 no máximo. O organizador, o coordenado geral (o professor) apresenta sugestões aos grupos formados, estabelece uma agenda e a duração dos trabalhos. Basicamente, três são os elementos de um seminário: o professor, o grupo expositor, os comentadores (a classe).

Constituídos os grupos, cada um deles estabelece um **coordenador do grupo** (responsável pela produção do seminário). Sua tarefa é marcar reuniões, estabelecer pauta, distribuir os trabalhos de pesquisa. Nas reuniões iniciais, propõe que se decida quem redigirá o texto, quem o digitará, quem se ocupará da apresentação à classe, quem se encarregará de vídeos, exposição visual de imagens, manuseio de equipamentos.

O professor (coordenador geral) especifica um **secretário**, para o registro dos resultados, das conclusões dos debates oriundos dos seminários.

Os **debatedores** são constituídos pelo professor no início da apresentação do seminário. A eles cabem propor questionamentos, discussões, reflexões críticas.

Finalmente, os **comentadores** do conteúdo de um seminário: são constituídos por todos os integrantes de uma classe. Sua tarefa é: questionar, sugerir esclarecimentos, contra-argumentar, reforçar pontos de vista.

Todo grupo tem, portanto, um coordenador, um relator e um secretário. Enquanto o coordenador propõe o assunto, indica as referências bibliográficas e estabelece um cronograma, o relator se responsabiliza pela exposição do resultado da pesquisa elaborada. Pode-se optar também pela participação de todo o grupo na exposição do conteúdo dos resultados da pesquisa. Nesse caso, cada participante se responsabiliza pela exposição de uma parte do texto. O relator tem a função de examinar o material, antes da apresentação, e fazer críticas.

A duração de um seminário é determinada pela extensão e profundidade que o assunto ou estudo exige.

A exposição só acontece depois de várias reuniões e discussões do grupo.

Quanto ao tema do seminário, ele pode ser de todo tipo. Os mais comuns têm origem nas disciplinas curriculares, nos assuntos atuais constantes de periódicos, nos assuntos relativos à ética na política, à formação educacional e do cidadão etc.

28 **Redação científica** • *Medeiros*

Há várias formas de seminário. As mais comuns são: clássico, clássico em grupo, em grupo. No primeiro caso, um integrante se responsabiliza pela pesquisa e exposição do resultado do estudo realizado; no segundo, um grupo de 5 a 12 pessoas se responsabiliza pelo estudo e exposição do assunto. Finalmente, na modalidade em grupo, todos os estudantes de uma classe são participantes, e não meros espectadores. O procedimento é o seguinte: faz-se uma exposição do resultado de pesquisa empreendida, abre-se a discussão do tema e, finalmente, vários grupos se responsabilizam pelo aprofundamento dele.

5.1 Roteiro de seminário

Após o organizador geral do seminário determinar o objeto do estudo a ser realizado em grupo, para futura apresentação, e depois de formados os grupos, o coordenador marca uma primeira reunião em que se estabelecerá a organização e distribuição dos trabalhos. Estabelecidas as responsabilidades, inicia-se a escolha do tema. Suponhamos que o tema escolhido seja greve. Estabelece-se uma *delimitação desse assunto*, que é muito vasto: greves já ocorreram centenas de vezes e nos mais variados lugares. Portanto, é preciso limitar a extensão do assunto. Talvez possamos optar por greves de bancários, ou de metalúrgicos, ou de motoristas de ônibus. Imaginemos que a opção seja por greve de bancários. Embora mais restrito, o tema ainda é muito extenso. Bancários fazem greves há muito tempo e em muitos lugares. Daí podermos optar por *"greves de bancários em São Paulo"* (ou no Rio de Janeiro, em Belo Horizonte, em Porto Alegre, em Salvador). Reduzimos bastante a extensão do tema escolhido, mas é possível restringi-lo mais: são muitos aspectos a considerar e seu acúmulo poderia resultar num tratamento pouco profundo da matéria. Podemos então considerar: *"a mais recente greve de bancários em São Paulo"* ou, precisamente, *"a greve dos bancários em São Paulo, em março de 2018"*. Quanto mais delimitamos um assunto, maior a possibilidade de um estudo mais profundo. Cumprida essa etapa, passamos ao que chamamos de criação de um plano de ideias, cujo primeiro momento é o registro de tópicos, conforme forem surgindo durante a reunião. Poderíamos ter nesse caso o seguinte registro:

1. Estratégias de atuação
2. Comunicação
3. Organização
4. Motivos da greve
5. Reivindicações
6. Assembleias
7. Piquetes
8. Negociação
9. Passeatas
10. Repressão policial

Como podemos verificar, os tópicos registrados não obedecem a nenhuma hierarquia. Portanto, a segunda fase do planejamento das ideias é organizá-las, colocando-as numa ordem de importância ou de acordo com uma estratégia de comunicação previamente estabelecida. O que se deseja colocar em primeiro lugar? O que pode ser posto no final do estudo? Por exemplo, redistribuamos as ideias apresentadas da seguinte forma:

1. Organização da greve
2. Motivos da greve
3. Reivindicações
4. Comunicação
5. Assembleias
6. Estratégias de atuação
7. Negociação
8. Repressão policial

Dois tópicos constantes do primeiro plano podem ser classificados como subtópicos:

6. Estratégias de atuação
   6.1 Piquetes
   6.2 Passeatas

O tópico 2 também pode ser objeto de subdivisões (a subdivisão de qualquer dos tópicos é procedimento que possibilita aprofundamento do estudo):

2. Comunicação
   2.1 Mídia eletrônica
      2.1.1 Rádio
      2.1.2 Televisão
   2.2 Mídia impressa
      2.2.1 Jornais
      2.2.2 Revistas
      2.2.3 Folhetos
      2.2.4 Faixas
      2.2.5 Cartazes
   2.3 Caminhões equipados com alto-falantes

Se a discussão do plano de ideias for ampla e contemplar variados aspectos de um evento, maior a possibilidade de um exame consistente, de um resultado satisfatório.

Realizado o plano de ideias, passa-se à etapa da busca das referências bibliográficas. O levantamento bibliográfico deve ser exaustivo, considerando livros, enciclopédias, periódicos impressos e eletrônicos, *sites*. Finalmente, não se pode esquecer a entrevista com líderes do movimento, ou com *experts* no assunto. É possível, nesse caso, a escalação de alguns integrantes para a pesquisa e de outros para as entrevistas.

30 **Redação científica** • *Medeiros*

Após a pesquisa, o coordenador reúne o grupo, sempre seguindo o cronograma estabelecido desde o primeiro momento, para debate e organização do material recolhido. Subsequentemente, redige-se o texto da apresentação e o relator (comentarista) prepara-se para a exposição do seminário. Variados ensaios da exposição proporcionam últimos acertos e segurança.

A exposição pode iniciar-se com a apresentação da estrutura do seminário: um esqueleto dos principais tópicos a serem abordados. Em ambientes de estudantes experientes, maduros, submete-se o planejamento da exposição a uma discussão preliminar do que será objeto das discussões, transição de um tópico para outro, ausências, sobreposições, possibilidade de impropriedade das conclusões pelo levantamento apresentado. Aprender a *ler* um planejamento de seminário, a *tecer* comentários, críticas e a *pedir* esclarecimentos são procedimentos que enriquecem a aprendizagem. É um momento especial de antecipação em que podemos detectar incoerências, ausências, insuficiências; um esforço intelectual de quem se propõe a prestar atenção no que o outro tem a dizer.

A classe, ou grupo, não é apenas espectadora; ela participará do início ao final dos trabalhos, sempre respeitando o turno de voz e os pontos de vista do outro.

Cumprida a etapa de exame do planejamento do seminário, passa-se à apresentação do seminário. Observar que um seminário encerra-se com conclusões previamente estabelecidas e indicação da bibliografia consultada.

2
Pesquisa científica

> Não é no espaço que devo buscar minha dignidade, mas na ordenação de meu pensamento. Não terei mais, possuindo terras; pelo espaço, o universo me abarca e traga como um ponto; pelo pensamento, eu os abarco (PASCAL, 1973, p. 128).

1 CIÊNCIA

Um primeiro conceito de ciência diz que ela se identifica com um conjunto de procedimentos que permite a distinção entre aparência e essência dos fenômenos perceptíveis pela inteligência humana. As peculiaridades de seu método diferenciam a ciência das muitas formas de conhecimento humano. E uma de suas particularidades é aceitar que nada é eternamente verdadeiro. O dogma não encontra lugar na ciência.

É, portanto, a ciência um campo de conhecimentos com técnicas especializadas de verificação, interpretação e inferência da realidade. A ciência compreende a teoria, a análise e a política. A **teoria** caracteriza-se como conjunto de princípios de uma ciência, ou conjunto de tentativas de explicação de um número limitado de fenômenos. Apenas a mente humana que possui teorias é capaz de distinguir, entre inúmeros fatos, aqueles que são relevantes. A análise, por sua vez, ocupa-se da aplicação da teoria. Visa distinguir fenômenos não contemplados no desenvolvimento da teoria. Busca interpretar fatos e fazer previsões. Já a política ocupa-se da transição entre *o que é* para o *como deve ser*.

Severino (2016, p.105) vê a ciência como construção do conhecimento. Ela surgiu na modernidade como ruptura crítica com relação à forma metafísica de pensar e se caracteriza como "uma leitura da fenomenalidade do mundo natural". Continua o autor citado:

Para tanto, além de ter que se apoiar em alguns pressupostos filosóficos, a ciência precisa adotar práticas metodológicas e procedimentos técnicos, capazes de assegurar a apreensão objetiva dos fenômenos através dos quais a natureza se manifesta.

A comunidade científica de um ramo do conhecimento possui características comuns quanto aos métodos que utiliza para investigar a realidade.

A ciência divide-se inicialmente em dois segmentos: as lógicas e as empíricas. As primeiras compreendem a Lógica e a Matemática; as segundas subdividem-se em naturais e sociais.

A aplicação do método científico leva à constituição de teorias. Na origem, teoria significa contemplação, reflexão, ideia nascida com base em alguma hipótese, ou conjunto de princípios fundamentais de uma ciência. Diferentemente, pois, da acepção do senso comum que a vê como especulação, a teoria é constituída por uma síntese de um campo de conhecimento, erigido com base em hipóteses falseáveis permanentemente submetidas a controle rígido, que estabelece sua validade ou invalidade. Os resultados a que se chega são às vezes elevados à categoria de leis.

2 PESQUISA CIENTÍFICA E SUA CLASSIFICAÇÃO

Minayo (2014, p. 47), ao definir pesquisa, salienta entre as suas características que ela alimenta a atividade do ensino e que na ciência nada é verdade estabelecida definitivamente; pela pesquisa, apenas nos aproximamos da realidade, que nunca se esgota:

> Pesquisar constitui uma atitude e uma prática teórica de constante busca e, por isso, tem a característica do acabado provisório e do inacabado permanente. É uma atividade de aproximação sucessiva da realidade que nunca se esgota, fazendo uma combinação particular entre teoria e dados, pensamento e ação.

Respondendo à questão "pesquisar – o que é?", Demo (2014a, p. 11) coloca lado a lado os conceitos de *pesquisa* e *pesquisador*, para desmistificá-los. De forma irônica afirma:

> O processo de pesquisa está quase sempre cercado de ritos especiais, cujo acesso é reservado a poucos iluminados. Fazem parte desses ritos especiais certa trajetória acadêmica, domínio de sofisticações técnicas, sobretudo de manejo estatístico e informático, mas principalmente o destaque privilegiado no espaço acadêmico: enquanto alguns somente pesquisam, a maioria dá aulas, atende aluno, administra.
>
> Para tanto, estuda-se metodologia, em particular técnicas de pesquisa, que ensinam como gerar, manusear e consumir dados, em contato com a realidade. A seguir, absorvem-se sofisticações técnicas, a exemplo do pesquisador americano, perito em projeções, índices, taxas. Por fim, isso permite associar-se a pequeno grupo acima da média, que, além de perfazer a nata acadêmica, também tende a exclusivizar acesso a recursos. [...]

Demo salienta que tal "formação sofisticada o pesquisador não é um mal em si". A existência de Ciências Sociais muito teorizantes faz do tratamento empírico da realidade uma necessidade, para tomar como aceitável apenas o que tem comprovação factual. Para o autor citado, levado pela banalização imitativa colonialista, o pesquisador tende a "disseminar uma visão curta de processo científico, atrelado ao empirismo e ao positivismo, fazendo sucumbir apuros técnicos a ingenuidades ou a dubiedades políticas". Nesse caso, cita a crítica da pesquisa participante que salienta que investimentos em pesquisa recheada de dados estatísticos apenas acumula informações sem mudar a realidade, contribuindo para "dissociar sempre mais o processo de saber do processo de mudar" (p. 12). Entende, ainda, haver uma separação de pesquisa e ensino. Em nossa realidade educativa, prevalece o sentido mercantil de muitas instituições de ensino e difunde-se um tipo de ensino cuja característica é a transmissão, a didática reprodutiva, muitas vezes desatualizada. Dentro desse sistema, ao professor caberia tão-somente contar "aos alunos o que aprendeu de outrem, imitando e reproduzindo subsidiariamente" (p. 13). No extremo oposto ao do professor que apenas ensina, há o pesquisador exclusivo, "que considera ensino como atividade menor", o que leva à cisão entre teoria e prática, a um saber desligado da mudança. E conclui que desmistificar a pesquisa significa também reconhecer sua intervenção natural na prática.

A pesquisa científica objetiva fundamentalmente contribuir para a evolução do conhecimento humano em todos os setores: da ciência pura ou aplicada, da matemática ou da agricultura, da tecnologia ou da literatura. Ora, tais pesquisas são sistematicamente planejadas e levadas a efeito segundo critérios rigorosos de processamento das informações. Será chamada pesquisa científica se sua realização for objeto de investigação planejada, desenvolvida e redigida conforme normas metodológicas consagradas pela ciência.

Relativamente à classificação tipológica das ciências, utilizada também para a categorização da pesquisa, elas dividem-se em **formal** e **factual**. A primeira ocupa-se da Lógica e da Matemática, enquanto a segunda cuida dos objetos factuais (estudo dos fenômenos naturais), que se subdividem em naturais e culturais (ciências sociais ou humanas). Pertencem às **ciências naturais**: Física, Química, Biologia (Botânica, Zoologia, Genética, Fisiologia), Geologia, Astronomia, Geografia Física. As **ciências sociais** focalizam o estudo dos fenômenos humanos e sociais. São elas: Psicologia (Psicologia Social, Psicologia Clínica, Psicologia da Educação, Psicologia das Organizações), Sociologia, Antropologia, Geografia Humana, Pedagogia, Economia, Política, História, Linguística, Psicanálise etc.

Outra classificação da pesquisa considera seus **objetivos**, dividindo-a em **exploratória** (estabelece critérios, métodos e técnicas para a elaboração de uma pesquisa e visa oferecer informações sobre o objeto da pesquisa e orientar a formulação de hipóteses); **descritiva** (estudo, análise, registro e interpretação dos fatos do mundo físico sem a interferência do pesquisador; são exemplos as pesquisas mercadológicas e de opinião); **explicativa** (pesquisa que registra fatos, analisa-os, interpreta-os e identifica suas causas).

Quanto ao **objeto**, a pesquisa pode ser de **campo** (ciências sociais), de **laboratório** (quase sempre experimental) e **bibliográfica** (realizada apenas com base na utilização de textos).

Gil (2017, p. 3) entende que "a tendência à classificação é uma característica da racionalidade humana. Ela possibilita melhor organização dos fatos e consequentemente o seu entendimento. Assim, classificar as pesquisas torna-se uma atividade importante".

Redação científica • *Medeiros*

A classificação permite ao pesquisador "reconhecer semelhanças e diferenças entre as diversas modalidades de pesquisa" e tomar decisão sobre a que melhor se ajusta ao seu objeto de pesquisa. Entre as classificações, cita:

- Segundo a **área de conhecimento** (relevante para a definição de políticas de pesquisa e concessão de financiamento): Ciências Exatas e da Terra; Ciências Biológicas; Engenharias; Ciências da Saúde; Ciências Agrárias; Ciências Sociais Aplicadas; Ciências Humanas (classificação do Conselho Nacional de Desenvolvimento Científico e Tecnológico – CNPq).

- Segundo sua **finalidade (ou natureza)**, temos: **pesquisa básica** (pesquisa que se ocupa de preencher lacunas no conhecimento) e **pesquisa aplicada** (pesquisa que se ocupa de resolver problemas que ocorrem nas sociedades). Gil salienta que isso não quer dizer que pesquisas básicas não possam ser utilizadas para resolver problemas de ordem prática nem que pesquisa aplicada não possa contribuir para a ampliação do conhecimento científico.

- Segundo seus **propósitos (ou objetivos)**, as pesquisas podem ser: **exploratórias, descritivas** e **explicativas**. As **exploratórias** objetivam proporcionar visão geral de um fenômeno ou fato social, que ainda não tenha sido objeto de estudos anteriores; elas possibilitam familiarização com o problema, o que permite a construção de hipóteses. Em geral, envolvem: levantamento bibliográfico, entrevistas, análise que permite a compreensão do problema. Constituem estudos exploratórios: a pesquisa bibliográfica, o estudo de caso e o levantamento de campo. Daí Gil (2017, p. 4) afirmar que "a maioria das pesquisas realizadas com propósitos acadêmicos, pelo menos num primeiro momento, assume o caráter de pesquisa exploratória, pois neste momento é pouco provável que o pesquisador tenha uma definição clara do que irá investigar". As **descritivas** objetivam descrever características de uma população ou fenômeno. Por exemplo: ao estudar as características de um grupo, ocupam-se de sua distribuição por idade, sexo, procedência, nível de escolaridade, categoria socioeconômica etc. Esse tipo de estudo é comum em pesquisas que investigam opiniões, atitudes, valores, crenças. Ocupam-se de averiguar a correlação entre variáveis, como é o caso das pesquisas eleitorais que se ocupam de relacionar nível de escolaridade e nível socioeconômico com preferência político-partidária. Se a pesquisa, além de identificar relações entre variáveis, se ocupar de determinar a natureza dessa relação, temos uma pesquisa descritiva que se encaminha para a explicativa, assim como é possível que uma pesquisa descritiva forneça informações para outras pesquisas e, nesse caso, temos uma pesquisa exploratória. As **pesquisas explicativas** registram fatos, analisa-os, interpreta-os e identificam suas causas. Elas visam estabelecer generalizações, leis, modelos teóricos.

- Segundo os métodos ou abordagens empregados, as pesquisas podem ser classificadas de acordo com a **natureza dos dados** (nesse caso, temos pesquisa quantitativa, qualitativa ou uma mistura desses dois tipos), o **ambiente em que foram coletados os dados** (pesquisa de campo ou de laboratório) e **grau de controle** (experimental ou não experimental).

Gil (2017, p. 4) entende ainda que, como é difícil o estabelecimento de uma classificação que considere todos esses elementos, "torna-se interessante classifica-las segundo o seu delineamento", palavra que tem correspondência com *design*, em inglês e que se define como planejamento da pesquisa, considerando fundamentos metodológicos, definição dos objetivos, ambiente da pesquisa e determinação das técnicas de coleta e análise dos dados.

Entre os delineamentos, citam-se: pesquisa bibliográfica, pesquisa documental, pesquisa experimental, ensaio clínico, estudo caso-controle, estudo de coorte, levantamento de campo (*survey*), estudo de caso, pesquisa etnográfica, pesquisa fenomenológica, *grounded theory*, pesquisa-ação, pesquisa participante, histórias de vida.

Os trabalhos acadêmicos de graduação (TCC) e pós-graduação (dissertação de mestrado, tese de doutorado), para serem considerados pesquisas científicas, devem produzir ciência, ou dela derivar, ou acompanhar seu modelo de tratamento. Melhor seria denominar os trabalhos de graduação ou colegiais de trabalhos de iniciação à ciência, passo necessário para se alcançar o estágio da pesquisa científica. Esta se caracteriza como procedimento racional e sistemático que objetiva alcançar resposta para problemas que o pesquisador se coloca.

3 MÉTODOS DE PESQUISA

Marconi e Lakatos (2017b, p. 31), assim como os autores de metodologia científica, afirmam ser característica das ciências a aplicação de métodos científicos. Pouco adiante, na página 33, postulam que

> a finalidade da atividade científica é a obtenção da verdade, por intermédio da comprovação de hipóteses, que, por sua vez, são pontes entre a observação da realidade e a teoria científica, que explica a realidade. O método é o conjunto das atividades sistemáticas e racionais que, com maior segurança e economia, permite alcançar o objetivo (conhecimentos válidos e verdadeiros), traçando o caminho a ser seguido, detectando erros e auxiliando as decisões do cientista.

Todo trabalho acadêmico (TCC, dissertação de mestrado, tese de doutorado, artigo científico etc.) apoia-se em uma metodologia de pesquisa. Ao pesquisador cabe informar os caminhos que percorreu para alcançar os resultados a que chegou.

Inicialmente, a ciência, que era constituída apenas pelas ciências naturais, apoiava-se em um único paradigma e era conduzida por um método único. A Sociologia, nos seus inícios, ainda defendia a necessidade de um método único, quer para as ciências naturais, quer para as sociais. Notou-se, porém, a partir de certo momento, que as Ciências Humanas requeriam outros métodos, outros paradigmas epistemológicos. Para Severino (2016, p. 112), foi sob a perspectiva de unidade metodológica que as Ciências Naturais se formaram e desenvolveram:

> E foi também sob essa inspiração que vingou a proposta de se criar o sistema das Ciências Humanas, uma vez que também o homem e suas manifestações deveriam ser tratados como fenômenos idênticos aos demais fenômenos naturais. Com efeito, na visão dos inauguradores das ciências que tomavam o homem como objeto,

ele é um *ser natural* como todos os demais (naturalismo), submisso assim a leis de regularidade (determinismo), acessível portanto aos procedimentos de observação e de experimentação (experimentalismo). Daí a ideia comtiana de se criar uma "física social", cujo objeto seria o homem, indivíduo ou sociedade. Conceber o real como sendo a natureza é uma posição metafísica, ontológica, dizendo respeito ao modo de ser do mundo. É um pressuposto ontológico. Já supor que só podemos ter acesso a esse mundo mediante uma abordagem experimental/matemática das manifestações fenomênicas é um pressuposto epistemológico.

No século XIX, quando se constituíram as Ciências Humanas, pretendia-se seguir os mesmos métodos das Ciências Naturais. Passado algum tempo, os pesquisadores verificaram que o paradigma positivista de construção da ciência não era adequado às investigações dos problemas relativos ao homem. Erigem-se então outros paradigmas, estabelece-se a necessidade de pluralismo epistemológico, diversidade de possibilidades para entender a relação sujeito/objeto. Afirma Severino (2016, p. 118):

> Na sua gênese, as Ciências Humanas procuraram praticar a metodologia experimental/matemática da ciência, assumindo os pressupostos ontológicos e epistemológicos do Positivismo. Mas as peculiaridades do modo de ser humano foram mostrando a complexidade do fenômeno humano e a insuficiência da metodologia positivista para sua apreensão e explicação. Por isso, mesmo sem abandonar a inspiração da tradição positivista, foram enriquecendo-a e aprimorando-a.

Os métodos científicos dividem-se em: **métodos de abordagem** e **métodos de procedimento**. Entre os primeiros, temos: método dedutivo, método indutivo, método hipotético-dedutivo e método dialético. Os métodos de procedimentos (utilizados nas Ciências Humanas) compreendem: método histórico, método comparativo, método monográfico, método estatístico, método tipológico, método funcionalista, método estruturalista, método etnográfico, método clínico (cf. MARCONI; LAKATOS, 2017a, p. 107-116). Gil (2017, p. 9) chama os métodos de abordagem de "métodos que proporcionam as bases lógicas da investigação" (acrescentando à lista de Marconi e Lakatos o método fenomenológico). Os métodos de abordagem, ele os designa "métodos que indicam os meios técnicos da investigação", que compreenderiam: método experimental, observacional, comparativo, estatístico, clínico e método monográfico. Gil postula ainda que constituem quadros de referência: o funcionalismo, o estruturalismo e o procedimento de "compreensão" de Max Weber ("sentido visado subjetivamente por atores, no curso de uma atividade concreta"; ao cientista social cabe apreender o mundo social sem eliminar a integridade subjetiva dos atores que atribuem significado), materialismo histórico, interacionismo simbólico, etnometodologia, social-construtivismo.

A pesquisa em ciências humanas de modo geral exige a aplicação de metodologia e técnicas apropriadas. Na Linguística, é muito comum a utilização de gravação de fala colhida nas mais diversas situações, bem como o uso de uma teoria de base e de farta bibliografia. Na pesquisa literária, exige-se do pesquisador conhecimento profundo de seu objeto (autor e obra), leitura exaustiva de obras da crítica literária relativa à sua área de atuação, conhecimento de teóricos da literatura. Poderá valer-se da interpretação sociológica, psicanalítica, genética, estilística, semiótica. Para explicar seu objeto de estudo, recorrerá ainda a um quadro de referência de teóricos da literatura, que compreende de Platão e Aristóteles, passa pelos formalistas russos e chega à atualidade.

3.1 Métodos de abordagem

Constituem métodos de abordagem: o dedutivo, o indutivo, o hipotético-dedutivo, o dialético, o fenomenológico.

3.1.1 Método dedutivo

A realização da pesquisa científica exige a utilização de métodos que são classificados em dedutivo, indutivo, hipotético-dedutivo, dialético.

Um raciocínio dedutivo prototípico é o silogismo: com base em duas proposições (enunciados) denominada premissas (maior e menor) chega a uma terceira, que está implicada nas anteriores (uma conclusão), como podemos verificar no exemplo clássico:

> Todo homem é mortal. (*premissa maior, geral*)
>
> *José é homem. (premissa menor, particular)*
>
> Logo, José é mortal. (*conclusão*)

A Matemática, bem como a Física, utiliza-se do método dedutivo. A função básica é demonstrar o que implicitamente já se encontra no antecedente.

Deduzir é, pois, inferir. Por isso, diz-se comumente que o método dedutivo é tautológico. Apoiada apenas na dedução, a ciência não teria alcançado enormes progressos.

Lei fundamental do raciocínio dedutivo: a conclusão não pode ter extensão maior que as premissas. Nas ciências citadas, esse tipo de raciocínio leva ao estabelecimento de leis. Pela impossibilidade de estabelecer conclusões válidas universalmente, outras ciências, como as sociais, valem-se de métodos de procedimento. Além disso, o método dedutivo parte de uma verdade apriorística, de um conhecimento prévio que não pode ser colocado em dúvida: "todo homem é mortal".

3.1.2 Método indutivo

O método indutivo é um raciocínio em que, valendo-se de observações de fatos particulares, o pesquisador chega a uma conclusão genérica, ou seja, que funciona como uma lei. A observação de um fenômeno, mantido o controle de variáveis e nas mesmas condições, leva o pesquisador a concluir que no futuro, se repetidas condições idênticas, alcançará os mesmos resultados. Indução, processo inverso ao dedutivo, significa levar para dentro. As pesquisas experimentais valem-se desse método. O exemplo de indução que se vale de metais é clássico:

> Arame conduz calor.
>
> Ouro conduz calor.
>
> Ferro conduz calor.
>
> Logo, todo metal conduz calor.

38   **Redação científica** • *Medeiros*

A indução é um tipo de raciocínio que utilizamos cotidianamente em nossa vida prática: se um vendedor nos atende mal uma, duas, três vezes, somos levados a generalizar seu comportamento: "ele nos atenderá mal sempre"; se um, dois, três políticos foram desonestos na administração dos recursos públicos, embora a amostra seja pequena, nossa conclusão generalizante é: políticos não são confiáveis. Assim agimos nos mais diferentes momentos de nossa vida, como, por exemplo, na vida de nossas relações afetivas: se uma pessoa é carinhosa no início de um namoro, concluímos, por indução, que ela será sempre carinhosa. Tal como o método dedutivo, o indutivo também é um tipo de raciocínio que parte de premissas, com a diferença de que no dedutivo partimos de uma premissa maior que nos leva a uma particular; no indutivo partimos de premissas particulares para chegar a uma verdade universal, a uma generalização.

Variados são os tipos de indução. Entre eles se destacam: a indução vulgar, a indução formal e a indução científica.

Segundo a indução vulgar, a tendência humana é generalizar propriedades, características ou qualidades comuns, a partir de alguns fatos observados superficialmente. Este tipo de indução leva facilmente ao erro. Exemplo:

Conheço dez universitários que não levam a sério seus estudos.

Os universitários não levam a sério seus estudos.

Pela indução formal chega-se a uma conclusão que resulta da enumeração de todos os fatos de uma série completa. A conclusão nada acrescenta à enumeração do antecedente:

Este primeiro universitário é estudioso.

Estes segundo e terceiro universitários são estudiosos.

Estes quarto e quinto universitários são estudiosos.

Logo, estes cinco universitários são estudiosos.

Para Ruiz (1995, p. 114), "a indução científica parte do fenômeno para chegar à lei geral. Observa, experimenta, descobre a relação causal entre dois fenômenos e generaliza esta relação em lei, para efeito de predições".

Ora, no raciocínio dedutivo, se as premissas são verdadeiras e a forma é correta, a conclusão será verdadeira. Na indução, mesmo que todas as proposições do antecedente sejam verdadeiras, a conclusão pode não o ser. Sem ela, no entanto, a ciência não apresentaria progresso, ou seja, a dedução é tautológica; não se diz nada além do que contém a premissa maior, enquanto a indução nos possibilita, ainda que provisoriamente (e essa é uma característica da ciência), afirmar algo que não estava contido nas premissas anteriores.

3.1.3   Método hipotético-dedutivo

A pesquisa moderna utiliza um método que consiste em testar teorias por meio de hipóteses falseáveis. O método hipotético-dedutivo, utilizado por Karl Popper (2013), constitui uma crítica à indução. Para o filósofo da ciência, há no raciocínio indutivo uma impropriedade, pois se chega a uma conclusão generalizada, saltando-se de fatos particulares. Para ser válida, a conclusão teria de apoiar-se numa observação infinita de fatos ou fenômenos. Marconi e Lakatos (2017b, p. 64), explicitando o conceito de hipotético-dedutivo de Popper, afirmam que a indução "não decide sobre a verdade, mas apenas sobre a *confiabilidade*" e que

> o salto indutivo de *alguns* para *todos*, de *alguns* para *quaisquer* parece indispensável, mas é impossível, porque exigiria que uma quantidade de finitos particulares (observações de fatos isolados) atingisse o infinito, o universal, o que nunca poderá acontecer, por maior que seja a quantidade de fatos observados.

Como o método indutivo se revela impróprio para a ciência, propõe então o método hipotético-dedutivo, em que as pesquisas se originam de um problema para o qual se buscam soluções, por meio de conjecturas, hipóteses, teorias e eliminação de erros. A afirmação, por exemplo, de que todos os cisnes são brancos só seria sustentável se observados todos os cisnes do passado, do presente e do futuro. Se se encontrar um cisne que não fosse branco, a conclusão se revelará indevida.

O método hipotético-dedutivo propõe o seguinte caminho: parte-se de um problema, estabelecem-se conjecturas (hipóteses, uma solução proposta passível de ser testada), deduzem-se consequências das observações realizadas, tenta-se falsear as conclusões a que se chegou por meio da observação. Diferentemente, pois, da indução que busca confirmar uma hipótese, o método hipotético-dedutivo busca falseá-la. Se a hipótese resistir aos testes rígidos de falseamentos, ela estará "corroborada" provisoriamente (*corroborar* no sentido de que algo foi testado e autoriza dizer). Não se trata de confirmação de hipótese ou conjectura, mas de afirmar que não se descobriu, depois de feitos os testes de falseamento, nenhum caso concreto que a invalide. Trata-se, portanto, de um método que não se propõe alcançar uma certeza absoluta, mas provisória, o que está mais de acordo com a ciência, cuja característica é a provisoriedade.

Para Gil (2016, p. 13), embora goze de aceitação nas ciências naturais e seja considerado pelos neopositivistas como o único método rigorosamente lógico, nas ciências sociais a utilização do método hipotético-dedutivo "mostra-se bastante crítica, pois nem sempre podem ser deduzidas consequências observadas das hipóteses".

3.1.4 Método dialético

Método utilizado na análise da realidade que se apoia nos seguintes princípios: (1) A unidade dos opostos (os fenômenos são constituídos por aspectos contraditórios e conflitantes); também se diz *ação recíproca*: há uma unidade polar em que todos os aspectos da realidade se relacionam. Todavia, esses opostos não se colocam lado a lado, mas em estado de constante luta, o que se constitui em fonte de desenvolvimento da realidade. (2) Mudança dialética: tudo se transforma (negação da negação). Temos aqui a passagem da quantidade à qualidade, ou mudança qualitativa. Mudanças quantitativas processadas gradualmente resultam em mudanças qualitativas que se operam por saltos (elevando-se gradualmente a temperatura da água, num processo de mudança quantitativa, chegamos a uma mudança qualitativa brusca, quando sua temperatura alcança 100º: sua transformação em vapor). As mudanças não são, pois, indefinidamente quantitativas. (3) Interpenetração de contrários, em que se observa a

40 **Redação científica** • *Medeiros*

luta dos contrários. A realidade é movimento que, por sua vez, é uma luta de contrários (as contradições internas a um fato ou fenômeno geram seu desenvolvimento; algo como uma semente que dá origem a uma planta que dá origem a outra semente; trata-se da negação da negação). A contradição é também inovadora: um resultado atual suplanta uma fase anterior. Finalmente, a contradição constitui uma unidade de contrários, de termos que se opõem.

Dialética significa arte do diálogo, arte de debater, raciocinar. Desse conceito inicial de equivalência de dialética e diálogo, chegou-se ao de argumentação, que distingue conceitos. Não tem, pois, o conceito de *dialética* uma significação única. Ao longo do tempo, ele vem recebendo diversos significados.

Sócrates entendia que só era necessário a um indivíduo dar à luz (maiêutica) o conhecimento que já possuía. Fazia, então, uma série de questionamentos que levavam paulatinamente as pessoas à verdade. Inicialmente, o método consistia em demolir conceitos impróprios, para, em seguida, erigir novos conhecimentos, novos conceitos sobre o assunto objeto da discussão.

Platão via na dialética (divisão) uma técnica de investigação conjunta por meio do diálogo. Duas ou mais pessoas colaboravam para se chegar à verdade. A mente, partindo de aparências sensíveis, alcançava realidades inteligíveis, o mundo das ideias. Diante de um problema, nossa capacidade intelectiva (os gregos chamavam de *nosso espírito*) acolhe imediatamente uma intuição para sua solução. Essa primeira intuição é grosseira, ingênua. Dialeticamente, esforços sucessivos nos conduzem a ver de maneira mais clara, a contemplar a verdade, a teorizar. Considerando as contradições que possa haver no exame de um ser, chegamos à sua identidade com um conceito. Todavia, como o ser verdadeiro pertence ao mundo das ideias, podemos apenas nos aproximar dela, mas jamais chegar a ela.

Heráclito considerava que é próprio do ser a mudança; Parmênides, que a essência do ser é a imutabilidade. Aristóteles, por sua vez, postula que um ser não pode ser e não ser ao mesmo tempo. A mudança é a passagem da potência em ato, em realidade. Platão afirmava a ideia de transcendência, do mundo das ideias, Aristóteles a de imanência, de universal. Além disso, afirmava a relação entre razão e experiência; nossos conhecimentos passam pelo contato com o mundo em que vivemos, pela observação da realidade.

Depois de Aristóteles, a filosofia mergulhou no mundo da metafísica. No século XVII, John Locke põe em pauta que o conhecimento é produzido pela sensação que nos proporcionam os sentidos e pela reflexão sistematizada do resultado dessa sensação. Ao nascermos, nossa mente seria *tabula rasa,* ou seja, uma tela em branco. É a experiência que nos possibilita conhecer a realidade. Todavia, como o conhecimento tem origem nos sentidos, apenas captamos os fenômenos em sua superfície; não podemos conhecer as causas primeiras. Os sentidos nos fornecem ideias simples; combinando-as, chegamos às mais complexas.

Hegel, observando as contradições da realidade, propõe que a contradição é a outra face da realidade. A dialética seria a lógica do conflito. Para ele, a dialética não constituía um processo cognoscente de solução de conflitos entre dois conceitos opostos, por meio da argumentação. Antes, o conflito entre opostos (tese e antítese) não é ideal, mas real. A superação do conflito não significa uma correção de conteúdo dos argumentos utilizados, mas outro momento: o conflito se transforma em uma novidade pela negação da negação da tese, produzindo algo novo, que não fora dado previamente. Não é, pois, a dialética hegeliana, um instrumento do pensamento para o conhecimento. Daí Ferreira (2017, p. 177) afirmar que, na dialética hegeliana,

> a contradição, por não ser uma falha do sujeito que conhece, mas princípio constitutivo tanto do ser quanto do pensar, não estabelece uma barreira a ser superada, por uma melhor compreensão, entre o pensamento e a realidade. [...]
>
> Da mesma forma, o princípio dialético hegeliano apresenta ao princípio da identidade uma significação diversa da conferida pela lógica formal. Para esta, haveria uma separação definida entre o pensamento e a coisa pensada, de modo que seria possível abstrair desta seu conteúdo, possibilitando uma identidade puramente lógica entre o conceito e a coisa, em que o pensamento repetiria a coisa na forma do conceito –, uma vez que o caráter constitutivo da contradição do ser e do pensar torna as coisas idênticas e, ao mesmo tempo, diversas, em face ao permanente movimento de transformação a que estas estão sujeitas. Importante compreender que Hegel junta a forma e o conteúdo, conceitos separados pela lógica formal.

Marconi e Lakatos (2017b, p. 75) postulam que "o hegelianismo é um sistema, uma construção lógica, racional, coerente, que pretende apreender o real em sua totalidade". Tudo o que existe contém, ao mesmo tempo, o ser e o não ser (nada). A tese seria o ser; a antítese, o nada. Ambos, ser e não ser, seriam abstrações ou momentos de um processo em que ambos são superados pela síntese. A realidade seria, pois, contraditória ou dialética em si mesma. Todavia, Hegel entendia que a mudança ocorria primeiramente no espírito; depois, na matéria: "O espírito e o universo estão em perpétua mudança, mas as mudanças do espírito é que determinam a da matéria", concluem as autoras citadas.

Agora, a **dialética materialista**. Embora partisse da dialética de Hegel, Marx entendia que o mundo material é que determina o do espírito. O pensamento e o universo estão em mudança permanente; as ideias, porém, se modificam porque a realidade se modifica.

Duas expressões são normalmente utilizadas quando se trata de dialética: materialismo histórico e materialismo dialético. A primeira diz respeito à aplicação de princípios do materialismo dialético ao estudo da realidade social e de sua história: análise da realidade com base na infraestrutura e superestrutura que envolvem determinado modo de produção. A expressão materialismo dialético, por sua vez, é relativa ao uso de um método específico de abordar os fenômenos sociais com base em uma teoria materialista. Diferentemente das abordagens positivistas em que prevalece os aspectos quantitativos, nas abordagens dialéticas prevalecem os aspectos qualitativos das mudanças. Richardson (2015, p. 46) entende que o materialismo dialético "é considerado uma ciência por seus seguidores [...]. É a única corrente de interpretação dos fenômenos sociais que apresenta princípios, leis e categorias de análise". São seus **princípios**: a conexão universal de objetos e fenômenos, o movimento do desenvolvimento; são suas **leis**: a unidade e luta de contrários, a da transformação da quantidade em qualidade e a da negação da negação (morte do velho para o aparecimento do novo); são suas **categorias**: (1) Individual/geral: todo fenômeno tem características específicas, mas os fenômenos apresentam traços comuns. (2) Causa/efeito: um fenômeno é causa de outro fenômeno; suponhamos: o desemprego é resultado de desarranjos na economia,

42 **Redação científica** • *Medeiros*

de um estado perdulário, o que o leva à falta de investimento em infraestrutura, busca de redução dos salários para ampliação de margem de lucro etc.). (3) Necessidade/acaso: necessidade de contratação de empregados para a produção dos bens que serão objeto de procura no mercado; a categoria da casualidade nos leva, por exemplo, a considerar em uma análise econômica que a redução da inflação brasileira em 2017 foi provocada por situações climática favoráveis, um acidente). (4) conteúdo/forma (o conteúdo é o conjunto dos elementos, interações e mudanças de um fenômeno: na produção de bens, consideram-se, por exemplo, as pessoas que os produzem e os instrumentos que utilizam; a forma diz respeito ao sistema de relações dos elementos de um fenômeno. (5) Essência/aparência: em uma análise, temos de considerar aspectos exteriores e interiores aos fenômenos. (6) Possibilidade/realidade: a primeira identifica o que é possível, mas ainda não se tornou real: o governo divulgou que alterações introduzidas na CLT em 2017 visavam ampliar a contratação de mão de obra e, consequentemente, a redução do nível de desemprego, que está em mais de 13 milhões no país. Realidade é o que já ocorreu, fato consumado: o Presidente dos EUA, Donald Trump, reconheceu Jerusalém como capital de Israel e provocou descontentamento geral e conflito de enormes proporções.

3.1.5 Método fenomenológico

Fenomenológico é um método de pesquisa que se define como estudo de um fenômeno tal como ele se apresenta à percepção, para descobrir sua significação. É um método que se ocupa de descrever um fenômeno tal qual é percebido pelo pesquisador, procurando ir ao encontro das coisas em si mesmas. Entendem os fenomenólogos que, por meio da observação, essa abordagem constitui uma tentativa de explicação neutra de um fenômeno como ele se apresenta à consciência que a pessoa tem do mundo. A utilização da fenomenologia como método era para Husserl uma garantia contra a certeza ingênua dos positivistas, da ciência de base empírica. Daí não se apoiarem os fenomenólogos em teorias sociológicas, psicológicas nem em explicações de causas do aparecimento do fenômeno. Segundo essa postura, a realidade é múltipla e depende da interpretação que se lhe dá. Trata-se, pois, de um método altamente subjetivo. Husserl propunha então a redução fenomenológica, que se constitui pela suspensão de crenças e teorias para focalizar exclusivamente naquilo que o fenômeno significa para a pessoa. O postulado implicava que, livre de preconceitos, reduziam-se a possibilidade de adulterar a realidade.

Fenômeno, na origem, significa o que que é visto, o que surge aos nossos olhos, o que aparece aos sentidos. Opõe-se a *noumenon*, o que é, o que é conhecido sem a ajuda dos sentidos e, portanto, constitui a sua essência. O método fenomenológico, portanto, busca compreender os que se põe atrás da realidade, sem se preocupar se se trata da realidade propriamente dita ou de uma aparência do real. E faz isso sem a participação de juízos apriorísticos. Entendem, porém, os que a esse método se opõem que dificilmente um pesquisador, ainda que precavido de juízos apriorísticos, observa a realidade destituído de teoria ou conhecimentos que orientam sua maneira de interpretar o que vê. Afirma Gil (2016, p. 14) que no método fenomenológico o pesquisador preocupa-se em mostrar e esclarecer o que é dado. Não procura explicar mediante leis, nem deduzir com base em princípios, mas considera imediatamente o que está presente na consciência dos sujeitos. O que interessa ao pesquisador não é o mundo que existe, nem o conceito subjetivo, nem uma atividade do sujeito, mas sim o modo como o conhecimento do mundo se dá, em lugar, se realiza para cada pessoa. [...] O objeto de conhecimento para a Fenomenologia não é o sujeito nem o mundo, mas o mundo enquanto é vivido pelo sujeito.

A pesquisa fenomenológica orienta-se pela *epoché*: redução psicológica e redução fenomenológica ou transcendental. Pela redução psicológica, o pesquisador recusa aceitar a evidência empírica como fundamento de um conhecimento verdadeiro. Coloca-se, portanto, entre parênteses (= *epoché*) todo juízo todo juízo a respeito das coisas. Enfim, trata-se de uma redução subjetiva, em que se põe de lado o conhecimento anterior com que nos relacionamos com a realidade, para captar as coisas como elas são em si mesmas. Deixamos, pois, provisoriamente, de lado as teorias e os preconceitos de que nos valemos para conferir sentido às coisas; rejeitamos tudo o que possa prejudicar o conhecimento do fenômeno, o que caracteriza uma atitude de suspensão do juízo. Fase, portanto, de contemplação desinteressada. Opõe-se ao dogmatismo, em que se aceita uma proposição. Nesse sentido, Husserl valorizava a intuição da essência. Na redução fenomenológica e transcendental, reflete-se sobre o refletido; pensa-se o pensado, ou seja, os atos de consciência também são objeto de reflexão.

3.2 Métodos de procedimento

Marconi e Lakatos (2017a, p. 108) entendem que os métodos de procedimento são propriamente "técnicas, que, pelo uso mais abrangente, se erigiram em métodos" e que eles "pressupõem uma atitude concreta em elação ao fenômeno e estão limitados a um domínio particular". Incluem entre os métodos de procedimentos: o histórico, o comparativo, o monográfico, o estatístico, o tipológico, o funcionalista, o estruturalista, o etnográfico, o clínico). Gil (2016, p. 15 s) denomina os métodos de procedimentos de *métodos que indicam os meios técnicos da investigação*; método que são necessários para "garantir a objetividade e a precisão no estudo dos fatos sociais", ou "fornecer a orientação necessária à realização da pesquisa social", relativamente à obtenção, processamento e validação dos dados colhidos para a solução do problema de pesquisa constituído. Salienta ainda que às vezes o pesquisador se vale de mais de um método. Cita entre eles: o experimental, o observacional, o comparativo, o estatístico, o clínico, o monográfico. O funcionalismo, o estruturalismo, o procedimento de "compreensão" de Max Weber, o materialismo histórico, o interacionismo simbólico, a etonometodologia e o social-construtivismo são vistos por Gil como quadros de referência.

3.2.1 Método histórico

O método histórico busca nos acontecimentos passados explicações, causas para a ocorrência de determinados fatos. Objetiva entender o fenômeno do presente com base em acontecimentos que ocorreram ao longo da história. Marconi e Lakatos (2017a, p. 108), apoiadas em Boas, postulam que, como as atuais formas de vida social, as instituições e os costumes têm origem no passado, "é importante pesquisar suas raízes, para compreender sua natureza e função", bem como sua influência na sociedade atual.

3.2.2 Método comparativo

Nesse tipo de abordagem, a pesquisa concentra-se em estabelecer semelhanças e diferenças que possa haver em diversos tipos de grupos ou sociedades para compreender o comportamento humano. Imaginemos, por exemplo, uma pesquisa na área do Direito que estabelecesse um comparativo entre o instituto da delação premiada (ou cooperação premiada) em vigor no Brasil com o mesmo instituto presente em outros países.

3.2.3 Método experimental

Método que se constitui pela observação de um fenômeno submetido à influência de variáveis, sob controle rigoroso, a fim de observar os resultados que dessa investigação possam advir. É o método que se utiliza sobretudo nas ciências naturais. Nas ciências sociais, posicionamentos éticos chocam-se com sua aplicação.

3.2.4 Método estatístico

O método estatístico vale-se da teoria estatística da probabilidade para explicar a realidade. É largamente utilizado nas pesquisas sociais, ressaltando-se, porém, que as conclusões a que se chega não são propriamente certezas absolutas, mas resultados que alcançam razoável grau de probabilidade de serem verdadeiros. Pesquisas eleitorais estariam entre as pesquisas que se valem do método estatístico. Diferenças que ocorrem entre os resultados da pesquisa e o resultado das urnas são creditadas aos diferentes momentos vividos pelo eleitor. Além disso, nem sempre se dá o devido valor à margem de erro.

Aplicando o método estatístico, podemos correlacionar, por exemplo, grau de escolaridade e participação política, ou ocupação de altos cargos administrativos e gêneros.

3.2.5 Método observacional

É um dos métodos, segundo Gil (2016, p. 16) mais utilizados nas ciências sociais, embora pouco preciso (dependendo do rigor da observação). Na psicologia, a observação se coloca próxima aos procedimentos experimentais, com a diferença de que "nos experimentos o cientista toma providências para que alguma coisa ocorra, a fim de observar o que se segue, ao passo que no estudo por observação apenas observa algo que acontece ou já aconteceu".

3.2.6 Método monográfico ou estudo de caso

Método que se constitui pela focalização exclusiva de um fenômeno, para alcançar maior profundidade. Esse método alcança resultados que nem sempre podem ser generalizados. Esse método teria como origem uma pesquisa realizada por Le Play, que ponderava que um caso estudado em profundidade poderia ser considerado representativo de muitos outros.

Imaginemos o estudo do comportamento de um político flagrado com malas de dinheiro obtido ilicitamente: um estudo profundo de sua personalidade, bem como das brechas da lei e facilidades encontráveis na administração pública pode levar a compreender o comportamento de muitos outros.

Parte-se, pois, no estudo de caso, de acontecimentos particulares (empresas, instituições, grupos sociais) para obter generalizações.

4 ENFOQUES DE PESQUISA

Enfoques de pesquisa, ou quadros de referência, constituem a orientação teórica que se dá a uma pesquisa, a perspectiva de abordagem dos fenômenos.

Chizzotti (2014b, p. 21) entende que concepções diversas para realizar pesquisa são designadas por **paradigmas**. Apoiando-se em Kuhn, afirma:

> Os paradigmas caracterizam as conquistas científicas universalmente reconhecidas que, por certo período, fornecem um modelo de problemas e soluções aceitáveis pelos que praticam certo campo de pesquisa [...]

> Um paradigma supõe alguns exemplos reconhecidos de trabalho científico real, exemplos que englobam uma lei, uma teoria, uma aplicação e um dispositivo experimental e fornecem modelos que dão nascimento a tradições particulares e coerente de pesquisa científica e, portanto, constitui-se quando o campo de conhecimento que recobre está bem definido, os problemas pendentes de pesquisa estão estipulados e o grupo duradouro de praticantes da pesquisa está convicto da oportunidade do modelo em relação a outras teorias explicativas competidoras.

> As realizações científicas passadas constituem, segundo Kuhn, a *ciência normal* – a pesquisa baseada nos quadros conceituais aceitos e amparados nos resultados alcançados pela ciência, no passado, aos quais a *comunidade científica* reconhece, por um determinado período, como fundamento de uma produção científica. Os pesquisadores, de modo geral, confiam em algumas proposições científicas consideradas evidentes e procuram não refutar as teorias existentes, mas trazer alguma coisa nova e original a elas para se afirmar no campo do sabe e do poder.

Admite ainda Chizzotti que paradigma "pressupõe um conjunto de pressuposições que se refere ao que é a realidade, ao conhecimento que se pode ter dessa realidade e às formas particulares para se conhecer essa realidade". Um paradigma pode, no entanto, sofrer desgaste, entrar em crise com os novos desenvolvimentos científicos; temos então uma crise do paradigma, o que pode levar a uma revolução científica (esse o caso de Copérnico e Galileu Galei que rejeitaram o paradigma ptolemaico e introduziram um novo paradigma).

Outros autores preferem falar em **tradições de pesquisa** (Larry Laudan), que seriam "conjunto de pressupostos gerais sobre entidades, processos presentes em um domínio de estudo e os métodos apropriados que são usados para investigar os problemas ou construir teorias em um determinado domínio" (CHIZZOTTI, 2014b, p 22). Esse conceito teria sido utilizado por E. Jacob para mapear diversas tradições em subcampos de práticas de pesquisa,

46   **Redação científica** • *Medeiros*

como psicologia ecológica, etnografia holística, antropologia cognitiva, etnografia e comunicação, interacionismo simbólico.

Imre Lakatos entende que a evolução da ciência se faz com **programas de pesquisa**, em que sobre a competição de teorias concorrentes para explicar a realidade. A teoria que explica melhor a realidade suplanta outra menos eficaz.

Feyerabend, em *Contra o método* (2011b) e *A ciência em uma sociedade livre* (2011a), segue postura completamente crítica em relação à racionalidade científica. Entende que a ciência não se constitui em único paradigma de racionalidade e que sua evolução se deve a quebra e paradigmas de racionalidade, abandono de determinadas posturas tidas como certas e evidentes. A ciência seria pretensiosa ao propagar sua validade e objetividade. Também é de dizer que os cientistas não seguem um padrão único, uma metodologia fixa, para a realização de suas pesquisas.

Vejamos algumas linhas de pesquisa, lembrando ao pesquisador iniciante a necessidade de coerência na composição de sua investigação. Um problema que as bancas arguidoras às vezes salientam diz respeito, justamente, a "colchas de retalhos" de muitos trabalhos que se apoiam às vezes em correntes de pensamento que se opõem. Nesse sentido, Triviños (2015, p. 15) fala em indisciplina, definindo-a como:

> Ausência de coerência entre os suportes teóricos que, presumivelmente, nos orientam e a prática social que realizamos. Confusamente nos movimentamos dominados por um *ecletismo* que revela, ao contrário do que se pretende, nossa *informação indisciplinada* e nossa fraqueza intelectual. A maioria dos trabalhos, denominados dissertações de mestrado ou [tese de] doutorado, oferece larga margem para verificar nossa assertiva. A mistura de correntes de pensamento, as citações avulsas fora de contexto etc. não só desses tipos de criatividade intelectual mencionados, mas também de textos que circulam nos meios pedagógicos etc. são facilmente detectáveis por quem costuma trabalhar dentro dos limites de uma linha definida de ideias.

Entre os enfoques de pesquisa, citam-se o positivismo, a fenomenologia, o materialismo histórico, o estruturalismo, o funcionalismo.

4.1 Positivismo

A ciência moderna é movida pelos ideais do positivismo, criado por Auguste Comte (século XIX), que postulava a existência de uma ordem imutável e determinada de todas as coisas. Postula ele que à ciência cabia observar e descrever os fenômenos, abstendo-se de explicá-los. O positivismo seria uma evolução de três estados pelos quais o homem teria passado: no primeiro, teológico, os fenômenos naturais e sociais são explicados com base em ações divinas; no segundo, metafísico, o homem teria buscado explicações para a realidade em reflexões sobre a essência e o significado abstrato dos fenômenos; no terceiro, positivo, as explicações da realidade natural e social se apoia na observação rigorosa dos fenômenos, validação ou rejeição de hipóteses, formulação de leis universais. Temos, então, basicamente a aplicação do método científico.

O significado da palavra *positivo* para Comte compreendia o sentido de *real* em oposição a quimérico (ao homem cabia investigar apenas o que é possível conhecer, eliminando a preocupação da busca de causas últimas ou primeiras). A segunda acepção consistia em ver o positivo como um estado sobre o útil em lugar do ocioso. Tudo o que se constituísse em aperfeiçoamento individual deveria ser objeto de investigação. Uma terceira acepção compreendia que a filosofia positiva deveria guiar-se pela precisão, para a certeza, eliminando o vago e impreciso. Também via positivo como contrário a negativo. Daí sua preocupação com a ordem e a organização (cf. TRIVIÑOS, 2015, p. 35). Lembremo-nos nesse particular, que os dizeres positivistas de nossa bandeira nacional diz: "Ordem e progresso".

Embora Comte seja considerado o fundador do Positivismo, as raízes dessa forma de fazer pesquisa são encontradas no empiricismo, particularmente em Bacon, Hobbes e Hume. Três são as preocupações de Comte: uma filosófica (com sua lei dos três estados do pensamento do homem), uma segunda de classificação das ciências (Matemática, Astronomia, Física, Química, Fisiologia e Sociologia) e uma terceira de elaboração da ciência que se ocupa dos fatos sociais, a Sociologia.

Triviños (2015, p. 33) distingue três momentos na evolução do Positivismo: (1) Positivismo clássico, em que sobressaem Comte, Littré, Spencer, John Stuart Mill. (2) Empiriocriticismo, representado por Avenarius e Mach. (3) Neopositivismo, que compreende o positivismo lógico (rejeita, tal como Comte, metafísica, mas não porque seja falso, mas por sua falta de significado; o positivismo lógico é responsável pela introdução do princípio da verificação na ciência: é verdadeiro o que pode ser verificável, o que leva a limitar o conhecimento científico à experiência sensorial; Carnap e Neurath desenvolveram a ideia de fisicalismo, que consiste em traduzir os postulados científicos em linguagem da Física), a filosofia analítica (Witgenstein), o behariorismo (John Broadus Watson) e o neobehaviorismo (Skinner). Ainda apresentam traços fundamentais do pensamento de Comte: William James e John Dewey.

Triviños defende a ideia de que a compreensão do surgimento do Positivismo fica facilitada quando o entendemos como uma reação à filosofia especulativa do idealismo clássico alemão (Fichte, Schelling, Kant, Hegel). O Positivismo se colocava na posição oposta à valorização da especulação pura (metafísica), valorizando sobretudo os fatos imediatos da experiência (o positivamente dado). Entre os princípios comuns nas abordagens positivistas, temos: (1) Busca de explicação dos fenômenos por meio das relações entre eles. (2) Observação rigorosa dos fatos. (3) Necessidade de uma teoria para explicar a relação entre os fatos.

Para o Positivismo, a função fundamental da ciência seria sua capacidade de previsão, ou, dito de outra forma: ver para prever. Também postula a unidade metodológica, ou seja, tanto os fatos naturais como os fatos sociais devem ser submetidos à mesma metodologia: fenômenos da natureza e fatos sociais seriam regidos por leis invariáveis.

Como ponto negativo do Positivismo, Triviños salienta a consideração da realidade como formada de partes isoladas. Também não se preocupa com as causas dos fenômenos: a atitude positiva consistia tão somente em descobrir relações entre as coisas (como são produzidas as relações entre os fatos). Daí os instrumentos de pesquisa, como questionários, entrevistas, escalas de atitudes, escalas de opinião, tipos de amostragem e a prática de se privilegiar a estatística, o que, para os positivistas, determinava a objetividade científica. O processo de quantificação contava ainda com o emprego de variáveis (variáveis dependentes em relação com variáveis independentes) que permitem testar hipóteses e estabelecer generalizações. Daí também deriva a consideração da neutralidade científica: ao pesquisador cabia apenas dizer o que fatos são, sem se ocupar de suas consequências, de fazer julgamentos. Hoje, esse posicionamento é criticado pelos cientistas sociais, que entendem que a ciência não pode ficar à margem dos problemas sociais; sem se interessar por soluções que levem a uma sociedade melhor.

Ao abordar o Positivismo, faz-se referência ao racionalismo crítico de Popper, que representa uma linha dentro das filosofias pós-positivistas. O racionalismo crítico "postula explicar o comportamento humano, o saber, as ideias, as organizações sociais etc., procurando realizar sobre eles uma crítica tendente a seu aperfeiçoamento constante. O racionalismo crítico representa uma linha dentro das filosofias pós-positivistas" (TRIVIÑOS, 2015, p. 39). Popper, como já vimos em método hipotético-dedutivo, afirmava a impropriedade do método indutivo para estabelecer enunciados de validade universal e, consequentemente, sua impropriedade como método a ser utilizado na ciência. Substitui então o critério científico da necessidade de verificação pelo critério da falseabilidade. Um fato científico será tido como verdadeiro até que surja algo que o contradiga. Não se estabelecem, portanto, verdades definitivas, mas probabilidade de que algo seja verdadeiro.

Além do racionalismo crítico de Popper, a crítica da Escola de Frankfurt também se constituiu em demolidora do Positivismo. Entre seus representantes, salientam-se: Horkheimer, Adorno, Marcuse, Walter Benjamim, Habermas.

4.2 Fenomenologia

Além do que expusemos sobre a Fenomenologia, quando dela tratamos como método de abordagem, pode-se dizer que a ideia fundamental da fenomenologia é a intencionalidade, em que se considera que não existe objeto sem sujeito. A fenomenologia tem recebido crítica por não dar relevo à historicidade dos fenômenos. Ao estudar a realidade apenas para descrevê-la, apresentá-la tal como é, deixa-se de ter como objetivo transformações necessárias. Triviños (2015, p. 47) afirma:

> A busca da essência, isto é, o que o fenômeno verdadeiramente é, depois de sofrer um isolamento total, uma redução, eliminando o eu que vivencia e o mundo com seus valores, cultura etc., carece de toda referência que não eja a de sua pureza como fenômeno, de modo que o componente histórico, que tão pouco interessava ao Positivismo, não é tarefa que preocupe o pesquisador que se movimenta orientado pelos princípios da fenomenologia.

Acrescenta, ainda, o autor citado que, enquanto o positivismo transformou o conhecimento num mundo objetivo de coisas, isto é, o *reificou*, "a fenomenologia, com sua ênfase no ator, na experiência pura do sujeito, realizou a *desreificação* do conhecimento, mas a nível de consciência, em forma subjetiva". Embora reconheça que a fenomenologia tem o mérito de haver questionado os conhecimentos do positivismo, elevando a importância do sujeito no processo da construção do conhecimento", salienta que o esquecimento da história na interpretação dos fenômenos, bem como sua omissão do estudo da ideologia, dos conflitos sociais de classes, da estrutura da economia, das mudanças fundamentais, sua exaltação da consciência etc. autorizam a pensar que um enfoque teórico dessa natureza pouco pode alcançar de proveitoso quando se está visando os graves problemas de sobrevivência dos habitantes do Terceiro Mundo (p. 48).

4.3 Materialismo histórico

Quadro de referência que se apoia na dimensão histórica dos processos sociais, em que prevalece a ideia de que a produção e a troca de produtos constituem a base para a interpretação da realidade. Para Gil (2016, p. 22), considerando esse paradigma, "o modo de produção da vida material é, portanto, o que determina o processo social, político e espiritual". A relação infraestrutura (estrutura econômica) e superestrutura (política, jurídica, educacional) não é mecânica, mas deve ser entendida dialeticamente.

A concepção materialista da realidade leva-nos a considerar o materialismo filosófico, que entende que ser a matéria o princípio primordial, e não o espírito. A consciência seria um produto da matéria; ela apenas permite que o mundo se reflita nela, assegurando ao homem a possibilidade de conhecimento do mundo. Para o materialismo histórico, a realidade existe independentemente da consciência; a matéria é anterior à consciência. Os filósofos pré-socráticos ocuparam-se do princípio criador de todas as coisas: para Tales, a água era a origem de todas as coisas, a substância primordial; para Anaxímenes, a substância primária era o ar; para Heráclito, tudo deriva do fogo. Na continuidade do pensamento materialista, vamos encontrar no século XVI Francis Bacon, considerado o pai da ciência moderna; ele ressaltava o valor da experiência e do conhecimento direto da natureza. Com Hobbes, Descartes, Spinoza, temos o que se chama de materialismo mecânico: os fenômenos naturais se explicam por uma causalidade mecânica. No século XIX, com Marx e Engels, apoiados em Feuerbach, temos então o que se veio a chamar de materialismo histórico: uma abordagem metodológica de investigação da sociedade, da economia e da história. Entendem os materialistas históricos que o desenvolvimento da sociedade se dá por meio da produção material coletiva dos homens, que buscam satisfazer suas necessidades básicas. Todavia, essa expressão nunca foi utilizada pelos autores.

O materialismo histórico visa compreender as relações entre trabalho e fatos econômicos, adquiridos através da história. Entende ainda que os modos de produção material são determinantes na vida social e que a luta de classes sociais é que move a história de uma sociedade.

Entre os conceitos de que se ocupou o materialismo histórico, ressaltam-se, segundo Triviños (2015, p. 52):

- Ser social: "relações materiais dos homens com a natureza e entre si que existem em forma objetiva, isto é, independentemente da consciência".

50 **Redação científica** • *Medeiros*

- Consciência social: envolve ideias políticas, jurídicas, filosóficas, estéticas, religiosa das classes sociais que se têm constituído através da história.
- Meios de produção: inclui todos os instrumentos de que se vale o home para produzir bens materiais.
- Forças produtivas: envolvem meios de produção, homens, experiência de produção, hábitos de trabalho.
- Relações de produção: o materialismo histórico entende que tais relações não podem ser separadas das forças de produção; as relações podem ser de cooperação, submissão, ou de transição entre submissão e cooperação. Essas relações estabelecem vínculos entre os homens.
- Modos de produção: incluem escravagista, feudalista, capitalista, comunista (esta última compreende duas fases: a socialista e a comunista).

Outros conceitos que são fundamentais para a compreensão do materialismo histórico seriam: sociedade, formações socioeconômicas, estrutura social, organização política da sociedade, cultura, concepção do homem, progresso social.

No estudo do materialismo histórico, ressalta-se a necessidade de compreensão do conceito de materialismo dialético, que incorpora o conceito de dialética, já visto anteriormente.

Três conceitos são fundamentais ao materialismo dialético: o de matéria, o de consciência e o de prática social. A matéria é a realidade objetiva. É incriada e indestrutível e pode autodesenvolver-se. Ela existe fora da consciência. A consciência, por sua vez, tem como propriedade refletir a realidade objetiva. A prática social é vista como atividade, "como processo objetivo de produção material, que constitui a base da vida humana, e também como atividade transformadora revolucionária das classes e como outras formas de atividade social prática que conduzem à mudança do mundo" (TRIVIÑOS, 2015, p. 64). Pouco adiante, o autor citado ressalta a preocupação básica de Marx e Engels: a transformação do mundo. Cita então a Tese 11 sobre Feuerbach: "Os filósofos têm apenas interpretado o mundo de maneiras diferentes, a questão é transformá-lo."

Ainda com relação à dialética, é de considerar: as **leis da dialética**, como: ação recíproca, em que tudo se relaciona; a mudança dialética, em que temos a negação da negação, em que tudo se transforma; a passagem da quantidade à qualidade, ou mudança qualitativa; e interpenetração de contrários, contradição ou luta de contrários.

Diferentemente da metafísica, que vê o mundo como um conjunto de seres estáticos, a dialética os vê como processo. As coisas do mundo não estão acabadas, mas em processo. Aparentemente estáveis, mas profundamente em mudança ininterrupta. Tudo está em movimento, em vias de transformação. O fim de um processo é começo de outro. além disso, as coisas se relacionam umas com as outras; não estão isoladas e forma um todo coerente. Natureza e sociedade são constituídas por seres e fenômenos organicamente ligados entre si, que dependem um do outro e condicionam-se reciprocamente (cf. MARCONI; LAKATOS, 2017b, p. 77).

Mudança dialética, por sua vez, é o conceito que o materialismo histórico utiliza para afirmar que todas as coisas se transformam, sejam elas da natureza, sejam da realidade social. O estágio atual delas significa que são produtos de transformação e que darão oportunidade a novas transformações. O movimento, a transformação, o desenvolvimento são constituídos por contradições, ou seja, a negação de algo. Essa negação, por sua vez, é negada, produzindo a mudança dialética. Mudança dialética é igual a negação da negação. Daí se falar em tese, antítese, síntese. A síntese, negação da negação, constitui ponto de partida para futuras negações. Um exemplo clássico é o da semente, que se transforma em vegetal, que produz nova semente e morre. A nova semente seguirá o processo, produzindo novas transformações.

A mudança dialética afirma, pois, positivamente, a mudança. Nada é definitivo e imutável; tudo é transitório e está em movimento. Tudo tem, portanto, uma história.

Relativamente à passagem da quantidade à qualidade, entende-se que as transformações, a partir de determinado momento, ocorrem por salto. No caso da água, acrescentando calor, gradualmente, até 99º C, temos aquecimento; a partir de 100º, temos vapor. Se procedermos de forma contrária, resfriando a água, a partir de certo momento (zero grau) teremos gelo. Acima ou abaixo desses limites, temos, portanto, mudança qualitativa, do que se conclui que as mudanças não podem ser indefinidamente apenas quantitativas. A partir de certo momento, a quantidade se transforma em qualidade.

Como podemos verificar, a contradição é interna. A realidade está em movimento e este se revela como luta de contrários. Ao mesmo tempo, a contradição é inovadora. O velho morre para dar lugar ao novo. A contradição encerra, pois, dois termos que se opõem, produzindo uma unidade de contrários, que é passageira. Só a luta dos contrários é que é absoluta.

4.4 Estruturalismo

O estruturalismo é uma corrente de pensamento que, como o próprio nome indica, apoia-se na noção de estrutura para explicar a realidade. Os fenômenos são constituídos por elementos que se inter-relacionam. Todas as partes se relacionam com todas as partes. É a relação a palavra-chave nesse tipo de abordagem. Alterações ou mudança em um dos elementos causam alterações em outros. Na Linguística, Saussure é tido como iniciador da aplicação dessa abordagem para a compreensão dos fatos que ocorrem na língua. As dicotomias, ou categorias, que lhe servem para análise compreendem: língua/fala, sincronia/diacronia, significante/significado, sintagma/paradigma.

Outro grande autor que apoiou seus estudos no estruturalismo é o antropólogo Claude Lèvi-Strauss. Em *O pensamento selvagem*, defende a tese de que não há superioridade da civilização ocidental, demonstrando não haver verdadeira diferença entre o pensamento primitivo e o nosso, ou seja, a mente selvagem é igual à mente civilizada.

Uma estrutura, segundo Lèvi-Strauss, pode ser assim considerada se os elementos de um fato social constituem um sistema, ou seja, existe relação entre todos os elementos: alterando-se um, alteram-se os outros. Diferentemente, pois, do positivismo que que entende que a realidade é singular e que se pode, partindo de um caso particular, de uma experiência sensível, chegar a um resultado de validez generalizada. no estruturalismo um fato isolado não tem significado. Gil (2016, p. 20) afirma:

> Onde a experiência comum só reconhece coisas, a análise estrutural descreverá redes de relações. Essas redes de relações, por sua vez, constituem os sistemas:

sistemas de parentesco e de filiação, sistema de comunicação linguística, sistema de troca econômica etc.

No estruturalismo, partindo de observações concretas, chega-se a um nível abstrato da realidade (um modelo) e, depois, retorna-se à realidade para compreendê-la, ou seja, segundo essa teoria, parte-se do concreto, chega-se ao abstrato (estrutura, ou fase em que obtém um modelo para a explicação da realidade) e retorna-se ao concreto.

4.5 Funcionalismo

O próprio nome já nos diz algo sobre essa corrente das ciências sociais, que procura explicar aspectos sociais em termos de funções; busca compreender as relações e ajustamento dos diversos componentes de uma sociedade.[1] Esse tipo de estudo remonta a Spencer de Durkheim, que entendiam que a sociedade funcionava com um organismo vivo. É com o antropólogo Malinowski, no entanto, que temos a consolidação desse método de pesquisa social. Afirmam Marconi e Lakatos (2017, p. 90): "É com Malinowski que a análise funcionalista envolve a afirmação dogmática da integração funcional de toda a sociedade, na qual cada parte tem uma função específica a desempenhar no todo." Entendem ainda as autoras citadas que

> o método funcionalista considera, de um lado, a sociedade como uma estrutura complexa de grupos e indivíduos, reunidos numa trama de ações e reações sociais; de outro, como sistema de instituições correlacionadas entre si, que agem e reagem umas em relação à outras. Qualquer que seja o enfoque, fica claro que o conceito de sociedade é visto como um todo em funcionamento, um sistema em operação. E o papel das partes nesse todo é compreendido como funções no complexo de estrutura e organização.

Para Triviños (2015, p. 89), o funcionalismo, sobretudo em Educação, ao prescindir da historicidade dos fenômenos sociais, "coloca em releva a ideia do equilíbrio do sistema social, ressalta a adaptação do sujeito ao organismo, ao meio, omite os conflitos sociais, mostra uma tendência de análise notadamente especulativa, que a coloca longe da realidade que pretende descrever e explicar". Todavia, acrescenta que, quando a ela se acrescenta o suporte teórico do marxismo, "a análise estrutural-funcional é um efetivo meio para conhecer a realidade dos agrupamentos humanos".

5 TÉCNICAS DE PESQUISA

A prática científica é recheada de atividades que envolve a aplicação de técnicas, máquinas, aparelhos, laboratórios necessários para a observação e a experimentação, coleta de dados, registro de fatos e resultados, levantamento, identificação, catalogação de documentos, cálculos estatísticos, tabulação, entrevistas, questionários.

---

1 Não se confunde o funcionalismo nas ciências sociais com o funcionalismo em linguística. Nesta última, a linguagem é vista como um instrumento de interação social.

Além dos métodos, importa, pois, estudar as *técnicas* de pesquisa, que são conjuntos de normas utilizadas especificamente pelas mais diversas ciências. A técnica de pesquisa está relacionada com a parte prática da pesquisa. Divide-se em documentação direta e indireta. A primeira inclui observação direta e sistemática da realidade, a entrevista, os questionários, os testes, as histórias de vida. A segunda inclui a pesquisa bibliográfica e a documental. Severino (2016, p. 106) afirma: "A ciência se faz quando o pesquisador aborda os fenômenos aplicando recursos técnicos, seguindo um método e apoiando-se em fundamentos epistemológicos." Pouco adiante, considerando o conceito de epistemologia, afirma que não basta seguir um método e aplicar técnicas para produzir ciência. É o fundamento epistemológico que "sustenta e justifica a própria metodologia aplicada". A ciência é constituída pela união de teoria e dados empíricos, uma articulação do lógico com a realidade, do teórico com o empírico. Continua Severino:

> Toda modalidade de conhecimento realizado por nós implica uma condição prévia, um pressuposto relacionado a nossa concepção de relação sujeito/objeto. Qual a contribuição de cada polo desta relação sujeito que conhece e objeto conhecido? São independentes um do outro? Ou um depende do outro? O resultado do conhecimento é determinado pelo objeto, exterior ao sujeito ou, ao contrário, o que conhecemos é mais a expressão da subjetividade do pesquisador do que o registro objetivo da realidade?

6 ETAPAS DA PESQUISA

A etapa inicial de um cientista é a observação dos fatos, observação que pode se dar de forma casual, espontânea, ou motivada. Nossas observações não se dão aleatoriamente, sem a participação de uma teoria. Um psicólogo vê a realidade com base nos seus estudos de Psicologia; um sociólogo o faz apoiado em teorias sociológicas; um químico vê a realidade influenciado pelas leis da química etc. Depois de percebido um fato ou uma situação como problemática, passamos a observar a existência de uma relação causal. Formulamos uma hipótese, uma explicação para o fenômeno observado. Essa explicação é, naturalmente, provisória e precisa ser comprovada pela experimentação; precisa ser confirmada por testes. Isolam-se variáveis e verifica-se o resultado, que pode confirmar ou não a hipótese inicial. A confirmação de uma hipótese pode transformar-se em lei nas ciências naturais e biológicas; nas ciências humanas, trabalha-se, em geral, com probabilidade e o resultado não alcança validade universal. Um conjunto de leis ou de princípios fundamentais relativas a uma área do conhecimento identifica-se como teoria. Um pesquisador sem embasamento teoria, sem uma teoria que dê sustentação para o resultado de sua investigação, é como um marinheiro sem bússola.

Retomemos o problema inicial, que vai se converter no objeto de pesquisa. Em geral, o estudioso leva em consideração seu gosto pessoal, de valor relevante, teórico ou prático, para o grupo a que pertence. Esse objeto de pesquisa deverá estar em acordo com a formação intelectual do pesquisador, que terá de verificar a existência de material de pesquisa (bibliografia) suficiente sobre o assunto. Questões como tempo de pesquisa e recursos financeiros não são irrelevantes.

54 **Redação científica** • *Medeiros*

A delimitação do objeto, focalização, estabelecimento com precisão do objeto a ser pesquisado, leva em consideração a extensão da pesquisa. Para que ele não seja excessivamente abrangente, determinam-se as circunstâncias especificadoras (tempo e espaço), bem como a definição dos *termos* e *conceitos*. Que enfoque (sociológico, psicológico, filosófico, crítico-literário) será dado à pesquisa? Essas informações constarão da introdução que futuramente constituirá parte inicial dos resultados da pesquisa, da redação do trabalho científico.

O planejamento de uma pesquisa compreende a formulação de problemas. Estes podem ser descritivos ou explicativos:

Quais são as propriedades do assunto?
Quais são as características do assunto?
} Problemas descritivos

Metodologicamente, como a questão será explanada?
Por dedução ou indução? (em geral, as pesquisas têm uma fase experimental (indutiva) e uma fase matemática (dedutiva)[2]
Como se procederá na análise dos fatos?
Como se fará a demonstração?
} Problemas explicativos

Formulado o problema, passa-se à elaboração de um plano de pesquisa. Também se pode administrar o tempo, realizando para isso um cronograma com certa flexibilidade.

Passa-se então à etapa da coleta de informações, de pesquisa bibliográfica, de elaboração do primeiro rascunho, de revisão e redação final.

Esquematicamente, pode-se dividir uma pesquisa em quatro **fases**:

1ª {
Estabelecimento de um problema:
Estabelecimento de hipóteses
Coleta de dados e revisão da literatura
}

2ª {
Organização da pesquisa:
Descrição do objeto da pesquisa
Formulação de hipóteses
Descrição dos métodos empregados
Construção dos instrumentos para a coleta de dados
Definição da população da pesquisa (*corpus*)
Planificação da coleta de dados
}

---

2 Para Severino (2016, p. 111), "a ciência trabalha, pois, com raciocínios indutivos e com raciocínios dedutivos. Quando passa dos fatos às leis, mediante hipóteses, está trabalhando com a indução; quando passa das leis às teorias ou destas aos fatos, está trabalhando com a dedução".

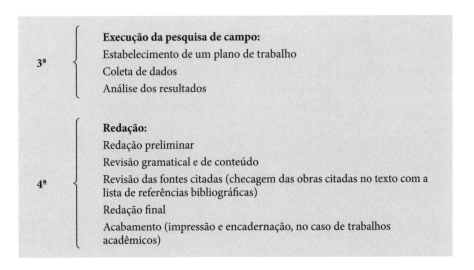

O êxito da pesquisa está ligado a vários fatores; entre eles se destacam:

- Estabelecimento preciso do objeto da pesquisa (que problema se deseja resolver) e do objetivo que se deseja alcançar.
- Capacidade para selecionar o material bibliográfico e documental.
- Transcrição correta das informações.
- Anotações claras e objetivas.
- Desenvolvimento ordenado e lógico dos fatos descritos.
- Apresentação ordenada e clara das conclusões ou dos resultados alcançados.
- Desenvolvimento da pesquisa, em harmonia com os objetivos propostos no projeto de pesquisa.

Como a pesquisa pressupõe trabalho rigoroso de levantamento de dados, certos critérios devem ser seguidos:

- Seleção do método que será empregado na pesquisa, que poderá variar conforme o caso.
- Embasamento teórico que possa dar sustentação à sua resolução.
- Escolha da técnica a ser empregada para compilação e análise dos dados.
- Busca de provas, propriamente ditas.
- Conclusões sobre a hipótese formulada originalmente.
- Exposição e discussão das conclusões, resultados, medidas propostas, recomendações que devem ser adotadas.

3
Procedimentos de pesquisa

> Quando o pesquisador consegue rotular seu projeto de pesquisa
> de acordo com um sistema de classificação, torna-se capaz de con-
> ferir maior racionalidade às etapas requeridas para sua execução
> (GIL, 2017, p. 24).

1 DIVERSIDADE DE CLASSIFICAÇÃO DAS PESQUISAS

Retomando algumas considerações que fizemos no Capítulo 2, uma das primeiras classificações de pesquisa diz respeito à área de conhecimento. O Conselho Nacional de Desenvolvimento Tecnológico (CNPq), agência de fomento à pesquisa científica é responsável
por uma dessas classificações (informações disponíveis em: http://www.cnpq.br/docu-
ments/10157/186158/TabeladeAreasdoConhecimento.pdf).

Outras classificações incluem: finalidade (pesquisa básica e aplicada), propósito (exploratórias, descritivas e explicativas), métodos (segundo a natureza dos dados: elas podem
ser quantitativas e qualitativas; segundo o ambiente em que os dados são coletados, podem ser de campo ou de laboratório; segundo o grau de controle, podem ser experimental
e não experimental).

Como são muitos os ambiente, métodos e técnicas utilizados e diferentes os enfoques
adotados na análise e interpretação dos dados, torna-se "difícil o estabelecimento de um sistema de classificação que considere todos esses elementos", afirma Gil (2017, p. 27). Sugere
então o autor citado a classificação das pesquisas segundo seu delineamento, que significa

"planejamento da pesquisa em sua dimensão mais ampla, que envolve os fundamentos metodológicos, a definição dos objetivos, o ambiente da pesquisa e a determinação das técnicas de coleta e análise de dados".

2 PESQUISAS QUALITATIVAS

Pesquisadores que se dedicam à abordagem qualitativa, em geral, fazem restrição aos pressupostos da pesquisa experimental, notadamente porque esta última defende um padrão único de pesquisa para todas as ciências; um padrão apoiado no modelo de estudo das ciências da natureza. Nesse caso, não admitem que as ciências humanas e sociais devam valer-se dos mesmos paradigmas da ciência da natureza e recusam o entendimento de que apenas conhecimentos quantificáveis sejam tidos como científicos, porque se apoiam em leis e explicações gerais. As ciências humanas e sociais são ciências específicas, que têm metodologia própria:

> Em oposição ao método experimental, estes cientistas optam pelo *método clínico* (a descrição do homem em um dado momento, em uma dada cultura) e pelo *método histórico-antropológico,* que captam os aspectos específicos dos dados e acontecimentos no contexto em que acontecem (CHIZZOTTI, 2014a, p. 79).

A pesquisa qualitativa entende que o conhecimento não se reduz a um inventário de dados isolados, explicados por meio de uma teoria. O cientista, sujeito que observa realidade, é parte integrante do processo de conhecimento. Ele interpreta os fenômenos, atribuindo-lhes um significado e os objetos não são inertes e neutros; possuem significados e relações atribuídos pelos sujeitos concretos.

Relativamente às orientações filosóficas, as pesquisas qualitativas apoiam-se na fenomenologia e na dialética.

Fenomenologicamente, considera-se que a imersão no cotidiano e a familiaridade com as coisas do mundo são responsáveis por empanar, velar os fenômenos. Daí a necessidade de ultrapassar as manifestações imediatas para alcançar o que se encontra ocultado. O sujeito então busca superar as aparências (fenômeno) para alcançar o *noumenon* (a essência). Além disso, entendem os cientistas sociais que "a pesquisa não pode ser o produto de um observador postado fora das significações que os indivíduos atribuem aos seus atos; deve, pelo contrário, ser o desvelamento do sentido social que os indivíduos constroem em suas interações cotidianas" (CHIZZOTTI, 2014a, p. 80).

Relativamente à dialética, também aqui se insiste na relação dinâmica entre o sujeito observador e o objeto pesquisado, porém, em vez se focalizarem o vivido e as significações subjetivas dos atores sociais, valoriza-se a contradição dinâmica dos fatos observados. O pesquisador interessa-se por descobrir o significado das ações humanas e das relações que subjazem às estruturas sociais.

A pesquisa qualitativa revela alguns aspectos característicos, como: formulação do problema, postura do pesquisador, pessoas pesquisadas, dados.

A formulação do problema resulta da observação acurada do objeto pesquisado; não se formula um problema de pesquisa aprioristicamente, nem se aventam previamente hipóteses e variáveis para pôr-se em busca de confirmação. Contatos que pressupõem imersão do pesquisador na vida do objeto pesquisado, considerando o passado e as circunstâncias presentes condicionadores do problema. São os informantes que conhecem sua realidade e emitem juízos sobre ela.

Se se tratar de pesquisa social, o pesquisador, livre de preconceitos e predisposições, assume uma atitude aberta às manifestações que observa, buscando compreender o significado social que as pessoas envolvidas na pesquisa atribuem à realidade que as circunda. A descrição pormenorizada de tudo o que ocorre é fundamental aqui. Nela se incluem percepções inclusive emocionais dos participantes da pesquisa, formas como reagem, interpretações que produzem.

Em relação ao objeto da pesquisa, as pessoas pesquisadas, elas vistas como sujeitos que dispõem de conhecimentos e de prática na solução dos problemas que enfrentam. Não são ignorantes, parvas, estúpidas.

Os dados são considerados em cadeia, não isoladamente; apresentam-se em um contexto de relações e todos são igualmente fundamentais à pesquisa. Nesse ponto, algumas pesquisas qualitativas, sobretudo na fase exploratória, podem valer-se de coleta de dados quantitativos.

Relativamente às técnicas, na pesquisa qualitativa temos: observação participante, história de relatos de vida, análise de conteúdo, entrevista não diretiva. Chizzotti (2014a, p. 85) afirma:

> A pesquisa é uma criação que mobiliza a acuidade inventiva do pesquisador, sua habilidade artesanal e sua perspicácia para elaborar a metodologia adequada ao campo de pesquisa, aos problemas que ele enfrenta com as pessoas que participam da investigação. O pesquisador deverá, porém, expor e validar os meios e técnicas adotadas, demonstrando a cientificidade dos dados colhidos e dos conhecimentos produzidos.

Entre as pesquisas qualitativas, temos: a bibliográfica, o estudo de caso, a etnográfica, a história de vida, a pesquisa-ação, análise de conteúdo.

2.1 Pesquisa bibliográfica

Em primeiro lugar, cumpre destacar que a pesquisa se constitui num procedimento formal para a aquisição de conhecimento sobre a realidade. Exige pensamento reflexivo e tratamento científico. Não se resume na busca da verdade; aprofunda-se na procura de resposta para todos os porquês envolvidos pela pesquisa.

Utiliza, por isso, métodos científicos, reflexão sistemática, controle de variáveis, observação atenta dos fatos, estabelecimento de leis ou checagem de informações com o conhecimento já adquirido.

De modo geral, todas as pesquisas demandam inicialmente pesquisa bibliográfica, mas há um tipo de pesquisa que se apoia exclusivamente em textos já publicados, quer de

60 **Redação científica** • *Medeiros*

forma impressa, quer de forma eletrônica. Daí seu nome: *pesquisa bibliográfica*. Nas outras formas de pesquisa, há necessidade de revisão da literatura, que é incluída em capítulo específico e tem como finalidade dar sustentação teórica à investigação.

Segundo Gil (2017, p. 28), uma das principais vantagens da pesquisa bibliográfica é "permitir ao investigador a cobertura de uma gama de fenômenos muito mais ampla do que aquela que poderia pesquisar diretamente". Todavia, também há desvantagens, como ser realizada com base em fontes inadequadas ou ultrapassadas, o que poderia levar a resultados inconsistentes e reproduzir erros anteriores. Se, mesmo valendo-se de fontes seguras das quais seja possível atestar sua credibilidade, o pesquisador tiver em vista determinados objetos em que a pesquisa de campo é mais apropriada, a pesquisa bibliográfica será apenas uma parte do desenvolvimento de sua investigação.

Nas ciências humanas, é comum o uso da pesquisa bibliográfica, sobretudo em áreas como História, Literatura, Filosofia, Educação, Direito etc. O delineamento da pesquisa bibliográfica compreende algumas etapas, como: escolha do objeto (tema), levantamento bibliográfico, formulação do problema, elaboração de um plano provisório do texto que se vai desenvolver ao longo da pesquisa (uma espécie de "sumário" antecipado das seções com as quais se pretende compor o texto da pesquisa), busca das fontes de informação, leitura e fichamento dos textos (no fichamento, indica-se a seção do texto da pesquisa em que será aproveitado; daí a necessidade de um plano provisório, com as seções numeradas), redação de um primeiro rascunho, de um segundo rascunho (às vezes, até de um terceiro) e da redação final. Há partes de um texto que podem sofrer exaustivas redações, até se alcançar um resultado satisfatório.

2.1.1 Escolha do objeto de pesquisa

A escolha de um objeto de pesquisa (tema) está condicionada a sua relevância para a área de estudo, bem como à possibilidade de realização do trabalho. Ainda que excelente, se a investigação for inviável, ele não se constituirá em objeto de pesquisa. O pesquisador estará atento também à sua real competência para a pesquisa que se propõe, bem como à existência de bibliografia pertinente sobre o tema. Evitam-se temas pouco aprofundados ou sobre os quais pouco foi escrito, isto é, cujo conhecimento é ainda duvidoso e superficial.

A etapa de seleção de um objeto de pesquisa implica conhecimentos prévios sobre ele. Quanto mais se lê sobre determinado assunto, mais apto se torna para eleger um objeto de pesquisa; quanto menos se lê, mais dificuldades para selecionar um objeto de interesse científico.

Um objeto de pesquisa (tema, assunto) possibilita abordagem mais profunda quando é restrito. Objetos excessivamente amplos não são adequado à uma investigação científica. Nesse sentido, a leitura proporcionará ao pesquisador condições para delimitar seu objeto de interesse.

Depois de escolhido o objeto, passa-se a sua delimitação, o que vem a constituir-se propriamente no tema. Favorecem a delimitação do assunto, como já dissemos: o uso de adjetivos, de complementos nominais, de adjuntos adverbiais. Exemplos:

Gêneros *discursivos no ensino de produção textual no Ensino Fundamental.*
O conceito de gêneros discursivos *em artigos científicos.*
Leitura e interpretação de textos *no ensino médio.*
Ensino de norma *linguística com base em gêneros digitais.*
A redação de projetos *de pesquisa em biologia.*

Escolhido o objeto de pesquisa, a leitura será um caminho adequado para o estabelecimento de um problema científico, ou para aperfeiçoar a sua expressão.

2.1.2 Levantamento bibliográfico

Como não é possível guardar em casa tudo o que se publica, recorre-se às bibliotecas ou banco de dados eletrônicos. Dificilmente, um pesquisador passa muito tempo sem precisar dirigir-se a livrarias, bibliotecas, ou consultar catálogos de editoras. Hoje, como já dissemos, inúmeros acervos bibliográficos podem ser consultados de casa, como é o caso dos serviços oferecidos pelo sistema Dedalus (catálogo coletivo das bibliotecas da USP), da Universidade de São Paulo. Vejamos a ficha disponível para preenchimento na Internet:

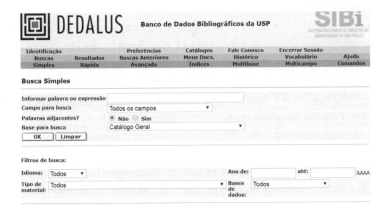

Fazer um levantamento bibliográfico no início de um trabalho não significa que a ele não se possam juntar outras obras que surgirem durante o desenvolvimento da pesquisa. Uma investigação científica exige procura exaustiva de informações, embora se reconheça que em algum momento a fase de leitura e fichamento deva ser sustada para que outras fases se iniciem.

A pesquisa bibliográfica busca o levantamento de livros, periódicos, banco de dados, teses de doutorado, dissertações de mestrado, artigos científicos relevantes para a investigação que será realizada. Seu objetivo é colocar o pesquisador diante de informações sobre o assunto de seu interesse. Ela é passo decisivo em qualquer pesquisa científica, uma vez que elimina a possibilidade de se trabalhar em vão, de se despender tempo com o que já foi solucionado.

62 **Redação científica** • *Medeiros*

O êxito em uma pesquisa depende em grande parte da leitura que realizada. Leitura feita segundo regras elementares de tomada de notas, apontamentos, produção de resumos, reflexão, avaliação, posicionamento crítico.

Logo ao início de qualquer curso, o professor indica alguns livros clássicos da área. Alguns deles são básicos, outros complementares, outros de referência (como os dicionários e as enciclopédias). E há, ainda, os especializados em um ou outro assunto. Um estudioso, porém, atento às novidades que aparecem no mercado editorial, não depende de informações colhidas apenas no interior da universidade. Seleciona informações bibliográficas de revistas, jornais, resenhas, das referências que aparecem nas obras que lê, nas conversas com colegas da área etc.

Qualquer curso ficaria comprometido sem a necessária complementação com leituras básicas ou especializadas. Daí a necessidade de consulta a bibliotecas, *sites* e bancos de dados. Formar a própria biblioteca é outro caminho, mesmo que não seja dispensável a consulta a variadas fontes de informação fora de casa.

É inegável que a leitura proporciona ampliação e integração de conhecimentos, enriquece o vocabulário e melhora a comunicação. Outra grande contribuição da leitura é melhorar o desempenho nas argumentações, nos juízos avaliativos e, talvez, tornar o pesquisador mais descrente das certezas absolutas.

Não podemos, no entanto, ler tudo o que se publica. Precisamos fazer uma seleção. Inicialmente, analisamos o título da publicação. O título é amplo, restrito, preciso? Que classe gramatical prevalece no título: verbos ou substantivos? Há algum adjetivo ou advérbio emanando carga semântica subjetiva? O que o título sugere?

Em seguida, passamos à verificação do sumário. Há alguns autores que recomendam exame das qualificações do autor, do seu *curriculum vitae*. Talvez, um resquício do argumento de autoridade de Aristóteles. Precisamos saber se o autor tem qualificações necessárias para dizer o que diz. A orelha, a quarta-capa, a apresentação, o prefácio, todos esses textos serão objeto de leitura atenta. Um exame das referências também favorece a seleção criteriosa: Ela é atual? Relaciona autores de alta credibilidade? É desatualizada? Apresenta novidades?

A seleção de textos é imperativa do objetivo que se tem em vista. Além da seleção, a confiabilidade da obra é fator procurado.

Em geral, a seleção parte da observação do título da obra, autor, edição (se há edições mais recentes, dá-se preferência a elas; assim, a décima edição de um livro de economia provavelmente será mais precisa que a quinta, já ultrapassada em suas informações estatísticas e outras. Em alguns casos, o leitor buscará edições críticas, principalmente quando a obra sofreu alterações através do tempo.

A primeira impressão de *Os lusíadas*, de Camões, por exemplo, é considerada autêntica e foi realizada pela casa de Antônio Gonçalves, em 1572. Tem na portada (frontispício) um pelicano com a cabeça virada para a esquerda. A edição inautêntica traz um pelicano com a cabeça virada para a direita. A primeira edição designou-se *Ee*; a segunda *E*, que são, respectivamente, as primeiras letras dos versos:

Cap. 3 • Procedimentos de pesquisa   63

E entre gente remota edificaram (1ª – autêntica).
Entre gente remota edificaram (2ª – inautêntica).

A edição "dos Piscos", a 2ª de *Os lusíadas*, foi expurgada pela Censura Inquisitorial.

No caso de traduções, a escolha será por obras que revelem fidelidade ao texto do autor. Para ficar no clichê dos que gostam de trocadilho: *traduttore, traditore (tradutor, traidor)*.

Nas bibliotecas (hoje muitas delas são informatizadas), encontram-se três classificações: por assunto, por título de obras e por nome dos autores. Se o pesquisador dispõe apenas do assunto, poderá identificar inúmeras obras que tratam da matéria objeto de sua pesquisa. Dispondo do nome do autor ou do título de uma obra, a consulta revela-se ainda mais fácil.

Quatro são as etapas do levantamento bibliográfico:

- **Identificação:** cuida do recolhimento da bibliografia existente sobre o objeto da pesquisa (tema). Esse levantamento é feito por meio de catálogos de editoras, livrarias, de órgãos públicos, de entidades de classe, de universidades, de bibliotecas. Hoje, com a Internet, esse levantamento pode ser feito exaustivamente em casa, sem necessidade de inúmeros deslocamentos. Consultem-se, por exemplo, as obras disponíveis nas mais diversas bibliotecas, localizando-se seu endereço eletrônico: Dedalus (www.delalus.usp.br) da USP; Biblioteca Nacional (www.bn.br); Biblioteca da Cidade de São Paulo (www4.prefeitura.sp.gov.br/biblioteca). Acesso a periódicos pode ser feito, consultando o portal de periódicos da Capes (www.periodicos.capes.gov.br) e da SciELO (www.scielo.org). Outros bancos de dados: Instituto Brasileiro de Geografia e Estatística (www.ibge.gov.br), Centro Latino-Americano e do Caribe de Informação em Ciências da Saúde (www.bireme.br), Instituto Brasileiro de Informação em Ciência e Tecnologia (www.ibict.br), Banco de Dados da PUC do Rio de Janeiro (www.lambda.maxwell.ele.puc.rio.br). Mais do que a consulta a livros, hoje se considera primordial a consulta a artigos científicos, sobretudo porque veiculam informações atuais. Enquanto a produção de um livro é um processo relativamente demorado (entre a redação dos originais, produção, acabamento e distribuição de um livro, podem ocupar de três, cinco anos), a divulgação de artigos científicos, em tempos de periódicos eletrônicos, é muito mais rápida (às vezes, menos de um ano), o que contribui para que as informações que veiculam ainda não tenham envelhecido.

- **Localização:** é a fase posterior ao levantamento bibliográfico e significa a localização das obras específicas, a fim de conseguir as informações necessárias. Nas estantes das bibliotecas, as obras são classificadas por áreas. No sistema de classificação decimal de Dewey, temos: obras gerais (000), filosofia e psicologia (100), religião (200), ciências sociais (300), linguagem (400), ciências naturais e matemática (500), tecnologia (ciências aplicadas) (600), artes (700), literatura e retórica (800), geografia e história (900). Isto significa que, os livros de crítica literária, por exemplo, terão 800 como número inicial indicador da área. A esse número acrescentam-se outros e, às vezes, combinações de números e letras que dão a indicação precisa do local em que se encontra o livro na estante. Suponhamos o número 306.09953/M25/a: ele pode identificar em uma biblioteca uma obra de Bronislav Malinowski (*Os argonautas do pacífico ocidental*. Tradução de Anton P. Carr e Ligia Aparecida Cardieri Mendonça. São Paulo: Abril Cultural, 1976. (Os pensadores, v. 43.)

- **Compilação:** caracteriza-se como fase da obtenção e reunião do material desejado: livros, periódicos, artigos científicos, xerox dos mais variados tipos de textos etc.

- **Fichamento:** é a transcrição dos dados em fichas, para posterior consulta e referência. Anotam-se os elementos essenciais ao trabalho: autor, título da obra, tradutor se houver, edição, local, editora, ano, número da página relativa ao fichamento. Três tipos de fichamento são os mais utilizados: transcrição direta, resumo, comentário crítico (para outras informações, ver capítulos 4 e 5 deste livro).

2.1.3 Formulação de um problema de pesquisa

A formulação de um problema de pesquisa acompanha o pesquisador durante longo tempo. Ele estabelece uma formulação inicial, antes da leitura dos textos que serão necessários à sua investigação; conforme, o andamento da leitura, ele o aprimora, torna-o mais claro e preciso. Às vezes, a melhor formulação do problema ainda o persegue até o término da redação final.

Para Gil (2017, p. 44), para verificar se um problema está em condições de ser investigado, o pesquisador pode se ater a dar resposta a questões como: o objeto é de interesse do pesquisador? O problema tem relevância teórica ou prática? O pesquisador tem qualificação apropriada para sua investigação? Há bibliografia disponível e suficiente para a sua resolução? O problema está expresso de forma precisa e objetiva? O pesquisador dispõe do tempo necessário ao desenvolvimento dos trabalhos?

Um problema de pesquisa é formulado como uma questão, ou seja, como uma pergunta:

> Foram justamente os dados indiciados por esse breve levantamento dos trabalhos que partiam desta base teórica, feito em 2000, que me levaram a levantar a questão central deste trabalho: *será que quando enunciamos, aparentemente indiferentemente, as designações* gêneros do discurso (*ou* discursivos) *ou* gêneros textuais (*ou de texto*) *estamos significando o mesmo objeto teórico ou objetos, ao menos, semelhantes?* (ROJO *In*: MEURER; BONINI; MOTTA-ROTH, 2010, p. 184).

2.1.4 Estabelecimento de um plano de pesquisa

Há autores que recomendam a elaboração de um plano de pesquisa, que poderá ser alterado conforme o andamento da pesquisa. Ele é constituído por capítulos e seções hierarquizadas, de forma que o texto final resulte organizado, com introdução, desenvolvimento, conclusão, referências.

Durante a realização dos fichamentos, aplica-se a cada ficha de leitura o número da seção do plano de trabalho em que ela será aproveitada. Um plano, evidentemente, está sujeito a alterações; não é um procedimento estático, rígido. Suponhamos:

1   GÊNEROS DO DISCURSO E GÊNEROS TEXTUAIS

   1.1   Introdução

   1.2   Gêneros de texto ou textuais

   1.3   Gêneros do discurso ou discursivos

   1.4   Gêneros do discurso e gêneros textuais: questões de linguística aplicada

2   GÊNEROS EM BAKHTIN

   2.1

   2.2

3   GÊNEROS EM SWALES

   3.1

   3.2

CONCLUSÃO

REFERÊNCIAS

Agora, imaginemos que estamos realizando um fichamento de texto relativo gêneros textuais (algum autor que utiliza a expressão *gênero textual* e não *gênero discursivo*). Nesse caso, no canto superior direito da ficha (ou em algum lugar de destaque), colocamos o número correspondente à seção em que o utilizaremos (seção 1.2 do nosso exemplo). Se localizarmos autores que utilizam o mesmo conceito de gêneros de Bakhtin, podemos identificar o fichamento com o número do capítulo (2 no nosso exemplo) ou alguma seção do nosso plano.

2.1.5   Redação do texto da pesquisa

A redação do texto da pesquisa é também chamada de *relatório da pesquisa*. Esse relatório, conforme o objetivo do orientando, será denominado *dissertação de mestrado, tese de doutorado, TCC*. Quando se cursa pós-graduação *stricto sensu* ou *lato sensu* (especialização) e, às vezes, até na graduação, o professor pede ao final do curso um trabalho escrito, que é chamado normalmente de *monografia*. O termo indica que o trabalho focaliza um tema específico. Por isso, *monografia*. Como se pode verificar, não apenas trabalhos de final de curso de pós-graduação, de especialização ou de final de graduação são monográficos. Muitos outros o são. Todavia, o termo "pegou" e se diz que o TCC é uma *monografia*, que a avaliação de um curso de pós-graduação será feita por meio de uma *monografia* etc.

A redação de qualquer trabalho de pesquisa não é constituída por uma única versão. Ela demanda dois ou três rascunhos; algumas partes, muitas reescrituras. Enganam-se os que subestimam o tempo necessário à redação. Ela implica competência, esforço, dedicação, paciência para se alcançar resultado satisfatório. A pressa aqui não conduz a bom termo.

Ao longo deste livro, tratamos das mais variadas partes de um texto acadêmico-científico, como: resumo (*abstract*), introdução, desenvolvimento, conclusão, referências, citações diretas e indiretas, resenhas etc. Fizemos comentário também sobre o uso da pessoa verbal (primeira pessoa do singular, primeira pessoa do plural e terceira pessoa). A ilusória a crença de que usando a terceira alcançamos a **neutralidade científica**. A subjetividade pertence à linguagem. Mesmo uma simples descrição apresenta marcas de seu enunciador, posicionamento, visão de mundo etc. Nas mais diversas revisões e versões de um texto, o pesquisador pode experimentar qual pessoa verbal fica melhor, segundo o efeito de sentido que queira produzir (lembrando sempre que o uso de pessoa verbal está condicionado às convenções do meio em que o pesquisador atua). Em alguns casos, talvez opte pelo uso do plural majestático, em outro pela terceira pessoa e, em outros, até pela primeira pessoa do singular (nos agradecimentos, por exemplo).

Os **tipos textuais** narrativos, descritivos, argumentativos etc. são identificados pelo léxico utilizado, pela sintaxe, pelos tempos verbais, pelas relações lógicas etc. Relativamente aos verbos, temos dois grupos ou sistemas temporais: os que são mais utilizados no **mundo comentado** e os que são mais usuais no **mundo narrado**.

Para Benveniste (2005, p. 284), a tipologia discursiva se resolve em duas possibilidades opositivas: **discurso** e **história**, estabelecidas com base em características linguísticas. Discurso é para ele "linguagem posta em ação – e necessariamente entre parceiros". E, ainda: discurso é a "língua enquanto assumida pelo homem que fala, e sob a condição de *intersubjetividade*, única que torna possível a comunicação linguística" (p. 293). E, referindo-se à enunciação histórica, afirma:

> A enunciação histórica, hoje reservada à língua escrita, caracteriza a narrativa dos acontecimentos passados. Esses três termos, *narrativa, acontecimento, passado*, devem ser igualmente sublinhados. Trata-se da apresentação dos fatos sobrevindos a um certo momento do tempo, sem nenhuma intervenção do locutor na narrativa. Para que possam ser registrados como se tendo produzido, esses fatos devem pertencer ao passado. [...]

> O historiador não dirá jamais *eu* nem *tu* nem *aqui* nem *agora*, porque não tomará jamais o aparelho formal do discurso que consiste em primeiro lugar na relação de pessoa *eu/tu*. Assim, na narrativa histórica estritamente desenvolvida, só se verificarão formas de "terceira pessoa" (BENVENISTE, 2005, p. 262).

E, pouco adiante, ainda contrastando discurso e história, explicita:

> É preciso e é suficiente que o autor permaneça fiel ao seu propósito de historiador e que proscreva tudo o que é estranho à narrativa dos acontecimentos (discursos,

Cap. 3 • Procedimentos de pesquisa   67

> reflexões, comparações). Na verdade, não há mais, então, nem mesmo narrador. Os acontecimentos são apresentados como se produziram, à medida que aparecem no horizonte da história. Ninguém fala aqui; os acontecimentos parecem narrar-se a si mesmos. [...]
>
> Por contraste, situamos de antemão o plano do *discurso*. É preciso entender discurso na sua mais ampla extensão: toda enunciação que suponha um locutor e um ouvinte e, no primeiro, a intenção de influenciar, de algum modo, o outro. É em primeiro lugar a diversidade dos discursos orais de qualquer natureza e de qualquer nível, da conversa trivial à oração [no sentido de fala oratória, sermão] mais ornamentada. E é também a massa dos escritos que reproduzem discursos orais ou que lhes tomam emprestados a construção e os fins: correspondências, memórias, teatro, obras didáticas, enfim todos os gêneros nos quais alguém se dirige a alguém, se enuncia como locutor e organiza aquilo que diz na categoria da pessoa. A distinção que fazemos entre narrativa histórica e discurso não coincide, portanto, absolutamente, com a distinção entre língua escrita e língua falada. A enunciação histórica é reservada hoje à língua escrita. O discurso, porém, é tanto escrito como falado (BENVENISTE, 2005, p. 267).

Esses dois sistemas constituem dois planos de enunciação diferentes: o plano do discurso manifesta a enunciação (*eu, aqui, agora* = sujeito, espaço e tempo); o plano da história apresenta-se isento de elementos da enunciação. Desse ponto de vista, não há espaço para a subjetividade no plano da história. Hoje, porém, já não se concorda com essa afirmação, uma vez que o enunciador apenas se oculta, deixa de se mostrar, mas está sempre presente. Diz-se apenas que num caso **a enunciação se aproxima do enunciatário**; no outro, **distancia-se dele**. Um leitor não ingênuo sempre percebe sua presença, sua formação discursiva, sua ideologia. Não há, pois, neutralidade.

Relativamente ao uso dos tempos verbais, com base na obra *Tempus*, de Weinrich, Koch (2017, p. 35) salienta a existência de dois sistemas: um próprio do mundo comentado, outro do mundo narrado.

Ao mundo comentado corresponde o grupo 1:

> Indicativo: o presente (canto), o pretérito perfeito composto (tenho cantado) , o futuro do presente (cantarei), futuro do presente composto (terei cantado), além das locuções verbais formadas com esses tempos (estou cantando, vou cantar etc.).

Ao mundo narrado corresponde o grupo 2:

> Indicativo: pretérito perfeito simples (cantei), pretérito imperfeito (cantava), pretérito mais que perfeito (cantara), futuro do pretérito (cantaria), e locuções verbais formadas com tais tempos (estava cantando, ia cantar etc.).

Esses dois sistemas são válidos não só para o francês, base do estudo de Weinrich, mas também para a língua portuguesa, com uma ressalva, como aponta Koch (2017, p. 41): em português, o uso do pretérito perfeito simples é comum tanto ao mundo comentado como ao mundo relatado. Já o pretérito perfeito composto é de uso mais restrito; em geral, limita-se ao mundo comentado.

Para Vargas (2011, p. 36), "algumas das principais formas verbais não exprimem Tempo, mas sim caracterizam a situação comunicativa como relato ou como comentário". A situações comunicativas se dão em dois mundos: o **mundo narrado** (cujo tempo é o pretérito perfeito) e o **mundo comentado** (cujo tempo é o presente do indicativo). No primeiro, relatamos acontecimentos, histórias; no segundo, expomos opiniões, visões de mundo, explicitamos fatos. Ao usar o presente, por exemplo, o enunciador objetiva "retratar" a situação, levar o enunciatário a participar da produção do sentido, reconstruindo no momento presente o que se deu no passado. O interlocutor/enunciatário é convocado a construir o sentido de modo simultâneo, intemporal. Em relação ao uso do presente do indicativo, afirma Vargas que,

> quando denota uma ação do passado (ou quando passa a descrever fatos passados), ganha um novo valor expressivo – quem fala/escreve parece pretender abolir a distância entre os leitores e os fatos narrados; "presentifica-os" diante do interlocutor, possibilitando, assim, uma melhor compreensão desses fatos (p. 40).

A presentificação não se dá apenas com fatos ocorridos no passado, mas também com fatos que ainda vão ocorrer, como ocorre em:

> O Supremo Tribunal Federal **vai fazer** com que o Brasil passe a vivenciar um novo padrão ético e moral, que é o que o país merece (BORGES, Laryssa. Faxina até 2022. *Veja*, São Paulo, edição 2538, ano 50, n. 28, 12 jul. 2017, p. 13).

No texto, *vai fazer* está no lugar de *fará*, emprestando ao enunciado um valor de realidade, não de algo futuro, prospectivo.

Usar uma forma verbal no lugar de outra (o presente no lugar do pretérito perfeito ou imperfeito; o presente, em uma locução verbal, no lugar do futuro do presente) produz o efeito de sentido de objetivo de descrever uma situação mais do que de narrá-la. Para Koch (2017, p. 35),

> é graças aos tempos verbais que emprega que o falante apresenta o mundo – "mundo" entendido como possível conteúdo de uma comunicação linguística - e o ouvinte o entende, ou como mundo comentado ou como mundo narrado. Ao mundo narrado, pertencem todos os tipos de relato, literário ou não; tratando-se de eventos relativamente distantes, que, ao passarem pelo filtro do relato, perdem muito de sua força, permite-se aos interlocutores uma atitude mais "relaxada". Ao mundo comentado pertencem a lírica, o drama, o ensaio, o diálogo, o comentário, enfim, por via negativa, todas as situações comunicativas que não consistam, apenas, em relatos, e que apresentem como característica a atitude tensa: nelas o falante está em tensão constante e o discurso é dramático, pois se trata de coisas que o afetam diretamente. [...]. **Comentar é falar comprometidamente**. O emprego dos tempos "comentadores" (grupo 1) constitui um sinal de alerta para advertir o ouvinte de que se trata de algo que o afeta diretamente e de que o discurso exige a sua resposta (verbal ou não verbal); é esta a sua função, e **não** a de mencionar um momento no Tempo. Daí a obstinação que a linguagem põe no uso dos tempos.

2.2 Pesquisa documental

A pesquisa documental, segundo Nascimento e Sousa (2015, p. 145), "consiste, de modo geral, na procura, leitura, avaliação e sistematização, objetivamente, de provas para clarificar fenômenos passados e suas relações pelo prisma social, cultural e cronológico, visando obter conclusões ou explicações para o presente". Ela compreende o levantamento de documentos que ainda não foram utilizados como base de uma pesquisa. Os documentos podem ser encontrados em arquivos públicos, ou de empresas particulares, em arquivos de entidades educacionais e/ou científicas, em arquivos de instituições religiosas, em cartórios, museus, videotecas, filmotecas, correspondências, diários, memórias, autobiografias, ou coleções de fotografias.

A pesquisa documental, embora tenha diferenças em relação à pesquisa bibliográfica, com ela mantém pontos em comum. Daí serem suas etapas de desenvolvimento praticamente as mesmas. Todavia, como ressalta Gil (2017, p. 60), há "pesquisas documentais cujo delineamento se aproxima dos delineamentos experimentais". Cita então como exemplo as pesquisas *ex-post-facto* e as de levantamento. Aproximam-se das pesquisas *ex-post facto* por serem "elaboradas com dados disponíveis, mas que são submetidos a tratamento estatístico, envolvendo até mesmo teste de hipóteses". Diferem das segundas por serem constituídas com dados disponíveis e não obtidos diretamente das pessoas. Em relação à formulação do problema de pesquisa, o autor citado também vê diferenças, pois a maioria das pesquisas bibliográficas é de cunho exploratório[1] e não tem como objetivo "fornecer uma resposta definitiva ao problema, mas sim ao seu aperfeiçoamento" (p. 61). A pesquisa documental, por sua vez, é descritiva[2] ou explicativa.

São as seguintes as etapas da pesquisa documental:

- Escolha do tema da pesquisa.
- Formulação do problema.
- Elaboração de um plano de trabalho.
- Identificação das fontes.
- Leitura do material selecionado e fichamento.
- Análise e interpretação dos dados.
- Redação do texto da pesquisa.

---

1 Pesquisa exploratórias têm em vista familiarizar o pesquisador com o problema investigado, para que possa construir hipóteses ou tornar o problema mais claro; constituem pesquisas exploratórias: a bibliográfica, o estudo de caso e os levantamentos.

2 Pesquisas descritivas caracterizam-se por objetivar a descrição das características de uma população (no sentido estatístico) ou fenômeno. Tais pesquisas às vezes são elaboradas para a identificação de relações entre variáveis. São exemplos as pesquisas que estudam características de um grupo, ocupando-se de sua distribuição por idade, sexo, origem, nível de escolaridade, classificação social etc. Entre elas, temos: pesquisa de opinião sobre consumo de determinados produtos ou serviços públicos ou privados. Pesquisas descritivas nem sempre se ocupam apenas com a identificação da existência de relações entre variáveis; às vezes, objetivam verificar a natureza dessa relação, o que, nesse caso, as leva a aproximar-se das pesquisas explicativas (pesquisas que têm como alvo identificar causas que contribuem para a ocorrência de um evento ou fenômeno; como se ocupam do porquê das coisas, são constituídas, em geral, pelo método experimental). Se a pesquisa descritiva objetiva oferecer nova visão de um problema, ela se aproxima da exploratória.

70 **Redação científica** • *Medeiros*

Como a maioria dessas etapas já foi abordada na pesquisa bibliográfica, faremos aqui apenas breves considerações sobre análise e interpretação dos dados.

Quando a pesquisa documental envolve dados quantitativos, são necessários procedimentos estatísticos que incluem medidas como: medidas de posição (média aritmética, moda, mediana), medidas de dispersão (variância, desvio-padrão), teste de hipóteses. Nesse caso, a pesquisa documental pode assemelhar-se aos levantamentos, com a diferença, porém, de que "na pesquisa documental os dados já estão disponíveis e nos levantamentos [eles] são obtidos diretamente das pessoas mediante interrogação" (GIL, 2017, p. 62).

Para a análise dos documentos escritos, Gil afirma que a técnica mais utilizada é a *análise de conteúdo*. Essa técnica apoia-se em uma concepção de língua como código: basta ter acesso a ele para ter acesso ao seu significado. Nesse caso, o signo é visto como transparente, o que não condiz com a visão atual de língua em que o sentido de um enunciado não está posto, produzido, acabado; o sentido é construído na interação de enunciador e enunciatário (cf. KOCH, 2015, p. 13-22). Frequência de aparecimento de uma palavra em um texto ou em vários deles; localização de determinados termos em um texto (esquerda, direita, embaixo, em cima), comparações estabelecidas entre um texto e outro que abordam o mesmo assunto, análises transversais que envolvam textos de diferentes contextos, análises longitudinais apoiadas em contextos semelhantes etc., tudo isso pode ajudar a construir um sentido, mas não é segurança de que a interpretação derivada desses cuidados é segura, precisa, definitiva. Os signos não são transparentes; são plurissignificativos. É ilusão imaginar que, com a aplicação das técnicas da *análise de conteúdo,* nos termos de Bardin (2016), alcançaremos uma interpretação objetiva de documentos ou de qualquer texto. Apoiando-se a análise não apenas em uma técnica, mas em múltiplos conhecimentos das mais diversas áreas, o pesquisador poderá colher melhores resultados. Nesse particular, pode valer-se, por exemplo, da análise de discurso de linha francesa (ORLANDI, 2009, 2012), análise de discurso crítica (FAIRCLOUGH, 2001; RESENDE; RAMALHO, 2006), semiótica peirciana ou greimasiana (BARROS, 2011; FIORIN, 2014).

Gil (2017, p. 62-63) propõe que a análise se apoie: (1) na verificação dos objetivos ou hipóteses do problema de pesquisa; (2) no quadro de referências utilizado (ou seja, a revisão dos principais quadros teóricos fornece uma base para a interpretação dos textos ou documentos); (3) seleção dos documentos a serem analisados; para assegurar-se de que a amostra seja representativa, a seleção é feita por amostragem aleatória; (4) construção de um sistema de categorias e de indicadores, que pode ser estabelecido previamente ou com base na leitura das fontes de pesquisa; por *categoria* entende a eleição de um termo-chave indicador de um conceito; os *indicadores* remetem a variações do conceito; (5) definição de unidades de análise; (6) frequência ou ausência de determinados elementos, ordem de aparição, uso de adjetivos e advérbios (modalizadores); (7) teste de validade e fidedignidade (verificação de semelhança de interpretação feita pela pesquisador em tempos diferentes; a interpretação também pode ser checada com as realizadas por outras pessoas; a validade resultado da coincidência de interpretação (novamente, estamos diante de uma postura em que o signo é visto como transparente e que o sentido válido é um só); (8) interpretação dos dados, cotejada com as teorias que dão sustentação à pesquisa.

2.3 Estudo de caso

O estudo de caso é um tipo de pesquisa qualitativa (entre outros, temos: história de vida, pesquisa-ação, pesquisa participante, pesquisa etnográfica). Consiste no estudo de um caso particular, mas representativo de uma população e significativo. Tem como objetivo que os resultados da pesquisa sejam aplicados a outros fatos ou fenômenos análogos, ou seja, que os resultados possam ser "generalizados" para situações semelhantes. Sua coleta de dados dá-se tal como ocorre nas pesquisas de campo.

Yin (2015, p. 3) entende que "a realização da pesquisa de estudo de caso permanece um dos empreendimentos mais desafiadores das ciências sociais. [...] O caminho começa com uma revisão minuciosa da literatura e com a proposição cuidadosa e atenta das questões ou objetivos da pesquisa". E, pouco adiante, afirma:

> Como método de pesquisa, o estudo de caso é usado em muitas situações, para contribuir ao nosso conhecimento dos fenômenos individuais, grupais, organizacionais, sociais, políticos e relacionados. Naturalmente, o estudo de caso é um método de pesquisa comum na psicologia, sociologia, ciência política, antropologia, assistência social, administração, educação, enfermagem e planejamento comunitário. [...] Os estudos de caso são encontrados até mesmo na economia, em investigações sobre a estrutura de um determinado setor industrial ou a economia de uma cidade ou região.
>
> Seja qual for o campo de interesse, a necessidade diferenciada da pesquisa de estudo de casos surge do desejo de entender fenômenos sociais complexos. Em resumo, um estudo de caso permite que os investigadores foquem um "caso" e retenham uma perspectiva holística e do mundo real – como no estudo dos ciclos individuais da vida, o comportamento dos pequenos grupos, os processos organizacionais e administrativos, a mudança de vizinhança, o desempenho escolar, as relações internacionais e a manutenção das indústrias (p. 4).

O estudo de caso implica a utilização de múltiplas técnicas de coleta de dados, como seleção de fontes de documentos (jornais, periódicos, atas, memorandos, diários, *blogs*, *folders* etc.) entrevistas, observações. Em relação às entrevistas, decide-se se serão abertas (com questões previamente estabelecidas, mas com liberdade de resposta), guiadas (a formulação das questões é motivada pelo curso da entrevista), por pauta (o pesquisador orienta-se por uma relação de temas para os quais deseja obter respostas), informal (conversação livre). Definem-se ainda de antemão a quantidade de entrevistas necessárias ao desenvolvimento da pesquisa, bem como as pessoas que serão entrevistadas.

A observação pode ser espontânea (aproximação do pesquisador com o objeto de sua pesquisa; alheio à comunidade, ele observa os fatos que ocorrem no seu interior), sistemática (nesse caso, o pesquisador sabe quais são os aspectos que deseja focalizar, quais são mais significativos para a sua pesquisa) e participante (aqui, o pesquisador introduz-se na vida da comunidade e dela participa, assumindo o papel de um de seus membros).

A análise das informações recolhidas compreende o estabelecimento de categorias que permitam sua classificação. Como afirma Gil (2017, p. 111), "categoria são conceitos que

72 **Redação científica** • *Medeiros*

expressam padrões que emergem dos dados e são utilizadas com o propósito de agrupá-los de acordo com a similitude que apresentam". Gil ainda salienta que a credibilidade de um estudo de caso é resultado de alguns cuidados com relação à representatividade dos participantes, qualidade dos dados, controle dos efeitos (influência) do pesquisador sobre os participantes da pesquisa, confronto de informações de uma fonte com outra (triangulação), obtenção de *feedback* dos participantes (verificar se os resultados da pesquisa se ajustam ao ponto de vista dos participantes, verdadeiros conhecedores da realidade que vivem); obtenção de avaliação externa, ou seja, confirmação dos resultados realizada por outros pesquisadores.

O relatório da pesquisa segue a estrutura clássica: *introdução*, cujos elementos são comuns a todas as introduções de trabalhos acadêmico-científicos, *revisão da literatura* (estado da arte da área), ou seja, o quadro de referência, *metodologia, análise e discussão dos resultados, conclusão*. O relatório da pesquisa também pode ter a estrutura de uma narrativa, focalizando cronologicamente os acontecimentos

3 PESQUISAS QUANTITATIVAS

São definidas como pesquisas experimentais as que têm como objetivo testar hipóteses, envolvem grupos de controle, seleção aleatória e manipulação de variáveis. A pesquisa experimental apoia-se no Positivismo e se vale do método usado nas ciências da natureza, método que consiste em submeter um objeto ou fenômeno à experimentação em condições de controle para apreciá-lo com rigor, mensurando constância, frequência, exceções. O método experimental só admite como científicos os conhecimentos que sejam obtidos "em condições de controle, legitimados pela experimentação e comprovados pela mensuração" (CHIZZOTTI, 2014a, p. 25).

Entre as pesquisas experimentais, podemos citar: (1) ensaio clínico (que compreende ensaio randomizado cego, delineamento fatorial, grupo de controle não equivalente, delineamento cruzado, séries temporais); (2) estudo de coorte (constituído por uma amostra de pessoas expostas a determinado fator e outra de pessoas que não são expostas ao fator sob observação; parte da causas para os efeitos); (3) caso-controle (parte do efeito para a elucidação das causas; também tem como objetivo verificar a relação entre a exposição a um fator de risco), (4) levantamento.

3.1 Ensaio clínico

O ensaio clínico é constituído por estudos de caráter experimental ou quase-experimental, realizado com participantes voluntários. É um tipo de "pesquisa em que o investigador aplica um tratamento – denominado intervenção – e observa os seus efeitos sobre um desfecho" (GIL, 2017, p. 31); um tipo de investigação que tem como objetivo dar resposta a questões relativas à eficácia de novas drogas ou tratamentos.

A pesquisa se concretiza com a observação de dois grupos idênticos: um experimental e outro de controle. Enquanto o primeiro grupo se submete à ingestão de uma droga ou determinado tratamento, o segundo recebe apenas um placebo ou um não tratamento. Verifica-se então o efeito produzido. Esse tipo de delineamento de pesquisa é comum na área de saúde.

3.2 Estudo de coorte

É um tipo de pesquisa que se realiza com um grupo de pessoas de características comuns, constituído por uma amostra representativa que é acompanhada por determinado período de tempo para observação e análise do que lhe acontece durante a pesquisa. Pode ser transversal (análise de um ponto específico da história do evento) ou longitudinal (ocupa-se do estudo de um fenômeno ao longo do tempo). Esse estudo pode ser prospectivo ou retrospectivo. No primeiro caso, parte do presente e caminha-se para o futuro. A investigação retrospectiva nos estudos de coorte se apoia em registro do passado, acompanhando o objeto até o presente.

3.3 Estudo caso-controle

O estudo de caso-controle é constituído por estudos retrospectivos. São realizados depois que os fatos ocorreram. Nesse caso, o pesquisador parte de uma doença, para chegar às suas causas; não dispõe, portanto, de controle sobre a variável independente, constituidora da suposta causa de uma doença. Comparam-se, por exemplo, indivíduos que apresentam o resultado esperado com outros que não o apresentam.

3.4 Levantamento

Levantamento é um tipo de pesquisa que se realiza para a obtenção de dados ou informações sobre características ou opiniões de um grupo de pessoas, selecionado como representante de uma população (em termos estatísticos). Em geral, busca-se observar como os integrantes de um grupo se distribuem em relação a gênero, idade, estado civil, número de filhos, religião, nível de escolaridade, ocupação profissional, local de residência, nível de rendimentos, posse de determinados bens, como automóvel e imóvel.

Entre tais pesquisas, são comuns hoje as pesquisas eleitorais, que relacionam gênero, idade, estado civil, nível de escolaridade etc. e preferência político-partidária, e as que têm como objetivo verificar o consumo de determinados produtos. Elas implicam, em geral, a construção de instrumentos de coleta de dados, como questionários, entrevistas, formulários.

É comum nos levantamentos (também se diz *survey*, quando são estritamente descritivos) a aplicação de pré-testes, para verificação de clareza e precisão dos termos, quantidade de perguntas, forma das perguntas, ordem das perguntas.

A seleção da amostra se faz por: amostragem aleatória simples, amostragem sistemática, amostragem estratificada, amostragem por conglomerados, amostragem por cotas.

Recolhidos os dados, passa-se à fase de sua interpretação, para a qual se elege determinado número de categorias, que servem para a classificação e tabulação das informações. Os cálculos estatísticos compreendem: percentagens, médias, moda, correlações, desvio-padrão, margem de erro.

4
Fontes de pesquisa

> Aquilo que se sabe quando ninguém nos interroga, mas que não
> se sabe mais quando devemos explicar, é algo sobre o que se deve
> refletir. (E evidentemente algo sobre o que, por alguma razão, difi-
> cilmente se reflete) (WITTGENSTEIN, 1979, p. 49).

1   INTRODUÇÃO

Compõem o delineamento da pesquisa bibliográfica: escolha de um tema, que será objeto
da pesquisa, levantamento bibliográfico, formulação do problema que se deseja resolver, elaboração de um plano de pesquisa, **identificação das fontes de pesquisa** (artigos científicos,
livros, teses, dissertações), leitura do material selecionado, fichamento, rascunho e redação
final. Neste capítulo, tratamos da identificação das fontes de pesquisa.

2   LEVANTAMENTO BIBLIOGRÁFICO

Estabelecido o tema da pesquisa e o problema que se propõe resolver (com o decorrer da
pesquisa eles podem ser refinados e aperfeiçoados), dá-se início à procura de bibliografia, de material que servirá de apoio teórico. Hoje, com a Internet, esse passo inicial pode
ser feito com celeridade, sem sair de casa, consultando textos de inúmeros *sites* e bases de
dados. Artigos científicos constituem uma das principais fontes de pesquisa, notadamente
por apresentarem novidades e avanços na ciência. Com a difusão dos periódicos nas redes

76 **Redação científica** • *Medeiros*

eletrônicas, as possibilidades de tomar contato com a produção de conhecimento mais recente se multiplicou espantosamente. Evidentemente, alguns periódicos, ainda, continuam a apresentar textos na versão impressa. Algumas bibliotecas armazenam essas informações em seção separada dos livros, chamada hemeroteca.

2.1 Informações eletrônicas

Antes, pois, de tratarmos do levantamento de títulos de livros a serem lidos e fichados, apresentamos uma lista de informações sobre periódicos e bases de dados disponíveis na rede eletrônica.

A consulta a essas fontes pode deparar-se com periódicos que: (a) apenas veiculam listas de referências de artigos científicos (índices); (b) informações de **abstracts** (resumos) de artigos científicos; (c) o texto dos artigos científicos.

Algumas plataformas com banco de dados que disponibilizam informações sobre textos científicos ou o próprio texto científico são:

- No portal da Capes (Coordenação de Aperfeiçoamento de Pessoal de Nível Superior), podem ser encontradas informações para consulta a periódicos, teses e dissertações: http://www.periodicos.capes.gov.br, http://www1.capes.gov.br/bdteses.
- Sistema Regional de Información en Línea para Revistas Científicas de América Latina, el Caribe, España y Portugal: http//latindex.unam.mx/.
- SciELO (Scientific Eletronic Library Online). Fapesp/CNPq: www.scielo.br. A SciELO é um projeto de pesquisa da FAPESP (Fundação de Amparo à Pesquisa do Estado de São Paulo) em parceria com a BIREME (Centro Latino-Americano e do Caribe de Informação em Ciências da Saúde) e apoio do CNPq (Conselho Nacional de Desenvolvimento Científico e Tecnológico).
- Scopus: indexador de periódicos científicos, livros e eventos nas áreas de medicina, ciências sociais, tecnologia: http://www.elsevier.com/solutions/scopus.

Valendo-se de algum sistema de busca, também se pode ter acesso a centenas de artigos científicos disponibilizados na Internet. Experimente, por exemplo, localizar no Google artigos científicos sobre gêneros discursivos.

2.2 Bibliotecas

A elaboração de um trabalho científico (TCC, dissertação de mestrado, tese de doutorado, artigo científico) exige o apoio em exaustivos textos que podem ser encontrados na versão impressa ou eletrônica. A seleção desse material é feita criteriosamente, levando-se com consideração a adequação à pesquisa e relevância das informações. Não há como citar um texto ruim, ou de linhas teóricas que se afastam entre si, exceto para mostrar sua inconsistência ou precariedade: esse talvez constitua um problema localizável em pesquisadores inexperientes que juntam teorias que se confrontam.

A busca de informações exige técnica apurada para seu registro.

O trabalho científico pressupõe vasta consulta bibliográfica que, muitas vezes, somente se esgota com a frequência assídua à biblioteca pública ou particular e incansável procura de textos veiculados eletronicamente. Somente a consulta exaustiva de obras que sirvam de sustentação à investigação que se propõe realizar pode proporcionar segurança ao pesquisador. É ela que possibilita estabelecer com precisão o objeto da pesquisa, o refinamento do problema que se deseja resolver, a construção de argumentos consistentes.

A biblioteca e a consulta de textos difundidos pela rede eletrônica constituem passo obrigatório para pesquisadores que objetivam apresentar textos bem fundamentados. E aqui não há como abreviar o tempo de consulta, que deve ser levada à exaustão. O trabalho redigido isoladamente pode revelar insuficiência de ideias ou de fundamentos.

A familiarização com serviços de bibliotecas públicas ou particulares, bem como com o acervo aí existente, pode proporcionar benefícios extraordinários à obra que se quer realizar.

Há dois tipos de biblioteca: as especializadas e as gerais. Estas guardam textos de todas as espécies; aquelas interessam-se apenas por armazenar obras de um ramo do conhecimento. Assim, há biblioteca de sociologia, biblioteca de psicologia, biblioteca de história, biblioteca de geografia, biblioteca de letras, biblioteca de administração, biblioteca de contabilidade, biblioteca de economia, e outras.

Há dois tipos de biblioteca pública: as municipais e a nacional. Esta é caracterizada por receber o depósito legal estabelecido por lei. Portanto, a uma biblioteca nacional cabe reunir toda a bibliografia produzida num país. Teoricamente, deveria ser uma biblioteca completa quanto à produção nacional.

A Lei nº 10.994, de 14 de dezembro de 2004, regulamenta o depósito legal de publicações na Biblioteca Nacional. Para a Lei, é depósito legal "a exigência estabelecida em lei para depositar, em instituições específicas, um ou mais exemplares, de todas as publicações produzidas por qualquer meio ou processo para distribuição gratuita ou venda".

Entre as bibliotecas a que se pode ter acesso, citemos:

- A Biblioteca Nacional: www.bn.br. É uma das maiores bibliotecas do mundo. Sede no Rio de Janeiro.
- Biblioteca do Senado: www.senado.gov.br.
- Biblioteca Nacional de Portugal: www.bn.pt.
- Biblioteca Nacional da Argentina: www.bibnal.edu.ar.
- Biblioteca Nacional do México: http://bnm.unam.mx.
- Biblioteca do Congresso Americano: www.loc.gov.
- Biblioteca Nacional da França: www.bn.fr.
- Biblioteca da USP: www.sibi.usp.br. (Integra dezenas de bibliotecas de suas unidades de ensino.) Podem-se consultar, ainda: www.teses.usp.br, o portal de revistas: www.revistas.usp.br e de sua produção acadêmica: www.producao.usp.br, bem como obras raras: www.obrasraras.usp.br. Informações disponíveis *on line*, constam do Dedalus: www.dedalus.usp.br.
- Biblioteca da Unicamp: http://www.bibli.fe.unicamp.br/.

78 Redação científica • *Medeiros*

- Biblioteca da Unesp, *campus* de São Paulo: http://www.athena.biblioteca.unesp. br; *campus* de Bauru: www.biblioteca.bauru.unesp.br/#!/acervo/catalogo-athena/; *campus* de Araraquara: www.fclar.unesp.br/#!/biblioteca/.
- Biblioteca Brasiliana, da USP: http://www.bbm.usp.br. Acervo originário de doação de José Mindlin.

2.3 Acervo

As bibliotecas disponibilizam para seus usuários computadores para o acesso a seu catálogo de obras (livros, periódicos, artigos científicos, teses de doutorado, dissertações de mestrado).

Que é um acervo bibliográfico?

É um conjunto de obras que formam o patrimônio de uma biblioteca, ou conjunto de documentos abrigados e organizados por uma biblioteca.

As consultas podem ser realizadas por autor, título da obra ou assunto. Feita a consulta e registradas as informações necessárias para a localização do texto, hoje já se tem acesso direto às estantes dos livros, sem necessidade de espera para ser atendido por algum bibliotecário.

As bibliotecas abrigam milhares de obras, classificadas ou pelo sistema de Melvil Dewey (Classificação Decimal de Dewey – CDD), ou pelo Sistema de Classificação Decimal Universal (CDU).

Ambas as classificações são decimais, isto é, as obras publicadas são distribuídas em dez classes. Exemplo de Classificação de obras segundo o método de Melvil Dewey:

000 – OBRAS GERAIS, GENERALIDADES
    010 – Bibliografia
    020 – Biblioteconomia
    030 – Enciclopédias gerais
    040 – Coleções gerais de ensaios
    050 – Periódicos gerais
    060 – Associação em geral. Museus
    070 – Jornalismo. Jornais
    080 – Poligrafia. Coletâneas
    090 – Livros raros. Manuscritos. Ex-libris

100 – FILOSOFIA
    110 – Metafísica
    120 – Metafísica especial
    130 – Ramificações da psicologia. Metapsíquica
    140 – Doutrinas e sistemas filosóficos
    150 – Psicologia
    160 – Lógica
    170 – Ética
    180 – Filósofos antigos e medievais
    190 – Filósofos modernos

Cap. 4 • Fontes de pesquisa 79

200 – RELIGIÃO
  210 – Teologia natural
  220 – Bíblia
  230 – Dogmas. Doutrinas
  240 – Moral e prática religiosa
  250 – Teologia pastoral
  260 – Igreja cristã: instituições e trabalho
  270 – História cristã da Igreja
  280 – Igrejas cristãs e seitas
  290 – Igrejas não cristãs

300 – CIÊNCIAS SOCIAIS. SOCIOLOGIA
  310 – Estatística
  320 – Ciência política
  330 – Economia. Organização econômica
  340 – Direito
  350 – Administração pública. Direito administrativo
  360 – Serviço social. Associação e Instituições
  370 – Educação
  380 – Serviços de utilidade pública
  390 – Usos e costumes. Folclore

400 – FILOLOGIA (LINGUÍSTICA)
  410 – Filologia comparada
  420 – Filologia inglesa e anglo-saxônica
  430 – Filologia alemã e de outras línguas germânicas
  440 – Filologia francesa, provençal, catalã
  450 – Filologia italiana e romena. Romanche
  460 – Filologia espanhola
  469 – Filologia portuguesa. Galega
  470 – Filologia latina e de outras itálicas
  480 – Filologia grega e de outras helênicas
  490 – Filologia de outras línguas

500 – CIÊNCIAS PURAS
  510 – Matemática
  520 – Astronomia
  530 – Física
  540 – Química
  550 – Geologia
  560 – Paleontologia
  570 – Biologia. Antropologia
  580 – Botânica
  590 – Zoologia

600 – CIÊNCIAS APLICADAS, TECNOLOGIA
  610 – Medicina
  620 – Engenharia

80 **Redação científica** • *Medeiros*

630 – Agricultura
640 – Economia doméstica
650 – Organização e administração do comércio, da indústria e dos transportes
660 – Tecnologia química. Indústrias químicas
670 – Manufaturas
680 – Profissões mecânicas
690 – Materiais e processos de construção

700 – ARTES E DIVERTIMENTOS
710 – Urbanismo
720 – Arquitetura. Arte monumental
730 – Escultura. Artes plásticas
740 – Desenho. Decoração
750 – Pintura
760 – Gravura. Estampa. Ilustração
770 – Fotografia
780 – Música
790 – Divertimentos. Jogos. Esportes. Teatro. Coreografia

800 – LITERATURA
810 – Americana
820 – Inglesa
830 – Alemã e outras germânicas
840 – Francesa. Provençal. Catalã
850 – Italiana. Romena. Romanche
860 – Espanhola
869 – Portuguesa
869.9 – Brasileira
870 – Latina e outras itálicas
880 – Grega e outras helênicas
890 – Outras literaturas

900 – HISTÓRIA
910 – Geografia política. Viagens. Explorações
920 – Biografias coletivas
930 – História Antiga em geral
940 – Europa
950 – Ásia
960 – África
970 – América do Norte
980 – América do Sul
981 – Brasil
990 – Oceania, Regiões Árticas e Antárticas

A título de exemplificação, tomemos a subdivisão da Classificação de Dewey para literatura:

800 – LITERATURA
801 – Filosofia. Teoria. Estética

Cap. 4 • Fontes de pesquisa 81

802 – Compêndios. Miscelânea
803 – Dicionários, enciclopédias
804 – Ensaios, conferências, palestras
805 – Periódicos
806 – Sociedades: relatórios, atas etc.
807 – Estudo e ensino
808 – Retórica. Composição de formas literárias específicas
    808.1 – Poesia
    808.2 – Teatro
    808.3 – Ficção
    808.4 – Ensaios, crônicas, memórias, críticas
    808.5 – Oratória
    808.6 – Cartas
    808.7 – Sátira. Humor
    808.8 – Coleções de diversos gêneros literários
809 – História

810 – Literatura americana
    811 – Poesia
    812 – Teatro
    813 – Romance
    814 – Ensaios, crônicas, memórias, críticas
    815 – Oratória
    816 – Cartas
    817 – Sátira. Humor
    818 – Miscelânea
    819 – Literatura canadense
        Com as mesmas subdivisões da literatura americana.
        Ex.: Poesia canadense – 819.1

820 – Literatura inglesa e de línguas anglo-saxônicas
    821 – Poesia
    822 – Teatro
    823 – Romance
    824 – Ensaios, crônicas, memórias, críticas
    825 – Oratória
    826 – Cartas
    827 – Sátira. Humor
    828 – Miscelânea
    829 – Literatura anglo-saxônica (Dividir como a literatura inglesa)

830 – Literatura alemã. Literatura de línguas germânicas
    831 – Poesia
    832 – Teatro
    833 – Romance
    834 – Ensaios, crônicas, memórias, críticas
    835 – Oratória
    836 – Cartas

82 **Redação científica** • *Medeiros*

837 – Sátira. Humor
838 – Miscelânea
839 – Outras literaturas germânicas (Dividir como a literatura alemã) [...]

869 – LITERATURA PORTUGUESA
869.01 – Filosofia, utilidade da ...
869.02 – Compêndios
869.03 – Dicionários
869.04 – Ensaios, memórias, saudações, discursos, palestras, conferências, crônicas, críticas.
869.05 – Revistas, periódicos
869.06 – Associações literárias
869.07 – Ensino da ...
869.08 – Coleção de obras literárias
869.09 – História da literatura portuguesa

869.1 – POESIA PORTUGUESA
869.101 – Poética portuguesa
869.102 – Poesia dramática
869.103 – Poesia romântica e épica
869.104 – Poesia lírica
869.105 – Poesia didática
869.106 – Poesia descritiva
869.107 – Poesia satírica e humorística
869.108 – Coleção de poesias. Florilégios
869.109 – História da poesia portuguesa
869.11 – Período primitivo (1140-1495)
869.12 – Idade áurea (1495-1580) [...]

869.9 – LITERATURA BRASILEIRA
869.901 – Filosofia, utilidade da ...
869.902 – Compêndios
869.903 – Dicionários
869.904 – Ensaios, memórias, saudações, discursos, palestras, conferências
869.905 – Revistas, periódicos
869.906 – Associações literárias
869.907 – Ensino da ...
869.908 – Coleções de obras literárias
869.909 – História da literatura brasileira [...]

869.92 – TEATRO BRASILEIRO
869.9208 – Coleções de peças teatrais
869.9209 – História do teatro brasileiro
869.921 – Período de formação (1500-1750)
869.922 – Período de desenvolvimento (1750-1830)
869.923 – Período romântico (1830-1870)
869.924 – Período de reação (1870-   )
869.925 – Contemporâneos

869.93 – ROMANCE BRASILEIRO
869.9308 – Coleções de romance e contos

Cap. 4 • Fontes de pesquisa   83

869.9309 – História do romance brasileiro
869.931 – Período de formação (1500-1750)
869.932 – Período de desenvolvimento (1750-1830)
869.933 – Período romântico (1830-1870)
869.934 – Período de reação (1870-   )
869.935 – Contemporâneos

As bibliotecas, além dessas classificações, valem-se de uma divisão em tipos de publicação, tipos de informação e uso. Quanto à publicação, as bibliotecas públicas dividem seus livros em: coleção geral de livros, livros de referência e periódicos (boletins, revistas e jornais).

2.3.1 Tipos de publicação

As bibliotecas, de modo geral, disponibilizam livros gerais, livros de referência, periódicos.

A coleção de livros gerais abarca livros científicos, didáticos, literários.

Os livros de referência englobam enciclopédias, dicionários, índices, atlas, bibliografias.

Uma divisão especializada nas bibliotecas (hemeroteca) classifica os periódicos. Nela é possível localizar artigos científicos das mais variadas épocas.

2.3.2 Tipos de informação

As informações contidas numa publicação podem ser **primárias** e **secundárias.** Primárias são constituídas por textos originais, como: correspondência, diários, *e-mails*, documentos, fotos, autobiografia, dados estatísticos oriundos de censo, legislações, anais de congressos, conferências, simpósios, relatórios técnicos, teses de doutorado, dissertações de mestrado. As fontes secundárias são compostas de textos que foram objeto de interpretações e avaliações. São exemplos: obras de referência, como enciclopédias, dicionários, anuários, base de dados, bibliografias, biografias, catálogos, filmes, manuais.

A diferença principal entre material primário e secundário reside no fato de que o material secundário apresenta informações de segunda mão, isto é, retiradas de outras fontes. Ao estudioso recomenda-se a busca, sempre que possível, de fontes primárias, isto é, isentas de interpretação. Não lhe é vedada a consulta de enciclopédias, mas estas só lhe servirão como primeira etapa, em que recolherá informações iniciais.

O uso de manuais, compêndios, introduções, livros-textos também é limitado, isto é, o estudioso tem consciência de que tais livros só lhe servem para uma primeira abordagem.

Embora sejam comuns artigos científicos, teses de doutorado, dissertações de mestrado que veiculam informações de dicionários, tal prática pode não ser bem vista por examinadores de bancas de mestrado e doutorado. Arguidores, quando se deparam com conceitos ou definições extraídos de dicionários às vezes questionam mestrandos e doutorandos que os admitem como certeza absoluta (ou verdade inconteste, ou ponto máximo a que se chegou o conhecimento) simplesmente porque foram recolhidos desse tipo de publicação. Nas Ciências Humanas, são comuns trabalhos com definições e conceitos de dicionários de filosofia, como se fossem guardiães da verdade. É um engano imaginar que, por citar um dicionário de filosofia, a banca o aplaudirá. A citação poderá soar inoportuna. Suponhamos agora um pesquisador que demonstre grandes dificuldades na articulação das estruturas fraseológicas, ou disponha de parcos conhecimentos linguísticos, e faça referência à etimologia de uma palavra, como se ele fosse *expert* na área. E há ainda os que recorrem desajeitadamente a uma expressão latina. Seu uso pode soar falso; a pessoa pode confundir-se com os casos e plurais latinos. Dicionários, ainda que específicos (Sociologia, Psicologia, História, Psicanálise, Filosofia), não substituem a fonte original, primeira, os autores consistentes da área. Eles, assim como as enciclopédias, são considerados fornecedores de informações secundárias. Seu uso de justifica como ponto de partida, ou para mostrar diferenças, insuficiências e falhas com relação ao que se quer provar.

2.3.3 Divisão do acervo

A divisão do acervo bibliográfico baseia-se em obras de consulta e obras de leitura corrente. As primeiras são compostas de dicionários, anuários, enciclopédias; as segundas compreendem obras de divulgação científica e técnica e literárias.

2.3.4 Uso da biblioteca

São comuns, no interior das bibliotecas, terminais de computadores que possibilitam ao usuário consultar o catálogo de seu acervo. Em geral, esse catálogo é ordenado por autor, título, assunto. A Universidade de São Paulo, apenas para citar um exemplo, já disponibiliza o Dedalus, em que é possível consultar, sem sair de casa, o acervo de suas bibliotecas.

Constam de uma ficha de informações bibliográficas os seguintes dados básicos:

- Sobrenome e nome do autor da obra.
- Título da obra
- Número da classificação decimal de Dewey ou CDU, classificação decimal universal.

A arrumação dos livros nas estantes das bibliotecas se faz por assuntos e, dentro do mesmo assunto, por autores. Para isso, utiliza-se uma tabela que individualiza os autores segundo números de classificação. Essa classificação é feita em algumas bibliotecas pela **Tabela "Pha"**. Exemplo:

809.923 S39n	809.923	Número de classificação de acordo com o Sistema Decimal de Melvil Dewey.
	S	Inicial do sobrenome do autor (Robert Scholes).
	39	Número encontrado na tabela "Pha" abreviada, para o sobrenome Scholes.
	n	Inicial do título da obra (Natureza da narrativa).

Grandes bibliotecas valem-se da **Tabela "Cutter"**, que funciona à semelhança da Tabela "Pha". Para maiores informações, remetemos o leitor para a obra de Heloisa de Almeida Prado, *Organização e administração de bibliotecas*.

Além da consulta ao catálogo, o usuário pode recorrer a informações obtidas dos bibliotecários.

Exemplo de ficha de classificação por autor:

501.8 Ruiz, João Álvaro, 1928-
R884m Metodologia científica : guia para eficiência nos estudos. 5. ed. São Paulo : Atlas, 2002. 182 p.

Exemplo de ficha de classificação por título:

501.8 Metodologia científica
R884m Ruiz, João Álvaro, 1928-
Metodologia científica : guia para eficiência nos estudos. 5. ed. São Paulo : Atlas, 2002
182 p.

86   **Redação científica** • *Medeiros*

Exemplo de ficha de classificação por assunto:

501.8   Métodos de estudo: Educação
R884m   Ruiz, João Álvaro, 1928-
          Metodologia científica : guia para eficiência nos estudos. 5. ed. São Paulo : Atlas, 2002.
          182 p.

Valendo-se de variadas palavras-chave, o pesquisador pode chegar a uma diversidade grande de obras. Assim, por exemplo, se utilizar a expressão *metodologia científica*, localizará, além do livro de João Álvaro Ruiz, livros de Antonio Joaquim Severino, Antônio Carlos Gil, Marina de Andrade Marconi e Eva Maria Lakatos e outros. Poderá, ainda, utilizar outra expressão-chave, como *método de estudo: educação,* e localizar outras obras.

Localizada uma obra, pode-se recorrer às suas referências bibliográficas e selecionar outras obras necessárias à pesquisa. Esse procedimento pode ser feito também com artigos científicos. Localiza-se, por exemplo, na Internet um artigo científico sobre *gêneros discursivos*; suponhamos "Gêneros textuais e(ou) gêneros discursivos: uma questão de nomenclatura?", de Eliana Dias *et al.* Recorrendo à suas referências bibliográficas, temos:

ADAM, J. M. *A linguística textual*: introdução à análise textual dos discursos. São Paulo: Cortez, 2008.

BALTAR, M. *A competência discursiva através dos gêneros textuais*: uma experiência com o jornal de sala de aula. 2003. Tese (doutorado) – Instituto de Letras da Universidade Federal do Rio Grande do Sul, Porto Alegre.

BAKTHIN, M. *Estética da criação verbal*. 4. ed. São Paulo: Martins Fontes, 2003.

BRONCKART, J-P. *Atividade de linguagem, textos e discursos*: por um interacionismo sócio-discursivo. São Paulo: EDUC, 2003.

DELL HYMES, H. *Sur la competence de communication*. Paris: Gallimard, 1984.

PERRENOUD, P. *Dez novas competências para ensinar*. Porto Alegre: Artes Médicas, 2000.

Cap. 4 • Fontes de pesquisa   87

RODRIGUES, R. H. Os gêneros do discurso na perspectiva dialógica da linguagem: a abordagem de Bakhtin. *In*: MEURER, J. L.; BONINI, A.; MOTTA-ROTH, D. (org.). *Gêneros*: teorias, métodos, debates. São Paulo: Parábola, 2005.

ROJO, R. (2005). Gêneros do discurso e gêneros textuais: questões teóricas e aplicadas. *In*: MEURER, J. L.; BONINI, A.; MOTTA-ROTH, D. (org.). *Gêneros*: teorias, métodos, debates. São Paulo: Parábola, 2005.

VAN DIJK. *Some aspects of text grammars*: a study in theoritical linguistics and poetics. The Hague: Mounton, 1972.

Como dissemos, atualmente, falar em arquivos de fichas de papel tornou-se antiquado. Nas grandes cidades, as bibliotecas já estão equipadas com computadores que registram todo o acervo de que dispõem em arquivos eletrônicos. Dessa forma, já não há que se manipular fichários de autores, títulos de obras ou assunto, mas arquivos eletrônicos que apresentam com muito maior rapidez e precisão a informação de que se necessita.

A Universidade de São Paulo criou um Banco de Dados Bibliográficos, o Dedalus, um instrumento oficial que reúne informações sobre os acervos das bibliotecas do Sistema Integrado de Bibliotecas da USP-SIBi/USP, assim como registra a produção intelectual da Universidade (*Manual para usuários do novo Dedalus/USP Versão 1.0, 2010*).[1]

---

1   Disponível em: http://nexus.futuro.usp.br/atividades/1570/file1.pdf. Acesso em: 5 fev. 2018.

5
Prática de leitura

> Este é, a nosso ver, o pecado capital da escola pública mal-direcionada: assume o compromisso de ensinar toda a população a ler, mas cumpre o compromisso pela metade. Os alunos chegam a ler, mas apenas decodificando os textos, sem alcançar a compreensão verdadeira nem, muito menos, a capacidade de crítica. Iludem-se com o que leem, porque está impresso, aceitam tudo que veem escrito, não são autônomos diante do texto (MOLINA, 1992, p. 11).

1   A CONSTRUÇÃO DO SENTIDO PELA LEITURA

Fala de leitura é falar de texto, é falar de produção do sentido. Koch (2015, p. 13), para tratar desse tema, entende a necessidade de esclarecer o que se entende por sujeito e o que se entende por língua.

Três, pelo menos, seriam os conceitos de sujeito do discurso. Segundo uma primeira abordagem, ele é visto como "sujeito psicológico individual, dono de sua vontade e de suas ações". Nesse caso, ele constrói um texto e deseja que seu conteúdo seja captado pelo interlocutor tal como foi idealizado. Ilusoriamente, entende-se que o conhecimento do código seria suficiente para se ter acesso ao texto. Para Koch, temo aqui "predomínio, senão exclusividade, da consciência individual no uso da linguagem – o sujeito da enunciação é responsável pelo sentido". A língua seria apenas um instrumento de comunicação à disposição dos indivíduos, como se não houvesse história. Ideologicamente, temos o que a ideologia liberal difunde: "os sujeitos é que fazem a história".

Uma segunda concepção de sujeito o vê como assujeitado. Koch apoia-se aqui em Possenti ("Concepções de sujeito na linguagem") para afirmar que nessa abordagem

> o indivíduo não é dono de seu discurso e de sua vontade: sua consciência, quando existe, é produzida de fora e ele pode não saber o que faz e o que diz. [...] Ele tem apenas a ilusão de ser a origem de seu enunciado, ilusão necessária, de que a ideologia lança mão para fazê-lo pensar que é livre para fazer e dizer o que deseja. Mas, na verdade, ele só diz e faz o que se exige que faça e diga na posição em que se encontra (p. 15).

Nesse caso, o indivíduo é apenas porta-voz de um discurso que lhe é anterior, e o sentido que os textos carregam pertence a outros discursos. O sentido de um texto está diretamente relacionado com a formação discursiva a que o texto pertence.

Haveria ainda uma terceira concepção de sujeito: um sujeito quase assujeitado. Aqui a língua é vista como lugar de interação. Temos, então, um sujeito que se constitui na interação com o outro; sujeito histórico e social capaz de agir, de interferir na história, embora não se lhe possa atribuir completamente a autoria do seu discurso.

Com essas noções elementares de sujeito, pode considerar que, quando a língua é vista como código, entende-se ilusoriamente que basta ter acesso ao código para se poder compreender os textos. Aqui, temos uma concepção de língua como representação do pensamento. Para Koch (2015, p. 17),

> na concepção de língua como representação do pensamento e de sujeito como senhor absoluto de suas ações e de seu dizer, o texto é visto como um produto – lógico – do pensamento (representação mental) do autor, nada mais cabendo ao leitor/ouvinte senão "captar" essa representação mental, juntamente com as intenções (psicológicas) do produtor, exercendo, pois, um papel essencialmente passivo.

Nesse caso, o sujeito é visto como responsável pelo sentido e a língua se constitui apenas em instrumento de comunicação à sua disposição. O texto é aqui apenas produto de uma codificação à espera de um decodificador competente para ter acesso a um sentido transparente, explícito.

Se, porém, a língua é vista como lugar de interação, temos um sujeito ativo que interage com outros sujeitos. Temos, então, uma concepção dialógica da linguagem, em que os sujeitos são atores, construtores sociais, e o texto passa a ser visto como lugar de interação em que os sujeitos constroem o sentido. Explicita Koch:

> Desta forma há lugar, no texto, para toda uma gama de implícitos, dos mais variados tipos, somente detectáveis quando se tem, como pano de fundo, o contexto sociocognitivo dos participantes da interação [...]
>
> A compreensão deixa de ser entendida como simples "captação" de uma representação mental ou como a decodificação de mensagem resultante de uma codificação de um emissor. Ela é, isto sim, uma *atividade interativa* altamente complexa de produção de sentidos, que se realiza, evidentemente, com base nos elementos linguísticos presentes na superfície do textual e na sua forma de organização, mas

que requer a mobilização de um vasto conjunto de saberes (enciclopédia) e sua reconstrução no interior do evento comunicativo (p. 18).

Ressalta, ainda, que o sentido não preexiste à interação texto-sujeitos, mas construído na interação deles. Portanto, se a língua é vista como representação do pensamento e o sujeito como senhor de suas ações e do seu discurso, o texto constitui um produto do pensamento do autor. Ao leitor caberia tão somente captar essa representação mental e as intenções de quem o enunciou. Ao ele caberia um papel passivo. A língua aqui é vista como código, como instrumento de comunicação. Se, porém, a língua é vista como interação, os sujeitos são vistos como atores que constroem a realidade social. O texto, então, é lugar de interação; não é um produto acabado, mas construído interativamente.

Orlandi (2008, p. 196) distingue, na análise linguística tradicional, um sujeito que não é levado em consideração: "o sujeito é um sujeito abstrato, ideal, virtual: aquele que tudo pode compreender e tudo dizer, uma vez internalizado um sistema de regras". Esse sujeito é formal e a-histórico. Quando se leva em conta a teoria da enunciação, postula-se que o sujeito, ao dizer, constitui-se em sujeito: "encontramo-nos face a face a uma espécie de onipotência do sujeito". Para a autora citada, "a perspectiva discursiva propõe que se considere que a relação do sujeito com a linguagem é uma relação contraditória, em que há dupla determinação: do enunciado pelo sujeito e deste por sua relação com a exterioridade, seu contexto sócio-histórico" (p. 198). Para que o discurso que produz possa ter sentido, é necessário que ele se inscreva em uma formação discursiva que também se relaciona com outras formações discursivas. Desse ponto de vista, não há sujeito "livre de toda determinação, ele é um sujeito socialmente (culturalmente, historicamente) constituído (determinado)" (p. 199). Daí a autora afirmar a inexistência de discurso sem sujeito e de sujeito sem ideologia.

Partimos, pois, do ponto de vista de que a linguagem não pode ser estudada separadamente da sociedade que a produz e de que para sua constituição entram em jogo processos histórico-sociais. Daí que a linguagem não pode ser considerada um produto e que o sentido não está no texto propriamente, mas é produzido pela interação dos sujeitos. O leitor interage com o autor do texto. Esta noção leva em consideração que o texto é o lugar de interação entre falante e ouvinte, autor e leitor. Além disso, ao dizer algo, ou ao escrever algo, essa pessoa o diz ou escreve de algum lugar da sociedade para alguém que ocupa algum lugar na sociedade. E isto faz parte do sentido. Segundo Orlandi (1987, p. 180):

> O texto não é uma unidade completa, pois sua natureza é intervalar. Sua unidade não se faz nem pela soma de interlocutores nem pela soma de frases. O sentido do texto não está em nenhum dos interlocutores especificamente, está no espaço discursivo dos interlocutores; também não está em um ou outro segmento isolado em que se pode dividir o texto, mas sim na unidade a partir da qual eles se organizam. Daí haver uma característica indefinível no texto que só pode ser apreendida se levarmos em conta sua totalidade.

O texto não é um produto que está pronto, acabado. É aparentemente acabado (tem começo, meio e fim). A Análise do Discurso traz à tona sua incompletude, suas condições de produção. Ora, como o texto se relaciona com a situação (contexto sociocultural, histórico, econômico, com os interlocutores) e com outros textos (intertextualidade), isto lhe dá um caráter de incompletude, de não acabado.

A legibilidade de um texto depende não só da coesão gramatical de suas frases, da coerência dos sentidos com relação ao contexto de situação (consistência lógica das ideias), da sinalização de tópicos, mas também da relação do leitor com o texto e com o autor. Orlandi (1987, p. 183) afirma:

> De um lado, a legibilidade não é uma questão de tudo ou nada, mas uma questão de graus, e, de outro, gostaríamos de dizer que a legibilidade envolve outros elementos além da boa formação de sentenças, da coesão textual, da coerência. Ou, dito de outra forma, um texto pode ter todos esses elementos em sua forma optimal e não ser compreendido. Do nosso ponto de vista, então, é preciso considerar, no âmbito da legibilidade, a relação do leitor com o texto e com o autor, a relação de interação que a leitura envolve.

2 LEITOR E PRODUÇÃO DA LEITURA

O texto é uma unidade que organiza suas partes. Utilizando uma metáfora de Dascal referenciada por Koch, o texto é apenas a ponta do *iceberg*. Abaixo do signo aparente na superfície do texto, há camadas de sentido a serem desvendadas. Diferentemente, os que afirmam um modelo de leitura hermenêutico "recusam a mergulhar na água". Continua ironicamente Koch (2015, p. 20):

> Alguns deles até negam que o *iceberg* tenha partes submersas. Nem mesmo gostam de caçar: preferem criar seus próprios animais de estimação, em castelos perfeitamente adequados, construídos no ar, sobre o topo da montanha de gelo. [...]

> Esta metáfora de Dascal é bastante útil para uma reflexão sobre a leitura e a produção de sentido. Em sua eterna busca, o ouvinte/leitor de um texto mobilizará todos os componentes do conhecimento e estratégias cognitivas que tem ao seu alcance para ser capaz de interpretar o texto como dotado de sentido.

O contexto é a situação do discurso, ou conjunto de circunstâncias nas quais se dá um ato de enunciação (oral ou escrito). Essa situação envolve tanto o ambiente físico, como o social em que se realiza o ato referido. Da mesma forma, por situação entendem-se os acontecimentos que precederam o ato da enunciação, a troca de palavras em que se insere a enunciação. Pode-se afirmar que a maior parte dos atos de enunciação é de interpretação praticamente impossível se não se conhece a situação em que ocorrem. Além disso, podemos também falar em cotexto, o ambiente linguístico de um elemento (uma palavra, por exemplo) dentro de um enunciado, isto é, o conjunto de elementos que o precedem e o seguem nesse enunciado; o que vem antes de uma frase e o que vem depois dela.

Se faltam os elementos que unificam o processo de leitura, o leitor perde o acesso ao sentido. Tal fato ocorre quando o leitor lê palavra por palavra, sentença por sentença e não alcança o sentido global do texto. Se não há distância mínima (conhecimento das condições de produção do texto), o leitor não é capaz de prever, antecipar. Vejam-se outras informações sobre *contexto* no Capítulo 7, seção 2.

Para a compreensão de um texto, levem-se em conta o processo de interação, a ideologia.[1] Por um lado, há um interlocutor constituído no ato da escrita (leitor virtual). Por outro lado, há o leitor real. Há, portanto, um debate de ideias, um jogo entre o leitor virtual e o real. A leitura constitui-se, portanto, em um momento crítico da constituição do texto: momento de interação. Os interlocutores identificam-se como interlocutores e como tais desencadeiam o processo de significação do texto.

O leitor real pode distanciar-se pouco ou muito do leitor virtual, ou podem vir a coincidir. Além disso, podem distanciar-se ou não com relação a determinados posicionamentos. Assim, autor e leitor têm sua relação afetada pela distância entre o leitor virtual e o real.

Observe-se, por exemplo, o caso do discurso dos que ensinam em sala de aula, em que se tem como interlocutor um aluno considerado padrão. De modo geral, a escola pouco se preocupa com a compreensão. Se o aluno não dispõe das condições favoráveis à leitura dos textos proferidos, é levado à imitação, ou ao ato de decorar, posições indesejáveis para um leitor que a escola deveria fazer crítico. Considerando o contexto sociocognitivo, Koch (2015, p. 26-27) afirma:

> Para que duas ou mais pessoas possam compreender-se mutuamente, é preciso que seus contextos cognitivos sejam, pelo menos, parcialmente compartilhados. [...] Numa interação, cada um dos parceiros traz consigo sua bagagem cognitiva – ou seja, já é, por si mesmo, um contexto. A cada momento da interação, esse contexto é alterado, ampliado, obrigando, assim, os parceiros a se ajustarem aos novos contextos que se vão originando sucessivamente. [...]
>
> O contexto, da forma como é hoje entendido no interior da Linguística Textual abrange, portanto, não só o contexto, como a situação de interação imediata, a situação mediata (entorno sociopolítico-cultural) e também o contexto sociocognitivo dos interlocutores que, na verdade, subsume os demais. Ele engloba todos os tipos de conhecimentos arquivados na memória dos actantes sociais, que necessitam ser mobilizados por ocasião do intercâmbio verbal.

Entre esses conhecimentos, Koch relaciona:

- Conhecimento linguístico.
- Conhecimento enciclopédico, que inclui *frames* e *scripts*.
- Conhecimento da situação comunicativa e de suas regras.
- Conhecimento supraestrutural dos tipos textuais (narrativo, descritivo, argumentativo, expositivo/explicativa, injuntivo, dialogal).
- Conhecimento estilístico de diversas variedades linguísticas.

---

1 Para Orlandi (1993, p. 102): "O homem faz história mas a história não lhe é transparente. Por isso, acreditamos que uma metodologia de ensino consequente deve explicitar para o processo de leitura os mecanismos pelos quais a ideologia torna evidente o que não é e que, no contrário, resulta de espessos processos de produção de sentido, historicamente determinados. A 'naturalidade' dos sentidos é, pois, ideologicamente construída."

94 Redação científica • Medeiros

- Conhecimento de variados gêneros discursivo adequados às práticas sociais.
- Conhecimento de outros textos (intertextualidade).

No processamento da leitura, o leitor aciona o enquadramento, a moldura de um texto (*frame*): os frames são elementos que fazem parte de um todo, sem estabelecer nenhuma ordem. Por exemplo, quando falamos de *pesquisa científica*, imediatamente ativamos em nossa memória a necessidade de metodologia, planejamento, cronograma, técnicas de pesquisa, redação, orçamento etc. *Frames* são, pois, modelos cognitivos globais que contêm conhecimentos de mundo. Se falamos de *manifestações políticas* em espaço público, imediatamente nos vem à memória um conjunto de informações: aglomeração de pessoas, bandeiras, gente caminhando, caminhões com alto-falante, líderes falando, faixas, cartazes. Diferentemente dos frames, os scripts demandam ordem, sequência. A *ida ao teatro* para ver uma peça, por exemplo, implica movimentação até a porta do teatro, compra do bilhete, uso de dinheiro em papel, ou de cartão de débito ou crédito, entrada, localização da cadeira, espera, encenação, término da peça, saída, volta para casa etc.

Para a legibilidade de um texto, a gramaticalidade e o nível de coesão textual não são suficientes. A relação autor/leitor precisa ser conhecida. O autor não será sujeito absoluto de seu discurso nem o leitor estará isento de formações ideológicas. As condições de produção de leitura devem ser consideradas, bem como se ter presente que o texto é constituído da interação do autor/leitor, que relativiza a noção de sujeito de ambas as partes. A leitura é caracterizada como um discurso que exige, portanto, interação.

3 CONDIÇÕES DE PRODUÇÃO DA LEITURA

O sentido de um texto provém de sua formação discursiva, que, por sua vez, nos remete a uma **formação ideológica**. A formação ideológica é constituída por um conjunto de atitudes e representações que não são individuais, mas reportam às posições de classe, à formação discursiva. Por seu turno, a **formação discursiva**, que se relaciona diretamente com formação ideológica, é constituída por aquilo que pode ser dito ou não diante de determinada situação.[2]

Assim, ilusoriamente se pode falar em sujeito, uma vez que aquilo que ele diz é determinado pela classe de que faz parte e sua interpretação daquilo que lê é realizada segundo a ideologia da classe a que pertence. Quando passam de uma formação discursiva para outra, as palavras ganham novos sentidos, ou mudam de sentido. Fiorin (1990, p. 28) afirma: "Para entender com mais eficácia o sentido de um texto, é preciso verificar as concepções correntes na época e na sociedade em que foi produzido." A título de exemplificação, podemos dizer que um

---

2 Para Fiorin (1988, p. 32), "a cada formação ideológica corresponde uma formação discursiva, que é um conjunto de temas e de figuras que materializam uma dada visão de mundo". **Tema** é definido como elemento semântico que indica seres do mundo não natural (exemplos: honra, poder, obediência, solidariedade). Já **figura** é o elemento semântico que designa seres do mundo natural (exemplos: casa, escola, fábricas, homem, mulher). Na história de Chapeuzinho Vermelho, por exemplo, a menina representa uma figura, enquanto a obediência é o tema.

economista keynesiano diz o que sua formação discursiva permite dizer; um liberal terá seu discurso limitado pelos enunciados difundidos pelo Liberalismo.

As condições de produção da leitura são a relação do texto com outros textos, com a situação, com os interlocutores. Antes de tudo, a leitura é produzida. Ela é "o momento crítico da constituição do texto, pois é o momento privilegiado do processo da interação verbal: aquele em que os interlocutores, ao se identificarem como interlocutores, desencadeiam o processo de significação" (ORLANDI, 1987, p. 193). É pela interação que os interlocutores constituem o espaço da discursividade.

A noção de funcionamento do discurso exige que se levem em conta as condições de produção, o que nos remete à exterioridade do discurso, como a situação (contexto de enunciação e contexto sócio-histórico). Ora, tal fato nos leva a pensar o texto como algo incompleto. E essa incompletude que caracteriza qualquer discurso é resultado da multiplicidade de sentidos possível. Assim, o texto não resulta da soma de segmentos, de frases, nem é resultado da soma de interlocutores: o sentido de um texto resulta de uma situação discursiva. Por isso, a necessidade de preenchimento dos espaços que existem no texto; esta incompletude é gerada por toda espécie de **implícitos** (pressupostos e subentendidos). Um deles é a intertextualidade, que vem a ser a relação de um texto com outro ou com outros. Em uns ele tem sua origem; para outros ele aponta. Ora, *como um texto tem sua origem em outros, é necessário considerar também aquilo que poderia ter sido produzido em condições diversas daquela em que ele foi elaborado.* Isto é, deve-se levar em conta aquilo que os textos poderiam ter dito e não disseram, sobre determinadas condições de produção.

Para Platão e Fiorin (1990, p. 241), **pressupostos** são "ideias não expressas de maneira explícita, mas que o leitor pode perceber a partir de certas palavras ou expressões contidas na frase". Assim, se o texto informa que *semana que vem ainda não teremos motivos de alegria*, a expressão *ainda* indica que o atual momento é de tristeza, de adversidades. Se nos dizem que *continuará fazendo calor amanhã*, o verbo *continuar* é um pressuposto de que a temperatura anda elevada. Há informações implícitas em todos esses exemplos. O leitor ou ouvinte pode questionar ou discordar da afirmação explícita, mas sobre o pressuposto não. Se o pressuposto é falso, não tem razão de ser a informação explícita. Em geral, os pressupostos advêm de advérbios (*ainda, já*), de verbos (*continuar, torna-se, chegar, fazer* e centenas de outros que nos informam implicitamente sobre fatos ou acontecimentos que o texto explícito silencia), adjetivos. Se se diz, por exemplo, que "os políticos *honestos* se reelegerão", está-se informando sobre a existência de corruptos que não se reelegerão.

Já os **subentendidos** são "insinuações contidas por trás de uma afirmação" (FIORIN, 1990, p. 244). Se o pressuposto não pode ser discutido, já o subentendido depende do ouvinte ou leitor. O enunciador, ao subentender, coloca-se numa posição de segurança. Conforme a reação do leitor ou do ouvinte, poderá dizer *que o sentido de suas palavras era outro e não o que foi entendido.* Suponhamos que alguém, numa festa de casamento, seja servido de uma caipirinha e diga: *"Gosto muito de caipirinha quando estou na praia."* A frase pode levar ao subentendido de que essa pessoa considera que lugar de caipirinha não é em festa de casamento. Se o dono da festa se aborrecer, ela poderá acrescentar que também não desgosta de caipirinha nas demais situações: *"Estava apenas afirmando que gosto de caipirinha; não a dispenso quando estou na praia. Caipirinha cai bem sempre."*

96 **Redação científica** • *Medeiros*

Outro fator de grande influência na leitura é o **viés**, que é o resultado da escolha dos fatos ou acontecimentos que se faz no momento da emissão de uma mensagem. Assim, quando o jornalista seleciona determinados fatos para noticiar, já aí nesse momento a neutralidade perde espaço para a subjetividade. A ênfase que se atribui a determinados fatos ou pormenores gera o viés. Por exemplo, quando se destacam apenas qualidades de um administrador e se escondem seus defeitos, a audiência pode ter uma informação distorcida, porque incompleta. E essa incompletude interfere na constituição do sentido.

A incompletude do texto é intervalar; incompletude porque o discurso instala o espaço da intersubjetividade. Ele é constituído pela relação de interação que instala. Assim considerado, o texto não é lugar de informações, mas processo em que o significado vai-se formando; é um lugar de sentidos.

A estratégia de leitura leva em conta o *tipo* de discurso (lúdico, polêmico, autoritário) que o leitor tem diante de si, pois o que é relevante em um tipo pode não sê-lo em outro. O **discurso lúdico** tende para a polissemia, o **autoritário** para a paráfrase e o **polêmico** para o equilíbrio, o jogo entre a polissemia e a paráfrase. Visto do prisma das funções da linguagem, o discurso autoritário é referencial, o lúdico é poético e o polêmico se volta para a referência e a verdade é disputada pelos interlocutores. No discurso autoritário, a verdade é imposta; no lúdico, não há preocupações com a verdade.

O leitor, portanto, deve ser capaz de reconhecer os tipos de discurso e estabelecer a relevância de certos fatores para a significação do texto objeto de sua leitura. Assim, um texto de ficção exige do leitor diferente atuação de leitura que teria em relação a um texto científico; um texto lúdico exige do leitor postura diversa da que teria em relação a um texto polêmico.

Quanto ao contexto, devem ser levados em conta: o sujeito do enunciado (sintático: sujeito da oração), o sujeito da enunciação (autor) e o sujeito textual (contexto social). No exame do sujeito oracional, o leitor ocupa-se da reflexão sobre se o sujeito é explícito ou oculto. Se oculto, por que o é? Se indeterminado, qual o motivo da indeterminação? Por que a ausência de sujeito? O enunciado está na voz passiva? Por que se escondeu o sujeito? No caso do sujeito da enunciação, de que perspectiva ele narra os fatos, reflete sobre os fatos, descreve-os? De um ponto de vista neutro, favorável ou contrário ao que é objeto de sua produção textual? Para a percepção do *sujeito* textual, é necessário ver o texto como um todo. Aqui se deve levar em conta a incompletude do texto, sua relação com outros textos, a relação do texto com a experiência do leitor em relação à linguagem, seu conhecimento de mundo, sua ideologia. Não basta entender palavra por palavra, nem sentença por sentença. É preciso apreender o texto em sua unidade.

Aqui é, pois, preciso considerar que há variados tipos de leitor. Em primeiro lugar, um elemento que pode caracterizar o tipo de leitor é sua experiência com a linguagem: grau de escolaridade, conhecimento gramatical, capacidade de análise linguística, capacidade de distinguir formas-padrão (variedade linguística prestigiada). Um leitor experiente, além do conteúdo como está expresso o enunciado, atenta também para a forma: uso de imperativo, utilização de expressões pouco utilizadas no dia a dia e que têm finalidade apenas de empolar o discurso e distanciar o enunciador do enunciatário, uso de expressões que denotam respeito ao enunciatário e possibilitam sua participação etc.

Dito isto, podemos afirmar com Orlandi (1987, p. 200) que diferentes níveis de sujeitos e diferentes tipos de discurso determinam "o grau de relação entre o que chamamos **leitura parafrástica**, que se caracteriza pelo *reconhecimento* (reprodução) do sentido dado pelo autor, e **leitura polissêmica**, que se define pela *atribuição* de múltiplos sentidos do texto" [destaque nosso].

Assim, no discurso lúdico a leitura polissêmica pode ocorrer em maior grau; já no autoritário, a leitura polissêmica ocorrerá em menor grau. O discurso poético possibilita leitura polissêmica em maior grau, enquanto o discurso científico reduz a possibilidade de leitura polissêmica.

Da mesma forma, o sujeito do enunciado (sujeito da oração) permite grau mínimo de leitura polissêmica; já o sujeito textual (contexto político-socioeconômico) permite maior grau de polissemia à leitura. E, mais uma vez, podemos afirmar que a leitura é produzida, isto é, exige atuação do leitor, é um processo de interação. Destarte, não há por que falar em leitura como recepção (assimilativa) e leitura criativa, que exige alta capacidade de imaginação. Não há apenas recepção nem criatividade em sentido amplo, principalmente na escola. Há variados graus ou espécies de interferência que vão da paráfrase à polissemia. Os objetivos da leitura é que determinam qual leitura será mais adequada: a parafrástica ou a polissêmica.

Diferentemente dessa postura que considera que não há nem criatividade nem recepção pura, Mary Kato (1990, p. 39-42), em *O aprendizado da leitura*, afirma a existência de três **tipos de leitor**:

- Leitor que privilegia o processamento descendente: apreende facilmente as ideias gerais e principais do texto, é fluente e veloz. Ponto negativo: tenta excessivamente adivinhar ideias sem confirmá-las com o texto. Valoriza mais seus conhecimentos prévios que os do texto.

- Leitor que privilegia o processamento ascendente: constrói o significado com base nas informações do texto. Dedica-se pouco à leitura da entrelinha. Tem dificuldades em sintetizar ideias. Não sabe distinguir ideias principais, relevantes, de ideias secundárias, ilustrativas.

- Leitor maduro: utiliza ambos os processos anteriores complementarmente. Tem controle consciente e ativo de seu comportamento.

Segundo o primeiro tipo de leitor, tem-se de contextualizar o autor, o texto, situá-lo no tempo e na corrente de ideias humanas. É o que faz uma leitura do tipo inspecional. Já ao comportamento do segundo tipo de leitor pertence a leitura cuidadosa, atenta às palavras desconhecidas e às ilustrações. Como já se afirmou, o terceiro é o que combina os dois modos de leitura.

4 ANÁLISE DE INFORMAÇÃO QUALITATIVA

Exporemos a seguir algumas informações sobre a interpretação que ocorre na pesquisa científica, seja quando se apoia exclusivamente em bibliografia, seja quando o pesquisador se vale de pesquisa de campo e realiza entrevistas, que precisam ser interpretadas.

Demo (2012a, p. 45 s) salienta de saída que "toda interpretação depende intrinsecamente do quadro teórico de referência". O quadro teórico de referência "constrói a possibilidade explicativa da análise". Ele define as categorias a serem utilizadas. A quem se utiliza, por exemplo, do materialismo dialético são comuns categorias como: matéria, consciência, trabalho, práxis, mediação, hegemonia, contradição, totalidade, reprodução etc. Para Demo, "parece claro, por exemplo, que uma teoria inspirada na dialética ressalta as dinâmicas contrárias, ao passo que outra de tessitura funcionalista se interessará mais pelas congruências, consensos e estáticas". E conclui: "um dado pode dizer muito, se a teoria o fizer dizer; sem teoria, nada diz, porque sua voz não provém dele mesmo, mas da montagem teórica em que é apanhado". Além disso, o quadro teórico de referência concorre para o desenho de hipóteses de trabalho, que orientam o roteiro da análise, "contribuindo para que a pesquisa seja confluente, não dispersante".

Considerando a interpretação de uma entrevista, Demo afirma que a presença do pesquisador é parte fundamental da qualidade da informação. Não se trata de, metaforicamente, recolher do entrevistado uma "pepita de outro", como se fosse um dado objetivo, mas de procurar "um dado qualitativamente construído, obtido por um processo de conversa entre sujeitos, no qual o protagonismo comparece nos dois lados" (p. 48). Ilustra então com uma pesquisa sobre felicidade, em que não interessa a objetividade da informação, mas sua riqueza subjetiva. Embora a pessoa possa dizer-se feliz, o entrevistador pode registrar silêncios, exageros na adjetivação, incômodo que a questão suscita, "necessidade de fazer boa figura". Prossegue o autor citado: "O papel do entrevistador não será, jamais, apenas o de anotar o que ouve, mas literalmente o de questionar interpretativamente a fala considerada duvidosa para que seja viável elucidar, até onde for possível, essa dúvida" (p. 48). Considerando a forma, sugere ao pesquisador atenção quanto a frequência de determinadas expressões utilizadas pelo entrevistado, modos de falar característicos, formas de iniciar e concluir raciocínios e narrativas, repetições, tipos de argumento, tiradas indicativas de refinamento intelectual etc. Além disso, recomenda ainda buscar o que não se quer dizer ao dizer, do que se deixa de dizer ao dizer, encobrindo astuciosamente questões relevantes. Ao pesquisador também não passará despercebido, durante uma entrevista (ou, posteriormente, na fase de sua análise), o uso de modalizações utilizadas na exposição dos argumentos (*infelizmente, felizmente, sem dúvida, com certeza, obrigatoriamente, é preciso, deve* etc.). Finalmente, o grande desafio é entender o outro como ele gostaria de ser entendido: "boa vontade de escutar o outro com atenção e simpatia", procurando acreditar no que ele diz, levando a sério seus pontos de vista e sua maneira de ver a realidade.

A interpretação do fenômeno pesquisado faz-se de forma desconstrutiva, superando o nível da aparência do que foi dito, deslindando significados ocultos,

> escavando no que se diz o que não se quer dizer, ressaltando o implícito no explícito, acentuando contradições dialéticas que mantêm sempre a dinâmica de fundo acesa, desvendando as credulidades das certezas e as ingenuidades das convicções, sondando a presença sub-reptícia do poder nas falas que juram pela verdade, e assim por diante (DEMO, 2015, p. 54-55).

Demo discorre ainda sobre a necessidade de o pesquisador, apoiado em bases científicas e razões para o que afirma, caminhar, no processo de interpretação, no sentido de dizer o

Cap. 5 • Prática de leitura   99

que se pode dizer, argumentando com consistência, mas distante de posicionamentos inflexíveis de dono da verdade e sempre "aberto a razões possíveis contrárias".[3]

5   LEITURA INTERPRETATIVA

Para Faulstich (1988), a leitura interpretativa exige o domínio da leitura informativa. E ainda diz ser necessário o reconhecimento de determinadas capacidades de conhecimento, como a compreensão, a análise, a síntese, a avaliação, a aplicação.

A *compreensão* caracteriza-se como capacidade de entendimento literal do conteúdo. O leitor preocupa-se em ver o texto segundo a óptica do autor e busca responder às perguntas: que tese o autor do texto defende? De que trata o texto?

A *análise* envolve capacidade do leitor para verificar as partes constitutivas do texto, de tal forma que possa perceber os nexos lógicos das ideias e sua organização. Nesse estágio, é necessário responder à pergunta: quais são as partes que constituem o texto?

A *síntese* implica capacidade para apreender os sentidos centrais do texto. Nesse caso, o leitor busca reconstruir o texto, eliminando o que é secundário. Responde-se às perguntas: quais são os sentidos principais do texto? Como eles se inter-relacionam?

Por *avaliação* entende-se a capacidade de emissão de um juízo valorativo a respeito do texto. Nesse estágio, responde-se às questões: o texto é passível de crítica? Há pontos fracos? Há falhas na argumentação?

Finalmente, a etapa de *aplicação* caracteriza-se como capacidade para, com base no texto, resolver situações semelhantes. O entendimento do texto possibilita a projeção de novas ideias e a obtenção de novos resultados. Responde à pergunta: as ideias expostas no texto são passíveis de ser aplicadas em que contexto?

São, pois, cinco as etapas da leitura interpretativa propostas por Faulstich (1988).

6   LEITURA CRÍTICA

Esse tipo de leitura exige que o leitor tenha algum conhecimento do assunto. Inicialmente, ele faz um levantamento de todos os tópicos frasais (sentido que orienta a constituição do parágrafo). A partir daí, busca estabelecer falhas ou fundamentos na hierarquização dos sentidos. Assim, ler criticamente é, acima de tudo, perceber a consistência dos sentidos produzidos, a coerência e harmonia do texto.

Ao leitor crítico é fundamental diferenciar ideias, saber hierarquizá-las, analisar a pertinência delas, bem como o nexo que as une. Ao hierarquizá-las, é necessário:

- ■ Separar sentidos principais dos secundários.

---

3   Recomendamos a leitura do capítulo 5 de Demo (2015, p. 69-97), em que o autor apresenta sugestões de análise qualitativa de textos oriundos de entrevistas.

100 **Redação científica** • *Medeiros*

- Relacionar os pormenores que servem de apoio aos sentidos secundários.
- Arrolar tópicos ou temas paralelos.
- Inventariar sentidos opostos.
- Reconhecer operadores argumentativos: de oposição, de causalidade, de finalidade etc., bem como pressupostos.
- Ordenar a sequência dos sentidos.
- Reconhecer intertextualidades.
- Examinar os enunciados para perceber implícitos e subentendidos.

Como a leitura não é atividade mecânica de simples decodificação de signos, ela não pode ser passiva. Daí a necessidade de perceber as relações entre texto e contexto, de traduzir os significados das palavras e desvendar o que se oculta por trás delas.

A leitura crítica só é possível se o leitor tem conhecimento das condições de produção do discurso e de seu funcionamento. O leitor crítico refaz, em geral, o percurso de etapas proposto por Morgan e Deese, constante da seção 1 do Capítulo 5. Recomendamos também os passos de leitura propostos por Molina, expostos no mesmo tópico.

7 ANÁLISE DE TEXTO

Outra técnica de leitura bastante difundida é a análise de texto.

Esclarecemos aqui o significado de dois termos que, em geral, despertam curiosidade: *análise* e *interpretação*. **Análise** é o fundamento para a elaboração de reflexões que mostrem a organização dos elementos identificados no texto e seu aproveitamento reflexivo e argumentativo. A leitura é um processo de incorporação do texto à vida, de aceitação ou negação dos sentidos nele produzidos, estabelecendo um diálogo pelo qual o leitor se constitui em sujeito da leitura, um ato criativo e não reprodutor passivo dos sentidos espalhados pelo texto.

Feita a leitura, o leitor volta-se para comparações que envolvem o texto e outras situações semelhantes de outras épocas, para estabelecer relações de semelhança e diferença. Ao comparar, relacionam-se conteúdos e opina-se sobre os fatos arrolados. **Interpretação** é processo, num primeiro momento, de dizer o que o autor disse, parafraseando o texto, resumindo-o; é reproduzir os sentidos do texto. Num segundo momento, entende-se interpretação como comentário, discussão dos sentidos distribuídos pelo texto. A leitura se torna, então, produção de sentidos, e o leitor transforma-se em coenunciador, coautor.

Analisar significa, portanto, decompor, examinar sistematicamente os elementos que compõem o texto. Essa dissecação tem como objetivo penetrar nos sentidos, que não estão completamente formulados. O texto não é, pois, um produto acabado, mas incompleto, que exige a participação do leitor.

A análise, porém, não deve ater-se apenas à compreensão. É necessário que se estenda e chegue à crítica. Por isso, mais importante que reproduzir a estrutura do plano é indicar os tipos de relação existentes entre os sentidos expostos.

Como desenvolver a análise? Ela se desenvolve por meio da explicação, da discussão que os temas abordados ensejam e da avaliação dos sentidos produzidos.

São objetivos da análise do texto: aprender a ler, escolher textos significativos, reconhecer a organização do texto, interpretá-lo, procurar o significado de suas palavras, desenvolver a capacidade de distinguir fatos, opiniões, hipóteses, detectar argumentos principais e secundários, chegar a uma conclusão.

O procedimento de leitura analítica inicia-se pela escolha do texto, que será lido e relido exaustivamente até que se compreenda o que foi exposto. Antes de criticar um texto, é preciso entendê-lo, compará-lo com outros, recorrer aos textos a que faz referência. Lembrar sempre que os textos dialogam com outros textos: se não percebemos a relação deles com outros, perdemos grande parte do seu sentido.

Há vários tipos de análise: dos elementos, das relações, da estrutura do texto.

A *análise dos elementos* compreende referências bibliográficas, estrutura do plano do livro ou texto, vocabulário, modelo teórico, doutrinas, ideias principais e secundárias, juízos de valor expostos, conclusões.

A *análise das relações* engloba a busca de relações entre as hipóteses e as provas e conclusões. Essa análise possibilita verificar a coerência dos elementos das várias partes do texto. Em geral, um texto oferece relações entre ideias principais e secundárias, fatos que confirmam as opiniões exaradas, causas e consequências.

A *análise da estrutura* compreende o estudo das partes, buscando-se as relações delas com o todo. Ela preocupa-se com o objetivo do autor, o ponto de vista que defende (tese), conceitos adotados, seu modo de estabelecer ilações, forma de trabalhar o material exposto.

Há ainda outros tipos de análise, como textual, temática, interpretativa, de problematização, de síntese. Enquanto a *textual* busca o levantamento de todos os elementos do texto, desde que sejam importantes, a *análise temática* busca a apreensão do conteúdo, ou seja, dos problemas alinhados, das ideias expostas, da qualidade da argumentação. A *análise interpretativa*, por sua vez, busca explicitar a posição do autor, detectar influências, e também faz uma exposição crítica e avalia o conteúdo da obra. Já a *análise de problematização* levanta os problemas do texto e discute-os, e a de *síntese* elabora um novo texto, após reunir os elementos do texto e refletir sobre eles.

8 ANÁLISE CRÍTICA DO DISCURSO

Meurer (*In*: MEURER; BONINI; MOTTA-ROTH, 2010, p. 81) considera que a Análise Crítica do Discurso (ACD) "é, ao mesmo tempo, uma teoria e um método de análise do discurso". Os teóricos da área entendem que questões sociais e políticas "têm caráter parcialmente linguístico-discursivo" e que o estudo de questões linguístico-discursivas vistas da perspectiva da ACD pode "revelar aspectos importantes da vida social". Dessa forma, a ACD volta-se fundamentalmente para questões sociais que incluem formas de representação da "realidade" (entre aspas porque a realidade a que temos acesso é a criada pela linguagem), assim como a manifestação de identidades e as relações de poder no mundo em que vivemos.

A Análise Crítica do Discurso (ACD) apresenta conexão com a Linguística Sistêmico-
-Funcional de Halliday, que é utilizada como instrumento de descrição e análise da linguagem. Apoia-se também na Pragmática, incorporando a noção de linguagem como ação; de Pêcheux assume a ideia de que "a linguagem é uma forma material de ideologia"; de Fowler *et al.* "adota a ideia de 'casar um método de análise linguística [a linguística sistêmico-funcional] com uma teoria social do funcionamento da linguagem". Fairclough acrescenta a essas abordagens uma teorização sobre a "interação entre discurso e estruturas sociais e a maneira como os discursos são produzidos e interpretados" (p. 86). Daí a busca de novos conceitos para fundamentar sua teoria, como a hegemonia em Gramsci e estrutura social em Giddens, a visão de discurso de Foucault, bem como o conceito de intertextualidade de Bakhtin.

Qualquer que seja o gênero, ele ocorre em situação específica (contexto) e envolve agentes diversos que o produzem e o consomem. Daí a preocupação de ACD de estudar os gêneros em sua interação com as estruturas sociais. Ela analisa os eventos discursivos, considerando três ângulos ou dimensões que se complementam: como texto, como prática discursiva (produção, distribuição e consumo de textos) e como prática social, objetivando descrever o que ocorre no texto, explicar o texto e interpretá-lo.

Vejamos inicialmente, as perspectivas teóricas da Análise Crítica do discurso:

■ A linguagem é uma forma de **prática social**. Formas discursivas e estruturas sociais influenciam-se reciprocamente. O discurso é visto aqui como uma forma de prática social realizado por meio de gêneros textuais. As implicações de ver o discurso como prática social são: (a) Em conformidade com a Pragmática, entende-se que os indivíduos realizam ações por meio da linguagem. Uma secretária, quando escreve um comunicado interno (CI), realiza uma ação: informa determinada pessoa ou departamento sobre algum fato relevante para o desenvolvimento do trabalho. (b) Com base em Giddens, afirma-se que há uma relação bidirecional entre discurso e estruturas sociais, ou seja, tanto o discurso influencia as estruturas sociais, como é influenciado por elas. Exemplificando: a destituição da Presidência da República de Dilma Rossetti é vista pelos que a substituíram como um processo legal, que lhe atribuiu a prática de "crime de responsabilidade"; os que são contrários, vê no fato um golpe político de tomada do poder e, dessa forma, ilegal. Assim, ao ato de impedimento de continuidade da Presidência da República são atribuídos sentidos diferentes. Um sentido admitido em um discurso pode não sê-lo em outro e "poderá ter diferentes repercussões em diferentes contextos. [...] Diferentes discursos e estruturas sociais conjuntamente determinam 'o que pode e deve ser dito', como os textos 'devem' ser interpretados e o que pode e deve ser feito" (MEURER *In*: MEURER; BONINI; MOTTA-ROTH, 2010, p. 88). Verifique-se, por exemplo, o que poderia ser dito no caso dos que eram favoráveis a Dilma Rossetti e o que não poderia ser dito; e o que poderia ser dito e o que deveria ser silenciado no caso dos que lhe eram contrários. (c) A ACD ocupa-se também dos recursos sociocognitivos de todos os que produzem, distribuem e interpretam os textos. No caso dos textos relativos ao episódio do impedimento da Presidente, teríamos: artigos escritos por jornalista, os canais utilizados para a distribuição (linha editorial) e as pessoas que interpretaram os textos. Por exemplo, hoje é comum no noticiário de TV, comentaristas das mais variadas posições políticas e econômicas. A ACD entende que os recurso empregados para produzir e consumir textos são sociocognitivos, são atravessados por diversos discursos e ideologia. Não somos livres para produzir nossos discursos: dizemos o que pode ser dito e o dizemos segundo nossa formação discursiva; os significados produzidos serão aqueles que são permitidos pelos discursos que nos formam. Suponhamos: um liberal produz sentidos econômicos, alinhando-se com essa ideologia: defesa de valores individuais quer políticos, quer econômicos, quer intelectuais, recusando todo tipo de interferência do Estado. Entre seus valores, sobressaem: democracia, liberdade de expressão, direitos civis, liberdade religiosa, livre comércio, concorrência, igualdade de gênero, liberdade econômica, propriedade privada. Outro seria o discurso dos que entendem que ao Estado cabe organizar a economia (intervencionismo econômico) e produzir políticas de igualdade de oportunidades e repartição da renda. Nesse ponto, é de dizer que há os que entendem que o assujeitamento do sujeito é total à ideologia e, portanto, seria mero repetidor dos discursos imperantes na sociedade e há os que entendem que o assujeitamento conhece brechas, possibilidades que permitem mudanças sociais. Neste último caso, "os indivíduos têm também a possibilidade de influenciar os discursos e de criar 'realidades' por meio do uso de textos" (p. 89). A ACD entende que a realidade representada nos discursos "são criações sociais e não verdades absolutas".

- A linguagem tem **poder constitutivo**. O discurso cria, reforça, desafia formas de conhecimento e de crença, relações sociais, identidades, posições sociais, ou seja, há uma relação dialética entre linguagem e sociedade. Com base em Foucault, afirma-se na ACD que, por meio do discurso, construímos, criamos realidades sociais. Três seriam os aspectos do poder criativo do discurso: a constituição de formas de conhecimento e de crenças; a criação de relações sociais; a formação de identidades. Esses níveis de significado são postos em ação simultaneamente. Assim como nas novelas, há a criação de determinados tipos: consumista, invejoso, galanteador, generoso, crápula, malandro etc., nos textos que lemos em jornais e revistas também temos a criação de uma identidade para os sujeitos. Determinado político é identificado como X; outro como Y. No campo religioso, também o discurso cria uma identidade para o papa, para um pastor midiático, para um sacerdote etc. Nos *reality shows*, também temos a criação discursiva de determinados tipos (como no *Big Brother*, no *Power Coup*, em *A Fazenda*, em *O Aprendiz* etc.). Nos desenhos animados ou nas histórias em quadrinhos, temos a mesma coisa: a criação de identidades pelo discurso: Mônica, Cebolinha, Cascão. Voltando ao discurso do jornalismo impresso e televisivo, aos textos que circulam em nossa sociedade, cabe-nos desconstruir as imagens criadas, a não vê-las como naturais, ou seja, desconstruir as naturalizações, "buscando evidências de que se fundamentam em ideologias que favorecem interesses ou estruturas sociais específicas" (p. 90). O discurso, por exemplo, cria a imagem de um político como "gestor" e passamos a aceitar isso como uma verdade que não precisa de exame, como algo que se tornou "natural", que não precisa de discussão.

Às vezes, deixamos de examinar os interesses que estão por trás desse rótulo e se esse rótulo tem correspondência nos fatos.

- Os textos apresentam traços de **rotinas sociais** complexas. A ACD visa "tornar visíveis as relações entre linguagem e outras práticas sociais, muitas vezes naturalizadas [que são apresentadas como naturais] e opacas e, portanto, muitas vezes não percebidas pelos indivíduos" (p. 82). Podemos identificar em determinados gêneros traços que lhe são específicos ou que se repetem, características léxico--gramaticais. Nesse sentido, "muitas das relações entre linguagem e estruturas sociais são opacas, pouco visíveis, podendo ser consideradas 'agendas ocultas' que passam muitas vezes despercebidas. A ACD incorpora ao estudo do texto noções de contexto, bem como a linguística sistêmico-funcional de Halliday, para quem um texto não é apenas uma unidade de significados (unidade semântica); é também uma forma de interação. O texto deve, portanto, ser analisado em termos de linguagem como sistema e como elemento semiótico "que reflete processos discursivos e socioculturais ligados a estruturas sociais" (p. 90). A busca do esclarecimento dessas relações é feita pela ACD com base na **teoria da estruturação** de Giddens. Para o sociólogo citado, a estrutura é um conjunto de regras e recursos utilizados recursivamente na reprodução social. Ela pode facilitar ou coibir determinadas ações; a teoria da estruturação não minimiza a importância dos aspectos coercitivos da estrutura, mas entende que a coerção não pode ser vista como única propriedade definidoras da estrutura. As relações entre linguagem e estruturas sociais são frequentemente opacas e podem passar despercebidas, por causa do caráter constitutivo do discurso (por meio do discurso, criamos a realidade, isto é, não existe "a realidade", existe a realidade criada pelo discurso; para um sujeito, a realidade será uma; para outro, será outra). Além disso, há o processo de **naturalização** das realidades criadas discursivamente. Passamos a admitir como naturais as realidades criadas pelo discurso. Se nos alinhamos a determinados sentidos, o discurso de onde eles provêm será tido como verdadeiro, digno de aceitação. Criamos em nossa sociedade, por exemplo, o culto do discurso científico. Para arrematar nossas argumentações, dizemos: "é científico" e, pronto, tudo está resolvido; não há o que contestar, "a ciência disse". Tudo o que é naturalizado não pode ser mudado; não precisa ser mudado; pertence à "natureza". O Sol girar ao redor da Terra já foi visto como natural... "Uma vez que determinada perspectiva se torna naturalizada, torna-se 'legítima', subliminar e de difícil desconstrução", afirma Meurer (p. 91). Determinadas sociedades veem, por exemplo, a posição da mulher como subalterna ao homem; o homem é considerado a cabeça do casal; ele é o responsável pela família. Esse sentido, que ainda persiste em determinadas regiões do Brasil, tem sido objeto de desconstrução, mas encontra resistência, às vezes até mesmo religiosas. Da mesma forma, questões ligadas a comportamentos são consideradas naturais: a mulher cuidar da casa, ser responsável por lavar e passar, preparar a alimentação. São construções culturais naturalizadas que encontram resistência quando se fala em alterá-las. Construímos pelo discurso que o trabalho de uns deve ser mais bem pago que o trabalho de outros; consideramos normal, natural, que determinadas profissões sejam bem remuneradas e outras mal remuneradas; que homens devem ocupar determinados cargos nas empresas e que, portanto, devem ser mais bem pagos que as mulheres. Pode até ser que não consideremos natural determinados discursos que justifiquem esses atos, mas o que vemos no interior das empresas é um discurso que justifica a diferenciação. A ACD "procura mostrar nos textos os traços e pistas que refletem os discursos e estruturas sociais que privilegiam certos grupos de indivíduos em detrimento de outros. Boa parte desse tipo de análise investiga formas institucionalizadas de ver ou avaliar o mundo (ideologias) e estratégias de preservação de poderes (hegemonias) de grupos dominantes no contexto contemporâneo" (p. 91).

■ Os textos são atravessados por **relações de poder e hegemonia**. A ACD ocupa-se de investigar como a linguagem serve para manter ou desafiar tais relações. Aqui, a ACD apoia-se em Foucault e Gramsci. Enquanto o poder é a capacidade dos indivíduos ou instituições para fazer outros agirem, a hegemonia é liderança e dominação nas áreas econômica, política, cultural, ideológica de uma sociedade. Temos poder hegemônico quando o poder está a serviço da continuidade da liderança e dominação sobre determinado grupo social. A ACD busca investigar o exercício do poder hegemônico mesclado com práticas discursivas, ou seja, como o poder hegemônico aparece nos discursos. Uma reflexão: lemos, ouvimos e vemos notícias todos os dias; que notícias nos permitem tomar conhecimento? Quem tem o poder de fazer circular determinadas notícias? No caso das notícias internacionais, o que sabemos, por exemplo, de países longínquos nos chega por meio da filtragem de agências de notícias de países como Estados Unidos, Inglaterra, França. O que sabemos de determinadas guerras nós o sabemos pela lente de quem tem o poder para nos dizer como está sendo o conflito. Por exemplo, construímos uma visão dos chineses, dos russos, dos árabes sempre guiados pela mão da visão de algumas agências de notícias. Em se tratando de Brasil, a visão que temos da sociedade é igualmente construída pelos que produzem e distribuem as notícias. Meurer apresenta o exemplo dos textos que circulam em sala de aula. Teríamos então os professores e alunos que os escolhem, mas não só: haveria ainda determinações que vêm de cima: programas da escola, normas da secretaria municipal ou estadual de ensino, Parâmetros Curriculares Nacionais, do Ministério da Educação. E ainda há as pressões da sociedade, que determinam o que deve ser visto em sala de aula e o que não pode ser objeto de estudo. Fairclough entende haver um poder no discurso e um poder por trás do discurso. No primeiro caso, temos um poder exercido em presença (suponhamos o professor) e, no segundo, um poder nem sempre visível: "são os poderes por trás do discurso que determinam qual gênero é mais apropriado para determinadas situações" (p. 92). Todavia, é de dizer que as práticas discursivas podem ser alteradas; não há uma situação de total assujeitamento: "cada situação de prática social é simultaneamente coercitiva ou coibidora e capacitadora. Isto quer dizer que, ao mesmo tempo em que uma prática social pode repetir ou reforçar práticas anteriores, pode também questionar, desafiar e mudar práticas anteriores" (p. 92). E conclui

Meurer: "Ter conhecimento sobre o envolvimento da linguagem nas questões de poder pode cooperar para mudanças no exercício de formas de poder" (p. 92).

- As formas de poder articulam-se com a **ideologia** constitutiva de diferentes discursos. A ACD busca explicar a interligação entre poder e ideologia. Considera que um está a serviço do outro: poder a serviço da ideologia; ideologia a serviço do poder. Ideologia é entendida aqui como sentidos construídos para justificar relações de dominação. As práticas discursivas incorporam significados que contribuem para manter ou mudar relações de poder. Que são os discursos preconceituosos senão significados construídos para justificar dominação, exclusão social e afirmar superioridade de uns sobre os outros? Brancos que se consideram superiores a negros; religiosos que se consideram superiores a seguidores de outras religiões; heterossexuais que se consideram superiores a quem tem comportamento homoerótico; patroas que se consideram superiores às faxineiras; diretores que discursivamente se consideram superiores a gerentes e subordinados; usuários da norma linguística prestigiada (a mal denominada "norma culta") que se consideram superiores aos que utilizam normas não prestigiadas; discursos de pessoas das regiões Sul e Sudeste que se entendem superiores aos das regiões Norte e Nordeste. Todas essas formas de poder são realizadas pelo discurso. Não há, propriamente, em nossa sociedade o uso a força bruta. Em *São Bernardo*, de Graciliano Ramos, Paulo Honório utiliza a força bruta; no Brasil escravocrata, também era comum o uso da força bruta. Tínhamos então um poder coercitivo: faz isso ou será penalizado. Hoje, o discurso do poder aparece em expressões, como as recentemente utilizadas no discurso do governo, que conclamavam para a "unidade nacional". Em geral, expressões como *povo, nação, pátria* são eivadas de ideologia. Não se diz a quem interessa, embora se possa verificar que interessa cultivar determinados valores para determinados grupos continuarem no poder. Alguns políticos, quando flagrados em ações antiéticas, às vezes, apelam para valores econômicos: "a sociedade sofreria muito mais, se não fechássemos os olhos para determinadas ações", ou algo parecido. Justificam a ausência de punições para salvar empregos, para que a economia não degringole. E, assim, vão-se mantendo no poder. Meurer afirma: "Ao tentar produzir consenso, as 'verdadeiras' motivações que levam as pessoas a cooperar não são explícitas e sim frequentemente camufladas. Escapa muitas vezes às pessoas que várias 'realidades' são criações discursivas às quais se poderia resistir" (p. 93). Do lado do poder econômico, criam-se consensos sobre a necessidade de aquisição de determinados bens, como automóveis, roupas, calçados, com a ilusão de que possuí-los é conquistar a marca de pertencimento ao grupo. E, assim, os grupos econômicos garantem a permanência no poder.

- Os textos relacionam-se com outros textos, em uma corrente contínua (**intertextualidade**). Todo texto responde a determinado(s) texto(s) ou provoca ou coíbe outro(s) texto(s). Aqui, a influência do dialogismo de Bakhtin, segundo o qual todo texto é parte de um diálogo, ou seja, participam de uma corrente ou cadeia de textos. Como os textos estão ligados a discursos que se associam a estruturas sociais mais amplas, eles contêm uma dimensão histórica. Daí a ACD ocupar-se

Cap. 5 • Prática de leitura 107

de quem escreve os textos e para quem, por que os escreve, e em quais circunstâncias de poder e ideologia.

■ A ACD "cultiva, também, uma perspectiva **emancipatória**", ou seja, alertar "sobre possíveis mudanças sociais que resultam do poder constitutivo e ideológico do discurso, mudanças muitas vezes para o benefício de uns, mas em detrimento de outros" (p. 83). Adiante, retoma tais considerações e afirma: a ACD "busca também promover a conscientização dos indivíduos quanto às interligações entre o discurso e as estruturas sociais, bem como quanto à importância dos processos discursivos na 'produção, manutenção e mudança de relações de poder na vida social'" (p. 94). Nesse sentido, a ACD representa "uma forma de luta por mudanças sociais". Se alguém se torna "consciente do valor ideológico de determinado discurso, pode resistir a ele, e o aspecto ideológico pode consequentemente perder ou diminuir seu efeito. A compreensão do papel da linguagem como prática social pode cooperar para a emancipação de grupos menos privilegiados" (p. 94).

Resumindo, "a linguagem é uma forma de prática social, o discurso tem poder constitutivo, os textos contêm traços e pistas de rotinas sociais, são perpassados por relações de poder, realizam trabalho ideológico e ocorrem não isoladamente e sim em cadeias ou correntes de textos.

A vertente metodológica da ACD ocupa-se da descrição, explicação e interpretação, apoiando-se no exame do texto, da prática discursiva e da prática social:

■ A análise textual privilegia a descrição de aspectos lexicais (não o significado das palavras registrado nos dicionários, mas as implicações ideológicas, denominadas por ele de relexicalização). A relexicalização pode ser observada, por exemplo, no uso de eufemismos ou troca de uma expressão por outra: em lugar de *ocupação de terra*, por exemplo, o uso de *invasão de terra*; em lugar de *ladroagem, crime do colarinho branco*. Na análise das estruturas gramaticais, a ACD apoia-se na linguística sistêmico-funcional de Halliday, ocupando-se sobretudo da transitividade. Podem-se aqui examinar o uso de passiva, a enunciação (uso de *eu, nós, eles*), as generalizações, as nominalizações e os aspectos coesivos (marcadores argumentativos), modalizadores, estrutura do texto (organização do texto). Essa descrição é um meio para a explicação e a interpretação. Meurer entende que esse nível da análise está mais próximo dos significados literais do texto. Todavia, ressalva que "mesmo uma análise descritiva exige interpretação, por estarmos lidando com material simbólico" (p. 94). Outra preocupação desse nível de análise diz respeito à multifuncionalidade da linguagem: "A linguagem é multifuncional porque realiza três tipos de significados simultaneamente [...]: significados ideacionais, significados interpessoais e significados textuais", ou seja, a linguagem nos permite "representar a 'realidade' de determinada maneira, refletindo/criando determinados conhecimentos e crenças (significados ideacionais), estabelecer relações sociais (significados interpessoais) e organizar o texto

108 **Redação científica** • *Medeiros*

de determinada maneira, dependendo em parte do canal oral ou escrito (significados textuais) (p. 97):

a) **Significados ideacionais:** a representação da "realidade" é feita por meio de orações, que são compostas de três elementos: processos (realizados por verbos), participantes (realizados por nomes, substantivos) e circunstâncias (realizadas por adjuntos adverbiais: *A secretária prefere atualizar a correspondência na parte da manhã*). O componente ideacional da linguagem se materializa pela transitividade. Esta se constitui em um sistema que organiza nossa experiência em processos, valendo-se de diferentes tipos de processos:

- **Material:** processo de fazer, em que temos um ator, um processo (o verbo realizador), uma meta (*João comprou um livro*).

- **Mental:** é um processo de sentir; temos um experienciador (uma pessoa que sente, percebe e um fenômeno), um processo e um fenômeno (*João pensa em comprar um livro*).

- **Relacional:** processo que relaciona duas entidades (em geral, pelos verbos *ser, estar, ficar, tornar-se*), identificando-as ou caracterizando-as (*Lúcia é secretária* [identificação], *Lúcia está contente* [atribuição]).

- **Verbal:** um processo de dizer que comporta um dizente e um alvo (*Lúcia criticou a falta de ética do político*).

- **Comportamental:** é um processo de agir em que temos uma pessoa que se comporta de determinada maneira e um fenômeno (*Joana tem observado que o trabalho é sempre executado com muita competência*).

- **Existencial:** é um processo de existir. Temos apenas um participante (*Há apenas uma pessoa na sala*).

  Ikeda (*In*: MEURER; BONINI; MOTTA-ROTH, 2010, p. 55) afirma que "a transitividade tem-se provado extremamente iluminadora na linguística. Ela é a base da representação: é o modo pelo qual a oração é usada para analisar eventos e situações como sendo de certo tipo. A transitividade facilita a análise do mesmo evento sob ângulos diferentes". E exemplifica: "*Ele está sorrindo porque Maria chegou* (material). *Agrada-lhe que Maria tenha chegado* (mental). *Ele está feliz porque Maria chegou* (relacional)".[4]

  A função da análise da transitividade é evidenciar quem no texto faz/é/pensa/diz o que diz e em que circunstância. Esse tipo de análise se ocupa dos significados *ideacionais* do texto: que tipo de conhecimento ou crenças são produzidos qual representação da realidade o texto produz.

b) **Significados interpessoais:** além de criar significados ideacionais, os textos estabelecem algum tipo de relação interpessoal. Temos aqui duas perspectivas: as identidades e as relações sociais. A análise concentra-se no modo verbal: as proposições podem ser afirmativas, imperativas, ou de possibilidade. Afirmações categóricas são expressas sem modalizações (atenuações),

---

4 Para outras informações sobre processos relacionais, ver GUIMARÃES (2013, p. 344-362).

Cap. 5 • Prática de leitura 109

manifestam certeza do que é afirmado, o que contribui para o processo naturalização do conteúdo expresso: "as coisas são assim; não há o que contestar". A análise dos significados interpessoais permite verificar questões de assimetria e poder no uso da linguagem: "considere-se, por exemplo, quem inicia e controla o desenvolvimento de uma interação verbal entre um médico e sua paciente em um ambiente de consulta médica, entre policial e testemunha em um inquérito policial, ou entre professor e alunos/as em sala de aula" (p. 99).

c) **Significados textuais:** aqui a análise concentra-se no tema e no rema. O tema define-se como elemento textual central, é aquilo de que trata um texto. O rema é o comentário que se faz de um tema, é o desenvolvimento de um tema. Observa-se aqui como o tema é posto e seu nível de interesse social, qual a ideia prevalecente na sociedade. Em geral, ou damos continuidade ao tratamento de determinados temas valorizados socialmente (ideia hegemônica), ou contestamos determinados temas que são socialmente "obrigatórios". No mundo moderno, prevalecem os temas do consumo de determinadas marcas (roupas, calçados), ter alguma coisa que nos garanta *status* (sobretudo automóveis e aparelhos eletrônicos de última geração), o culto do corpo ("fazer academia", dietas, cirurgias plásticas), assistir a *shows* de grandes astros, viagens internacionais. No caso do Brasil, os temas relativos às falcatruas políticas, educação, desemprego, aposentadoria, violência, miséria, consumo de drogas. É de observar que esses temas são focalizados do ponto de vista hegemônico, às vezes carregado de sentimentos, como ciúme, inveja, ódio, e do ponto de vista dos formadores de opinião. Em geral, os jornais, falados e escritos, determinam a direção de nosso ponto de vista... Repetimos a mesma opinião sobre os fatos e acontecimentos. Além do tema e do rema, a ACD ocupa-se dos nexos conjuntivos, dos articuladores argumentativos (*e, mas, porque, embora, conforme, se, tanto... quanto, tanto... que, para que, quando*). Relativamente à estrutura do texto, pode-se examinar a ênfase em determinados elementos, ou a ausência de determinados elementos comuns no gênero do texto sob análise. Também se pode observar a sequência textual (descrição, narração, argumentação, injunção, exposição, diálogo). Nos textos de diálogo, é de observar se há uma voz prevalecente, se as tomadas de turno se dão de forma igualitária, ou se um dos participantes tende a sentir-se dono da verdade, silenciando a voz do interlocutor. Como se dá o diálogo? Há marcas de polidez? O locutor é ofensivo? Relativamente à estrutura textual, elas são organizadas com base em dois modelos principais: (a) uma situação seguida de avaliação e (b) uma generalização seguida de particularização. Desses dois modelos resultam quatro subtipos de estruturas textuais: o modelo Situação-Avaliação, o modelo Hipotético-Real, o modelo Geral-Particular e, finalmente, as Estruturas Múltiplas, que mistura Situação-Avaliação com o modelo Hipotético-Real:

> O modelo Situação-Avaliação caracteriza-se por apresentar uma situação que pertence ao mundo real, ou seja, é sobre "o que se fala". A avaliação diz respeito ao "que

110 **Redação científica** • *Medeiros*

se acha sobre o que se fala". Algumas vezes faz parte da estrutura o elemento Base/Razão, que se ocupa em apresentar fatos ou motivos pelos quais se pensa estar certo (CABRAL, 2002, p. 216).

A segunda estrutura de que nos fala Cabral é o modelo Hipotético-Real:

É uma estrutura binária que joga com uma situação não conhecida ou controversa. O Hipotético é sinalizado linguisticamente ao expor a visão de outrem sobre algo (X diz que Z) e o Real é representado pelo ponto de vista do autor (p. 216).

E continua:

O modelo Generalização-Exemplo é um tipo de estrutura mais simples conhecida como Geral-Particular. Organiza-se sob a forma de uma afirmação superordenada, seguida de exemplos, os quais estão ligados entre si por uma relação de compatibilidade ou incompatibilidade.

O conjunto dos significados ideacionais, interpessoais e textuais é construído simultaneamente, enquanto se dá o processo de produção e leitura do texto.

- A **análise da prática discursiva** objetiva interpretar o texto, apoiando-se na produção, distribuição e consumo dos textos pelos leitores: interessa-lhe discutir a coerência que os leitores possam atribuir aos textos, bem como a força ilocucionária (intenção, propósito do texto: *pedir, obrigar, dar uma ordem, informar, reclamar, ironizar, criticar, provocar humor* etc.) e aspectos intertextuais e interdiscursivos dos textos. Trata-se aqui de um nível de análise que se afasta do texto, "situando-o em relação a práticas discursivas que o definem como gênero e como discurso" (p. 95). E, à página 100, conclui: esta é a dimensão que mais especificamente investiga os recursos sociocognitivos de quem produz, distribui e interpreta textos: quem escreve para quem, em quais circunstâncias, por quê? Além disso, que aspectos de intertextualidade e interdiscursividade se manifestam no texto? Este nível de análise está mais próximo de uma atividade interpretativa do que a dimensão de análise do texto. Considerando uma carta de leitor de um periódico, o leitor constrói a expectativa de encontrar um conflito de opiniões entre o leitor assinante da carta e um artigo publicado no(s) dia(s) anterior(es), ou uma reclamação, ou um elogio sobre alguma matéria publicada. A carta pode fazer referência, inter-relacionar-se com outros discursos de posicionamento político, econômico, religioso, cultural etc. Podemos verificar determinadas tensões entre o texto do articulista e esses outros discursos, ou entre variados discursos.

- A **análise da prática social** ocupa-se da explicação do evento discursivo, focalizando "o que as pessoas efetivamente fazem, e como as práticas sociais se imbricam e determinam os textos e como os textos atuam sobre as estruturas sociais" (p. 83), ou seja, nessa dimensão a análise se ocupa de "explicar como o texto é investido de aspectos sociais ligados a formações ideológicas e formas de hegemonia" (p. 95). Ou, ainda, examinar "as conexões do texto com as práticas sociais especialmente em termos de ideologia e hegemonia" (p. 101-102). A ideologia, como já afirmamos, é vista pela ACD como "forma de conceber a realidade que contribui para beneficiar certo(s) grupo(s) em detrimento de outro(s). Hegemonia é a continuidade do exercício de poder de uns sobre outros" (p. 102), ou em outras palavras, como o texto contribui "para a manutenção, ou mudança de certas práticas sociais?" Meurer entende ainda que, nesse ponto, a análise ocupa-se de verificar se o texto contribui para a (re)produção, manutenção, ou mudança", ou se desafia a realidades (p. 102). Adiante dirá que a representação da "realidade" reflete práticas sociais, contribuindo para naturalizar (produzir consenso), reproduzir e manter estruturas e práticas sociais vigentes. Há no texto rotinas sociais admitidas como normais pelo senso comum? A questão da identidade é fundamental e Meurer lembra que "as ideologias estabelecem uma fundação sobre a qual se apoiam as maneiras de ser e de agir no mundo", E, considerando uma tira de Garfield em que aparece dizendo: "Eu odeio segunda-feira. Esse é o dia em que as pessoas vão trabalhar, as crianças voltam pra escola... E as dietas começam", afirma Meurer:

> O "trabalho ideológico" do texto está na forma de perceber e representar a 'realidade': contribui para a naturalização da percepção de que todas as pessoas têm trabalho, todas as crianças vão à escola e as pessoas gordas precisam fazer dieta. Ao criar essa representação da 'realidade', o texto a constrói como natural e coopera para que a situação seja vista por este ângulo. Essa naturalização, por sua vez, reduz a possibilidade de que as pessoas se deem conta de que o texto também contribui para silenciar a existência de outras realidades como o fato de que muitas pessoas não vão ao trabalho na segunda-feira porque estão desempregadas, por exemplo, ou o fato de que muitas crianças não vão à escola e, ainda, o fato de que há pessoas que não têm o suficiente para se alimentar (p. 102).

Finalmente, Meurer ainda nos alerta que "o controle social ou as formas de hegemonia tendem a ser implementadas, hoje em dia, não através da coerção, isto é, da força, e sim da produção de consenso". Nessa dimensão da análise, o analista "pode afastar-se consideravelmente do texto para tentar explicar por que ele tem o formato que tem, que formações ideológicas e hegemônicas o moldam e são por ele moldadas" (p. 102-103). A complexidade desse nível de análise envolve o conhecimento não só de linguística, mas também de outras teorias, a fim de dar conta dos fatos, como: "a realidade é criada discursivamente, os textos são investidos ideologicamente e refletem lutas pelo poder, os significados não são estáveis, mas variam, dependendo das estruturações sociais e dos discursos que os orientam" (p. 103).

6
Fichamento

> O homem aprende como ver o mundo pelos discursos que assimila e, na maior parte das vezes, reproduz esses discursos em sua fala (FIORIN, 1988, p. 35).

1 REGRAS DO JOGO

Os manuais de metodologia apresentam muitas orientações ao estudioso que deseja escrever uma tese de doutorado, uma dissertação de mestrado, um artigo científico. Uma delas diz respeito aos procedimentos de fichamento das leituras realizadas com o objetivo de produzir um texto acadêmico-científico.

Um dos primeiros passos, depois de estabelecido o objeto da pesquisa e o problema que se propõe resolver, é fazer um levantamento de referências de livros e artigos científicos que possam ser utilizados como embasamento da pesquisa. Trata-se de uma listagem de obras, que podem ser registradas em fichas individuais ou em um arquivo eletrônico, como se fossem as referências bibliográficas que são postas ao final de um trabalho acadêmico-científico. Vai-se a uma biblioteca (em alguns casos, até mesmo de casa se pode fazer esse levantamento) e registram-se o nome do autor, o título da obra, a edição, o local e o nome da editora, o ano da publicação. Quando se trata de um capítulo de um livro, anotam-se: título do capítulo e as demais informações bibliográficas (autor, título da obra, edição, local, editora, ano e número das páginas inicial e final do texto a ser lido). Artigos científicos impressos ou eletrônicos também devem constar desse levantamento. Nesse caso, consultam-se os arquivos da biblioteca e as mais variadas bases de dados que possam ser localizadas. Também é possível localizar artigos científicos na Internet, acionando o nome de um autor da área da pesquisa ou uma palavra-chave (um tópico) do tema do trabalho.

Outros arquivos igualmente relevantes durante a fase de coleta de informações são: o arquivo de comentário de leituras e de citações diretas e indiretas.

O arquivo de leitura consiste no registro de resumos, comentários, citações direta e indiretas, enfim tudo o que possa servir como embasamento para o desenvolvimento de um trabalho acadêmico, que não é um ensaio, mas um texto que se apoia necessariamente em um referencial teórico.

As referências devem ser realizadas com critério e segundo as normas da ABNT, NBR 6023:2018. O intelectual desleixado com relação às normas estabelecidas para a realização de um texto corre o risco de ser desconsiderado pela comunidade científica. Rigor na transcrição das informações bibliográficas é o que se pede: nome do autor como aparece na capa ou no frontispício do livro, título preciso da obra, local, editora, ano, páginas de onde se tirou a informação. Qualquer descuido pode impossibilitar que futuros leitores do texto da pesquisa tenham acesso às fontes originais, para checagem de transcrições, teses defendidas, contexto em que foi exposto o sentido etc. Eco (1989, p. 48) faz analogia entre o estudioso que desrespeita as normas funcionais de um trabalho e um jogador inexperiente que emprega mal as expressões-chave do jogo. Tanto um quanto outro serão olhados com suspeita, "como uma espécie de intruso".

Como se faz uma tese distingue variados tipos de ficha: de leitura, temáticas, por autores, de citações, de trabalho. Esta última compreende problematizações, sugestões, ligação entre ideias e seções do plano de ideias.

As fichas constituem valioso recurso de estudo de que se valem os pesquisadores para a realização de uma obra acadêmica, didática, científica e outras.

Frequentemente, há obstáculos a vencer no início da utilização das fichas como método de estudo e de redação. Uma dessas dificuldades é relativa ao dispêndio inicial de tempo, à metodologia de transcrição de texto, às anotações bibliográficas. Para quem não pratica costumeiramente a atividade de fichamento, essa prática parece demorada, desgastante, aborrecível, entediante. Todavia, vencido esse primeiro obstáculo, o pesquisador verificará quão produtivo se revela esse procedimento, que facilita trabalhos futuros de procura de informações que se perderam. Não se recomenda, porém, o armazenamento de informações para as quais não há nenhum interesse em vista. O fichário, antes de tudo, precisa ser funcional. Um redator esportivo necessita, mais que qualquer outro, recolher informações sobre esportes; um cientista recolherá informações sobre sua área específica, e assim por diante.

As anotações que ocupam mais de uma ficha de papel têm o cabeçalho da primeira ficha repetido. Anotadas, porém, em arquivos eletrônicos, o pesquisador, além do procedimento a que está acostumado, pode se valer de: abrir uma pasta com o título da pesquisa a ser empreendida e nela registrar sucessivos arquivos, sempre não se esquecendo das informações sobre as referências bibliográficas completas. Também pode simplesmente registrar em um arquivo sucessivos tópicos (em letras maiúsculas, ou, se já tiver um plano estabelecido [um sumário preliminar do que vai desenvolver na pesquisa], o nome da seção correspondente desse sumário preliminar). Nesses casos, cada tópico constitui um parágrafo. Ao término de cada registro, faz-se a classificação alfabética. Quando o pesquisador se puser a escrever o primeiro rascunho de seu trabalho acadêmico-científico, localizará com facilidade as informações que registrou.

As fichas, sejam elas escritas em papel ou registradas eletronicamente, compreendem cabeçalho, referências bibliográficas, corpo da ficha e local onde se encontra a obra (esta última informação é importante sobretudo quando se frequentam diversas bibliotecas; no caso de informações eletrônica, não esquecer de registrar o endereço eletrônico com rigor). O cabeçalho engloba título genérico ou específico e letra indicativa da sequência das fichas, se for utilizada mais de uma (nos registros eletrônicos, não há essa preocupação, visto que seu espaço é ilimitado). Na Figura 6.1, apresentamos um exemplo de ficha de papel.

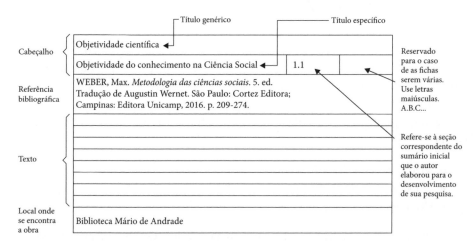

Figura 6.1 Elementos estruturais de uma ficha.

Todo o trabalho de fichamento é precedido por uma leitura atenta do texto. Leitura que se faz com a análise do texto, separando suas partes e examinando como se inter-relacionam. Verificamos ainda como o texto dialoga com outros, que sentidos produz, que tese defende. Para outras informações sobre leitura, remetemos o leitor à seção 8 do Capítulo 4, em que tratamos da análise crítica do discurso.

O *primeiro nível* de leitura é denotativo, parafrástico. Cuida do vocabulário, das informações sobre o autor, do contexto histórico, socioeconômico e objetivo do texto. Atenta também para a teoria desenvolvida ou conceitos apresentados. Examina os sentidos centrais, procurando identificar de que trata o texto. Busca-se também observar como se desenvolve o raciocínio do autor, quais suas teses e provas, enfim, verifica-se o encadeamento dos sentidos produzidos. No *segundo nível* (o que se pode fazer com base na análise crítica do discurso), o leitor interpreta os significados não transparentes: a leitura aqui é polissêmica. A pergunta a responder é: "O que o autor quis demonstrar?" Verifica-se a relação do texto com a realidade de seu temp. O nível seguinte é o da *crítica*, que não será subjetiva, impressionista, do tipo gosto/não gosto. O autor atingiu os objetivos estabelecidos? É claro, coerente? O autor ocupou-se de manter os sentidos produzidos socialmente ou os criticou? Há originalidade nos

116 Redação científica • Medeiros

sentidos produzidos? O texto apresenta alguma contribuição para a comunidade científica? O passo final é o da *problematização*, em que se indaga sobre as possibilidades de aplicação do texto a outras situações, sobre sua contribuição para nova leitura do mundo.

A competência na leitura, evidentemente, não se esgota aí nem nos elementos focalizados no Capítulos 4. Há variados fatores que interferem na prática da leitura, como ironia, metonímia, metáfora, litotes (figura de linguagem que consiste em afirmar por meio da negação do contrário, como ocorre em "fulano não é nada amistoso", que produz o efeito de sentido de que "fulano é inamistoso, hostil, antipático, grosseiro").

2 FICHAS DE LEITURA

Enquanto a ficha bibliográfica contém apenas as informações necessárias para localizar um livro (nome do autor, título da obra, edição, local, editora, ano da publicação), as fichas de leitura, além dessas informações bibliográficas, registram anotações sobre tópicos da obra, citações diretas, citações indiretas, comentários, críticas, juízos valorativos a respeito da obra, resumo do texto.

De modo geral, fichas de leitura de papel, encontradas nas papelarias, são do seguinte tamanho:

- Tipo pequeno: 7,5 × 12,5 cm.
- Tipo médio: 10,5 × 15,5 cm.
- Tipo grande: 12,5 × 20,5 cm.

As fichas de cartolina (em geral, com gramatura acima de 120 g) têm como vantagem serem facilmente manuseáveis. O estudioso, porém, pode optar por fichas mais simples, confeccionadas de papel comum: dobra-se uma folha de papel tamanho A4 (210 × 297 mm; em geral, abaixo de 90 g) ao meio; cortando o papel, obtêm-se duas fichas. Hoje, no entanto, com a difusão e uso de computadores, *notebooks, tablets,* o pesquisador pode optar por outras formas de registro de informações, como, por exemplo, abrir pasta em seu computador com o nome de seu trabalho acadêmico (dissertação de mestrado, tese de doutorado, artigo científico etc.), acrescido da palavra *fichamento,* ou outro que atenda a seus interesses: FICHAMENTOS SOBRE TRABALHO INFANTIL. Nessa pasta, armazenará todos os arquivos das leituras que fizer sobre o tema de sua pesquisa. Se optar apenas por um arquivo e nele registrar todas as leituras, recomenda-se que os tópicos ("entrada" de uma anotação, como se fosse o verbete de um dicionário; a palavra-chave identificadora de um resumo, comentário, crítica etc.) sejam grafados em letras maiúsculas e que cada fichamento seja composto em um bloco único, sem parágrafos. Argumento para não abrir parágrafos: terminada as anotações, faz-se a classificação alfabética das entradas. Se o pesquisador utilizar mais de um parágrafo em suas anotações, não terá como realizar a classificação alfabética. Evidentemente, quando, posteriormente, vier a fazer uso das anotações, já na fase da redação do trabalho acadêmico-científico, ele fará a divisão apropriada dos parágrafos. No caso de transcrições, é preciso marcar com algum sinal os parágrafos que há no texto original: por exemplo, um colchete de abertura ([) ou duas barras transversais (//).

Eco (1989, p. 96) diz ser muitas as formas de fichar um livro. Entre elas, cita:

- Indicações bibliográficas precisas.
- Informações sobre o autor.
- Resumo (ou transcrições indiretas, paráfrases).
- Citações diretas (transcrições literais).
- Comentários apreciativos ou de análise do texto.

Para facilitar a realização do trabalho de redação e consulta ao arquivo, pode-se escrever no alto da ficha a especificação dela: ficha de comentário, ficha de resumo, ficha de citação direta.

FICHA DE INDICAÇÃO BIBLIOGRÁFICA

Orlandi, Eni Puccinelli (org.)

Gestos de leitura: da história no discurso. 4. ed. Campinas: Editora da Unicamp, 2014. 284 p.

ISBN 978-85-268-1054-9

1. Análise do discurso. 2. Leitura – estudo e ensino. 3. Linguística.

CDD-415
372.4
410

A indicação das referências bibliográficas é feita segundo a NBR 6023:2018, da Associação Brasileira de Normas Técnicas (ABNT). O pesquisador pode transcrever essas informações da ficha catalográfica, que consta das primeiras páginas dos livros (algumas editoras trazem a ficha catalográfica nas últimas páginas). Periódicos apresentam indicações dos elementos identificadores na capa, ou nas primeira páginas, ou no rodapé dos textos. Exemplo:

MOREIRA, Andréia Godinho; SILVEIRA, Hermínia Maria Martins Lima. Teorias da Subjetividade: convergências e contradições. Revista *ContraPonto*, Belo Horizonte, v. 1, n. 1, p. 58-69, jul. 2011.

FERNANDES, Sofia; CAMPOS, João Pedroso. *O privilégio é a lei. Veja*, São Paulo: Abril, edição 2569, ano 51, n. 7, 14 fev. 2018, p. 34-37.

Se se tratar de artigo de jornal:

MELO, Marcus André. Armadilha da democracia? *Folha de S. Paulo*, São Paulo, 22 jan. 2018, p. A2.

FICHA DE ASSUNTO

GÊNEROS DO DISCURSO SEGUNDO A PERSPECTIVA DIALÓGICA DA LINGUAGEM

RODRIGUES, Rosângela Hammes. Os gêneros do discurso na perspectiva dialógica da linguagem: a abordagem de Bakhtin. *In*: MEURER, J. L.; BONINI, Adair; MOTTA-ROTH, Désirée (org.). *Gêneros*: teorias, métodos, debates. São Paulo: Parábola, 2010. p. 153-183.

FICHA DE TÍTULO DE OBRA

A CONQUISTA DA ABUNDÂNCIA

FEYERABEND, Paul. *A conquista da abundância*. Tradução de Cecilia Prada e Marcelo Rouanet. São Leopoldo: Editora Unisinos, 2006. 374 p.

Os modelos de fichas vistos até aqui são encontráveis em fichários de bibliotecas. Serão vistos agora variados tipos de fichamentos de leitura, necessários para a prática da redação de trabalhos acadêmico-científicos. Em primeiro lugar, é comum a expressão *"fazer um fichamento sobre tal assunto ou livro"*. Ora, tal expressão é insuficiente, não esclarecedora, pois um fichamento pode ser de variados tipos: de transcrição direta, de paráfrase (citação indireta), de resumo, de comentários avaliativos etc. Por isso, a necessidade de indicar com precisão o tipo de fichamento.

2.1 Fichamento de transcrição (citação direta)

Nos trabalhos acadêmico-científicos, as citações com até três linhas são incluídas no parágrafo em que se faz a referência a seu autor e são contidas por aspas. Já as transcrições com mais de três linhas são destacadas, ocupando parágrafo próprio e observando-se recuo de 4 cm da margem esquerda, com letra menor que a do texto utilizado e sem uso de aspas. Nesse caso, o entrelinhamento é reduzido (1,5 ou 2 para o texto; 1 para a citação direta), fonte menor que a utilizada no texto (fonte 11 para o texto do próprio autor; 10 para a citação direta).

Se aparecer alguma expressão destacada por aspas no texto original, as aspas duplas da expressão são convertidas em aspas simples.[1] Exemplos:

> Entende Bunge (2017, p. 55) que na natureza não há descontinuidades, saltos: "natura non facit saltus. Todas as mudanças são incrementais, nenhuma é descontínua: não pode haver saltos quânticos". Cita, então, como exemplo, a energia de um corpo, que cresce ou decresce de maneira contínua.

> Ao tratar da atenção, Teles (2016, p. 85) postula que, para o funcionamento do filtro dos lobos frontrais, é fundamental o descanso físico e psíquico. Repouso adequado tem impacto direto na capacidade de concentração: "O cérebro recarrega a bateria com atividades diversificadas. Então, de tempos em tempos, precisamos nos 'desligar' em prol do reequilíbrio mental". Nesse aspecto, segundo a figura utilizada por Teles, nosso cérebro pode ser comparado a uma lâmpada ou um processador que esquenta depois de muito tempo de uso.

Como se pode verificar, adotamos aqui o sistema autor-data: sobrenome do autor, ano da publicação da obra, e número da página onde se pode encontrar o texto do Dr. Leandro Teles, neurologista.

Se, ao fazer a transcrição, o pesquisador perceber alguma informação inconsistente, logo depois da transcrição considerada indevida ele poderá escrever entre parênteses *(sic)*.[2] Todavia, às vezes, a falha é insignificante e o silêncio se torna um caminho apropriado, ou, se o texto não requisitar fidelidade absoluta, simplesmente se faz o ajuste. Transcrições não são

---

1   Às vezes, é necessário realizar procedimento contrário: converter aspas simples do original em aspas duplas. Suponhamos que, ao fichamento de Teles já citado, queiramos fazer um comentário, como: *Embora reconheça a coloquialidade do termo "desligar", Teles o prefere a um termo científico, porque está preocupado com a efetividade da comunicação.* As aspas simples transformaram-se em duplas.

2   Para a ABNT, expressões latinas em referências bibliográficas não são destacadas (*itálico*, **bold**). No texto, porém, recebem o destaque.

120 Redação científica • Medeiros

documentos de processos judiciais. Salientar usos inapropriados de variedades linguísticas alheias pode produzir efeito de sentido de intolerância, arrogância, de "sabichão". Além disso, o uso do *sic* pode revelar desconhecimento da matéria sob foco. Exemplos:

> Por outro lado deve-se observar que apresentar o conjunto como agente da ação verbal é uma forma de não precisar os *agentes*, já que se homogeiniza (*sic*) o conjunto dessas pessoas como o *núcleo*, referido logo antes no texto em "então o núcleo tem como traço basicamente característico esse tipo de abordagem" (ORLANDI; GUIMARÃES; TARALLO, 1989). [Como se trata de uma questão ortográfica (*homogeneíza*) sem relevância no contexto, faz-se o acerto na transcrição. Não há razão para o uso de *sic*.]

> Até que ponto se pode (*sic*) considerar as diferentes marcas de indeterminação como formas definidoras e tipificadoras de discurso(s)? (ORLANDI; GUIMARÃES; TARALLO, 1989). [O uso de *sic* nesse caso poderia ser dispensável: a questão é polêmica entre os gramáticos.]

Nas transcrições, a **supressão** de palavras é indicada com três pontos entre colchetes [...]. Esse sinal de corte pode ocorrer no meio de um parágrafo, ou ao final de um parágrafo para indicar que entre um parágrafo e outro houve corte. Exemplo com supressão no interior do parágrafo:

> Para Orlandi (*In*: BARROS; CAVALLARI, 2016, p. 28), apoiando-se em M. Pêcheux, as relações de classe (sociais) são dissimétricas e é difícil juntar na equação da democracia capitalista, "igualdade e direito à diferença". Entende a autora que "as desigualdades e a segregação fazem parte das práticas sociais desse sistema assim constituído". Como é o próprio capitalismo que divide e se estrutura pela diferença, Orlandi introduz então questões fundamentais: "A reivindicação da inclusão se dá, portanto, em terreno dissimétrico: incluir onde? Produzir que natureza de igualdade? [...] A diferença aí é constitutiva; portanto, a demanda de inclusão do diferente é a formulação da contradição."

Exemplo com supressão de texto entre um parágrafo e outro:

> Metodologicamente, procuramos fazer convergirem três quadros teóricos distintos: o da teoria da enunciação, o da sociolinguística e o da análise do discurso. [...]

> Procuramos, então, fazer: (a) uma *abordagem enunciativa* de certos procedimentos linguísticos ligados à indeterminação, bem como (b) um *estudo sociolinguístico* quantitativo destas formas e, finalmente, (c) uma *análise discursiva* do funcionamento da indeterminação em um mecanismo do funcionamento da indeterminação (ORLANDI; GUIMARÃES, TARALLO, 1989, p. 34).

Alguns autores indicam supressões iniciais e finais, mas se trata de excesso:

> [...] O que chamamos de intuição é um tipo peculiar de raciocínio dissociado de linguagem. É quando surge um conceito meio pronto sem o rastro da lógica. Não dá para argumentar, explicar, traçar a linha que justifica a conclusão [...] (TELES, 2016, p. 179).

Na redação do texto da pesquisa, citações diretas com mais de três linhas devem ser destacadas com recuo de 4 cm da margem esquerda, com letra menor que a do texto utilizado e sem aspas. Quando, porém, se faz um fichamento de citação direta, para que, futuramente, não se confunda texto alheio com texto próprio, o uso de aspas no início e no final do texto citado é fundamental (mesmo que a transcrição ocupe mais de três linhas).

FICHA DE TRANSCRIÇÃO SEM CORTES

A PEDAGOGIA LIBERAL: IMPLANTAÇÃO

PORTO, Maria do Rosário Silveira. Função social da escola. *In*: FISCHMANN, Roseli (coord.). *Escola brasileira*. São Paulo: Atlas, 1987. p. 39-42.

"Conforme dissemos no item anterior, a pedagogia liberal que marca o desenvolvimento das escolas do século passado e que ainda influencia a prática escolar no Brasil é consequência de uma doutrina liberal, que defendia a liberdade e os interesses individuais numa sociedade cuja organização se direcionava para a posse da propriedade privada e dos meios de produção; portanto, como justificação do sistema capitalista.

Para a pedagogia liberal, a escola tem a função de preparar o indivíduo para desempenhar papéis sociais, tendo em vista sua aptidão individual, seu talento inato e seus interesses. Na verdade, o que ela tenta fazer é adaptar o indivíduo às normas e valores vigentes numa sociedade de classes, por meio do seu desenvolvimento cultural."

FICHAMENTO DE TRANSCRIÇÃO COM SUPRESSÃO INTERMEDIÁRIA DE ALGUMAS PALAVRAS

LEGADO DE AUGUSTO

ENGEL, Jean-Marie; PALANQUE, Jean-Rémy. *O império romano*. São Paulo: Atlas, 1978. p. 9-10.

"Augusto morreu satisfeito. Meses antes da morte havia redigido um resumo de seus feitos, as *Res gestae*, destinado a ser gravado em bronze e exposto publicamente. Lisonjeava-se de ter instituído 'o regime mais venturoso', de ter dado ao Império limites definitivos e de "morrer com a esperança de que os fundamentos do Estado permaneceriam inabaláveis". [...] Augusto deixou um legado que bastaria simplesmente preservar.

O que sobreveio a tais promessas? Não foram mantidas, mas também não foram renegadas e, até o fim do século 11, a Roma imperial guardou uma aparência tão elegante que, por comparação, a tradição deu aos séculos seguintes o nome, talvez injustamente pejorativo, de 'Baixo Império'. Dessa forma, cortou-se na evolução de Roma um período que principia com a morte de Augusto, mas cujo término é muito difícil determinar. [...] Todo limite é ao mesmo tempo arbitrário e necessário. Aderindo ao costume geral, optaremos por 192.

Redação científica • *Medeiros*

A supressão de um ou mais parágrafos intermediário(s), como já dissemos, é indicada igualmente por três pontos entres colchetes, como podemos verificar no fichamento seguinte.

FICHAMENTO DE TRANSCRIÇÃO COM CORTE
DE PARÁGRAFO INTERMEDIÁRIO

PALEOLÍTICO (de 500.000 a 10.000 anos)

MARCONI, Marina de Andrade; PRESOTTO, Zélia Maria Neves. *Antropologia*: uma introdução. 3. ed. São Paulo: Atlas, 1992. p. 92.

"Há milhões de anos, o *Homo habilis* (segundo Leakey) predava a natureza para sobreviver, o que perdurou do Pré-paleolítico ou Eolítico até o final do Paleolítico. Só no ocaso do Pleistoceno, no Mesolítico, é que ocorreram mudanças mais acentuadas. O homem predador passa a produtor de alimentos, gerando a primeira grande revolução da história da humanidade, no setor da economia. É o começo da produção, quando ele cria os seus próprios recursos. [...]

Apesar da evidência contida nestes dados, isso não quer dizer que a vida humana se desenvolveu de forma idêntica em todos os lugares habitados. Os vestígios culturais mais antigos da presença do *Homo* parecem ser os encontrados no Oriente e no Sul da África, junto a fontes naturais, lagos, planícies etc., em terrenos antigos, sempre associados a restos fósseis, animais e humanos."

As transcrições são feitas com rigor, observando aspas, itálicos, maiúsculas, pontuação etc. Todavia, repetimos, uma transcrição não é uma peça de um processo judicial. Se um texto citado é o começo de parágrafo (com letra maiúscula inicial, portanto), mas se junta em continuação a uma frase de quem está citando, nada se opõe que se use minúscula, seja no caso de transcrição até três linhas, seja no caso de transcrição com mais de três linhas. Ajustes formais não se constituem infidelidade textual. Exemplo:

Cap. 6 • Fichamento

FICHA DE TRANSCRIÇÃO DIRETA: AJUSTES FORMAIS

CULTURA: IMIGRAÇÃO COMO MOVIMENTO DE SENTIDOS

ORLANDI, Eni Puccinelli. *Eu, tu, ele*: discursos e real da história. 2. ed. Campinas: Pontes, 2017. p. 71-72.

Eni Puccinelli (2017, p. 71-72), em "Um corpo imigrante", texto em que analisa discursos da imigração, trata da questão da cultura, bem como da relação com os sentidos do corpo imigrante. Afirma:

"toda cultura apela para uma atividade, um modo de apropriação, uma tomada em conta e uma transformação pessoais, uma troca instaurada em um grupo social. É este tipo de cultura que dá a uma época sua figura própria. No prefácio deste mesmo livro [*Culturas no plural*], de Certeau nos afirma que 'Com efeito, a cultura pode ser comparada a esta arte – e ele se refere à arte social – condicionada pelos lugares, regras e dados; ela é proliferação de invenções em espaços coercitivos'".

Nesse caso, como o leitor pode observar, a transcrição usou letra minúscula em *toda*, no início da transcrição e letra maiúscula em *Com efeito*. No primeiro caso, se poderia colocar maiúscula em *Toda* e minúscula em *com efeito*.

Não se pode dizer o mesmo em relação à substituição de palavras:[3]

---

3   Como já afirmamos, o uso de **aspas** nos fichamentos (mesmo em textos com mais de três linhas) é necessário para que, ao ser futuramente utilizado o texto da ficha, não se confunda texto próprio com texto alheio. Evidentemente, ao redigir o texto da dissertação de mestrado, tese de doutorado, artigo científico, o pesquisador seguirá as regras da NBR 10520:2002, que trata de citações diretas e estabelece uso de aspas para citações de até três linhas (sem uso de parágrafo próprio), e não uso de aspas para citações de mais de três linhas, destacadas em parágrafos próprios, com recuo de 4 cm da margem esquerda etc.

124 **Redação científica** • *Medeiros*

FICHA DE CITAÇÃO DIRETA SEM CORTES

IMPRESSIONISMO

SERULLAZ, Maurice. *O impressionismo.*Tradução de Álvaro Cabral. São Paulo: Difel, 1965. p. 8.

"Representando aquilo que é, por definição, passageiro, os pintores vão ser levados ulteriormente a executar 'séries' onde acompanhamos as transformações de um local às várias horas do dia. Mas essas séries, onde o artista quer demonstrar essas transformações impostas pela luz, não tardarão a tornar-se um sistema de que a espontaneidade – uma das qualidades fundamentais do Impressionismo nascente – está logo ausente."

Seria desonestidade intelectual substituir, suponhamos, a palavra *passageiro* por *fugaz*, ou colocar depois da palavra *dia* a expressão "como a Catedral de Rouen, de Monet". Todavia, se o pesquisador considerar necessária a introdução de alguma expressão esclarecedora, ele o fará colocando-a entre colchetes:

IMPRESSIONISMO

SERULLAZ, Maurice. *O impressionismo.* Tradução de Álvaro Cabral. São Paulo: Difel, 1965. p. 8.

"Representando aquilo que é, por definição, passageiro, os pintores vão ser levados ulteriormente a executar 'séries' onde acompanhamos as transformações de um local às várias horas do dia [como ocorre na tela *Catedral de Rouen*, de Monet]. Mas essas séries, onde o artista quer demonstrar essas transformações impostas pela luz, não tardarão a tornar-se um sistema de que a espontaneidade – uma das qualidades fundamentais do Impressionismo nascente – está logo ausente."

Cap. 6 • Fichamento   125

Nesse caso, o leitor é informado de que o texto original não traz a expressão "como ocorre na tela *Catedral de Rouen*, de Monet" e de que se trata de um acréscimo que o enunciador julgou apropriado. Também mantivemos aspas duplas em "séries", porque, ao ser utilizada essa citação com mais de três linhas, elas serão duplas. O uso das aspas nessa ficha justifica-se apenas como cuidado para evitar o uso do texto como se fosse próprio.

2.2 Fichamento de resumo

Resumo é um gênero discursivo que se ocupa de reduzir um texto a suas ideias principais. São muitos os tipos de resumo e, por isso, antes de tudo é preciso identificar a finalidade do resumo. Há resumos que se ocupam de descrever espetáculos artísticos, peças de teatro, filmes, *shows* musicais; há outros que aparecem em trabalhos acadêmicos, como dissertações de mestrado, teses de doutorado, artigos científicos. Outros aparecem em folhetos de eventos acadêmicos, informando sobre o conteúdo de uma apresentação.

Para a finalidade de fichamento, o resumo constitui-se de uma paráfrase de um texto original; ele ocupa-se de reduzi-lo, mediante a supressão de informações consideradas secundárias e ausência de comentários e avaliações. Para sua redação, é suficiente o que expusemos na seção 9 (e subseções) do Capítulo 4.

A compreensão das ideias do texto deriva de dois métodos distintos: o analítico e o comparativo.

O método analítico recomenda atenção com os instrumentos linguísticos de coesão e com os articuladores discursivos (*mas, embora, porque, para que, a fim de que, logo, por isso, por conseguinte, em conclusão*), com os organizadores do discurso (*em primeiro lugar, em segundo lugar, de um lado, de outro, depois, em seguida*) e modalizadores (*certamente, evidentemente, aparentemente, obrigatoriamente, sem dúvida, felizmente, infelizmente, lamentavelmente, talvez, no meu modo de entender, em resumo*). Deve, portanto, o leitor se ocupar com a inter-relação dos sentidos e procurar entender como eles se articulam no texto: por oposição (contraste)?, por semelhança?, por enumeração?, por causa e consequência? Produz-se um resumo, observando os sentidos distribuídos em todos os parágrafos.

Já o **método comparativo** focaliza a estrutura geral do texto e as informações que respondem às expectativas que o texto criou no leitor. O uso desse método subentende leitor possuidor de informações sobre o assunto. Para Serafini (1986, p. 148):

> O texto é compreendido com base nas próprias expectativas, utilizando um ou vários "pacotes" de dados, a que chamamos registros, que constituem a memória. A memória não é de fato constituída por elementos separados entre si mas conserva as informações em grupos, por assuntos, segundo as nossas experiências pessoais, e seguindo generalizações ou registros. Para ler, compreender e resumir rapidamente é preciso juntar ao texto estes pacotes de informações que já estão na memória.

As informações da memória funcionam como orientadoras, como guias para a compreensão, que ficará facilitada se o leitor interrogar o texto e transformar determinadas passagens ou tópicos em interrogações. Suponhamos o seguinte texto:

Por *objetivação* se compreende a consecução da melhor aproximação possível do tema de pesquisa. Substituindo o termo *objetividade*, impossível de ser alcançada por todos os argumentos já tratados neste livro, a *objetivação* é o resultado da interação entre teoria, método e criatividade do pesquisador diante do objeto. Esse conjunto de movimentos se une na qualidade do produto final, de forma que o resultado da pesquisa reflita a compreensão mais cabal possível da realidade e uma interpretação "pensada", contextuatualizada e complexa. A *objetivação* define o próprio movimento investigativo que, embora não consiga reproduzir a realidade, está sempre em busca de maior aproximação. Ela significa, de um lado, o reconhecimento de que a ideia de "objetividade" e "verificação" é constituída e dirigida, pois o próprio campo em que essas ideias surgem é também terreno de questionamento do que se verifica. De outro lado, o princípio de *objetivação* sugere também a crença na necessidade permanente de um diálogo crítico entre entrevistador e seu objeto, sabendo que ambos compartilham a mesma condição histórica e os mesmos recursos teórico (MINAYO, 2014, p. 374-375).

Podemos então nos interrogar:

"Que é objetivação? Por que a autora substitui objetividade por objetivação?"

Como se trata de técnica de grande relevância para a redação de trabalhos acadêmico-científicos, a explicitação do resumo é objeto do Capítulo 7 deste livro.

Em relação à prática de resumos, Machado (*In*: DIONISIO; MACHADO; BEZERRA, 2010, p. 151), recorrendo a Van Dijk e Sprenger-Charolles, faz um resumo do processo de redução de informação semântica. Dois seriam os conjuntos de regras/estratégias utilizadas nesse processo de sumarização: apagamento e substituição.

As **estratégias de apagamento** são seletivas, e é por meio delas que escolhemos os conteúdos relevantes de um texto. Paulatinamente, vamos apagando informações que não são tão necessárias ou são redundantes para a compreensão do texto do autor. Vejamos inicialmente como se dá a estratégia de apagamento:

> São tantos os benefícios da atividade física, **leitor**, que só existe uma explicação para a vida sedentária **que a maioria leva**: praticar exercícios vai contra a natureza humana. Nenhum animal adulto desperdiça energia. **Você já viu onça no zoológico dando um pique para perder a barriga?** (VARELA, Drauzio. Exercícios autofágicos. *Folha de S. Paulo*, São Paulo, 11 ago. 2012, p. E18).

Todas as palavras destacadas podem ser retiradas sem grandes perdas para a sua compreensão do texto: podemos apagar o vocativo "leitor": evidentemente, perde-se o sentido de reduzir a distância entre leitor e autor (que é um médico e dispõe de conhecimentos de medicina e dialoga com um leitor leigo nesse tipo de conhecimento), mas, para entender o sentido proposto, o texto continua funcionando sem esse termo. Também podemos apagar "que a maioria leva": a estatística aqui não é um dado fundamental, pois é do conhecimento partilhado que as pessoas têm vida sedentária e que só uma pequena parte das pessoas praticam esporte. A frase final, "você já viu onça no zoológico dando um pique para perder a barriga?", ilustra o argumento, traça um comparativo para o argumento do autor de que a atividade física é um grande obstáculo, porque vai contra a natureza animal. Explicita, clareia o texto, mas não é fundamental.

A supressão (apagamento) elimina palavras secundárias do texto. Em geral, atém-se a advérbios, adjetivos, preposições, conjunções, desde que não necessários à compreensão do texto. Por exemplo:

> A bonita paisagem do Rio de Janeiro estava embaçada por uma neblina densa que impedia enxergar um palmo à frente do nariz e ver o belíssimo Pão de Açúcar.

Os adjetivos *bonita, densa, belíssimo* podem ser retirados do texto sem perda do conteúdo. Evidentemente, outras palavras que aparecem nele podem ser suprimidas: o artigo *a* e o pronome relativo *que*. Não precisamos parar por aí: podemos cortar paisagem *do Rio de Janeiro* (afinal, o Pão de Açúcar fica no Rio de Janeiro) e *um palmo à frente do nariz.*

Vejamos outro exemplo:

> Algumas das regras mais comuns da etiqueta que seguimos até hoje, como o aperto de mão ou o "bom-dia", foram criadas há mais de quatro séculos. Luís XIV, rei da França no século 17, foi quem inventou muitas delas, escrevendo pequenos bilhetes que ensinavam como os convidados da Corte deveriam se comportar em determinada cerimônia. Parte dessas práticas se perderam com o passar dos anos, mas a base de códigos originada na França ainda vigora no Ocidente com muita força.
>
> Hoje em dia, o que prospera é algo mais simples: as normas devem ser seguidas para facilitar a vida, e não complicá-la (KOHN, Stephanie. O peso da etiqueta. *Revista da Cultura*, São Paulo, edição 37, ago. 2010, p. 10).

Se fôssemos resumir esse texto, poderíamos eliminar (fazendo alguns ajustes): *algumas das, mais comuns, até, foi quem inventou muitas delas, pequenos, determinada, parte dessas práticas se perderam com o passar dos anos, mas, em dia, o que mais prospera é algo mais simples.* Vejamos o resultado:

> Regras de etiqueta que seguimos hoje, como o aperto de mão ou o bom-dia, foram criadas, no século XVII, por Luís XIV na França. Ele escrevia bilhetes que ensinavam como os convidados da Corte deveriam se comportar nas cerimônias. A base de códigos originada na França ainda vigora com força no Ocidente. Entende-se, porém, hoje que as normas devem ser seguidas para facilitar a vida, não para complicá-la.

As **estratégias de substituição**, por sua vez, são construtivas, visto que exigem a elaboração de novo texto (novas frases), que não constam do texto original. Elas podem ser de dois tipos: (a) **generalização** e (b) **construção**.

Pela **generalização**, pode-se substituir uma série de ações, nome de seres ou de propriedades por palavras de sentido mais geral. Nesse caso, utilizam-se os conceitos de **hiperonímia** e **hiponímia**. Periquito, papagaio, pomba podem ser substituídos por "ave" (hiperônimo que engloba os hipônimos *periquito, papagaio, pomba*). O hiperônimo *mídia*, por sua vez, compreende *televisão, rádio, sites, jornal impresso, revistas* impressas e *on-line* etc.

Pela **estratégia de construção** substituem-se proposições (expressas ou pressupostas) por outra que é inferida delas. Exemplo:

Paulinho treinou, concentrou-se com os colegas, ouviu a preleção do treinador, entrou em campo.

Podemos, com base nesse texto, construir:

Paulinho jogou.

Tomemos o seguinte texto:

Se dormir cedo sempre foi uma dificuldade para qualquer adolescente, hoje em dia, com o *smartphone* eternamente plugado ao WhatsApp, ao Facebook, ao Instagram e ao Snapchat, tornou-se uma impossibilidade prática. O resultado: um jovem zanzando com zumbi na manhã seguinte, atônito, calado, chato, chatíssimo, e sempre atrasado para a primeira aula. O sono matinal, fruto do desleixo na madrugada e da evidente preguiça ao acordar, é atalho para notas ruins e mau aproveitamento escolar. A novidade é que a Associação Brasileira do Sono (ABS) parece ter uma solução para o problema. Em abril, a ABS proporá ao governo federal atrasar em uma hora – das 7 horas para as 8 horas – a entrada dos alunos nas escolas de ensino médio (CUMINALE, Natalia. Um tempinho a mais. *Veja*, São Paulo: Abril, edição 2569, ano 51, n. 7, 14 fev. 2018, p. 82).

Construindo um novo texto, teríamos:

Os adolescentes sempre tiveram dificuldade para dormir cedo. Hoje, como gostam de estar plugados nas redes sociais, às vezes até de madrugada, a situação é ainda pior, com danos para o aproveitamento escolar. Esse comportamento está levando a Associação Brasileira do Sono a propor ao governo federal que as aulas sejam iniciadas às 8 horas, e não às 7 horas.

Suponhamos agora que um estudioso esteja redigindo um texto sobre arte impressionista e necessite de informação sobre o conceito dessa estética. Tomemos novamente o texto de Serullaz retroapresentado para elaborar uma ficha de resumo:

Representando aquilo que é, por definição, passageiro, os pintores vão ser levados ulteriormente a executar "séries" onde acompanhamos as transformações de um local às várias horas do dia. Mas essas séries, onde o artista quer demonstrar essas transformações impostas pela luz, não tardarão a tornar-se um sistema de que a espontaneidade – uma das qualidades fundamentais do Impressionismo nascente – e estará logo ausente (SERULLAZ, 1965, p. 8).

A ficha de resumo não é um constituía por uma lista de tópicos tratados no texto e expõe-se abreviadamente os sentidos produzidos pelo autor, sem fazer citações diretas. Ela identifica o objeto do texto e seu objetivo, bem como a tese do autor (o ponto de vista que defende).

Retomaremos no Capítulo 6 as estratégias de supressão, generalização, seleção e construção.

FICHA DE RESUMO

IMPRESSIONISMO

SERULLAZ, Maurice. *O impressionismo.* Tradução de Álvaro Cabral. São Paulo: Difel, 1965. p. 8.

Define o Impressionismo como estética ocupada com o fugaz. O artista capta as transformações impostas pela luz. Esta característica espontânea inicialmente torna-se regra, fazendo o movimento posterior diferente do inaugural.

2.3 Fichamento de comentário

O fichamento de comentário é feito com observação e análise de um texto. Para a sua produção, podem-se retomar as seções 4, 5, 6 e 7 do Capítulo 4. A título de exemplificação de uma ficha de comentário, consideremos o texto seguinte de Tacca (1983, p. 152-153):

> Na realidade, deveríamos admitir que, num sentido mais amplo, mais geral e mais profundo, todo o romance é uma mensagem interceptada por um criptanalista – que não é outro senão o leitor. Nada mais ilustrativo, a este respeito, do que nossa própria experiência de leitores. E, com efeito, quando começamos a leitura de um romance, avançamos, a princípio muito lentamente, com vacilações, incompreensões, releituras e retrocessos. Progredimos, em seguida, a velocidade regular, gostosamente. Depois, quando estamos já "dentro" dele, a grande velocidade, quase vertiginosamente (e com o risco inerente). Só ao fim, muito ao fim, quando os dedos e os olhos nos dizem que chegamos às últimas páginas, travamos, diminuímos a marcha, demoramos intencionalmente a leitura – tanto mais quanto melhor tiver sido o romance –, implicando essa demora, simultaneamente, um desejo de intensificação do prazer, visão fulgurante e sintética de todo o passado do romance (semelhante à que, segundo se diz, precede a morte), rechaço ou adiamento do des-encantamento final, pré-nostalgia de um passado que amamos, tristeza de qualquer despedida. Por outras palavras – e noutro plano –, ao começar a leitura de um romance, comportamo-nos como um criptanalista: à medida que vamos recebendo a mensagem, procuramos decifrar o seu código. (Cada romancista, por vezes cada romance de um mesmo romancista, possui um código particular.) Em tempo mais ou menos curto, segundo o caso, e na medida em que o vamos conseguindo decifrar, avançamos mais rapidamente, passamos de criptanalista a descodificador normal: tornamo-nos (parafraseando Jakobson)

um membro da comunidade romanesca iniciada. Em suma, os passos do leitor reproduzem os passos do artista, "capaz de suscitar o nosso próprio esforço e de nos apresentar um mundo de relação ao qual sejamos, primeiramente, convidados, logo depois acolhidos e familiarizados, enfim, pouco a pouco, transfigurados", segundo dizia Etienne Souriau.

Além do que expusemos no capítulo que trata de leitura, um pesquisador inexperiente pode-se interrogar: Em que consiste um comentário? O que é objeto de comentário em um texto? Para Francisco Gomes de Matos (1985, p. 183), em artigo publicado em *Ciência e Cultura*, devem-se analisar os aspectos quantitativos e depois os qualitativos. Assim, cabe responder pela extensão do texto, sobre sua constituição (ilustrações, exemplos, bibliografia, citações), conceitos abordados. Em aspectos qualitativos, recomenda que se atenha à análise e detecção da hipótese do autor, objetivo, motivo pelo qual escreveu o texto, os sentidos que fundamentam o texto. Deve o comentarista verificar se a exemplificação é genérica ou específica, se a organização do texto é clara, lógica, consistente, e o tom utilizado na exposição é formal ou informal, se há pontos fortes e fracos na argumentação do autor, se a terminologia é precisa. E ainda dizer se a conclusão é convincente e quem será beneficiado pela leitura do texto. Finalmente, deve fazer uma avaliação da obra.

Para um fichamento de comentário do texto de Tacca, teríamos *grosso modo*:

RELAÇÃO LEITOR/OBRA

TACCA, Oscar. *As vozes do romance.* Coimbra: Almedina, 1983. p. 152-153.

Três considerações sobre o texto de Tacca: as diferentes velocidades de leitura que um leitor imprime a um romance, o encantamento/des-encantamento e a terminologia que utiliza. A primeira e a terceira delas estão intimamente relacionadas: para explicar o ritmo de leitura, o autor se vale de expressões que podem causar algum estranhamento. São elas: *comportamo-nos como criptanalista, decifrar seu código, código particular, descodificador normal.* À primeira vista se poderia pensar que essa terminologia é antiquada; a língua não é um código e que basta conhecê-lo para termos acesso ao sentido produzido. Nesse caso, o texto seria visto como um produto acabado e ao leitor caberia um papel passivo. Todavia, o sentido que se pode produzir do texto não é o de reduzir o leitor a mero decodificador, mas o de elevá-lo à categoria de rigoroso observador de tudo o que cerca a construção do romance que está lendo. Mais relevante que a questão da velocidade de leitura é a questão do encantamento. Notam-se no texto de Tacca seguidas transformações por que passa o leitor de um romance: inicialmente, convidado; depois, participante da família e, por fim, transfigurado. A comparação explicita o comportamento do leitor com a obra e a impossibilidade de permanecer passivo, distante. A leitura possibilita a transfiguração, a transformação radical que leva a atingir um estado glorioso. E, neste caso, leva o leitor a um contato com realidades estranhas ao mundo sensível. Talvez se possa ver aí um resquício da filosofia de Plotino que dizia que a arte dá acesso à realidade absoluta. E a arte transforma-se numa atividade espiritual.

---

3   FICHAMENTO INFORMATIZADO

Com a difusão dos microcomputadores e dos processadores de texto, hoje substitui-se o armazenamento de informações escrito a mão pela digitação e registro em arquivos eletrônicos, com a vantagem de que não há limite de linhas, como no fichamento em papel.

Outra grande vantagem é que é possível copiar textos, transferir informações de um local para outro, localizar expressões-chave em um texto etc. Não nos esqueçamos, porém, que se altera a forma de registro das informações (que deixa de ser feito em papel para ser feito eletronicamente), mas não se alteram os procedimentos de leitura, que continua a exigir do leitor cuidados elementares na produção do sentido, participação efetiva, reflexão, posicionamento crítico, avaliação do que lê.

Como já dissemos anteriormente, além das técnicas que um usuário experiente de computador utiliza, dois outros procedimentos podem ser sugeridos para o fichamento eletrônico:

- Abrir uma pasta com o nome do seu trabalho acadêmico-científico (acrescentando-se algo como "fichamento", no início ou no final). Dentro dessa pasta, registrar os arquivos de fichamentos individuais das leituras que fizer. Sempre que abrir a pasta para procurar textos necessários à produção de seu trabalho, o computador apresentará os arquivos em ordem alfabética, como ocorre normalmente no interior das pastas. Se o pesquisador tiver o cuidado de elaborar um plano (como já dissemos: trata-se de um sumário preliminar que lista o conteúdo do futuro trabalho), com capítulos e seções hierarquizadas com números, colocará em cada ficha o número da seção correspondente do plano. Assim, imaginemos que de seu plano conste na seção 2.3 algo como "Materialismo histórico". Em todas as fichas que elaborar sobre materialismo histórico, colocará no cabeçalho a identificação "seção 2.3", ou simplesmente "2.3". Identifica-se também em cada ficha se ela é de citação direta, de resumo, de comentário. Nas fichas de citação direta, use aspas no início e no final do texto transcrito, para que jamais confunda texto próprio com o alheio. Quando transferir as transcrições para a redação do trabalho, seguem-se as regras da ABNT: para textos até três linhas, usam-se aspas e mantém-se o texto citado no interior do parágrafo que se está redigindo. No caso de citação direta com mais de três linhas, elas não são aspeadas e são destacadas em parágrafo próprio, com recuo de 4 cm da margem esquerda, fonte menor (em geral, 10) que a utilizada no texto e espaço interlinear 1. Para o cabeçalho das fichas, seguir o que foi exposto para o fichamento em papel.

- Agora vejamos a segunda possibilidade de fichamento eletrônico: nesse caso, basta um arquivo tão somente. Todas os fichamentos são registrados sequencialmente, com o cuidado de escrever em letras maiúsculas o tópico, a expressão-chave identificadora do texto fichado. Nesse caso, cada fichamento ocupa um parágrafo, um bloco único. Para indicar parágrafos a serem utilizados na redação final do texto, vale-se de algum sinal, como um colchete de abrir ([), duas barras transversais (//) ou o símbolo §. Ao final do registro de novos fichamentos, aciona-se a classificação de texto alfabética e todas as fichas poderão ser facilmente encontradas. Aqui, depois das expressões-chave é registrado o cabeçalho da ficha, como já expusemos no fichamento de papel, ou se colocam as informações do cabeçalho ao final do texto fichado.

7
Redação de resumos

O texto bem organizado é refratário à ausência de regras, bem como ao infinito das possibilidades ou à liberdade total em relação a limites (GUIMARÃES, 1993, p. 21).

1 CONCEITO DE TEXTO E DISCURSO

Uma pesquisa sobre texto nos revela que seu conceito depende da vertente teórica em que se dá o estudo. Em sua organização, podemos verificar a existência de dois componentes: um microestrutural ("conjunto articulado de frases, resultante da conexão dos mecanismos léxico-gramaticais que integram a superfície textual") e outro macroestrutural (que se identifica com o significado global do texto (GUIMARÃES, p. 11). A autora citada, com base em Van Dijk, afirma que o texto é "antes um processo que se perfaz 'numa totalidade integrada por uma unidade temática, um formato e cuja significação se alcança mediante a relação entre seus constituintes e seu contexto de produção'" (p. 12).

Além do que já expusemos no início do Capítulo 4, que trata da leitura, para outros esclarecimentos sobre o conceito de texto valemo-nos do que afirma Koch (2014, p. 11-12):

> A Linguística Textual, ao contrário da grande maioria dos modelos em Gramática Funcional, não adota uma postura modular, como a "teoria da cebola", em que os diversos níveis ou camadas em que se faz a descrição linguística são vistos como superpostos ou acrescentados uns aos outros sucessivamente. Adota-se, isto sim, a posição de que o processamento textual

> acontece *on-line*, simultaneamente em todos os níveis, ou seja, a postura da Linguística Textual é processual e holística. Além disso, a Linguística Textual não se propõe ser ou ter por base uma "gramática do texto", preocupação que se, na verdade, orientou alguns dos primeiros linguistas textuais, está há muito abandonada. Seu objeto central é *o texto enquanto processo, enquanto atividade sociocognitivo--interacional de construção de sentidos* [...].
>
> Os textos deixam de ser vistos como produtos acabados, que devem ser submetidos a análises de tipo sintático ou semântico, e passam a ser considerados elementos constitutivos de uma atividade complexa, como instrumentos de realização de intenções comunicativas e sociais dos falantes.

Em outro texto, Koch (2015, p. 26) trata juntamente dos conceitos de texto e contexto. Afirma que inicialmente, o conceito de texto compreendia sequência ou combinação de frases, cuja unidade e coerência seria obtida por meio de reiteração de referentes ou de uso de elementos de relação (conectivos). Já a Pragmática interessava-se pela "descrição das ações que os usuários da língua, em situações de interlocução, realizam através da linguagem, considerada ela, portanto, como atividade intencional e social, visando a determinados fins". Koch acrescenta que "a incorporação de interlocutores não se mostrou suficiente, já que eles se movem no interior de um tabuleiro social, que tem suas convenções, suas normas de conduta, que lhes lhe impõe condições, lhes estabelece deveres e lhes limita a liberdade". E acrescenta que as manifestações de linguagem ocorrem no interior de determinada cultura. Introduziu-se então o contexto sociocognitivo: "Para que duas ou mais pessoas possam compreender-se mutualmente, é preciso que seus contextos cognitivos sejam, pelo menos, parcialmente semelhantes." Assim, hoje se diz que o contexto abrange não só o cotexto (situação imediata e entorno sociopolítico-cultura), como também o contexto sociocognitivo dos interlocutores: conhecimento armazenado na memória, como conhecimento linguístico, conhecimento enciclopédico (*frames, scripts*), conhecimento da situação comunicativa e de suas regras, conhecimento dos tipos textuais, conhecimento estilístico (usos de variedades linguísticas apropriadas à situação), conhecimento de gêneros discursivos. E conclui a autora citada que o

> processamento textual realiza-se por meio de estratégias de diversas ordens:
>
> - cognitivas, como as inferências, a focalização, a busca da relevância;
> - sociointeracionais, como preservação das faces, polidez, atenuação, atribuição de causas a (possíveis) mal-entendidos etc.;
> - textuais: conjunto de decisões concernentes à textualização, feitas pelo produtor do texto, tendo em vista seu "projeto de dizer" (pistas, marcas, sinalizações).

Texto é um tecido verbal estruturado para formar um sentido. A imagem de tecido contribui para esclarecer que não se trata de feixe de fios (elementos linguísticos soltos), mas de fios entrelaçados (elementos linguísticos que se inter-relacionam).

Para Orlandi (2012, p. 9), ao discutir a polissemia na leitura, entende que a "legibilidade" de um texto estava e não estava no texto. Percebi que a legibilidade do texto tinha pouco de "objetivo" e não era apenas uma consequência direta, unilateral e automática da escrita. [...] A meu ver, entretanto, é a natureza da relação eu alguém estabelece com o texto que está na base da caracterização da legibilidade.

A questão da legibilidade, para mim, é, além disso, uma questão de "graus" e não de tudo ou nada. Uma questão de condições e não de essência. Como tenho procurado mostrar, é uma questão de história, no sentido amplo.

E conclui que a questão a legibilidade lhe parece ter mais relação com quem profere o julgamento ("esse texto é legível", "esse texto não é legível") do que com o texto. E, ainda, que "saber ler é saber o que o texto diz e o que ele não diz, mas o constitui significativamente" (p. 13). Nesse ponto, seria necessário verificar as relações de força, o lugar social dos interlocutores.

Meurer (*In*: MEURER; BONINI; MOTTA-ROTH, 2010, p. 86-87), valendo-se de outro texto seu, exposto em "Aspectos de um modelo de produção de textos", publicado em *Parâmetros de textualização* (1997), ao diferenciar texto e discurso, parte de uma frase de John Done (*no man is an island = ninguém é uma ilha*): "não vivemos como seres isolados":

Ao contrário, cada indivíduo é um agente social inserido em uma rede de relações sociais que acontecem em lugares específicos, em agrupamentos socioculturais específicos. [...] Cada agrupamento social é controlado por um conjunto de instituições que [...] tem "suas práticas, seus valores próprios, seus significados, suas demandas, suas proibições e suas permissões" [...] As práticas, os valores e os significados dos grupos sociais são expressos e articulados em grande parte através da linguagem. [...] Podemos definir discurso e texto da seguinte forma: *discurso* é o conjunto de afirmações que, articuladas na linguagem, expressam os valores e significados das diferentes instituições; o *texto* é a realização linguística na qual se manifesta o discurso. Enquanto o texto é uma entidade física, a produção linguística de um ou mais indivíduos, o discurso é o conjunto de princípios, valores e significados "por trás" do texto. Todo discurso é investido de ideologias, i.é, maneiras específicas de conceber a realidade. Além disso, todo discurso é também reflexo de uma certa hegemonia, i.é, exercício de poder e domínio de uns sobre os outros. A partir dessas características, o discurso organiza o texto e até mesmo estabelece como o texto poderá ser, quais tópicos, objetos ou processos serão abordados e de que maneira o texto deverá ser organizado.

2 CONTEXTO

Define-se contexto como informações que acompanham o texto, cuja compreensão depende dessas informações. Assim, não basta a leitura do texto, é preciso retomar os elementos do contexto, em que ele foi produzido.

O contexto compreende duas dimensões: estrutura de superfície e estrutura de profundidade. A estrutura de superfície considera os elementos do enunciado, enquanto a estrutura de profundidade considera a semântica das relações sintáticas. Num caso, o leitor busca o primeiro sentido produzido pelas orações; no outro, vasculha a visão de mundo que informa o texto, a formação discursiva do texto e sua ideologia.

A produção e a recepção de um texto estão condicionadas à situação; daí a importância de o leitor conhecer as circunstâncias e o ambiente que motivaram a seleção e a organização dos signos.

O contexto pode ser imediato ou situacional.

O **contexto imediato** relaciona-se com os elementos que seguem ou precedem o texto imediatamente. É também chamado de cotexto. É constituído pelos referentes textuais. O título de um poema, como, por exemplo, "Meu sonho", de Álvares de Azevedo, já prenuncia uma visão de mundo centralizada no eu. Esta subjetividade e individualidade (manifestada no possessivo *meu*), junto com o tema *sonho*, também de matiz romântico, endereçam o leitor para uma atmosfera estética romântica.

O **contexto situacional** é formado por elementos exteriores ao texto. Esse contexto acrescenta informações, quer históricas, quer geográficas, quer sociológicas, quer literárias, necessárias à produção do sentido. Agora, exige-se uma postura ativa do leitor. O texto é então enriquecido, às vezes reinventado, recriado. O conhecimento, por exemplo, do choque provocado pelas revoluções políticas e sociais do século XIX permite, muitas vezes, uma leitura mais adequada de textos ditos pessimistas. O próprio escapismo romântico pode ser lido como um desencanto com relação às reformas propagadas, mas não concretizadas.

3 RELAÇÃO INTERTEXTUAL

Além do contexto, a leitura deve considerar que um texto pode ser produto de relações com outros textos. Essa referência e retomada constante de textos anteriores recebe o nome de *intertextualidade*.

Os procedimentos intertextuais mais comuns são: paráfrase, paródia e estilização.

A **paráfrase** pode ser ideológica ou estrutural. No primeiro caso, o desvio é mínimo: varia a sintaxe, mas os sentidos são os mesmos. Há apenas uma recriação dos sentidos. Pode-se entender a paráfrase ideológica como simples tradução de vocábulos, ou substituição de palavras por outras de significado equivalente. Nesse caso, a paráfrase registra o menor desvio possível em relação ao texto original. No segundo caso, há uma recriação do texto e do contexto. O comentário crítico, avaliativo, apreciativo, a resenha são formas parafrásticas estruturais de um texto.

Didaticamente, para efeito de exercício de prática de redação, pode-se falar em graus de paráfrase: primeiro grau (simples substituição de palavras por outras de sentido equivalente); segundo grau (resumo); terceiro grau (comentários); quarto grau (exposição de apreciação, de juízo de valor).

A **estilização** exige recriação do texto, considerando sobretudo procedimentos estilísticos. O desvio em relação ao texto original é maior do que no caso da paráfrase.

Na **paródia**, o desvio é total; às vezes, invertem-se os sentidos, vira-se o texto do avesso. Há uma ruptura, uma deformação proposital, tendo em vista mostrar a inocência do

Cap. 7 • Redação de resumos 137

texto original, ou simplesmente apresentar outros sentidos que o texto original omitiu ou não se interessou em expor. A paródia tanto pode ser séria como jocosa, e, em geral, ataca costumes e moral envelhecidos, instituições e pessoas, como governo, políticos, clero, escola. A fábula da cigarra e da formiga de Millôr Fernandes, vista no final do Capítulo 4, é um exemplo de paródia.

4 SABER PARTILHADO

Por saber partilhado entende-se a informação conhecida, que é do conhecimento do leitor. De modo geral, o saber partilhado aparece na introdução, um local privilegiado para a negociação com o leitor. Exemplificando:

> Não é fácil escrever ou falar sobre seu próprio pai; no mínimo se correrá o risco de ser sentimental, especialmente quando o personagem teve a estatura que Julio de Mesquita foi aos poucos adquirindo mercê de sua ação e da difusão de seu pensamento, uma e outro sempre polêmico, marcando, como não poderia deixar de ser, todos nós que crescemos sob o influxo de seus ensinamentos, ou vivendo o afastamento imposto pelo exílio, ou a angústia de não saber quando suas incursões pela política, que muitas vezes tinham fronteira com a revolução, o levariam de novo à prisão (*O Estado de S. Paulo*, São Paulo, 15 fev. 1992, Suplemento Cultura, p. 2).

Não é difícil admitir que a informação que vai de "não é fácil escrever sobre seu próprio pai" até "sentimental" pertence ao saber partilhado. O emissor negocia com o leitor, coloca-se num nível de entendimento, estabelece um acordo, para, em seguida, expor informações novas.

A informação nova caracteriza-se como uma necessidade para a existência do texto. Sem ela, não há razão para o emissor escrever nada. Um texto só se configura texto quando veicula uma informação que não era do conhecimento do leitor, ou que não o era da forma como será exposta, o que implica, naturalmente, matizes novos e, consequentemente, uma nova maneira de ver os fatos. A informação nova não significa originalidade total, absoluta. É análoga ao contrato que o leitor faz com o ficcionista. Ninguém, ao ler *Dom Casmurro*, estará interessado em saber se os acontecimentos relatados são reais, se houve naquele tempo e naquele espaço uma pessoa que se identificasse com a personagem do livro. O leitor entra em acordo com o narrador, admitindo como verossímeis os acontecimentos relatados. Da mesma forma, o leitor de *Memórias póstumas de Brás Cubas* não contesta a possibilidade de um defunto narrador. Aceita o fato e dá prosseguimento à leitura.

No caso do exemplo apresentado, admitimos como informação nova os pormenores que o autor do texto expõe: o pai era homem de ação, que buscava difundir seu pensamento, era polêmico, foi exilado, era pessoa que atuava politicamente.

A informação nova serve para desenvolver o texto, expandi-lo. O autor a considera como não sendo do conhecimento de todos e, portanto, capaz de estimular o leitor a continuar na leitura. A existência de um texto implica, pois, ter algo de novo para dizer.

138 **Redação científica** • *Medeiros*

O saber partilhado mais a informação nova não são suficientes para a realização de um texto. É preciso acrescentar argumentos, provas, fundamentos das afirmações expostas. No caso do texto sob análise, o próprio narrador (em primeira pessoa) constitui-se numa prova. Trata-se de alguém que conviveu com Julio de Mesquita Filho. Acrescenta mais à frente do artigo:

> Julio de Mesquita Filho sempre foi um ser combativo; não apenas isso, no entanto. Foi desde cedo um rebelde. Esse traço de caráter poderia ter produzido apenas um revoltado a mais num meio social acanhado. Ele teve, porém, a sorte de ser rebelde demais. [...] O rebelde paulista, ao cruzar seus passos com os de Trotski, não se deixa influenciar pela personalidade, que deve ter sido fascinante, do futuro companheiro de Lênin. O cruzar caminhos deve, no entanto, ter deixado marcas; em 1925, quando publica *A crise nacional*, suas referências à revolução russa não vêm carregadas do anticomunismo comum à época, em São Paulo, no meio social em que então passou a ser o seu.

Para demonstrar a personalidade de Julio de Mesquita Filho, o autor do texto cita como prova de suas afirmações o livro *A crise nacional*. Se o leitor duvidar de suas asserções, poderá recorrer ao livro e checar as conclusões a que chegou.

Ao saber partilhado, à informação nova, às provas o enunciador junta seus objetivos, pois todo texto visa chegar a algum lugar, tem "uma intenção que precisa ser cumprida", como ensina Siqueira (1990, p. 32). No caso do texto em exame, parece que a intenção é transmitir uma imagem positiva do pai: um homem de rebeldia crítica, um homem de ação. Não só um homem de palavras, mas um cidadão que conhecia a realidade mundial e a local e que trabalhou para inserir o Brasil no contexto das nações europeias.

Duas informações mais: todo texto trata de um assunto, *a referência*. Para saber qual a referência, o leitor interroga-se: de que trata o texto? Além da referência, o texto tem um *tema*; para reconhecê-lo, o leitor interroga-se: sob que perspectiva o texto foi construído? No caso presente, enquanto a referência é o pai do emissor (Julio de Mesquita Filho), o tema são os traços de sua personalidade.[1]

5 GÊNERO DISCURSIVO RESUMO

Sempre que nos comunicamos, nós o fazemos com base em um gênero discursivo. Um gênero pode ser uma conversa, um *e-mail*, uma carta, um discurso de formação universitária, uma palestra, uma aula expositiva, a exposição de um seminário, um resumo, entre outros. Sem os gêneros, a comunicação seria impossível, como nos diz Bakhtin. Eles são ferramentas linguísticas que nos permitem a produção e a compreensão dos textos. No jornalismo, são comuns gêneros como: notícia, reportagem, nota, classificado, artigo, editorial, manchete, legenda, entrevista, charge, sinopses, cartas do leitor, crítica de livros, comentários sobre lançamento de CD e DVD, crítica teatral ou sobre filmes etc. Nas atividades acadêmicas,

---

1 Para o aprofundamento das noções aqui expostas, ver *A articulação do texto*, de Elisa Guimarães (2004) e *Texto, discurso e ensino* (2013).

Cap. 7 • Redação de resumos   139

são comuns os seguintes gêneros: resumos, resenhas, projeto de pesquisa, artigo científico, *papers*, dissertação de mestrado, tese de doutorado, TCC, diários de pesquisa e outros.

Por gênero discursivo entendem-se tipos relativamente estáveis de enunciados produzidos nas mais diferentes esferas das atividades humanas. Estruturalmente, três são seus elementos: o conteúdo temático, o estilo e a construção composicional, ou seja, os gêneros apresentam um tema, têm uma construção composicional própria (estrutura) e um estilo específico (BAKHTIN, 2006, p. 261-262).

Uma atividade para exercitar o conceito de gênero seria fazer uma lista dos gêneros que ocorrem em determinado local de trabalho. Por exemplo: quais são os mais comuns em uma repartição pública? Em um hospital? Em um escritório de advocacia? Em uma instituição financeira? Em uma empresa comercial? Em uma indústria? Quantos gêneros diferentes não há em uma agência de publicidade? E no interior de uma igreja, quantas modalidades diferentes podemos elencar? Que tipos de gêneros circulam em uma secretaria municipal, em uma assembleia estadual ou federal? E no interior de uma casa, quais são os gêneros mais comuns?

Não dizemos que estamos lendo uma descrição ou uma narração ou uma dissertação, mas "estou lendo um poema", "estou lendo um romance", "estou lendo uma crônica", "estou lendo um artigo científico", estou lendo um bilhete etc. São esses nomes que identificam seus gêneros. Machado (2010, p. 151) salienta, porém, que a nomeação dos gêneros "nem sempre é sistemática e homogênea" e que podemos encontrar

> um mesmo gênero com nomes diversos, gêneros novos para os quais ainda não há um nome estabelecido etc. Portanto, a identificação dos gêneros apenas pelos nomes que lhes são socialmente atribuídos é problemática, não é transparente, não está aí pronta ou dada de forma indubitável.

Gêneros novos são criados todos os dias, toda hora. Às vezes, ainda não foram nomeados. Também é de salientar que nem sempre um mesmo gênero recebe o mesmo nome. Por exemplo: nos jornais é possível encontrar resenhas de livros com os mais variados nomes: "crítica", "resenha de livros", "comentário sobre o livro" etc.

Os gêneros "são formas mais ou menos estáveis de enunciados". A ênfase está em *mais ou menos estáveis*, ou seja, não são completamente inflexíveis, estabilizados. Os textos que a eles pertencem podem apresentar diferenças, sobretudo nos gêneros que permitem maior liberdade de seu produtor. Enquanto uma procuração tem uma estrutura fixa, uma forma de tratamento formal, uma abertura e um fechamento estabelecidos por regras próprias, um *e-mail* entre amigos dispensa formalidades e o rigor composicional. Um texto científico, escrito que é sobretudo para uma comunidade restrita de estudiosos, se não seguir certa estrutura, se não se ajustar ao gênero, não será visto como texto científico. Um artigo científico não é um amontoado de informações, ainda que científicas. Um estudioso da área reconhece se um texto tem características científicas ou não, justamente porque dispõe de competência sobre gêneros acadêmico-científicos. Todavia, saliente-se,

> embora sejam definidos como "formas mais ou menos estáveis de enunciados", os textos pertencentes a eles podem apresentar-se com uma notável heterogeneidade,

sobretudo quando pertencentes a gêneros que permitem uma maior liberdade do produtor (MACHADO *In*: DIONISIO; MACHADO; BEZERRA, 2010, p. 151).

Dois seriam os requisitos fundamentais para a identificação e caracterização de um gênero: a situação de ação de linguagem, que compreende o contexto da produção (representações sobre o local e o momento da produção, papel social do emissor e receptor do texto, instituição social onde se dá a interação, objetivos do produtor do texto), e o conteúdo temático.

Cristovão e Nascimento (*In*: KARWOSKI; GAYDECZKA; BRITO, 2011, p. 43) entende que subjaz à tese do conceito de gêneros textuais que

> o domínio dos gêneros se constitui como instrumento que possibilita aos agentes produtores e leitores uma melhor relação com os textos, pois, ao compreender como utilizar um texto pertencente a determinado gênero, pressupõe-se que esses agentes poderão agir com a linguagem de forma mais eficaz, mesmo diante de textos pertencentes a gêneros até então desconhecidos.

Salientam ainda Cristovão e Nascimento a crítica que se faz à concepção de resumo como redução de um texto. Há resumos que precedem à existência de um texto que será ainda desenvolvido. Às vezes, é um ponto de partida, uma sinopse, por exemplo, de uma novela, que um autor apresenta para uma avaliação de diretores artísticos. Nas universidades, são comuns breves textos que anunciam, em folhetos, *folders*, cadernos, programas de eventos, exposições de congressistas, mesas-redondas etc. Resumos redigidos antes mesmo que o texto final esteja pronto. Não, pois, como falar aqui em redução.

Consideram então os autores citados duas possibilidades de abordagem do resumo: a **tipológica** e a **discursiva**. Pela primeira, caracterizamos "diferentemente cada tipo de resumo". Segundo a perspectiva discursiva, é relevante a situação de comunicação em que são produzidos o texto original e o resumo. Para esta última perspectiva, o foco é constituído pelo texto a ser produzido e pela situação. Com base nesse procedimento, é possível distinguir o que é essencial do que é acessório. Maior ênfase, portanto, no texto a ser produzido do que, propriamente, no texto que lhe serve de base, considerando que a situação de produção é "essencial para o processo de produção" e deve ser analisada por quem produz o resumo.

Outro ponto a considerar é que em alguns casos o resumo é parte de um gênero específico, como é o caso de uma resenha crítica, que tem no resumo um dos seus elementos, embora não o mais importante. Quando o resumo é parte de outro gênero, observam-se as "características discursivas e linguístico-discursivas do gênero *do qual* ele fará parte, ao passo que resumos autônomos parecem reproduzir a organização e traços distintivos do original" (CRISTOVÃO; NASCIMENTO *In*: KARWOSKI; GAYDECZKA; BRITO, 2011, p. 46). Outro tipo de texto em que é comum o aparecimento do resumo são as quartas-capas dos livros, que tem como objetivo estimular a leitura do livro e tem como característica uma descrição brevíssima do conteúdo da obra, às vezes mesclada com argumentações, avaliações. Trata-se, pois, de um resumo incitativo, cujo objetivo não é "resumir o conteúdo da obra, mas de persuadir o leitor a fazer a leitura" (CRISTOVÃO *In*: DIONISIO; MACHADO; BEZERRA, 2010, p. 116).

Seriam aspectos linguísticos-discursivos comuns no gênero resumo: a utilização de frases introdutórias que informam o leitor sobre o assunto do resumo, frases de citação (*conforme, de acordo com fulano, fulano considera, foi proposto por fulano*), pontos principais do texto original, paráfrases.

6 CONSTRUÇÃO DE RESUMO: REGRAS

O resumo deve destacar:

- Elementos bibliográficos do texto; sua ficha técnica:
  - Sobrenome do autor, nome.
  - Título da obra destacado (*itálico* ou **bold**).
  - Local de publicação do texto.
  - Universidade, Instituição ou Editora.
  - Ano.
  - Páginas.
- Tipo de texto (literário, acadêmico-científico, ensaio, religioso, bíblico), gênero discursivo (propaganda, romance, soneto, ata, relatório, carta, epístola bíblica).
- Resumo do conteúdo: objeto, objetivo, problema que se propõe resolver, métodos, quadro teórico, conclusões do autor da obra resumida.

Para Rebeca Peixoto da Silva *et al.* (197 –, p. 109), a realização de um resumo implica o reconhecimento da organização global do texto que será objeto da síntese: como suas partes se estruturam para formar um sentido. Assim, a preocupação inicial será verificar o enfoque que o autor dá ao assunto: filosófico ou científico? Sociológico ou psicológico? Quantitativo ou qualitativo? Alcançou o objetivo estabelecido?

Fiorin e Savioli (1990, p. 420) recomendam que na redação de um resumo não se devem perder de vista três elementos:

- Cada uma das partes fundamentais do texto.
- A progressão das ideias apresentadas.
- A correlação das partes do texto.

Segundo os autores citados, não cabem no resumo comentários ou julgamentos apreciativos. E ainda acrescentam que alguns obstáculos podem advir da complexidade do texto (vocabulário, estrutura sintática, relações lógicas), bem como do nível de competência do leitor para a abordagem de determinados tipos de texto.

Para reduzir as dificuldades de elaboração de resumos, recomenda-se ler o texto do começo ao fim, sem interrupções. Nesta fase inicial, responde-se à questão: de que trata o texto? Na segunda leitura, ocupa-se das frases complexas, recorre-se ao dicionário para solução do vocabulário. As palavras relacionais e os nexos serão observados com rigor (*mas, embora, ainda que, porque* e outros). Em terceiro lugar, segmenta-se o texto, dividindo-o em

142   **Redação científica** • *Medeiros*

blocos temáticos, de ideias (ou de espaço, ou de tempo, ou de personagens) que tenham unidade de significação. Finalmente, redige-se o resumo com as próprias palavras, "procurando não só condensar os segmentos mas encadeá-los na progressão em que se sucedem no texto e estabelecer as relações entre eles" (FIORIN; PLATÃO, 1990, p. 421).

Siqueira (1990, p. 59-63) entende que resumir é selecionar as partes principais de um texto. Por partes principais entende a apresentação da referência (o objeto do texto), a situação inicial, a colocação de uma informação nova, as justificativas, a conclusão. A título de exemplificação, tome-se o texto de Asti Vera (1983, p. 123-124):

A documentação pode consistir em: (a) transcrições; (b) resumos; (c) síntese e (d) referências.

As transcrições textuais serão feitas quando os respectivos extratos tiverem que ser incluídos no trabalho por sua condição de fontes ou por constituírem um elemento de prova. No caso já citado do estudo sobre Parmênides, poderia ser conveniente transcrever alguns fragmentos do texto *Sobre a natureza*, com o objetivo de realizar um estudo sobre as notáveis diferenças de estilo existentes entre o Proêmio e a Primeira Parte. Não só por razões estilísticas, mas, além disso, porque deste cotejo de textos se poderá elucidar o sentido da obra e a intenção do autor. O Proêmio escrito numa linguagem religiosa, quase mística e muito poética, e o resto usando expressões lógicas, racionais.

A função básica dos resumos é instrumental, e, por isso, devem-se fazer quando as obras (ou as partes das mesmas) utilizadas pertencem a uma biblioteca pública, à qual deverão ser devolvidas depois de lidas.

A síntese – que não deve ser confundida com o resumo – é o trabalho mais importante, mas também o mais difícil; é o fim ideal da documentação. Consiste em expor as ideias centrais de um texto, sua significação e sua unidade de sentido. O trabalho de síntese intervém na parte básica do trabalho de pesquisa, sobretudo no desenvolvimento, na fundamentação e na conclusão.

As referências – breves e concisas – devem consignar-se quando se trata de obras conhecidas e de fácil acesso.

Para as transcrições e os resumos de certa extensão, torna-se prático utilizar folhas grandes, das chamadas tamanho "ofício", ou pequenos cadernos que se acrescentarão às fichas respectivas.

O valor da técnica das fichas, como de todo método, depende também de quem o põe em prática. Além disso, assinalaremos alguns de seus inconvenientes mais notórios: um deles é a "fichamania", isto é, a estéril acumulação de fichas que nunca serão aproveitadas num trabalho final. Em disciplinas históricas, onde a documentação é fundamental e não se pode prescindir da heurística, pode-se correr este risco. Daí a importância do estudo da filosofia da história, e inclusive de considerar a reconstrução histórica com um critério filosófico, como sustentaram historiadores do porte de Toynbee e Marrou.

Outras vezes, o compilador das fichas limita-se a um mero trabalho de transcrição das notas das mesmas. Finalmente, citaremos como uma situação extrema, dentro destas tendências, a destas monografias intermináveis que se apresentam como um subproduto de

Cap. 7 • Redação de resumos 143

monumentais coleções de fichas, mas onde, em suma, nem o autor nem o leitor sabem por fim "a que se ater".

Vejamos como, focalizando a referência, a situação inicial, a informação nova, a justificativa, a conclusão, poderíamos produzir um resumo do texto citado.

A *referência* do texto é a documentação de uma pesquisa bibliográfica. Todo trabalho escrito, se realizado segundo critérios rígidos de metodologia científica, apoia-se em pesquisa documental. Segundo Asti Vera (1983), a documentação pode ocorrer através de transcrições (citações diretas), resumos, sínteses e referências. O fragmento desenvolve cada uma dessas modalidades de documentação. Como é tematizada essa referência? É tematizada da perspectiva formal-metodológica, isto é, como proceder para documentar uma pesquisa.

A *situação inicial* afirma em que consiste a documentação: transcrições, resumos, sínteses, referências, isto é, define as várias modalidades pelas quais se pode valer de informações colhidas em uma obra. Trata-se de um conhecimento partilhado pela comunidade que realiza pesquisa.

A *informação nova* do texto é o estabelecimento do uso de um ou outro tipo de documentação: quando usar a transcrição, o resumo, a síntese, a simples referência. O autor estabelece diferença entre resumo e síntese: enquanto o resumo teria função instrumental ("devem-se fazer quando as obras [...] utilizadas pertencem a uma biblioteca pública, à qual deverão ser devolvidas depois de lidas"), a síntese "consiste em expor as ideias centrais de um texto, sua significação e sua unidade de sentido". A transcrição textual justifica-se quando se tem necessidade de uma prova. Para o autor, as referências devem ser breves e concisas, "devem consignar-se quando se trata de obras conhecidas e de fácil acesso".

As *justificativas* para a realização de pesquisa documental resumem-se em: necessidade de provas (transcrição); obras de bibliotecas públicas devem ser resumidas, justamente porque não se tem acesso a elas com facilidade; realização do objetivo da pesquisa (síntese das ideias fundamentais); no caso de obras de fácil acesso e conhecidas, basta uma simples referência.

A *conclusão* ressalta que o trabalho científico não deve limitar-se a uma coleção de fichas. Define, então, *fichamania* como "a estéril acumulação de fichas que nunca serão aproveitadas num trabalho final".

Com esta exposição, verifica-se a organização do texto e sua unidade temática: procedimentos a serem adotados na documentação de uma pesquisa.

Ao selecionar as ideias para o resumo, cancelam-se alguns pormenores secundários. Veja-se:

- A referência é a pesquisa documental.
- A tematização é a metodologia de utilização da pesquisa documental.
- A situação inicial: em que consiste a pesquisa documental; quais são suas formas.
- A informação nova: quando utilizar cada tipo.
- Conclusão: o que evitar.

Assim, um possível resumo do texto citado de Asti Vera seria:

144 **Redação científica** • *Medeiros*

A pesquisa documental vale-se de transcrição, resumo, síntese e referência. As fichas não devem constituir-se em fim e são de quatro modalidades: transcrição, resumo, síntese, referência. As transcrições textuais são limitadas aos casos de necessidade de prova. O resumo é utilizado no caso de a obra pertencer a uma biblioteca pública. A síntese constitui-se num modo ideal de documentação. Através dela, expõem-se as ideias fundamentais do texto, seu significado e a unidade de seu sentido. O trabalho científico não se constitui numa coleção de fichas que não permitem ao autor e leitor identificar o objetivo da pesquisa.

Nesta fase do resumo, agrupam-se as ideias afins. Então selecionam-se novos elementos da situação inicial:

A pesquisa documental vale-se de transcrição, resumo, síntese, referência. As justificativas compreendem variadas necessidades de apoio da pesquisa: há casos em que é preciso transcrever, casos em que se deve resumir, sintetizar, referenciar. A conclusão afirma que as fichas não devem constituir-se em fim em si mesmas (mania), pois uma coleção de fichas não resulta numa obra.

Adaptando as ideias expostas, teríamos:

As informações colhidas na pesquisa documental são fichadas por meio de transcrição, resumo, síntese, referências. A fichamania deve ser evitada se o pesquisador deseja que a obra não seja desconexa, pois uma coleção de fichas não resulta numa obra. Há casos em que é preciso transcrever; outros em que se deve resumir, sintetizar, referenciar.

Qual o ponto de vista do autor? Qual a sua conclusão? A que leva o texto? Talvez se pudesse dizer que o fragmento apresentado leva a concluir que o autor, embora considere a documentação uma necessidade, estabelece normas para a utilização das fontes de pesquisa. Podemos dizer que ele é pragmático, objetivo, uma vez que salienta inconvenientes que o ato de fichar pode acarretar: a fichamania, a mera transcrição de notas, as monografias intermináveis, resultado de coleção de fichas que deixam o autor e o leitor sem saber "a que se ater". Reescrevendo o resumo na íntegra, tem-se:

Os procedimentos para a pesquisa documental compreendem a transcrição, o resumo, a síntese, a referência. A transcrição limita-se aos casos de necessidade de prova, enquanto a síntese se constitui no ideal de documentação. Se a documentação se reduz a mera transcrição de notas, ou à acumulação de fichas que levam à realização de obra interminável, este procedimento revela-se inconveniente e estéril, não permitindo ao autor nem ao leitor identificar com que deve preocupar-se.

Se se optar pelo modelo de Fiorin (1990) para a realização de resumos, responde-se inicialmente à questão: De que trata o texto?

Trata de procedimentos metodológicos de utilização de fontes de informação na pesquisa, isto é, como e quando utilizar a citação direta e a indireta.

Em seguida, divide-se o texto em segmentos:

- O primeiro parágrafo define em que consiste a documentação.
- Os parágrafos 2-6 estabelecem normas sobre quando usar um ou outro procedimento.
- Os parágrafos 7 e 8 falam do valor do fichamento e de seus inconvenientes.

Assim, após dizer que a documentação pode ser realizada segundo quatro modalidades: a transcrição, o resumo, a síntese, a referência, estabelece norma para a utilização da citação direta: só deve ser usada em caso de necessidade de provas. Ressalta que a documentação, quando necessária, é feita, de preferência, por meio de sínteses, e não por meio de meros resumos indicativos ou simples referência. Finalmente, previne o estudioso dos inconvenientes que o procedimento do fichamento pode acarretar. De grande utilidade (valor) para a pesquisa, pode transformar-se em procedimento estéril.

Como as ideias do texto se inter-relacionam? Elas estão ligadas de tal forma que constituem um texto, e não um aglomerado de informações: da definição de documentação, passando pela exposição das modalidades e usos formais, até a conclusão de que o fichamento é uma faca de dois fios (tanto pode constituir-se num valor, como, se mal-utilizado, em inconveniente e estéril), foi mantida a unidade temática.

Outro modelo para a prática do resumo é o apresentado por Siqueira (1990, p. 63) e Serafini (1987, p. 188-189), esta última autora já foi vista no Capítulo 5. Por motivos didáticos, retomaremos alguns pontos do que já expusemos.

Em primeiro lugar, diga-se: um resumo deriva da capacidade de leitura daquele que vai realizá-lo. A compreensão de um texto depende da competência do receptor. Essa competência envolve recursos culturais, experiência anterior, conhecimento prévio armazenado na memória, saber partilhado, conhecimento enciclopédico. Além disso, o leitor pode contar com pistas linguísticas distribuídas pelo texto. Não se dispensa a capacidade de raciocinar do leitor, de estabelecer hipóteses de leituras e fazer inferências.

O resumo é um instrumento adequado tanto para a aprendizagem redacional, quanto para o aprimoramento da competência em leitura. Um leitor competente transita por variados tipos de texto e é capaz de resumi-los. Para Siqueira (1990, p. 15), um leitor, se competente, deve,

> diante de um texto, detectar quando ele está interrompido ou completo e conseguir, no caso de estar interrompido, completá-lo. Além disso, uma pessoa pode ser capaz de parafrasear um texto, resumi-lo, dar-lhe um título ou, a partir de um título, desenvolver um todo textual.

Para Siqueira (1990, p. 63), os passos para resumir um texto são: (a) seleção das ideias principais; (b) cancelamento das ideias irrelevantes; (c) agrupamento das ideias que se relacionam entre si; (d) adaptação da linguagem devido aos agrupamentos realizados. Maria Teresa Serafini (1987, p. 188-189), como já vimos, apresenta quatro regras para a redação de resumos: cancelamento, generalização, seleção e construção. Cancelamos palavras que se referem a pormenores que não são necessários à compreensão de outras partes do texto. Pelo processo de generalização substituímos "alguns elementos por outros mais gerais que os incluam". Pela seleção, eliminamos os "elementos que exprimem detalhes óbvios". Durante a fase de construção, substituímos orações por outras novas.

Tomemos o seguinte texto como exemplo:

No painel reúnem-se várias pessoas para exporem suas ideias sobre determinado assunto ante um auditório. No painel, a conversação é basicamente informal, os membros não atuam como oradores, não expõem. [...]

Os membros do painel (painelistas) devem preparar o material necessário acerca do assunto a ser discutido, procurando orientar a discussão através de um raciocínio metódico e ao alcance do público.

Devem saber ouvir com atenção o que têm a dizer os outros participantes e interrompê-los quando oportuno, esperando o momento apropriado para isso.

Não se devem aferrar a um ponto de vista, só porque é o que defendem, e sim mudar de opinião sempre que os fatos ou a lógica provarem que estão errados.

Não devem os painelistas monopolizar a discussão, pois todos têm iguais oportunidades de falar. Convém, por isso, estabelecer que a duração máxima de cada intervenção será de dois ou três minutos. O coordenador deverá interferir sempre que um painelista ultrapassar os limites permitidos ou estender-se muito em digressões que não contribuam para o esclarecimento da discussão.

Falar apenas sobre o assunto proposto deve ser um dos lemas dos participantes do painel.

Outro objetivo que deve ser norma para os participantes é de que a atmosfera de discussão é informal e o diálogo deve processar-se em tom de conversa. Nada de discursos, de atitudes teatrais para a plateia ou de uso e abuso de expressões de efeito (MINICUCCI, 1992, p. 134-135).

Aplicando as regras para elaboração de resumo, temos:

■ Quanto ao apagamento

Cancelam-se palavras que podem ser dispensáveis:

Painel: reunião de pessoas para exporem suas ideias sobre um assunto, diante de um auditório. A conversação é informal. Os membros de um painel preparam o material, orientando a discussão pelo raciocínio metódico. Ouvir o outro participante e interrompê-lo quando oportuno. Mudar de opinião se os fatos ou a lógica provarem que se está errado. Não monopolizar a discussão. Tempo de cada intervenção: dois ou três minutos. O coordenador interfere no caso de um painelista ultrapassar o tempo. Os painelistas falam sobre o assunto proposto. O diálogo se processa em tom de conversa. Evitam-se discursos ou atitudes teatrais.

■ Quanto à generalização

Pela generalização, são substituídos enunciados específicos por gerais. Assim, se uma pessoa diz que fez obras no banheiro, na cozinha, na sala, no telhado de sua casa, pode-se dizer que ela "reformou sua casa". A expressão agora é generalizadora. No texto apresentado de Minicucci, as possibilidades de generalizações não são assim tão palpáveis, mas pode-se dizer, generalizando, que ele apresenta regras para a realização de um painel.

■ Quanto à seleção de tópicos frasais e combinação deles

Teríamos como resultado da seleção:

No painel, várias pessoas expõem suas ideias para um auditório. A linguagem é informal e os membros que dele participam podem interromper seus colegas quando oportuno. Cada intervenção, regulada pelo coordenador, pode demorar de dois a três minutos. Os painelistas devem ater-se ao tema proposto.

Assim, o leitor pode verificar que o primeiro parágrafo apresenta dois sentidos importantes: o painel é uma técnica de apresentação de comunicação da qual participam várias pessoas; o tom da apresentação é informal. O segundo parágrafo cuida da adaptação da exposição à audiência. O terceiro e o quarto parágrafos podem ser fundidos: o painelista apresenta suas ideias e ouve observações dos colegas. O quinto parágrafo é uma explicitação dos dois anteriores e pode ser eliminado. O sexto parágrafo ocupa-se do impedimento de digressões e o último enfatiza a informalidade da discussão, o diálogo, o tom de conversa.

■ Quanto à invenção ou construção

Aqui, recria-se o texto de Minicucci:

> O painel, técnica de trabalho em grupo, consiste em variados participantes, diante de um auditório, apresentarem para discussão assuntos previamente estabelecidos. Entre as regras do painel, destacam-se: adaptar a exposição à audiência, ouvir os colegas e interrompê-los apenas quando oportuno, ser flexível na defesa dos próprios pontos de vista, permitir que os colegas exponham suas ideias, evitar digressões e atitudes teatrais, já que o tom do diálogo é informal. Ao coordenador caberá estabelecer tempo de duração das intervenções e manter a ordem.

Essas estratégias têm *caráter recursivo*, isto é, podem ser reaplicadas para se obter maior grau de sumarização. É possível fazer reduções sucessivas a um mesmo texto.

Machado (*In*: DIONISIO; MACHADO; BEZERRA, 2010, p. 153) salienta que esses procedimentos são tratados como estratégias e não como regras:

> atribuiu-se à sua utilização um caráter flexível e não rígido e homogêneo, levando-se em conta que sua aplicação estaria condicionada ao objetivo da leitura, ao conjunto de conhecimentos prévios do leitor, ao tipo de situação em que se processa a leitura; enfim, uma série de fatores contextuais.

Essas considerações não levavam em conta ainda a noção de gêneros discursivos, ou seja, estratégias de sumarização variam conforme o gênero do texto. Essa a razão por que encontramos diversos tipos de resumo, que funcionam diferentemente: resumo de quarta-capa de livro, resumo no interior de uma resenha, resumos de características físicas de um livro e de seu conteúdo (localize-se, por exemplo, no *site* da Livraria Cultura, esse tipo de resumo, consultando o título de uma obra qualquer), resumos de filmes, peças teatrais, espetáculos musicais e de dança (localizáveis em jornais e revistas). E ainda temos um tipo específico de resumo (*abstract*): o que se encontra no início de dissertações de mestrado, teses de doutorado, artigos científicos). A NBR 6028:2003, da Associação Brasileira de Normas Técnicas (ABNT) cuida apenas dos resumos acadêmico-científicos.

As estratégias utilizadas para a realização de resumos obedecem ao esquema superestrutural de cada tipo de texto. Uma narrativa compreende: situação inicial, conflito, resolução,

148 **Redação científica** • *Medeiros*

avaliação (punição ou julgamento moral). Já um texto argumentativo apresenta outros elementos: apresentação de uma tese, refutação de outras teses (antítese) e conclusão (síntese).

Observe o leitor que se trata de estratégias e não de regras, visto que elas têm caráter flexível; não são rígidas e levam em conta (a) os objetivos da leitura, (b) o conhecimento prévio do leitor, (c) a situação em que se dá a leitura, (d) outros fatores contextuais.

Também é de dizer que essas estratégias ainda não levam em conta o **gênero** do texto.

Examinemos os mais variados tipos de resumos que aparecem, por exemplo, em uma revista. Encontramos aí uma grande quantidade de gêneros de textos: resumos e resenhas de filmes, de livros, de peças teatrais, de espetáculos musicais, exposições, boxes etc. Nem sempre, ou quase nunca, esses exemplares de resumo aparecem na imprensa com o nome de *resumo* e nem de longe eles seguem as normas de produção de um resumo científico, regulado pela NBR 6028:2003.

Na *mídia* impressa, o resumo pode aparecer em variados textos, no corpo da matéria ou ao lado (*boxes*). Nesse caso, o que vemos é o uso de estratégias de seleção, utilizadas segundo o objetivo do artigo jornalístico. Um artigo que comente, por exemplo, a fala de um Presidente da República, ou de um governador, ou de um ministro de Estado pode apresentar focalização resumida de tal fala, pretendendo tão somente defender um ponto de vista. Aqui, não há o propósito de remeter o leitor ao discurso original, levá-lo a consultar a fala da autoridade. O resumo está aqui subordinado ao objetivo do texto jornalístico.

Nas revistas de variedades, encontramos resumos que são autônomos. Nesse caso, temos pequenos textos que se constituem em notícias; outras vezes, constituem artigos resumidos. Exemplo:

> Um dos principais capítulos de nossa história evolutiva, a transição dos vertebrados da água para a terra, ganhou novos contornos com o sequenciamento do genoma do celacanto – espécie de peixe africano. Ao compararem o material genético do celacanto com o *protopterus annectens*, espécie primitiva de peixe pulmonado africano de nadadeiras com ossos, os pesquisadores descobriram que o *protopterus annectens* é, do ponto de vista evolutivo, o parente mais próximo dos tetrápodes, classe de vertebrados terrestres com quatro membros, na qual se incluem os seres humanos (PESQUISA FAPESP, São Paulo, n. 207, p. 7, maio 2013).

Não há no texto transcrito preocupação de levar o leitor a consultar o texto original. Seu interesse é informar. Resumo, portanto, com o objetivo de informar, que se vale de uma linguagem apropriada aos leitores da revista; de modo geral, leitores capazes de entender que na linguagem científica é comum o uso de designações em latim. É um texto **autônomo**, pertencente ao gênero *resumo jornalístico*, embora não seja rotulado assim nem apresente algumas das características costumeiramente utilizadas nas definições de resumo.

Por outro lado, sob o título de resumo, encontramos textos que pertencem a gêneros diferentes:

1. Resumo escolar

Esse tipo de resumo pode ser encontrado nas redes virtuais. Eles têm como destinatários estudantes de nível fundamental e médio principalmente. Em geral, são constituídos

Cap. 7 • Redação de resumos   149

de síntese de conteúdo de obras literárias. Exemplo: o resumo de *Angústia*, de Graciliano Ramos, pode aparecer nos seguintes termos:

> Livro narra a história de Luís da Silva, personagem tímida que vive inconformada com as frustrações de sua vida. Para compor uma personagem que se mostra produto de uma sociedade rural decadente, o narrador nos apresenta um homem angustiado e impotente para alterar o ambiente em que vive. Seu sentimento de mal-estar resulta não só de sua expectativa em relação a si mesmo, mas também do comportamento alheio. Apaixona-se por uma mulher vaidosa e volúvel (Marina), que lhe consome as economias na compra de um suposto enxoval. O triângulo amoroso fecha-se com a entrada em cena de Julião Tavares, personagem caracterizada pela posição social que ocupa no cenário local. Além do dinheiro e de sua capacidade retórica, Julião é-nos apresentado como pessoa sem nenhuma preocupação moral. Uma consciência que não se deixa afetar por nada. Nada existe além de si mesmo. A sedução de Marina provoca amargura a Luís da Silva que finda por estrangular Julião Tavares.

2. Resenha crítica

Aqui, temos um gênero discursivo que, juntamente com um resumo, apesenta comentários, interpretações, avaliações. Resumos e resenhas não se confundem; são tipos de textos diferentes. Enquanto o resumo apenas reproduz sinteticamente um texto original, a resenha tem estrutura própria. Juntamente com um resumo, aparecem na resenha outras informações, como interpretações, avaliações, contexto geral da obra, sua produção, divulgação, tradução (se for o caso), informações sobre o autor. O resumo seria apenas uma parte do gênero resenha. Exemplo:

MUITAS VOZES: ALGUMAS NOTAS

Muitas vozes
Ferreira Gullar
[José Olympio, 1999, 118 p.]

1. Não é difícil distinguir e descrever procedimentos da forma poética, que quase sempre se oferecem à primeira vista; nem é muito difícil categorizá-los e ordená-los nessa mesma ordem de construção ostensiva. Sabemos, no entanto, que nosso sentimento da poesia não se deixa espelhar nos reconhecimentos descritivos: imantado pelo poético, adere à natureza deste e resiste à exteriorização mais fácil, numa experiência silenciosa que é ao mesmo tempo recompensa e inquietação. A crítica nasce desta inquietação, porque quer qualificar, segundo seus critérios, aquela precisa recompensa.

   Vista de forma panorâmica, a melhor poesia de Ferreira Gullar pode ser reconhecida, desde *A luta corporal*, num quadro de procedimentos gerais, muito marcados e mesmo obsessivos: o poeta sempre se interessou em surpreender o múltiplo, o simultâneo, o diverso e o movimento sob as aparências implacáveis do uniforme, do linear, do compacto e do estático; ele sempre buscou traduzir a experiência vertiginosa e aprofundada que, dentro do sujeito, corre num tempo outro, reagindo à sequência mecanizada dos acontecimentos. Nas diferenças de qualidade desses tempos – nas diferentes velocidades do tempo – está uma poderosa fonte poética de Gullar: há a ação do passado sobre o presente, há o seu ser e o do outro, há a presença do lá dentro do cá, há o variado pulsar da vida – e as sombras recorrentes da morte. O desafio aceito pela arte surge para o poeta como tradução de um tempo no outro. Questão essencial: deter do instante que passa ou que já passou a intensidade que costuma se perder nos modos da vida apressada e desatenta; com a percepção empenhada, surpreender, em meio à prosa impura da vida, a insuspeitada matéria poética que de repente salta dela.

[...]

2. O título do novo livro de Gullar – *Muitas vozes* – já soa em si mesmo como um compasso súbito retomado de uma fala familiar, que esteve por longos anos interrompida. Estamos de novo diante da matéria múltipla e do sujeito provocado que a recolhe, sujeito sempre sensorial, impressivo e reflexivo – creio que nesta ordem. De certo modo, *Muitas vozes* continua *Barulhos*, que continuava *Na vertigem do dia,* que acolhia ecos e rebentações do *Poema sujo*, cujo modo de composição se prenunciava no belíssimo "Uma fotografia aérea", que, já em *Dentro da noite veloz,* orquestrava tão belamente simultaneidades de espaços e de tempos. No entanto...

No entanto, este novo livro traz consigo as marcas de um tempo que já excedem a força inaugural das representações simbólicas mais ansiosas: gravam-se no corpo e no espírito com a dura confiança da primeira velhice, que lhes dá uma nova tonalidade, sem contudo desmentir o movimento orgânico de um caminho tão pessoal.

[...]

A deliberada dependência da prosa, num poeta que detém a técnica de muitas formas de verso, é uma escolha tanto vital quanto política. Esta última já não tem, em *Muitas vozes*, a direção da denúncia e a plataforma dos conceitos; seu modo ativo está na construção atenta das relações do sujeito com os seres e os objetos do mundo. [...] O discurso espacialmente fragmentário dos poemas de Gullar é a sua forma de valorizar o tempo de cada palavra, de cada coisa, de cada sensação – tomadas em si mesmas, primeiro, e depois na rearticulação com a vida. Surpreender-se com um novo ritmo e novas ênfases na matéria da vida é uma forma justa de se ouvir o canto de *Muitas vozes* (VILAÇA, Alcides. Muitas vozes; algumas notas. *Teresa,* São Paulo: Editora 34, 2000, n. 1, p. 227-232).

3. Orelha e contracapa de livro

Em geral, orelhas e quarta-capas são constituídas de textos que têm o objetivo de persuadir o leitor a adquirir o livro para lê-lo. Apresentam conteúdos parciais da obra. Exemplo de texto de orelha:

Primeiras estórias constitui, certamente, o melhor livro para iniciação em Guimarães Rosa. Sem deixar de apresentar os rasgos estilísticos inseparáveis de sua obra, o autor monta uma estrutura que torna toda a pesquisa, com a qual renovou a linguagem literária brasileira – com inovações formais, aproveitamento da linguagem coloquial e da fala popular –, mais assimilável pelo leitor. O título deste livro, no entanto, requer uma explicação, como já observou Paulo Rónai. "Estória" é o neologismo que distingue a história como conto – isto é, relato de acontecimentos fictícios – da história como registro de acontecimentos reais da vida de povos e países. E "primeiras" não está aqui no sentido de juventude – ou de trabalhos anteriores já publicados em volume –, mas sim por ser a primeira vez que o autor pratica o gênero "estórias", ou seja, o conto curto. [...]

E isso porque, como há um estilo Guimarães Rosa, há também um mundo Guimarães Rosa perfeitamente identificável no sentido de que sua obra criou um âmbito próprio, um espaço geográfico e temporal que não se demarca por latitudes e longitudes, nem pelos números do calendário. É, em última análise, o espaço que circunscreve seus míticos personagens, e tão amplo como aquele outro, o mundo real, de cujos habitantes esses personagens são outras tantas facetas (Orelha do livro *Primeiras estórias* de João Guimarães Rosa. 13. ed. Rio de Janeiro: Nova Fronteira, 1985).

Exemplo de texto de contracapa:

A semiótica de linha francesa (greimasiana) tornou-se nos últimos tempos uma área de interesse e pesquisa de grandes universidades. No Brasil, a semiótica tem despertado amplos debates, bem como favorecido o desenvolvimento científico de questões relevantes relativas à produção do sentido.

É, pois, com esta preocupação de colocar como foco a questão do engendramento do sentido nos objetos visuais, ou verbo-visuais, que este livro desenvolve seus quatro capítulos. Seu objetivo principal é dotar o estudioso de um instrumental para a percepção da continuidade e descontinuidades que ocorrem nas narrativas (textos de qualquer espécie, incluindo os visuais).

Leitura recomendada para estudantes das áreas de Letras, Linguística, Comunicação, Propaganda, Design, Arquitetura, Jornalismo, ou para pessoas que se interessam pela semiótica francesa. (Texto de contracapa do livro *Elementos de semiótica* de Carolina Tomasi. São Paulo: Atlas, 2012.)

O que se observa é que nos resumos escolares de obras literárias temos resumo de obra completa. Nos casos em que o objetivo é persuadir o leitor a adquirir a obra, como nas resenhas, orelhas e contracapas, os resumos são parciais, ocupando-se apenas dos elementos centrais.

4. Abstracts (resumos) de artigos científicos, teses de doutorado e dissertações de mestrado

Esse tipo de resumo é constituído de síntese de um trabalho acadêmico-científico, como: artigo científico, dissertação de mestrado, tese de doutorado. Em geral, ele é apresentado no início de tais textos (no caso de periódico de artigos científicos, às vezes o resumo é deslocado para o final do texto; nas dissertações de mestrado e teses de doutorado, ele é posto logo depois da página de "Agradecimentos" e antes do "Sumário"; uma versão do texto aparece em uma língua estrangeira [inglês, francês, espanhol, italiano] e outra em português). São produzidos pelo próprio autor e não por terceiros, como geralmente se dá na realização de outros tipos de resumo. A redação do *abstract* segue as normas acadêmicas ou do trabalho científico.[2]

---

2   Para outras informações sobre *abstract*, consultar "Um estudo do gênero abstract na disciplina de Antropologia: a heterogeneidade da(s) área(s)", de Beatriz Gil e Solange Aranha. Disponível em: http://www.scielo.br/scielo. php?script=sci_arttext&pid=S0102-44502017000300843&lng=en&nrm=iso&tlng=pt. Acesso em 24 fev. 2018.

152 **Redação científica** • *Medeiros*

Nesse caso, devem apresentar: (a) objeto do texto ou da pesquisa (tema); (b) objetivo; (c) problema que se propõe resolver; (d) quadro de referência teórico; (e) metodologia; (f) resultados e conclusões. Essas regras, no entanto, nem sempre são seguidas, talvez por desconhecimento das normas que regram esse gênero de texto. Exemplo de *resumo* (ou *abstract*) de um artigo científico:

> Este estudo de Lafetá tem como enfoque o "romance familiar" como estrutura latente em *Caetés*. Da análise do retardamento, procedimento narrativo percebido como básico da obra, o crítico passa à observação das projeções dos desejos da personagem-narrador João Valério, aspecto estudado por Lamberto Puccinelli. Lafetá incorpora à sua leitura de *Caetés* os estudos de Freud sobre o romance familiar dos neuróticos e de Marthe Robert sobre o romance das origens e a origem dos romances.
>
> Palavras-chave: Graciliano Ramos. Caetés. Romance familiar. Psicanálise. (*Abstract* do artigo "Édipo guarda-livros: leitura de *Caetés*", redigido por João Luiz Lafetá. *Teresa*. São Paulo: Editora 34, 2001, n. 2, p. 86-123.)

Exemplo de *abstract* de uma tese de doutorado (observar que ele é constituído por um texto sem parágrafos):

> Esta tese ocupa-se da investigação da semiótica da agudeza, utilizando como *corpus* poemas do final do século XX, chamados neobarrocos, e fragmentos de *Galáxias*, de Haroldo de Campos, e *Finnegans Wake*, de James Joyce. As recepções contemporâneas aos séculos XVI e XVII não entendem as produções literárias como barrocas, mas como clássicas, diferentemente, portanto, do valor atribuído ao estado de barroco constante dos textos da crítica do século XX. Da investigação das obras de Peregrini, Gracián, Hansen e Pécora, depreende-se a agudeza como sistematizadora das produções barrocas dos seiscentos. Além disso, esta pesquisa constata não a presença eufórica de barroco sincrônico ou a existência de um possível neobarroco, mas gradações da agudeza como um operador formal da poesia dita barroquista. Com base nessa agudeza, propõe-se, dentro do quadro teórico-metodológico da semiótica tensiva, demonstrar como essa poesia, vista por muitos críticos como neobarroca, é regida segundo uma oscilação que a regula, reconhecendo nela uma dominância de agudeza do plano da expressão (PE) e/ou uma dominância de agudeza do plano do conteúdo (PC). Observadas as propriedades da agudeza, os objetos poéticos apresentam diferenças tensivas que os encaminham para uma poesia que conhece a graduação entre mais fluida e mais nítida, manifestando diferenças de acentuação no obscurecimento formal do enunciado. O enunciador, ao privilegiar a vivificação das agudezas, promove uma tensão estetizante: um jogo entre o rápido prazer da conservação sensível e o demorado prazer do reconhecimento inteligível do objeto estético, dois tipos diferentes de fruição. Dividida em cinco capítulos, a tese aborda inicialmente a ausência e a presença do recorte de barroco nos estudos literários, bem como a dominância do sobrevir nos semas de barroco e a sincronia e diacronia dos estados de barroco em direção a uma agudeza idiossincrônica. Em seguida, examina o jogo tensivo entre agudeza da expressão e agudeza do conteúdo, focalizando sobretudo os tratadistas seiscentistas e as propriedades da agudeza. Ocupa-se também da negação da euforia barroquista em direção à visualidade na poesia da agudeza. Como o conceito de neobarroco varia de autor para autor, examina-se o ponto de vista de Umberto Eco, Omar Calabrese, Severo Sarduy, Lezama Lima, Alejo

Carpentier, Haroldo de Campos, Affonso Ávila, Affonso Romano SantAnna, Horácio Costa, Ana Hatherly, Ivan Teixeira, para estabelecer um modelo mais conforme à semiótica tensiva. A tese trata ainda dos limites entre sensível e inteligível na poesia aguda do século XX, realizando uma recapitulação da fenomenologia em diálogo com a semiótica tensiva, da qual sobressai o conceito de fé perceptiva e de perobjeto zilberberguiano. Finalmente, entra em cena a agudeza do final do século XX na direção do objeto fluido.

Palavras-chave: Agudeza seiscentista. Barroco. Estética. Literatura Brasileira. Neobarroco. Semiótica Tensiva.

(Tese de doutorado de Carolina Tomasi. Semiótica da agudeza: da negação da euforia barroca ao objeto poético fluido do final do século XX. São Paulo: Universidade de São Paulo, 2014.)

A versão dos *abstracts* em português traz o nome de resumo.

A polissemia do termo *resumo* pode provocar alguma confusão ou dúvida na ora de redigir um ou outro tipo. Ora ele é composto com alguns elementos estruturais, ora com outros. Se confrontássemos as definições de dicionário com as regras da ABNT (NBR 6028:2003), verificaríamos que a norma da ABNT privilegia o **resumo científico**, o que resulta na falsa impressão de que resumos são textos endereçados apenas à comunidade acadêmica.

Comumente, no entanto, os resumos constituem condição fundamental para a realização de textos de diferentes gêneros, como: textos de boxes em jornais e revistas, resenhas de filmes, espetáculos musicais e de dança, peças teatrais, lançamento de CDs e DVDs, livros, orelhas, contracapas. Às vezes, o resumo constitui apenas uma parte de um texto mais amplo, como é o caso das resenhas. Estas apresentam, como já dissemos, não só um resumo, como também comentários, informações sobre o autor e outras obras do autor etc. Nas contracapas e orelhas dos livros, a presença do resumo é também apenas uma parte de um texto. Neste caso, o objetivo, como já foi dito, é estimular a aquisição da obra e, por isso, o resumo aparece junto com outros elementos constitutivos dos gêneros *orelha* e *contracapa*, como área de interesse e profissionais e estudantes a quem o texto possa vir a interessar, como é o caso de quarta-capa de livros didáticos.

Portanto, se o resumo é parte de outro texto, sua produção é orientada pelos objetivos do texto em que está inserido.

Resumos autônomos são redigidos segundo as características dos textos em geral, ou seja, apresentam sucintamente o conteúdo do texto original, bem como sua **organização**. Em geral, seu autor é outro que o do texto original.

O contexto de produção de um resumo (jornal, revistas, editoras, escola, colégio, universidade) imprime nele características discursivas próprias. Daí a grande variedade de tipos de resumos, ou a grande variação em sua produção. Assim, o plano global de organização relaciona-se não a um modelo superestrutural (assunto do texto, objetivo, métodos, conclusões da obra resumida), mas ao plano global do gênero a que ele pertence.

É preciso, pois, distinguir **processo de sumarização** que realizamos de uma leitura de um texto e **produção de diferentes gêneros**: o resumo será veiculado no interior de uma resenha? Ou será um resumo jornalístico (boxes de reportagens)?

154 **Redação científica** • *Medeiros*

Saber transitar por diferentes tipos de resumos, tanto em termos de leitura quanto de produção, é uma competência que se pode adquirir com a prática. Quem se dispõe a aprender a redigir resumo ocupa-se, antes de tudo, em identificar a situação concreta de seu uso. As **estratégias de redução da informação semântica** são relevantes, mas é preciso ter consciência de que elas são apenas parte de um processo de sumarização que deve estar contextualizado, da mesma forma que o fazemos para a produção de qualquer texto.

7 RESUMO ACADÊMICO-CIENTÍFICO: A NBR 6028:2003

Embora já vistos o conceito e alguns elementos práticos de realização de resumos, há outras informações que devem ser consideradas. Salientamos que a NBR 6028:2003, da Associação Brasileira de Normas Técnicas (ABNT), se ajusta aos resumos acadêmico-científicos. Ela os define como "apresentação concisa dos pontos relevantes de um documento". Uma apresentação sucinta, compacta, dos pontos mais importantes de um texto. Ela distingue: resumo crítico ("resumo redigido por especialistas com análise crítica de um documento"; esse tipo de resumo é conhecido também pelo nome de resenha); resumo indicativo (resumo que contém "apenas os pontos principais do documento, não apresentando dados qualitativos, quantitativos"; é um tio de resumo que que "dee modo geral, não dispensa a consulta ao original") e resumo informativo (tipo de resumo que que "informa ao leitor finalidades, metodologia, resultados e conclusões do documento, de tal forma que este possa, inclusive, dispensar a consulta ao original").

Os resumos acadêmico-científicos, em geral, aparecem no início de artigo científico, dissertação de mestrado, tese de doutorado. Biasi-Rodrigues (*In*: BIASI-RODRIGUES; ARAÚJO; SOUSA, 2009, p. 51), tendo realizado pesquisa sobre dois *corpora* de resumos acadêmicos (um constituído de 134 resumos de dissertações de mestrado na área de Linguística da Universidade Federal de Santa Catarina e outro composto de teses, artigos de pesquisa e comunicações em congressos, em que a maioria fora produzida por alunos e professores da Universidade Federal do Ceará, nas áreas de Linguística, Educação, Sociologia, Economia, Enfermagem e Farmácia, Engenharia Elétrica e Engenharia Mecânica), afirma:

> Os resumos de dissertações, em geral, são escritos como parte do ritual de compor o volume da dissertação, ocupando um espaço determinado, com função de anunciar resumidamente o texto-fonte., Os seus autores constituem, em princípio, uma comunidade de escritores proficientes e de especialistas na sua área de conhecimento, presumivelmente conhecedores de estratégias já convencionadas academicamente quanto às formas de organização das informações, aos padrões linguísticos e às normas de objetividade nesse e nos demais gêneros acadêmicos. Sua audiência, por outro lado, compõe-se, principalmente, de especialistas da mesma área de conhecimento, potencialmente aptos a reconhecer todo o aparato estratégico e retórico utilizado pelos autores.

Os resumos também têm como objetivo abreviar o tempo dos pesquisadores; difundir informações de tal modo que possa influenciar e estimular a consulta do texto completo. Em sua elaboração, devem-se destacar quanto ao conteúdo:

- O objeto (assunto, tema) do texto.
- O objetivo do texto.
- O problema que se propõe resolver.
- Justificativa de realização do trabalho.
- O quadro de referência teórica.
- Os métodos e técnicas utilizados na pesquisa.
- Os resultado e conclusões.

Biasi-Rodrigues (*In*: BIASI-RODRIGUES; ARAÚJO; SOUSA, 2009, p. 57) ressalta, porém, que nos resumos que examinou vários deles "fogem ao padrão de condução das informações e alguns parecem cumprir o papel de uma introdução reduzida". Relativamente à organização retórica dos resumos, apresenta as seguintes unidades (p. 60):

- Unidade retórica 1 – Apresentação da pesquisa:
  - Subunidade 1A – Expondo o tópico principal e/ou
  - Subunidade 1B – Apresentando o(s) objetivos e/ou
  - Subunidade 2 – Apresentando a(s) hipótese(s)
- Unidade retórica 2 – Contextualizando a pesquisa
  - Subunidade 1 – Indicando área(s) de conhecimento e/ou
  - Subunidade 2 – Citando pesquisas/teorias/modelos anteriores e/ou
  - Subunidade 3 – Apresentando um problema
- Unidade retórica 3 – Apresentação da metodologia
  - Subunidade 1A – Descrevendo procedimentos gerais e/ou
  - Subunidade 1B – Relacionando variáveis/fatores de controle e/ou
  - Subunidade 2 – Citando/descrevendo o(s) método(s)
- Unidade retórica 4 – Sumarização dos resultados
  - Subunidade 1A – Apresentando fato(s)/achado(s) e/ou
  - Subunidade 1B – Comentando evidência(s)
- Unidade retórica 5 – Conclusões da pesquisa
  - Subunidade 1A – Apresentando conclusão(ões) e/ou
  - Subunidade 1B – Relacionando hipótese(s) a resultado(s) e/ou
  - Subunidade 2 – Oferecendo/apontando contribuição(ões) e/ou
  - Subunidade 3 – Fazendo recomendação(ões)/sugestão(ões)

Na seção de discussão de resultados, declara que "não é um modelo genérico prescritivo que garante a qualidade de um texto e não existe fórmula mágica de escrever textos de qualidade" (p. 75). Ressalta, todavia, que "não se pode fugir às convenções ou aos acordos praticados em cada comunidade discursiva, com maior ou menor margem de liberdade em questões de estilo".

São procedimentos comuns à prática de resumos acadêmico-científicos:

- Serem redigidos em terceira pessoa, com frases na ordem direta de sujeito e predicado, bem como fazerem uso de voz ativa.

156 **Redação científica** • *Medeiros*

- Evitarem a repetição de frases inteiras do original.
- Não utilizarem citações diretas.
- Respeitarem a ordem em que os sentidos são apresentados.

Finalmente, esse tipo de resumo:

- Não apresenta juízo valorativo ou crítico (interpretações, comentários, avaliações pertencem a outro gênero discursivo, a resenha).
- Deve ser compreensível por si mesmo e estimular a consulta ao original.

Para o pesquisador, o resumo é um instrumento de trabalho de grande utilidade. Por meio dele, pode tomar a decisão de utilizar determinado texto ou não em sua pesquisa.

Os procedimentos para realizar um resumo incluem, em primeiro lugar, descobrir o plano da obra a ser resumida. Em segundo lugar, seu redator responde a duas perguntas: o que o autor pretende demonstrar? De que trata o texto? Em terceiro lugar, ele se atém aos sentidos principais do texto e sua articulação. Muito importante nessa fase é distinguir as diferentes partes do texto. A fase seguinte é a de identificação de palavras-chave. Finalmente, passa-se à redação do resumo.

Como dissemos, a NBR 6028:2003, da ABNT, classifica os resumos em crítico, indicativo, informativo.

O **resumo indicativo** assinala apenas os pontos principais de um documento ou texto; não apresenta dados qualitativos e quantitativos nem dispensa a leitura do original. É conhecido também como **resumo descritivo**. Refere-se às partes mais importantes do texto. Exemplos:

> CEREJA, William Roberto; CLETO, Ciley. *Superdicas*: para ler e interpretar textos no ENEM. 2. ed. São Paulo: Benvirá, 2017. 175 p.
>
> Texto ocupa-se de dar resposta às seguintes questões: Como entender corretamente o que uma questão do Enem pede? Que habilidades são necessárias para se sair bem nas provas? O que fazer para identificar as informações relevantes em um texto? Trata de elaboração e avaliação de argumentos, observação e análise, realização de inferências, interpretação, leitura de textos visuais (gráficos, tabelas, fotos).
>
> ROCCO, Maria Thereza Fraga. *Crise na linguagem*: a redação no vestibular. São Paulo: Mestre Jou, 1981. 184 p.
>
> Estudo realizado sobre redações de vestibulandos da Fuvest. Examina os textos com base nas novas tendências dos estudos da linguagem, que buscam erigir uma gramática do texto, uma teoria do texto. São objeto de seu estudo a coesão, o clichê, a frase feita, o "não texto" e o discurso indefinido. Parte de conjecturas e indagações, apresenta os critérios para a análise, informações sobre o candidato, o texto e farta exemplificação.

O **resumo informativo** é também conhecido como **resumo analítico**. Ele salienta objeto e objetivo do texto, métodos e técnicas empregados, resultados e conclusões. A finalidade desse tipo de resumo é fornecer informações para que o pesquisador possa tomar a

Cap. 7 • Redação de resumos   157

decisão de consultar ou não o texto original. Nesse tipo de resumo, evitam-se comentários pessoais e juízos de valor. Exemplo:

> ROCCO, Maria Thereza Fraga. *Crise na linguagem*: a redação no vestibular. São Paulo: Mestre Jou, 1981. 284 p.

> Examina 1.500 redações de candidatos a vestibulares (1978), obtidas da Fuvest. O livro resultou de uma tese de doutoramento apresentada à USP em maio de 1981. Objetiva caracterizar a linguagem escrita dos vestibulandos e a existência de uma crise na linguagem escrita, particularmente desses indivíduos. Escolheu redações de vestibulandos pela oportunidade de obtenção de um *corpus* homogêneo. Sua hipótese inicial é a da existência de uma possível crise na linguagem e, através do estudo, estabelecer relações entre os textos e o nível de estruturação mental de seus produtores. Entre os problemas, ressaltam-se a carência de nexos, de continuidade e quantidade de informações, ausência de originalidade. Também foram objeto de análise condições externas como família, escola, cultura, fatores sociais e econômicos. Um dos critérios utilizados para a análise é a utilização do conceito de coesão. A autora preocupa-se ainda com a progressão discursiva, com o discurso tautológico, as contradições lógicas evidentes, o *nonsense*, os clichês, as frases feitas. Chegou à conclusão de que 34,8% dos vestibulandos demonstram incapacidade de domínio dos termos relacionais; 16,9% apresentam problemas de contradições lógicas evidentes. A redundância ocorreu em 15,2% dos textos. O uso excessivo de clichês e frases feitas aparece em 69,0% dos textos. Somente em 40 textos verificou-se a presença de linguagem criativa. Às vezes o discurso estrutura-se com frases bombásticas, pretensamente de efeito. Recomenda a autora que uma das formas de combater a crise estaria em se ensinar a refazer o discurso falho e a buscar a originalidade, valorizando o devaneio.

Segundo a NBR 6028:2003, da ABNT, deve-se evitar o uso de parágrafos no meio do resumo. Portanto, o resumo é constituído de um só parágrafo.

O **resumo crítico**, também denominado **resenha**, é redigido por especialistas e compreende análise crítica de um texto. É objeto do Capítulo 7 deste livro. Exemplo:

> Faoro, Raymundo. *Machado de Assis*: a pirâmide e o trapézio. São Paulo: Nacional, 1974. 505 p.

> Estudo sociológico da obra de Machado de Assis, segundo reconstrução histórica do Segundo Reinado e inícios da República feita pelo autor. Retomando princípios da sociologia de Max Weber, Raymundo Faoro realiza minuciosa pesquisa, em que procura definir o lugar de Machado de Assis em relação ao discurso historiográfico e às ideologias e políticas predominantes à época do grande romancista.

> A tese central sobre Machado de Assis é a de que ele pertencia à elite da sociedade tradicional do Segundo Reinado, a qual, sem perspectiva histórica frente à inevitável sociedade de classes se exprimiria em termos de um *sebastianismo* fundado em uma concepção negativa dos valores da nova ordem social. Ao lado de Machado de Assis, representariam a corrente *sebastianista*, cada um a seu modo, o Visconde de Taunay e Joaquim Nabuco. [...]

> *Machado de Assis: a pirâmide e o trapézio* é um livro para especialistas, machadólogos e estudiosos da história e cultura brasileiras. Para principiantes ou curiosos, o estilo híbrido do autor, entre uma linguagem da sociologia weberiana e de uma ensaística literária, pode

exigir duro exercício de leitura e compreensão. Mas o levantamento sistemático que o autor faz da ficção de Machado da Assis, retalhando-a nos vários ângulos da sociologia, torna o livro, em sua faixa ideológica, bastante representativo da força e presença do romancista fluminense na história da intelectualidade brasileira. (CURVELLO, Mario. Resenha de *Machado de Assis:* a pirâmide e o trapézio, de Raymundo Faoro. *In*: BOSI, Alfredo *et al*. *Machado de Assis*. São Paulo: Ática, 1982.)

8 APRESENTAÇÃO DO RESUMO ACADÊMICO-CIENTÍFICO

O resumo que se coloca à frente de artigos científicos, dissertações de mestrado, teses de doutorado ressalta o objeto, o objetivo, o problema que se propõe resolver, o método, o quadro teórico que serve de embasamento para a argumentação, os resultados e as conclusões de um texto.

O resumo é precedido da referência do texto, com exceção do resumo que acompanha o próprio texto. Exemplo de referência:

FLORES, Valdir do Nascimento; TEIXEIRA, Marlene. *Introdução à linguística da enunciação*. São Paulo: Contexto, 2005.

Em seguida à referência, apresenta-se o resumo, que não é uma enumeração de tópicos. É recomendado o uso de um único parágrafo.

A primeira frase do resumo deve explicar o assunto do texto (objeto, tema). Em seguida, deve-se especificar a categoria do tratamento: É uma memória? É um estudo de caso? É uma análise da situação? É a tese de uma pesquisa científica? É um ensaio? Exemplo:

O livro *Introdução à linguística da enunciação* apresenta as teorias que são a base da pesquisa linguística. Analisa de modo comparativo o pensamento de autores como Émile Benveniste e Mikhail Bakhtin, entre outros e oferece também um roteiro de leitura das teorias da enunciação que têm ampla circulação no Brasil.

Usa-se a voz ativa:

O livro Introdução à linguística da enunciação **apresenta** as teorias...

Evita-se a voz passiva:

No livro Introdução à linguística da enunciação, são apresentadas as teorias...

Também se evita o uso de primeira pessoa:

Pude verificar pela minha leitura que *Introdução à linguística da enunciação* apresenta as teorias...

Usa-se a terceira pessoa:

O livro Introdução à linguística da enunciação apresenta as teorias...

Cap. 7 • Redação de resumos   159

As palavras-chave do texto são postas logo após o resumo, antecedidas da expressão *Palavras-chave*, que é seguida de dois-pontos. As palavras-chave são separadas por ponto. Exemplo:

Palavras-chave: Linguística. Pesquisa linguística. Polifonia, Dialogismo.

Para verificar a colocação das palavras-chave em um resumo, veja o texto que apresentamos da tese de Carolina Tomasi (número 4 da seção 6 deste capítulo, página 150-151).

Em um resumo, evitam-se:

a) Símbolos ou abreviaturas e abreviações (contrações) de uso não corrente.
b) Fórmulas, equações, diagramas etc., desde que não sejam necessários.

Se seu emprego for imprescindível, devem ser definidos na primeira vez que aparecerem.

Quanto à **extensão**, o resumo deve ter:

- De 150 a 500 palavras nos trabalhos acadêmicos (teses de doutorado e dissertações de mestrado) e relatórios técnico-científicos.
- De 100 a 250 palavras nos artigos científicos de periódicos impressos ou eletrônicos.
- De 50 a 100 palavras quando destinados a indicações breves.

Os resumos críticos, as chamadas resenhas, não estão sujeitos a limite de palavras.

8
Redação de resenhas

> O resenhista produz um texto que necessita, minimamente, estar de acordo com as orientações dadas [pelo editor de um periódico], descrever o objeto, situá-lo no contexto teórico da área do conhecimento e avaliar seu valor e a contribuição que traz para a disciplina, com uma crítica fundamentada (CARVALHO *In*: MEURER, BONINI; MOTTA-ROTH, 2010, p. 141).

1   QUE É RESENHA?

Vimos no Capítulo 6 que a NBR 6028:2003, da Associação Brasileira de Normas Técnicas (ABNT) denomina as resenhas de *resumo crítico* e que ele "é redigido por especialistas com análise crítica de um documento". Esta é uma característica fundamental das resenhas: apresentar uma avaliação crítica de uma obra. Para Andrade (1995, p. 60), resenha é um tipo de trabalho que "exige conhecimento do assunto, para estabelecer comparação com outras obras da mesma área e maturidade intelectual para fazer avaliação e emitir juízo de valor". Pouco adiante, define resenha como "tipo de resumo crítico, contudo mais abrangente: permite comentários e opiniões, inclui julgamentos de valor, comparações com outras obras da mesma área e avaliação da relevância da obra com relação às outras do mesmo gênero" (p. 61). Por isso, afirma ser a resenha tarefa de professores e especialistas no assunto da obra e que ela costuma ser pedida em cursos de pós-graduação, como exercício para a realização de trabalhos complexos (monografias).

162 **Redação científica** • *Medeiros*

Araújo (*In*: BIASI-RODRIGUES; ARAÚJO; SOUSA, 2009, p. 78) define resenhas críticas acadêmicas como

> Gênero textual que tem como objetivo social descrever e avaliar o conteúdo de um livro recentemente lançado no mercado editorial e direcionado àqueles interessados na contribuição da obra para determinado campo disciplinar. A *avaliação* constitui a principal característica desse gênero que culmina com a recomendação ou não do livro apreciado a um leitor por parte do resenhista da obra.

Resenha é, portanto, um relato minucioso das propriedades constitutivas de uma publicação (em geral, livro; nos casos de outros tipos de suporte de produção intelectual e artística, recebe outros nomes, como: *crítica cinematográfica, crítica teatral* etc.), em que aparecem, juntamente a essa parte descritiva, juízos valorativos sobre ela.

Carvalho (*In*: MEURER; BONINI; MOTTA-ROTH, 2010, p. 137) entende que

> as resenhas de livros cumprem pelo menos dois papéis: podem ser lidas como o conjunto das reações à publicação de um livro em determinada época, servindo como registro importante para vários pesquisadores; podem também ser utilizadas como guias de leitura e aquisição de publicações. Configuram-se, em geral, como textos não muito longos, avaliando e descrevendo um livro recentemente publicado ou traduzido; são elaboradas por especialista de certa área do conhecimento e direcionadas a leitores especialistas.

A autora salienta ainda que, como o estudioso para se manter-se atualizado na sua área de pesquisa, precisa dar conta de uma enorme carga de leitura (algumas em outras línguas que não o português), "por falta de tempo e de recursos para a aquisição de todas as publicações dignas de inspeção", ele recorre a resenhas de livros, "na tentativa de selecionar que leituras são realmente fundamentais dentre os lançamentos em sua área de especialização" (p. 138).

Além dos objetivos gerais da resenha (instrumento de pesquisa bibliográfica, atualização bibliográfica, decisão de consultar ou não o texto original), acrescentem-se os de desenvolvimento da capacidade de síntese, interpretação e crítica. Ela contribui para desenvolver a mentalidade científica e levar o iniciante à pesquisa e à elaboração de trabalhos monográficos.

Carvalho, em sua pesquisa sobre o gênero acadêmico *resenha*, examinou dois *corpora*, um em português e outro em inglês, cada um deles composto de 20 resenhas da área de Teoria da Literatura, veiculadas em periódicos acadêmicos brasileiros e americanos. Seu objetivo foi verificar semelhanças e diferenças entre os dois sistemas retóricos. Partiu da seguinte hipótese: "se os usuários de um idioma favorecem certa organização retórica, o fato pode vir a interferir na leitura em outra língua cuja preferência retórica seja diferente (p. 138). Teria então chegado à conclusão de que "leitores e escritores que pertencem a sistemas retóricos distintos têm de negociar seus próprios esquemas diante de um texto". Carvalho ocupou-se, ainda, da identificação dos movimentos retóricos: quais seriam obrigatórios, quais opcionais e sua "possível sequência".

Em sua pesquisa, objetivando compreender o papel que a produção e recepção de resenhas assume da atividade acadêmica, Carvalho interessou-se também pelas "motivações por trás dos textos das resenhas: quem escreve, para quem, com que intuito, a que convenções obedece e quais despreza, o que avalia e como o faz" (p. 139). Aplicou então um questionário a professores brasileiros e americanos de Teoria da Literatura, para "identificar que 'esquema mental' os consumidores do gênero têm acerca do conteúdo e da organização textual das resenhas". Além disso, valeu-se de entrevistas estruturadas com editores de periódicos acadêmicos e resenhistas para levantar as condições de produção e recepção de resenhas. Que profissional dentro da academia escreve resenhas, como são escolhidos os resenhistas, qual seria o *status* das resenhas comparativamente a outros gêneros discursivos acadêmicos, como, por exemplo, artigos científicos.

2   LEITURA NA PRODUÇÃO DE RESENHAS

A leitura em profundidade é um pré-requisito para a redação de resenhas.

Para Severino (2016, p. 53), um dos grandes obstáculos ao estudo e aprendizagem, em ciência e em filosofia, diz respeito à dificuldade "que o estudante encontra na exata compreensão dos textos teóricos". Propõe, então, que os textos sejam abordados, considerando:

- Delimitação da unidade de leitura (no caso de um fragmento de texto; no caso de resenhas, a delimitação já está estabelecida: é o livro selecionado).
- Análise textual.
- Análise temática.
- Análise interpretativa.
- Problematização.
- Síntese pessoal.

O primeiro passo é, portanto, **delimitar a extensão da leitura**, que é realizada considerando-se sua natureza e familiaridade do leitor com o assunto tratado. A leitura de um texto é feita por etapas. Terminada uma etapa, passa-se a outra. Evitem-se intervalos longos entre uma leitura e outra, visto que prejudicam a compreensão do texto.

A **análise textual** compreende:

- Estudo do vocabulário.
- Verificação do quadro de referência teórico.
- Sondagem de fatos apresentados.
- Autoridade dos autores citados.
- Esquematização dos sentidos produzidos.

Nessa fase da leitura, busca-se responder às questões: quem é o autor do texto? Que métodos utilizou? Estudam-se o vocabulário e os conceitos utilizados, bem como assinalam-se as dúvidas. Sem a compreensão dos conceitos, a leitura fica prejudicada. Examinem-se também as referências históricas, a referência a outras doutrinas e a outros autores. Às vezes,

164 **Redação científica** • *Medeiros*

tais fatos aparecem no texto como pressupostos, e então cabe ao leitor analisá-los, buscando esclarecimentos em dicionários, enciclopédias, manuais, livros didáticos.

A análise textual, segundo Severino (2016, p. 59), "pode ser encerrada com a esquematização do texto cuja finalidade é apresentar uma visão de conjunto da unidade". A esquematização proporciona uma visualização global do texto. Um procedimento para sua realização é dividir o texto em introdução, desenvolvimento e conclusão, com as respectivas anotações.

A **análise temática** apreende o conteúdo do texto sem intervir nele. Responde a várias perguntas:

- De que trata o texto? E assim obtém-se o assunto (a referência) do texto.
- Sob que perspectiva o autor tratou do assunto? Quais os limites do texto?
- Qual problema foi focalizado? Como foi o assunto problematizado?
- Como o autor soluciona o problema? Que posição assume? E, assim, toma-se posse da *tese* do autor.
- Como o autor demonstra seu raciocínio? Quais são seus argumentos?
- Há outros assuntos paralelos à ideia central? Que ideias secundárias ajudam a compreender o sentido do texto.

A **análise interpretativa** objetiva apresentar uma posição própria a respeito das ideias do texto. Força-se aqui o autor a dialogar com o leitor. Às vezes, cotejam-se os sentidos produzidos pelo do texto objeto da resenha com outros. Situa-se o autor dentro de sua obra e no contexto da cultura de sua área. Destacam-se as contribuições originais.

Ainda dentro da análise interpretativa, faz-se uma **avaliação crítica**. Orienta-se pelas questões:

- Como o texto se situa no contexto e vida do autor?
- Que pressupostos teórico-filosóficos justificam a postura do autor?
- Há coerência interna na argumentação?
- Os argumentos expostos são consistentes e suficientes?
- Há originalidade no tratamento dos problemas?
- Qual o alcance do sentido produzido?
- Qual a relevância da obra?
- Que contribuições apresenta?
- O autor atingiu os objetivos propostos?
- O texto supera a pura retomada de textos de outros autores?
- Há profundidade na exposição dos fatos?
- A tese foi demonstrada com eficácia?
- A conclusão está apoiada em fatos?

A **problematização** é a penúltima etapa desse tipo de leitura. Engloba: que questões explícitas ou implícitas o texto levanta? Que problemas relevantes o texto propõe? Para

Severino (2016, p. 65), "o que se pede é o desvelamento da situação de conflito que provocou o autor para a busca de uma solução".

Feita a reflexão sobre o texto, possibilitada pelas fases anteriores de leitura, passa-se à **síntese**, que é a fase de elaboração de um texto pessoal. Em outros termos, é nessa etapa que se concretiza o amadurecimento intelectual.

3 CARACTERÍSTICAS TIPOLÓGICAS DA RESENHA: DESCRIÇÃO, EXPOSIÇÃO, ARGUMENTAÇÃO

Resenhar significa, para Fiorin e Platão (1990, p. 426), "fazer uma relação das propriedades de um objeto, enumerar cuidadosamente seus aspectos relevantes, descrever as circunstâncias que o envolvem". Consideram que as resenhas são compostas de vários tipos de texto; em alguns lugares dela prevalece a descrição; em outros, a exposição e em outros a argumentação. Na descrição, o objetivo é transmitir ao leitor um conjunto de propriedades do objeto resenhado. As informações bibliográficas da obra (nome do autor, título da obra, local, editora, ano, número de página etc.) constituem um enunciado descritivo. Paralelamente à descrição, a resenha também apresenta *enunciados expositivos*, em que se elucida o desenvolvimento da obra, fazendo referência às suas variadas partes e capítulos. Finalmente, a resenha ainda é composta de *enunciados argumentativos, em que se discorre* sobre o valor da obra, originalidade, contribuições ao desenvolvimento do conhecimento, à ciência, às artes. A avaliação tanto pode ser positiva, como negativa. Tanto em um caso como no outro, esperam-se argumentos consistentes; no caso das avaliações negativas, acrescente-se a necessidade de respeito e urbanidade.

O procedimento do resenhista é seletivo, uma vez que não pode abarcar a totalidade das propriedades de um objeto (texto, espetáculo, exposição). O que apresentar numa resenha depende da finalidade que se tem em vista, ou mesmo dos tipos de leitor que se pretende atingir. Suponhamos duas resenhas sobre um mesmo objeto: o recente lançamento de um livro. Se publicada em um jornal diário, ou uma revista de variedades semanal, e seu objetivo for chamar a atenção para uma noite de autógrafos, ela abordará determinadas características da obra; se produzida para um periódico científico, é possível que o resenhista se detenha em temas que lhe requeiram maior profundidade de análise.

O início de uma resenha dá-se de variadas formas:

- Informa-se ao leitor quem é o autor da obra; nesse caso, colhe essas informações nas orelhas ou na quarta-capa do livro; às vezes, essas informações são obtidas de uma apresentação feita ao livro por terceiros ou em catálogos da editora. Para discorrer sobre um autor, consideram-se: o que faz, onde atua, titulação acadêmica, obras publicadas.

- Apresenta-se brevemente o objeto (tema) do livro, esclarecendo o leitor sobre a área que o assunto cobre, sua importância, em que pé se encontra o desenvolvimento científico ou das pesquisas na área.

166 Redação científica • *Medeiros*

- Conta-se uma passagem da vida do autor, como o conheceu, uma palestra em que o resenhista esteve presente.

- Discorre-se sobre a expectativa da publicação, número de meses ou anos em que o autor não publicava; última publicação, relevância de suas contribuições para o meio.

- Relacionam-se posicionamentos atuais do autor com antigos; reformulações que ocorreram, transformações, progressos.

Como o leitor pode perceber, a produção de uma resenha implica conhecimentos na área: saber onde pisa, quem são os autores que publicam sobre o assunto, estágio atual da pesquisa. Não se pede a uma pessoa que não conheça crítica literária, por exemplo, para resenhar um ensaio literário sobre Machado de Assis. Em geral, os editores de periódicos acadêmicos escolhem determinados autores para produzirem resenha de um livro relevante para a área da revista. Não obstante isso, é desejável que o aluno de qualquer curso, seja de graduação ou pós-graduação, inicie-se na prática da resenha para, paulatinamente, adquirir habilidade na produção de resenhas na área de sua especialidade. Entre as competências que desenvolverá, estão: domínio da estrutura da resenha; *saber que resenha não é resumo de uma obra*, nem transcrição de trechos; saber que o resumo é apenas uma parte de uma resenha; ter habilidade para argumentar, para elogiar quando couber o elogio e criticar, se necessário, segundo regras de cortesia; ter bom senso para ficar equidistante dos posicionamentos rígidos, das mesquinharias que aviltam o trabalho alheio. Um exemplo: com frequência, encontram-se em jornais e revistas resenhas que comentam sobre deslizes de traduções. Muitas vezes, são minúcias tão insignificantes ou um número tão pequeno de problemas que se nota ausência de equilíbrio na crítica. Nas resenhas, a crítica fica restrita à obra; jamais ao próprio autor dela. Vejamos um primeiro exemplo:

> *Discurso e texto: formulação e circulação dos sentidos* (218 páginas), de Eni Puccinelli Orlandi, publicado (2001) pela Editora Pontes de Campinas, é uma obra composta de 13 capítulos. Entre eles, ressaltam-se: Análise de discurso e interpretação; A escrita da análise de discurso; Os efeitos de leitura na relação discurso/texto; O estatuto do texto na história da reflexão sobre a linguagem; Do sujeito na história e no simbólico; Ponto final: interdiscurso, incompletude, textualização; Boatos e silêncios: os trajetos dos sentidos, os percursos do dizer; Divulgação científica e efeito leitor: uma política social urbana; A textualização política do discurso sobre a terra.

> A obra de Eni Puccinelli tem como objeto o discurso e seu funcionamento, área da qual jamais se afastou, como se pode verificar pelas dezenas de textos que publicou. Procura, na obra atual, dar resposta às questões, como: O que é texto? Como se textualiza um discurso político, um discurso jurídico, um discurso científico? Como os boatos funcionam no espaço social e político? Ocupa-se a autora das diferentes maneiras pelas quais os sentidos são constituídos, são formulados e circulam. Essas maneiras de constituição dos sentidos são decisivas para a relação do homem com a sociedade, a natureza e a história. O texto é o momento fundamental da significação em que o sujeito, ao dizer de um modo e não de outro, define a maneira como o sentido faz sentido não apenas para ele mesmo, como também para os outros, para a sociedade em que vive.

Cap. 8 • Redação de resenhas   167

A autora adota a perspectiva da Análise de Discurso de linha francesa, como o leitor pode verificar pela bibliografia utilizada, pelos posicionamentos e pelos conceitos de que se vale para explicar o discurso. A análise de discurso concebe a linguagem como mediação necessária entre o homem e a realidade natural e social. E é essa mediação, que é o discurso, que torna possível a permanência e a continuidade, o deslocamento e a transformação do homem e da realidade em que vive. Entre outros, o leitor vai deparar com autores citados como Courtine, Ducrot, Maingueneau, Pêcheux. Considera a autora, antes de tudo, a Análise de Discurso uma disciplina da interpretação. Trabalha não só a textualização do político, mas também a política da língua que se materializa no corpo do texto, ou seja, na formulação, por gestos de interpretação que tomam forma na textualização do discurso. Interessa-se pela determinação histórica dos processos de significação, pelos processos de subjetivação, pelos processos de identificação e de individualização dos sujeitos e de constituição de sentidos, assim como por sua formulação e circulação.

Como já afirmamos, não há apenas uma forma de redigir resenhas: na resenha vista, prevalecem elementos descritivos, informações sobre a autora, área em que atua, quadro de referência que utiliza. Na resenha seguinte, além dos elementos descritivos, o resenhista chama a atenção para os conceitos de língua, sujeito e texto, que considerou relevantes para a área de estudos de textos:

Ingedore G. Villaça Koch oferece a seu público leitor mais uma obra que trata de texto e linguagem: *Desvendando os segredos do texto*, de 168 páginas, publicado em 2002 pela Editora Cortez, de São Paulo. A obra é composta de duas partes e 11 capítulos, assim distribuídos: Concepções de língua, sujeito, texto e sentido; Texto e contexto; Aspectos sociocognitivos do processamento textual; Os segredos do discurso; Texto e hipertexto; A referenciação; A progressão referencial; A anáfora indireta; A concordância associativa; A progressão textual; Os articuladores textuais. Finalmente, em epílogo, apresenta "Linguística textual: *quo vadis?*"

Em *Desvendando os segredos do texto*, Koch baseia-se em pesquisas recentes que desenvolve no Instituto de Estudos da Linguagem da Unicamp. O objeto da obra é a reflexão sobre a construção textual dos sentidos. Ela que sempre se ocupou da Linguística Textual, examina, neste livro, as atividades de referenciação, as estratégias de progressão textual, os processos inferenciais envolvidos no processamento dos diferentes tipos de anáfora, os recursos de progressão e manutenção temática, de progressão e continuidade tópica e o funcionamento dos articuladores textuais. Assim, ocupa-se da articulação entre os dois grandes movimentos cognitivo-discursivos de retroação e avanço contínuos que orientam a construção da trama textual. Ressaltam-se ainda os conceitos de língua, sujeito e texto expostos logo ao início da obra: língua é lugar de interação e o sujeito é uma entidade psicossocial, cujo caráter ativo lhe permite participar da situação em que se acha engajado. Língua não é código. O texto não é um produto acabado a que o leitor, de posse do código da língua, tem acesso. O sentido de um texto é construído na interação de texto-leitor e, nesse caso, o leitor passa a ser visto como um coenunciador.

Uma resenha nem sempre se ocupa de todos os elementos que pertencem teoricamente à sua estrutura. Algumas se ocupam mais detidamente da metodologia utilizada; outras discorrem sobre o autor, o progresso, a reformulação e transformação de seus posicionamentos;

168   **Redação científica** • *Medeiros*

outras atêm-se à qualidade ou deslizes da tradução etc. O que é fundamental é indicar o autor, o título da obra, a editora, o ano da publicação, os capítulos que compõem o livro (informar o título de cada capítulo) e um resumo do texto que informe o objeto da obra e o objetivo, bem como uma avaliação crítica da obra.

Um leitor interessado em adquirir ou ampliar habilidade prática na produção de resenhas pode intensificar sua leitura desse gênero discursivo, localizando-as em periódicos impressos ou eletrônicos. *Apenas para citar um exemplo: Teresa: Revista de Literatura Brasileira,* do Departamento de Letras Clássicas e Vernáculas, Faculdade de Filosofia, Letras e Ciências Humanas, Universidade de São Paulo (publicada pela Editora 34), traz ao final um conjunto de resenhas – veja, por exemplo, o n. 1, 2000).[1] Ao final do livro *Machado de Assis: antologia e estudos*, publicado pela Ática (1982), organizado por Afredo Bosi, José Carlos Garbuglio, Mario Curvello, Vantim Facioli, há um conjunto de resenhas de obras de ensaístas de Machado de Assis. O resenhista iniciante também pode exercitar-se na leitura e prática de outros tipos de resenhas, como de exposição de obras de arte, CD, peça teatral, espetáculos de dança. Todos esses tipos de resenhas são encontrados com frequência em jornais e revistas, alguns com menos qualidade que outros, mas muitos com excelente desempenho e escritos por renomados professores de várias universidades.

Na resenha, como já foi exposto, além dos elementos descritivos e expositivos, há elementos argumentativos, a defesa de um ponto de vista, a apresentação de crítica apoiada em análise profunda e minuciosa. Tome-se, por exemplo, a resenha de um CD de Cássia Eller, publicada na *Veja*, de 4 de dezembro de 2002. As apreciações ou juízos avaliativos são os seguintes:

> Quando morreu, em dezembro de 2001, Cássia Eller estava empenhada em realizar uma metamorfose artística. Cansada do rótulo de roqueira barulhenta, ela queria consolidar a imagem de excelente intérprete, o que de fato era.

Já a primeira afirmação que abre a resenha revela um resenhista (Sérgio Martins) conhecedor da cantora e de sua obra. Na segunda, o leitor toma conhecimento de que a cantora não gostava do rótulo de "roqueira barulhenta" e de que "ela queria consolidar a imagem de excelente intérprete, o que de fato era". Esta última frase revela uma avaliação do resenhista, um juízo de valor. Para consolidar a imagem de excelente intérprete, lançaria em 2002 um disco com canções inéditas de Chico Buarque, Djavan, Lenine. E faz em seguida nova avaliação:

> O CD póstumo 10 de Dezembro (o título é a data de aniversário da cantora), que chega às lojas na semana que vem, é fiel ao desejo de Cássia.

Nova avaliação aparece quando afirma que o CD traz 11 faixas registradas pela artista em diferentes fases, durante *shows* ou gravações informais:

> Transformar essas gravações precárias em material audível não foi tarefa das mais fáceis. A versão de *All Star*, em que uma orquestra acompanha Cássia, é desde logo candidata a *hit*."

E mais à frente:

---

1   Há outras fontes a serem consultadas, principalmente periódicos científicos, impressos e eletrônicos, a que o leitor, segundo sua área de estudos, pode ter acesso.

Cap. 8 • Redação de resenhas   169

Conseguiram bons resultados em várias faixas.

O conhecimento do resenhista da obra e da cantora aparece em outra parte do texto:

> Podem-se destacar ainda *Get Back* e *Julia*, duas *covers* dos Beatles – um grupo adorado por Cássia, que tinha um caderno apenas para anotar as letras de suas músicas.

Esses pormenores da vida de um autor, cantor, pintor, dançarino, diretor de um filme dão credibilidade ao resenhista; mostram que se trata de alguém que dispõe de conhecimentos para discorrer sobre a obra de um artista ou autor. Em outra passagem da resenha, afirma que o filho de Cássia Eller e Maria Eugênia Martins, companheira de Cássia durante 14 anos, "não tiveram coragem de ouvir as músicas do novo disco". E avalia:

> De certa forma, continuam em luto. Para suportar a perda de Cássia e reestruturar-se como família, estão frequentando uma terapeuta.[2]

Tome-se agora a resenha de Marilia Pacheco Fiorillo, publicada na *Veja*, de 6 de novembro de 2002. Ela aborda *Homem duplicado*, obra de José Saramago. Afirma, avaliando:

> Saramago conta que imaginou o livro a partir do título. Naturalíssimo, pois o título por si só é quase um gênero literário, aquele que trata do duplo, do "doppelgänger", do gêmeo maléfico.

Em seguida, faz referência a outro duplo da literatura, criado por Robert Louis Stevenson: Dr. Jekyll que se transformava em Mr. Hyde. E afirma:

> Em geral fábulas morais, histórias de duplos costumam pôr em ação o bem contra o mal. Mas não é o que acontece em Saramago.

Toda a resenha é permeada de afirmações avaliativas, como em:

> Já o autor português, com seu estilo digressivo, de cadência melancólica e regular como a de um fado, afasta o clima de pesadelo. Nada daquela estranheza, penumbra e sussurros que nos trazem Hyde – ou o William Wilson de Edgar Allan Poe, ou o Frankenstein de Mary Shelley. Talvez porque estes, apesar de funestos, possuam um certo humor. Tertuliano e Claro são sisudos demais para ser sinistros. São, provavelmente, o primeiro caso de duplo fantasmagórico em que tudo se passa de maneira um bocado natural.

Na resenha, o leitor espera um posicionamento do resenhista; em geral, não é fria e distante, temerosa de comprometimento, sob pena de tornar-se um texto indigesto, desinteressante. Os juízos avaliativos apoiam-se em fatos, em provas, em argumentos consistentes. Afirmações genéricas pouco acrescentam, ou revelam desinteresse em aprofundamento da análise. Os juízos avaliativos são claros, para que o leitor possa concluir sobre a validade da aquisição ou leitura da obra.

---

2   Resenhas produzidas por jornalistas contam com o apoio em textos informativos (*press releases*) que editores, gravadoras, produtores de espetáculos enviam aos jornais. São textos semiprontos que chegam às mãos do jornalista e que, em geral, apresentam informações que podem ter sido elaboradas pelos próprios autores ou tradutores. Daí os pormenores que deixam o leitor curioso sobre como o resenhista teria chegado a determinadas informações.

4 CARACTERÍSTICAS ESTRUTURAIS DA RESENHA

Marconi e Lakatos (2017a, p. 291), depois de afirmarem que a finalidade da resenha é informar o leitor, de maneira "objetiva e cortês", sobre o assunto tratado em uma obra, "evidenciando a contribuição do autor em relação a novas abordagens, novos conhecimentos, novas teorias", anotam que ao resenhista cabe apontar falhas encontradas, bem como tecer elogios aos méritos da obra. Seriam requisitos básicos para a elaboração de uma resenha: ter conhecimento completo da obra, competência sobre a matéria, capacidade de constituir juízo crítico independente, correção, urbanidade e fidelidade ao texto do autor. Relativamente, à estrutura da resenha temos:

- Informações sobre a obra (referências bibliográficas):
  - Nome do autor ou autores.
  - Título da obra.
  - Elementos de imprenta (local da edição, editora, data).
  - Número de páginas da obra.
  - Formato: dimensões da obra (14 × 21 cm; 16 × 23 cm; 21 × 29,7 cm etc.).

Exemplo:

> BUNGE, Mario. *Matéria e mente*: uma investigação filosófica. Tradução de Gita Ginsburg. São Paulo: Perspectiva, 2017. 414 p.

- Credenciais do autor:
  - Informações sobre quem é o autor.
  - Formação acadêmica.
  - Livros e artigos científicos publicados.
  - Quando foi realizado o estudo (a pesquisa), por quê, onde.

Como exemplo, apresentamos um fragmento da resenha do romance *O professor*, de Cristovão Tezza: produzida por Sérgio Tavares:

> Tezza é, indubitavelmente, um dos principais escritores brasileiros em atividade, dono de uma prosa forte e engenhosa, em que fica evidente o total domínio sobre a linguagem, capaz, por exemplo, de oscilar a narrativa em primeira e terceira pessoa sem embaralhar a leitura. É notório também uma opção de olhar cada vez mais para si, valendo-se de uma temática que se alimenta da própria biografia, cujo ápice está no multipremiado O filho eterno (TAVARES, Sérgio. Aula enfadonha. Disponível em: https://www.revistaamalgama.com.br/05/2014/o-professor-cristovao-tezza/. Acesso em: 24 fev. 2018).

- Resumo da obra:
  - De que trata o texto?
  - Qual sua característica principal?
  - Exige algum conhecimento prévio para entendê-la?
  - Descrição do conteúdo dos capítulos ou partes da obra.

Como exemplo, apresentamos a seguir fragmentos de uma resenha do livro *Metodologias de pesquisa em psicologia social crítica,* de Lima, A. F. & Lara, N. (org.), publicado pela Sulina, Porto Alegre, em 2014:

REFLEXÕES SOBRE AS METODOLOGIAS EM PSICOLOGIA SOCIAL CRÍTICA

A obra é composta por uma compilação de oito capítulos produzidos por vários autores, tanto brasileiros como estrangeiros, que tem bases epistemológicas distintas que compõem a pluralidade da Psicologia Social. [...]

O primeiro capítulo é de autoria de um dos organizadores do volume, Aluísio Ferreira de Lima, intitulado "História oral e narrativas de história de vida: a vida dos outros como material de pesquisa". O autor inicia seu texto enfatizando que o compromisso que o leva a escrever sobre o uso de narrativas, histórias de vida e história oral se refere ao fato de perceber que esta perspectiva metodológica tem grande potencial de transformar a produção de conhecimento, bem como devido à escassez de textos sobre estas formas de pesquisa dentro da Psicologia Social. [...]

O segundo capítulo, "Contribuições psicanalíticas para a compreensão das operações discursivas ideológicas", de autoria de Nadir Lara Junior e Luciane Jardim, visa analisar a relação entre discurso e lugares ideológicos, termo usado pelos autores para designar o laço social marcado hegemonicamente pelas operações discursivas do capitalismo. [...]

O terceiro capítulo, intitulado "Análise do discurso: dimensões da crítica em Psicologia Social", de autoria do psicólogo social britânico Ian Parker, enfoca oito diferentes abordagens de análise do discurso em Psicologia Social Crítica. [...]

O oitavo capítulo tem por título "Do método lacaniano crítico-teórico às reconfigurações prático-políticas em discursos concretos: questionamento da ideologia, compromisso do pesquisador e subversão do sujeito", de autoria de David Pavón- Cuellár, busca introduzir o leitor ao que o autor denomina como "Análise Lacaniana do Discurso" (ALD). [...] (FURLAN, Vinicius; HOLANDA, Renata; Bessa; CASTRO, Emanuel Messias Aguiar. Reflexões sobre as metodologias em psicologia social crítica. *Psicologia e Sociedade,* Belo Horizonte, v. 27, n. 3, p. 712-716. Disponível em: http://www.scielo.br/pdf/psoc/v27n3/1807-0310-psoc-27-03-00712.pdf. Acesso em: 26 fev. 2018).

- Conclusões do autor da obra:
  - Teses que o autor da obra defende.
  - Resultados a que chegou.
  - Conclusões.

Para ilustrar esse elemento da estrutura de uma resenha, selecionamos um fragmento da resenha de Caroline Barros Amaral e Erico Bruno Viana Campos sobre uma obra de J. Birman, *O sujeito na contemporaneidade.* Rio de Janeiro: Civilização Brasileira, 2014:

Em seu livro *O sujeito na contemporaneidade,* o autor Joel Birman (2014) prossegue com os pensamentos acerca do sujeito contemporâneo expostos no livro *Mal-estar na atualidade* (2007). [...]

A depressão é apresentada pelo autor como a modalidade de despossessão mais presente na atualidade, que se manifesta como experiência-limite da categoria intensidade, transformando-se em um dos maiores e mais temidos males. A depressão que hoje se apresenta diferencia-se significativamente da melancolia descrita por Freud (1917/1998) em Luto e melancolia, cuja culpa e a autoacusação apresentavam-se como principais sintomas. A experiência depressiva vivida na atualidade não tem a culpa como o cerne de seu discurso, mas o vazio, o "signo por excelência da depressão na contemporaneidade" (Birman, 2014). Os depressivos padecem de falta de sentido, de vontade de viver ou se expressar, queixando-se de um eterno vazio que não pode ser preenchido. A potência de ser se esvaiu, assim como a capacidade de ligar-se a objetos. Nada, nem os outros, nem o mundo, lhe interessam. A depressão é como uma vida negativa, sem história, tomada pelo vazio: "como potência em negativo da espacialidade, o vazio é ainda o espaço contraído e condensado num ponto evanescente, que provoca a vertigem e lança o sujeito inapelavelmente nas bordas da sensação de abismo" (Birman, 2014, p. 116). (AMARAL, Caroline Barros; CAMPOS, Erico Bruno Viana. Resenha. *Gerais: Revista Interinstitucional de Psicologia*, Bauru, v. 9, n. 2, p. 324-330, jul./dez. 2016. Disponível em: http://www.fafich.ufmg.br/gerais/index.php/gerais/article/view/648/428. Acesso em: 26 fev. 2018).

- **■ Quadro de referência do autor:**
  - Indica-se a corrente a que se filia o autor: positivismo, fenomenologia, materialismo histórico, funcionalismo, estruturalismo etc.
  - Teoria que dá embasamento ao autor.
  - Principais autores em que se apoia.

Exemplo:

André Lara Resende, um dos pais do Plano Real e expoente do pensamento liberal brasileiro, se propôs a tarefa ambiciosa de discutir a ortodoxia monetária. Há um certo sentido de urgência nesse debate: após a hecatombe financeira de 2008, os bons modos monetaristas foram mandados às favas, e essa discussão precisava ser feita também no Brasil.

O livro *Juros, moeda e ortodoxia* compõem-se de três momentos distintos. Na primeira parte, Lara Resende resgata a controvérsia entre o empresário desenvolvimentista Roberto Simonsen e o economista liberal Eugênio Gudin, que travaram um rico debate de propostas para o país nos idos de 1944, no final da Segunda Guerra Mundial. O confronto desses dois pensadores mostra como as discussões econômicas nessas bandas possuem sempre a mesma "forma": ao rever a disputa entre Gudin e Simonsen, quase temos a sensação de que ocorreu no jornal do último domingo, com um economista liberal propondo reformas e outro, mais ortodoxo, rechaçando a ideia. Um eterno retorno.

Num segundo momento, André Lara mira os dois pilares centrais da ortodoxia econômica: a Teoria Quantitativa da Moeda (que assegura que a moeda pode ser manipulada como uma variável exógena, ou seja, sob controle de um Banco Central) e a Hipótese do Equilíbrio Geral (que garante a estabilidade do sistema econômico como um todo). [...]

André Lara envereda também pelas discussões sobre a natureza da moeda. E aqui chegamos ao autor que paira silencioso ao longo de todo o livro, como que conduzindo a sua crítica: o economista sueco Knut Wicksell.

Recorrendo ao contundente Wicksell, ele reconstrói a teoria monetária a partir da premissa de que a moeda é endógena à economia – contrariando a teoria padrão: "Os preços absolutos – os preços nominais – são uma questão de pura convenção". Não há nada mais endógeno que algo que é a percepção de um conjunto sobe si mesmo (uma convenção), e assim André resgata o caráter profundamente liberal da teoria econômica: a economia é o que é, e não adiante força-la, de maneira exógena, para nenhuma direção (PERFEITO, André. A moeda posta em questão. *Quatro cinco um: a revista dos livros,* São Paulo, ano 1, n. 5, set. 2017, p. 19).

- ■ **Apreciação (crítica do resenhista):**
  - Exposição de juízos avaliativos sobre a obra resenhada.
  - Como se situa o autor em relação às correntes científicas, filosóficas, culturais.
  - Qual a contribuição da obra? As ideias são originais?
  - Mérito da obra, estilo, forma (sistematização e organização do conteúdo).

Além desses pontos, a própria obra proporciona outros elementos que podem ser objeto de avaliação, como é o caso do fragmento da resenha de *Mutações da literatura no século XXI* (livro de Leyla Perrone-Moisés, publicado em 2016 pela Companhia das Letras), redigida por Fernanda A. do Nascimento Alves:

Herança, genealogia, linhagem, filiação são palavras-chave para compreender a abordagem de *Mutações da literatura no século XXI.* [...] A literatura de ficção da modernidade tardia é assombrada pelo espectro da alta modernidade. Qualificada de "pós-moderna", ela carrega esse "pós" como um fardo do qual deseja se livrar, mas que a condiciona de maneira persistente" (p. 149). Assim, a alta literatura ainda é a medida, a régua para estabelecer as novas linhagens do contemporâneo: "O que é contemporâneo é o modo de ler as obras do passado, e a persistente atualidade das obras antigas é uma medida de seu valor" (p. 254).

O que se retrata em todos os capítulos é o poder iluminador da literatura, sua força e sua potência libertadora – ideias ainda fortemente ligadas à alta modernidade, à qual Perrone--Moisés se filia. É inegável que a autora aborda as diversas mutações pelas quais passou a literatura de nossos tempos atuais, mas o faz a partir de um recorte específico, sem se desligar de sua herança, da tradição literária em que se forjou como crítica. E, em função desse recorte, nas margens, ainda fora de foco, ficam outras produções que não se enquadrariam nos critérios elencados na apresentação da obra; obliteram-se fatores como a busca por representatividade por parte de grupos como os *gays,* feministas, os multiculturalistas, que, segundo a autora, teriam ganhado espaço nas universidades em função dos estudos culturais e por constituírem novos nichos de mercado (ALVES, Fernanda A. do Nascimento. Resenha de PERRONE-MOISÉS, Leyla. *Mutações da literatura no século XXI.* São Paulo: Companhia das Letras, 2016. *Remate de Males*, Campinas, v. 37, n. 1, jan./jun. 2017, p. 471-475. Disponível em: https://periodicos.sbu.unicamp.br/ojs/index.php/remate/article/view/8648886/16404. Acesso em: 5 abr. 2018).

- ■ Indicações do resenhista:
  - Informações sobre a quem se dirige a obra.

Exemplo:

> Por todo o debate que suscita, André Lara Resende merece uma leitura atenciosa e entusiasmada. Longe de encerrar questões e controvérsias, ele faz uma crítica sincera e corajosa ao *mainstream* econômico e assim resgata e reabilita o liberalismo como força de pensamento original. Afinal, nada menos liberal que a camisa de força da ortodoxia (PERFEITO, André. A moeda posta em questão. *Quatro cinco um: a revista dos livros*, São Paulo, ano 1, n. 5, set. 2017, p. 19).

5 PADRÃO DE ORGANIZAÇÃO RETÓRICA

Relativamente ao padrão de organização retórica e de avaliação, Carvalho (*In*: MEURER; BONINI; MOTTA-ROTH, 2010, p. 143) verificou a autora a existência de dois padrões. Embora tenha constatado três movimentos[3] tanto no *corpus* em português, quanto em inglês, verificou que variam as subfunções. Vejamos primeiramente os movimentos retóricos do *corpus* em português:

- 1º Movimento retórico: apresentação e avaliação inicial do livro:
  - Subfunção 1: definição do assunto ou tema do livro.
  - Subfunção 2: Inserção do livro em uma área de estudo.
  - Subfunção 3: explicitação da abordagem utilizada.
  - Subfunção 4: delimitação dos leitores potenciais da publicação.
  - Subfunção 5: fornecimento de informações sobre o autor.
  - Subfunção 6: fornecimento de avaliação inicial.
- 2º Movimento retórico: descrição e avaliação das partes do livro:
  - Subfunção 7: descrição da organização geral do livro.
  - Subfunção 8: especificação do assunto de cada parte.
  - Subfunção 9: avaliação das partes específicas do livro.
- 3º Movimento retórico: recomendação final sobre o livro:
- Subfunção 10: recomendação do livro.
- Subfunção 11: recomendação do livro com restrições.

Agora, os movimentos retóricos do padrão do *corpus* em inglês:

- 1º Movimento retórico: apresentação e avaliação inicial do livo:
  - Subfunção 1: definição do assunto ou tema do livro.
  - Subfunção 2: explicitação da abordagem utilizada.
  - Subfunção 3: fornecimento de avaliação inicial.

---

3   Movimento é "o conteúdo encontrado (ou que se deve encontrar) em uma determinada parte de um texto, organizado de uma forma específica, sem menção à sua estrutura linguística propriamente dita. É o tipo de informação julgada pertinente a determinado propósito comunicativo" (GIL; ARANHA, 2017).

Cap. 8 • Redação de resenhas   175

- 2º Movimento retórico: descrição e avaliação de partes do livro:
  - Subfunção 4: descrição e organização geral do livro.
  - Subfunção 5: especificação do assunto de cada parte.
  - Subfunção 6: avaliação de partes específicas do livro.
- 3º Movimento retórico: recomendação final sobre o livro:
  - Subfunção 7: recomendação do livro.
  - Subfunção 8: recomendação do livro com restrições.
  - Subfunção 9: desaconselhamento do livro.

Bezerra (*In*: BIASI-RODRIGUES; ARAÚJO; SOUSA, 2009, p. 114) entende que

> não podemos falar de modelo de análise em termos normativos ou prescritivos. A produção do gênero resenha admite considerável flexibilidade e maleabilidade, confirmando as características atribuídas por Bakhtin aos gêneros textuais em geral. A flexibilidade na construção do gênero se reflete na grande variedade de escolhas que os escritores fazem no que diz respeito à disposição de unidade e subunidades retóricas.

Relativamente à crítica e aos elogios, elemento constante nas resenhas, Carvalho, que analisou um *corpus* em inglês e outro em português, chegou à conclusão de que nas resenhas em inglês há maior incidência de juízos negativos que no *corpus* de resenhas em português: "O resenhista em inglês não só avalia mais frequentemente como também distribui elogios e críticas de modo mais balanceado" (p. 147). E conclui:

> É exatamente na questão do quanto se elogia e se critica que os dois sistemas retóricos mais se diferenciam. Se em português as resenhas tendem a ser quase totalmente positivas e se os textos em inglês, mesmo quando recomendam o livro, tendem a registrar as falhas encontradas, pode-se inferir que aqui está a principal fonte de possíveis incompatibilidades. Usuários de língua inglesa que passem a ler resenhas em português põem chegar à conclusão de que os textos seriam melhor caracterizados como "ação entre amigos", ou algo como o ditado "*you scratch my back and I'll scrath yours*".[4]

Nesse caso, para os leitores ingleses, as resenhas em português deixariam de atender aos propósitos do gênero.

Como já dissemos, não há um padrão único de unidades retóricas seguido pelos resenhistas. O que se observa é relativa flexibilidade nas resenhas que o leitor pode localizar em periódicos científicos, em jornais diários ou revistas semanais de variedades. Todavia, são constantes nesse gênero avaliações distribuídas pelo texto e expressões de manifestação de juízo crítico.

---

4   Em português, usaríamos algo como "pagar com a mesma moeda": se critica um trabalho meu em uma resenha, quando tiver possibilidade, criticarei também sua produção acadêmica.

176 **Redação científica** • *Medeiros*

Quando criteriosamente redigida, a resenha é um valioso instrumento de pesquisa. Se, no entanto, a crítica apresentada é impressionista (gosto/não gosto), ela deixa de ter interesse para o pesquisador. Vejamos agora um texto completo de uma resenha:

Referências bibliográficas	ANDRADE, Mário de. *Querida Henriqueta*: cartas de Mário de Andrade a Henriqueta Lisboa. Rio de Janeiro: José Olympio, 1991. 214 p.
Informações sobre o autor	Já foram publicadas cartas de Mário de Andrade a Manuel Bandeira, a Oneyda Alvarenga (*Mário de Andrade*: um pouco), a Álvaro Lins, a Fernando Sabino (*Cartas a um jovem escritor*), a Carlos Drummond de Andrade (*A lição do amigo*), a Prudente de Morais Neto, a Pedro Nava (*Correspondente contumaz*), a Rodrigo de Melo Franco, e Anita Malfatti. Em todas elas, é possível verificar a surpreendente revelação da personalidade de Mário de Andrade, seus conhecimentos, suas preocupações, sua dedicação à arte, o entusiasmo com que tratava os escritores iniciantes.
Gênero da obra	Em *Querida Henriqueta*, reunião de cartas de Mário à poetisa Henriqueta Lisboa, Mário é tão generoso quanto o fora em *A lição do amigo*, tão competente quanto o fora nas cartas a Manuel Bandeira. A exposição é sempre franca, os temas abordados variados e a profundidade e o valor humano notáveis. Para alguns, as cartas de Mário, em seu conjunto, estão no mesmo nível que suas criações literárias.
	É possível ver nas cartas o interesse de Mário pela motivação dos iniciantes, analisando com dedicação e competência tudo o que lhe chegava às mãos. Há em seu comportamento o sentido quase de missão estética. As recomendações são as mais variadas: ora sugere alterações, ora a supressão, ora o cuidado com o ritmo, ora com as manifestações de conteúdo cultural. Não é o mestre que fala, mas o amigo. Não é o professor, mas o artista experiente, que sabe o que diz e por que o diz, que tem consciência de tudo o que fala, que leva o trabalho artístico muito a sério. As considerações não são, no entanto, apenas de ordem técnica. Mário de Andrade, por sua argúcia crítica, penetra na análise psicológica. Assim, examina os retratos feitos por diversos artistas, como Portinari, Anita Malfatti, Lasar Segall. Segundo ele, Segall teria se fixado em seu lado obscuro, quase oculto, malévolo de sua personalidade.
	A relação angustiada do autor de *Macunaíma* consigo mesmo aparece nas cartas a Henriqueta Lisboa. Da mesma forma, aparecem o problema do remorso e da culpa, o cansaço diante da propaganda pessoal, do prestígio, da notoriedade, da polêmica. Não silencia sequer a análise das relações com a família. Aqui, não é a imagem de Mário revolucionário e exuberante que apresenta. Não. Também não há lamentações: tudo é exposto com extrema lucidez quanto às virtudes e defeitos. Mário abre o coração numa confidência de quem acredita na amiga e nas relações humanas.
Avaliação (Apreciação)	As cartas foram escritas de 1939 a 1945, quando Mário veio a falecer. E são mais do que uma fonte de informação ou depósito de ideias estéticas: são um retrato de seu autor, com suas angústias e expansões de alegria, de emoção e de rigidez comportamental.

Na resenha apresentada, há informações bibliográficas logo no início: nome do autor, título do livro, local da publicação, editora, ano de publicação, número de páginas.

Falta algum elemento da estrutura da resenha? Quais? São importantes? Devem ser ressaltados? Por quê? Informações como número de páginas e tamanho físico do livro são relevantes? Por quê?

Expõe, em seguida, informações sobre várias publicações de Mário de Andrade. Em vez de optar pela biografia do autor, preferiu elencar obras epistolares. Que você acha disso? A referência a outras obras do autor não seria oportuno? Que considerações faria a esse respeito? Ou seria melhor informar sobre sua vida e sobre sua obra de modo geral? No caso presente, somente os leitores de Mário saberiam que é autor de obra ficcional? Um leitor desprevenido saberia onde e quando teria nascido? Essa informação é importante?

A obra caracteriza-se como do gênero epistolar. Não se trata de romance nem de contos, mas de cartas de Mário de Andrade a uma amiga sua. Você sabe algo sobre Henriqueta Lisboa? Seria importante ressaltar quem é ela? Ou essa informação é destituída de valor?

As cartas trazem informações sobre poética, o que Mário entende por poesia. De modo geral, trata de questões estéticas; fala sobre a arte. E, assim, o autor da resenha vai resumindo as cartas de Mário que compõem o livro.

O resumo da obra (digesto) aparece nos demais parágrafos. O autor preferiu comentar a obra em sua totalidade a simplesmente resumi-la, ou, se quiserem, resumi-la, comentando-a. Em vez de uma abordagem estanque dos elementos de uma resenha, preferiu a dinâmica: conforme vai apresentando as ideias, vai tecendo comentários. Que você acha deste método? Você tem uma ideia de que trata o texto, ou simplesmente tem informações insuficientes? Não seria desejável um resumo, com as informações progressivas, conforme aparecem na obra? Com base nas informações, é possível identificar real interesse pela obra? As informações não são excessivamente vagas? Gerais?

A crítica valorativa ou apreciativa do resenhista aparece particularmente no último parágrafo. Como não se trata de obra didática, ele evitou recomendá-la, mas é claro que, diante do exposto, os que se interessam pela obra de Mário, especialmente por sua poética, não podem deixar de lê-la.

Há algum valor em recomendar uma obra? O estudioso, através dessa informação, pode tomar alguma decisão? Você colocaria ou não essa informação numa resenha? Por quê?

Como verificamos, a resenha apresentada é mais crítica que descritiva. Estruturalmente, deixou de lado alguns elementos que seriam desejáveis a um pesquisador. No entanto, como exemplificação, foi feita para esclarecer alguns pormenores, para levar o leitor à reflexão. Seus defeitos podem servir como orientação que predisponha o leitor a uma prática mais consistente.

6   COMENTÁRIOS SOBRE OS ELEMENTOS ESTRUTURAIS DA RESENHA

As resenhas aparecem nos periódicos com os mais diversos nomes. Às vezes, com o título "Resenha", outras vezes com um título constituído pelo seu autor, outras, ainda, com o nome do livro resenhado, como é o caso de um texto já apresentado sobre a publicação do livro de

Metodologia em Psicologia Social Crítica, em que o autor acrescentou a expressão *reflexões críticas* ("REFLEXÕES SOBRE AS METODOLOGIAS EM PSICOLOGIA SOCIAL CRÍTICA"). No caso da resenha de Sérgio Tavares (também já apresentada) sobre um romance de Cristovão Tezza, o autor optou pelo título "Aula enfadonha".

Um cuidado elementar na redação de resenhas diz respeito ao nome do autor. Preferencialmente, são escritos por extenso, observando-se rigorosamente letras dobradas, acentos ou ausência deles, grafia. E qual a relevância de expor o nome do autor por extenso e não abreviadamente? Ora, pode ocorrer que uma abreviatura leve a uma confusão; é possível a existência de mais de um autor com o mesmo nome. Pela NBR 6023:2018, referências bibliográficas iniciam-se pelo último sobrenome do autor, com letras maiúsculas; em seguida, colocam-se o prenome e outros sobrenomes, se houver. Nas resenhas, normalmente, os autores introduzem o título da obra e seu autor no início do primeiro parágrafo e nem sempre fazem referência à editora e ano de publicação. Há delas que apresentam as informações bibliográficas ao final do texto.

O **título da obra** é destacado (*itálico* ou **bold**). A observação dessa convenção facilita o reconhecimento de que se trata de obra e não de nome de pessoa (salienta-se que há obras cujo título é o nome de uma pessoa). Utiliza-se inicial maiúscula apenas para o primeiro nome do título, os demais nomes são grafados com letras minúsculas. Se houver subtítulo, esse é separado do título por dois-pontos. Em geral, ele aparece na capa do livro em caracteres menores que o do título principal e serve para orientar sob a perspectiva do enfoque da obra.

O **local de publicação** proporciona ao leitor informação sobre o acesso a ele. Se o texto for publicado em país distante, o acesso ficará um pouco mais difícil; se publicado numa capital do Brasil, particularmente em São Paulo ou no Rio de Janeiro, poderá ser procurado imediatamente nas livrarias dessas cidades. Se a obra foi publicada numa cidade do interior do Brasil, outros procedimentos deverão ser adotados para sua localização. Hoje, com a difusão do comércio eletrônico, barreiras de acesso às obras ficaram para trás.

A **editora** que publicou a obra é outra informação relevante. Se se tratar de uma casa publicadora conhecida, com distribuição pelo Brasil inteiro, fácil será seu acesso, mas se se tratar de uma publicação com circulação restrita, ou de algum órgão público, o leitor pode imaginar quanta dificuldade terá para entrar em contato com essa obra. Com informações precisas, poderá, no entanto, de uma forma ou de outra, entrar em contato com as informações ali expostas. Não é destituído de interesse para o pesquisador saber a fonte da publicação, porque há edições, sobretudo de traduções ou de livros clássicos, que são mais recomendáveis que outras. É possível que um pesquisador dê preferência, por exemplo, a uma tradução portuguesa a uma brasileira, ou a uma brasileira realizada por renomado tradutor brasileiro. Nesses casos, optará pela edição da Editora X e não pela da Editora Y. Além disso, obras que caíram no domínio público são publicadas por mais de uma editora.

O **ano de publicação** interessa também ao pesquisador. Uma obra do século passado pode oferecer informações limitadas se se tratar de ciência que avançou nos últimos tempos. Por outro lado, há obras que são clássicas. Além disso, uma edição do século passado, se revista pelo autor, poderá ganhar em relevância, por oferecer segurança de informações.

Informação sobre **edição** é igualmente importante. A última edição pode ser a desejável. Em alguns casos, a edição *princeps* é que é a mais procurada e que mais interessa ao pesquisador.

O **número de páginas** é informação que interessa pela razão de que um assunto que exige profundidade de tratamento não pode ser objeto de um opúsculo diminuto. Com a informação precisa sobre o número de página, o pesquisador pode criar uma expectativa positiva ou negativa sobre a obra e decidir procurá-la ou não.

Igualmente, podem-se oferecer ao leitor da resenha **dados descritivos** do tamanho físico do volume (altura e largura, como: 14 × 21 cm; 16 × 23 cm, 21 × 29,7 cm). Há livros em miniatura que ilustram apenas a habilidade do editor. Há coleções de grandes poetas que servem para ornamentação, devido sobretudo ao tamanho reduzido em que foram feitos os livros. Não têm fins didáticos, ou de pesquisa.

Os periódicos costumam ainda apresentar número do International Standard Book Number (ISBN) e preço do volume ou volumes e endereço da editora. É mais uma orientação para o leitor, talvez necessária para sua decisão de adquirir ou não a obra. O ISBN possibilita a informação precisa sobre: obra: autor, título, edição, editora, ano da publicação.

As **credenciais da autoria** indicam a relevância do autor. Quem é ele? Quais são seus títulos? Merece ser lido? Parece haver aqui resquício do argumento de autoridade.[5] Se possível, diga onde ele faz pesquisas, onde leciona, que obras publicou. Tornou-se relevante por algum fato?

O **resumo da obra** deve estampar, particularmente, o que foi objeto de estudo da obra. Qual é seu assunto? De que perspectiva (tema) é tratado o assunto. O resumo é realizado respeitando-se a progressão da exposição do texto. Uma resenha não é feita com base de informações de quarta-capa, de orelha, ou de prefácio. O resumo tem como objeto o próprio texto e não outro resumo. As orelhas e as quartas-capas oferecem informações reduzidas, com linguagem persuasiva; elas têm outras finalidades: seu objetivo é vender o livro. Já o resumo, numa resenha, objetiva informar o leitor sobre o que contém o livro, qual sua estrutura, quantas partes e capítulos tem, qual a profundidade e a extensão dos assuntos abordados etc.

A resenha não é, pois, um resumo. Este é apenas um elemento da estrutura da resenha. Além disso, acrescente-se: enquanto o resumo não admite o juízo valorativo, o comentário, a crítica, a resenha exige esses elementos.

No tópico **conclusões do autor**, informa-se o leitor sobre as conclusões a que o autor chegou. Não se trata das conclusões a que o resenhista chegou, mas das do autor da obra. Daí a necessidade de leitura atenta, marcando-se à margem do texto as conclusões do autor. Às vezes, elas estão distribuídas por todo o texto. Observar, pois, palavras como: *portanto, logo, em consequência* e outras de valor semântico equivalente. Uma leitura atenta detecta o ponto de vista, a tese que o autor defende. Ao resenhista cabe apresentá-la ao seu leitor.

---

5   Para Nerici (1982, p. 20), a verdade pode ser obtida por meio de seis critérios: experiência, necessidade lógica, sentido comum, consenso universal, evidência e, finalmente, pelo critério de autoridade: "O homem, individualmente, não pode verificar todos os detalhes e todos os fatos, por isso mesmo tem de dar crédito a pessoas que se impõem pela sua probidade e responsabilidade social, científica, cultural ou religiosa."

Que **métodos** o autor utilizou? Trata-se de uma pesquisa de campo ou bibliográfica? É pesquisa quantitativa ou qualitativa? Partiu de um caso exemplar? É um estudo monográfico? Um ensaio? Partiu de um princípio geral? Qual o gênero do livro? Um estudo crítico sobre Gregório de Matos, por exemplo, é diferente de uma obra romanceada sobre a vida de Gregório de Matos. Diga ao leitor o tipo de livro objeto da resenha.

O quadro de referência utilizado pelo autor da obra resenhada também é uma informação necessária, ou seja, informa-se ao leitor quais foram os autores que dão sustentação aos argumentos e teses expostos no texto do autor resenhado. Nas resenhas, apresentam-se apenas alguns nomes relevantes, sem se preocupar em ser exaustivo. Entre os autores citados, estarão aqueles que serviram de apoio; se houver algum relevante que foi contestado, também se poderá citá-lo. Não se transcrevem esses nomes de autores das referências bibliográficas da obra. O quadro de referência citado é o que aparece no desenvolvimento da obra.

A **crítica** implica uma avaliação do texto. Resenha sem manifestação crítica revela leitor passivo. A obra esclarece algum ponto obscuro? Há originalidade na exposição? Revela-se apenas uma coleção de fichas, de informações colhidas aqui e ali? Para Carvalho (*In*: MEURER; BONINI; MOTTA-ROTH, 2010, p. 141), o resenhista "procura avaliar o produto mais frequentemente do que a *performance* do produtor do livro e evita expressar opiniões que não estejam embasadas em critérios objetivos". E, pouco adiante, verifica que a avaliação contempla "a contribuição que o estudo traz para a área, as características da composição, a capacidade do autor". As avaliações implicam ainda "recorrer ao conhecimento da área para produzir tanto uma descrição fiel do objeto como uma avaliação calcada nos valores caros à disciplina".

Finalmente, pode-se **indicar a obra ao leitor**, dizendo a quem o texto se dirige especificamente. A recomendação pode ser com restrição ou sem restrição.

9
Gêneros acadêmico-científicos

> Todos nós percebemos, sem muita dificuldade, que nem todos os gêneros possuem valor igual na academia; o que muitos provavelmente não percebem é que os gêneros de prestígio variam de disciplina para disciplina. E não só isso, mas também a forma como esses gêneros são produzidos e como são publicados difere de área para área disciplinar (BEZERRA, 2018, p. 60).

1   GÊNEROS DO DOMÍNIO ACADÊMICO-CIENTÍFICO

Utilizamos a expressão *gêneros acadêmico-científicos* no sentido de gêneros discursivos de produção de conhecimento científico que circulam no meio acadêmico sobretudo. Tais produções são orientadas por convenções do gênero, que, na maioria das vezes, conhecem pequenas variações, ou seja, não são inflexíveis. Todavia, é sempre oportuno ressaltar que "a forma do texto é um critério insuficiente para a definição de gênero" (BEZERRA, 2017, p. 43). Na mesma página, citando Carolyn Miller, afirma:

> Quando dominamos um gênero textual não dominamos uma forma linguística e sim uma forma de realizar linguisticamente objetivos específicos em situações sociais particulares.

No estudo dos gêneros, há os que se valem da expressão *gêneros discursivos* e outros que utilizam *gêneros textuais*. Os estudos marcados como discursivos, que estão, portanto, em linha direta com Bakhtin, entendem serem relevantes: a instância social de uso da

182   Redação científica • *Medeiros*

linguagem, os interlocutores presentes, o lugar e o papel representado por cada um dos interlocutores, a relação de formalidade e informalidade entre eles, as imagens e vozes socialmente situadas que orientam o que pode ser dito e o que deve ser silenciado, a atitude enunciativa do locutor em ao que diz (modalizações), as expectativas e objetivos do locutor, bem como o registro e modalidade linguística e veículo utilizado para a circulação do discurso.

Para Bronckart (2003), outro estudioso do gênero, como os textos são produtos da atividade humana, eles se articulam com os interesses, necessidades e condições de funcionamento das formações sociais no meio em que são produzidos. Daí ser essa abordagem ser vista como sociodiscursiva, pois

> em função dos objetivos, dos interesses e questões específicas às formações sociais (domínios/esferas da atividade humana) os falantes elaboram diferentes gêneros de texto, que apresentam características relativamente estáveis e que constituem modelos indexados para os usuários da língua (VIEIRA; SILVA *In*: APARÍCIO; SILVA, 2014, p. 176).

Bronckart concebe a organização de um texto como um folhado de três camadas superpostas: infraestrutura do texto, mecanismos de textualização e mecanismos enunciativos. A infraestrutura é constituída pelo conteúdo temático e articulação dos tipos de texto (expositivo, argumentativo, narrativo, descritivo, injuntivo. Os mecanismos de textualização respondem pela coerência temática; envolvem usos de articuladores textuais (conectores). Os mecanismos enunciativos respondem pela coerência pragmática do texto e esclarecem sobre os posicionamentos enunciativos, vozes que se manifestam, avaliações, julgamentos, sentimentos sobre o conteúdo enunciado.

Outra corrente nos estudos dos gêneros é a sociorretórica: ela os vê como ação retórica tipificada baseada em uma situação retórica recorrente. Essa forma de ver os gêneros discursivos, defendida por Carolyn Miller e Charles Bazerman, põe em desataque o propósito e o contexto. Todos os textos (falados ou escritos) têm um objetivo a atingir em determinada situação social; esses seriam os elementos principais; a forma textual seria apenas um artefato linguístico. Como os gêneros funcionam como resposta a situações retóricas recorrentes e definidas socialmente, prevalecem, pois, em sua definição critérios pragmáticos como suas características. A compreensão de um gênero socialmente pode nos ajudar a explicar como interpretamos, reagimos e criamos textos (cf. CARVALHO *In*: MEURER; BONINI; MOTTA-ROTH, 2010, p. 133). Carvalho entende ainda que na situação retórica[1] é preciso perceber, além de características do contexto e das demandas situacionais identificadas pelos usuários, "também a motivação dos participantes do discurso, assim como os efeitos por eles pretendidos e/ou percebidos".

Nos estudos dos gêneros é de destacar, ainda, a abordagem de Swales, que reconhece cinco características definidoras dos gêneros: (1) Um gênero constitui uma classe de eventos comunicativos, em que a linguagem verbal tem papel significativo e indispensável.

---

1 Não se trata simplesmente de *situação*, mas de *situação retórica*, visto que ela envolve também os propósitos dos usuários, que são vistos como componentes essenciais da situação.

Esses eventos são estabelecidos por: discurso, participantes, papéis desempenhados pelos participantes na produção e recepção do gênero, aspectos sociais e culturais. (2) Todo gênero tem um propósito comunicativo, um objetivo a atingir. (3) Prototipicidade: textos que apresentam mais traços típicos da categoria são vistos como protótipos. (4) O gênero está diretamente relacionado às convenções estabelecidas pela comunidade discursiva (que é constituída por membros que têm maior conhecimento das convenções do gênero). (5) Nomenclatura: a comunidade discursiva é responsável pela identificação do gênero. É ela que diz que determinado texto identifica-se com o gênero X e são os membros mais experientes que entendem qual é a ação retórica apropriada a cada gênero.

Botelho e Sila (*In*: APARÍCIO; SILVA, 2005, p. 294) entendem que,

> Além da estrutura sociorretórica do gênero, é importante que o discente tenha consciência das relações de poder presentes na sua comunidade discursiva, de quais são os aspectos discursivos do gênero e seus propósitos comunicativos, para que faça sentido para quem o produz e para quem o lerá.

Com base nesses conceitos de gêneros, podemos considerar gêneros acadêmico-científicos: artigo científico, comunicação científica, ensaio, informe científico, resumo, *paper*, resenha, dissertação de mestrado, tese de doutorado, trabalho de conclusão de curso (TCC), seminário, painel, mesa-redonda, resumos. Neste capítulo, tratamos de alguns desses gêneros; outros foram expostos ao longo deste livro, como é o caso do seminário (Capítulo 1), resumo (Capítulo 6), resenha (Capítulo 7).

Gêneros acadêmico-científicos também são conhecidos pela expressão *trabalho científico*, como é o caso, por exemplo, do livro de Severino (2016), cujo título é *Metodologia do trabalho científico*.

Salomon (2014, p 150), discorrendo sobre o atributo científico, observa que nesse adjetivo

> está implícita a classificação dicotômica: *científico* versus *não científico*. Não é fácil sustentar qualquer classificação rígida, muito menos essa. A classificação é estática, faz-se em nível de abstração e com a preocupação de não deslizar para o terreno das reificações: por isso, não consegue abarcar o aspecto dinâmico da realidade. É preciso ficar bem claro que não estou colocando o problema em termos antagônicos: seria uma dicotomia falsa.

E, pouco adiante, define o trabalho científico como "atividade científica, ou seja, a pesquisa e o tratamento por escrito de questões abordadas metodologicamente".

2 ARTIGO CIENTÍFICO

O artigo científico é um gênero discursivo que trata de problemas científicos, embora de extensão relativamente pequena. Apresenta o resultado de estudos e pesquisas. E, em geral, é publicado em periódicos científicos impressos ou eletrônicos. Hoje, os artigos científicos são considerados gênero fundamental no desenvolvimento da ciência. Souza (2018) define artigo científico como um texto em que se relata uma pesquisa, um estudo, uma experiência científica (artigo experimental) ou no qual se desenvolve uma discussão teórica (artigo de revisão). Os especialistas, cientistas, acadêmicos ou estudantes são os produtores desse texto com a finalidade de relatar seus estudos, suas pesquisas ou experimentações e/ou discutir estudos teóricos sobre uma dada realidade ou tema. Tal gênero é marcado por atingir, fundamentalmente, um público mais especializado ou os pares. Igualmente, alcança leitores em formação na academia, posto que circula em periódicos científicos das diversas áreas de conhecimento e em sites acadêmicos, nas versões online.

Bezerra (2017, p. 47 s), ao tratar das inter-relações dos gêneros no mundo real, salienta que fluidez dos gêneros: não são entidades discretas, claramente distintas, mas complexas, dinâmicas, tal como o mundo real. Relativamente às relações entre gêneros, valendo-se de uma metáfora do jogo de tênis, afirma que os

gêneros se relacionam entre si de modo semelhante às trocas de bola entre os jogadores de uma partida de tênis. Assim como as trocas de bola entre os atletas só são válidas dentro das regras do jogo, em paridas efetivas, e cada partida é igualmente regida pelas regras de uma espécie de 'cerimonial' (uma partida em Wimbledon é diferente de uma partida na quadra do clube local), também os gêneros devem ser entendidos como as regras do jogo para as diversas trocas de texto (p. 49).

E, pouco adiante, citando Bawarshi e Reiff, entende que a compreensão de uma troca de textos só é possível quando compreendemos que "eles se relacionam uns com os outros dentro de um cerimonial" e que "os gêneros se definem parcialmente pelas apreensões que condicionam e asseguram em cerimoniais específicos" (p. 49). Exemplifica então o conceito de *apreensão* com uma chamada para a publicação de artigo que comumente aparece em periódicos científicos. Nesse caso, o artigo não nasceria do vazio, mas em resposta a outro gênero, o da chamada para publicação. É com base nessa relação entre gêneros é que se afirma que o gênero é uma ação social.

A seguir, Bezerra (2017, p. 51 s) trata de outros conceitos, como *conjunto de gêneros* (coleção de tipos de texto produzidos por alguém em determinado papel (suponhamos, um professor, na universidade, defende tese de doutorado, escreve artigos científicos, participa de congressos, simpósios, mesa-redondas etc.). Além disso, recepciona os mais variados tipos de gêneros correntes em sua atividade. Também merece a atenção do autor os conceitos de *sistema de gêneros* (que engloba o conjunto de gêneros produzidos individualmente, situados em um sistema de atividades. Suponhamos aqui: o conjunto de gêneros produzidos por professores e alunos faz parte do sistema de gêneros escolares. Esse conceito de sistema de gêneros é compreendido por um conceito ainda mais amplo: o de *gêneros disciplinares*, que dá

conta não só das atividades de um indivíduo em particular ou de todos os indivíduos envolvidos em certa atividade profissional ou acadêmica, mas também das diversas formas discursivas invocadas no conjunto das práticas profissionais em um dado campo disciplinar ou acadêmico (p. 53).

Nesse caso, são comuns em alguns gêneros acadêmicos, similaridade entre os campos disciplinares, como é o caso dos artigos científicos e das resenhas. Variam entre as mais diversas disciplinas, mas "não deixam de partilhar características comuns que permitem a pronta identificação do gênero" (p. 53).

Outra questão revista por Bezerra diz respeito à hierarquia dos gêneros. Exemplificando: os gêneros recebem valorização diferenciada dentro da academia. São comuns então pergunta como: "Em que periódico foi publicado o artigo científico?" "Periódico nacional ou internacional?" "Que editora publicou o livro?" "É um artigo científico ou um artigo de livro?" Também a valorização segundo a disciplina: em uma delas pode ser considerado mais importante participar de eventos internacionais (apresentando trabalhos), por exemplo, do que publicar artigos científicos em periódicos nacionais. Enfim, o prestígio de um gênero varia de disciplina para disciplina. Conclui então Bezerra (2017, p. 54):

> Um primeiro aspecto da inserção/letramento de novos pesquisadores no ambiente acadêmico tem a ver com a familiarização com os gêneros mais prestigiados em e por seu próprio campo disciplinar.

Estruturalmente, são compostos de: objeto da pesquisa, objetivo, problema, justificativa, métodos e técnicas utilizados, teoria de base, quadro de referência, resultados da pesquisa e sua discussão, conclusões.

Os artigos científicos trazem ainda, tal como as dissertações de mestrado e as teses de doutorado, um resumo (*abstract*), que reproduz sinteticamente seus elementos estruturais. Periódicos, de modo geral, estabelecem orientações formais (como o número de páginas, espaçamento, tamanho da fonte etc.) para os pesquisadores que desejam ver seus trabalhos publicados.

Destacamos da classificação de Pereira (2013, p. 11) os seguintes tipos de artigos científicos: artigo original (que se constitui do "relato, em primeira mão, dos resultados de pesquisa"), artigo de comunicação breve (descrição sintética de novas descobertas), artigo de relato de casos (em geral, até dez), artigo de revisão (apresentação das mais recenes pesquisas em determinado tema).

Outra classificação compreende: artigos analíticos, classificatórios, argumentativos. Os analíticos descrevem, classificam e definem o assunto e levam em conta a forma e o objetivo que se têm em vista. Em geral, sua estrutura é a seguinte: definem o assunto, apresentam aspectos relevantes e irrelevantes, partes e relações existentes. No artigo classificatório, há uma ordenação de aspectos de determinado assunto e a explicação de suas partes. Sua estrutura é a seguinte: definição do assunto, explicação da divisão, tabulação dos tipos e definição de cada espécie. Já no artigo argumentativo, há focalização de um fenômeno, experiências, testes, provas que admitem ou refutam determinados resultados. Sua estrutura é a seguinte: exposição da teoria, apresentação do fenômeno a ser examinado, síntese dos resultados, conclusão.

São motivos para a elaboração de um artigo científico: existência de aspectos de um tema que não foram estudados suficientemente ou o foram superficialmente; necessidade de esclarecer uma questão antiga; aparecimento de inconsistência em pesquisas anteriores.

Entre as exigências estilísticas de um artigo científico, como de qualquer outro gênero acadêmico-científico, salientam-se: a necessidade de clareza na exposição, apresentando

186 **Redação científica** • *Medeiros*

minuciosamente o tema, sua delimitação, o problema que se deseja resolver, os objetivos que se tem em vista, os argumentos favoráveis ou contrários. Daí a necessidade de planejamento, múltiplas redações até se alcançar um resultado satisfatório. Mesmo escritores experientes submetem seus textos ao laboratório do rascunho. A pressa, a precipitação, a ausência de seguidas revisões não produz resultado que a comunidade científica espera. Além disso, textos mal produzidos encontram primeiramente a barreira do diretor do periódico, que faz uma triagem dos artigos que constituirão o próximo número da publicação; em seguida, a barreira de dois ou três pareceristas, *experts* da área do conhecimento. Eles são rigorosos não só quanto ao conteúdo de um artigo científico, como também com relação à redação do texto e adequação às normas técnicas convencionadas para o gênero. Conformar-se, pois, à variedade linguística e às convenções do gênero *artigo científico* é uma necessidade para os que desejam ver seus artigos publicados. Acrescente-se que hoje ter um artigo publicado em um periódico bem avaliado por instituições como a CNPq, CAPES/ANPEPP, SciELO, por exemplo (cf. KRZYZANOWSKI; FERREIRA, 1998 [2018]; SILVA; MUELLER, 2015 (2018]) confere valor ao currículo Lattes do pesquisador.

Ainda em relação à linguagem, o gênero *artigo científico*, além da conformidade à norma gramatical, caracteriza-se também pela parcimônia no uso de adjetivos e advérbios e evita modalizações avaliativas (*felizmente, infelizmente, sem dúvida, na verdade* etc.). Os textos são escritos, preferencialmente, na voz ativa. No passado se exigia o uso de terceira pessoa; hoje é comum o uso de primeira pessoa do plural e menos comum o uso da primeira pessoa.

Para a NBR 6022, da ABNT, a estrutura do artigo científico compreende:

- **Elementos pré-textuais:**
  - Título, e subtítulo (se houver).
  - Nome(s) do(s) autor(es).
  - Resumo na língua do texto.[2]
  - Palavras-chave na língua do texto.
- **Elementos textuais:**
  - Introdução.
  - Desenvolvimento.
  - Conclusão.
- **Elementos pós-textuais:**
  - Título, e subtítulo (se houver) em língua estrangeira.
  - Resumo em língua estrangeira.[3]
  - Palavras-chave em língua estrangeira.
  - Nota(s) explicativa(s); e) referências.

---

2   Para a NBR 6028:2003, "o resumo deve ressaltar o objetivo, o método, os resultados e as conclusões do documento" (n. 3.1). No objetivo, ficam implícitos o objeto da pesquisa e o problema que se quer resolver. Também é comum nos resumos a apresentação da teoria de base, do quadro de referência e da justificativa para a pesquisa.

3   Os periódicos nacionais costumam apresentar o resumo em português e o resumo em língua estrangeira logo no início do artigo, ou ambos ao final do artigo científico.

Cap. 9 • Gêneros acadêmico-científicos 187

- Glossário.
- Apêndice(s).
- Anexo(s).

A seguir transcrevemos como exemplo fragmentos de um artigo científico de Baronas (2018, p. 39-62):

VARIAÇÃO LINGUÍSTICA NA ESCOLA: RESULTADOS DE UM PROJETO

Joyce Elaine de Almeida Baronas

Universidade Estadual de Londrina (UEL)

RESUMO

O presente estudo objetiva apresentar resultados de um projeto de pesquisa "Variação linguística na escola: propostas didáticas", vinculado ao Departamento de Letras Vernáculas e Clássicas da Universidade Estadual de Londrina. Nesta pesquisa, serão apresentados os primeiros estudos desenvolvidos no projeto, com a análise de dois corpora (i) documentos oficiais que regem o ensino da língua portuguesa no Paraná, (ii) coleções de livros didáticos utilizados nas escolas do Paraná. [...]

PALAVRAS-CHAVE: Ensino de Língua Portuguesa. Variação linguística. Normas. [...]

APRESENTAÇÃO

A variação linguística constitui um fenômeno natural em qualquer língua, entretanto tal fato não é compreendido pela grande maioria da população brasileira que acredita ser a língua do Brasil um objeto homogêneo, inflexível. [...]

No meio escolar, na maioria das vezes, a diversidade da língua é também ignorada, pois falta preparo teórico-metodológico para o professor lidar com um fenômeno comum, entretanto incompreendido pela sociedade. [...]

1 PRESSUPOSTOS TEÓRICOS

Nesta seção, apresentam-se algumas discussões de pesquisadores renomados sobre questões relacionadas à língua e ao fenômeno da variação.

1.1 Normas

A língua portuguesa do Brasil apresenta diversas normas, apesar disso, a sociedade em geral, distante dos estudos linguísticos, apresenta uma busca incessante de uma língua única, invariável, ou seja, a norma padrão expressa na gramática normativa. Segundo Castilho (2002), existem três tipos de norma: a norma objetiva, a norma subjetiva e a norma prescritiva. [...]

1.2 Variação linguística

A linguagem é, por natureza, um objeto sujeito a alterações, por ser uma parte constitutiva do ser humano e da cultura na qual este se insere. Ora, se o homem está sempre evoluindo, mudando sua aparência, suas ideias, seus valores, bem como a sociedade na qual este se inscreve, é perfeitamente normal haver variações e mudanças linguísticas. [...]

1.3 Oralidade e escrita

É possível abordar, conforme aponta Marcuschi (2001), eventos de oralidade e de escrita como um contínuo, em que se identificam determinados gêneros. Desta forma, há gêneros que se encaixariam num polo de maior oralidade, como uma conversa informal, por exemplo, enquanto outros se enquadrariam num polo mais apropriado para eventos da escrita, como um artigo científico. [...]

2 SOBRE O PROJETO *VARIAÇÃO LINGUÍSTICA NA ESCOLA*

O projeto "Variação linguística na escola: propostas didáticas" constitui uma investigação de natureza teórico-metodológica sobre o atual sistema de ensino da língua portuguesa nas escolas do Paraná, incluindo documentos oficiais de ensino, livros didáticos e atuação profissional, a fim de averiguar até que ponto os estudos sociolinguísticos estão efetivamente presentes no dia-a-dia da escola. Pretende-se, neste projeto, verificar se ocorre a abordagem da variação linguística nos manuais didáticos utilizados no Paraná, e, em caso positivo, como isso se dá. [...]

3 ANÁLISE DOS *CORPORA*

Nesta seção serão apresentas análises de dois corpora: (i) documentos oficiais de ensino, (ii) manuais didáticos do ensino fundamental e médio.

3.1 Análise dos documentos

Os Parâmetros Curriculares do Ensino Fundamental apresentam uma orientação sobre o trabalho com a variação linguística na escola. Apresentam-se, a seguir, trechos do documento em que se evidencia tal afirmação: [...]

3.2 Análise dos manuais didáticos

Nesta seção, pretende-se apresentar uma análise quantitativa da abordagem da variação linguística nos livros didáticos utilizados no Paraná até 2012. [...]

CONSIDERAÇÕES

O estudo sobre variação linguística nos bancos acadêmicos já é bastante profícuo, no entanto ainda urge sua presença nos bancos escolares, uma vez que a academia não pode se dissociar da prática educacional, principalmente nos cursos de licenciatura, com é o caso do curso de Letras. [...]

REFERÊNCIAS

AZEREDO, Cristina Soares de Lara. *Língua Portuguesa*: manual do professor. Curitiba: Positivo LV, 2009. (Projeto Eco). [...]

BORTONI-RICARDO, Stella Maris. *Educação em língua materna*: a sociolinguística na sala de aula. São Paulo: Parábola, 2004. [...]

CASTILHO, Ataliba Teixeira de. Variação dialetal e ensino institucionalizado da língua portuguesa. In: BAGNO, Marcos (org.). *Linguística da norma*. São Paulo: Loyola, 2002. [...]

FARACO, Carlos Alberto. Norma culta brasileira: desatando alguns nós. São Paulo: Parábola, 2008. [...]

TRAVAGLIA, Luiz Carlos; ROCHA, Maura Alves de Freitas; ARRUDA FERNANDES, Vania Maria Bernardes. *A aventura da linguagem*. 7º ano: manual do professor. Belo Horizonte: Dimensão, 2009.

3 DISSERTAÇÃO DE MESTRADO

Comumente há ligeiro equívoco no uso de expressões como *dissertação de mestrado, tese de doutorado, monografia*: esta última identificaria trabalhos científicos realizados por graduandos e apresentados ao final de um curso (TCC); a dissertação de mestrado seria o trabalho apresentado por candidato para a obtenção do grau de mestre; a tese de doutorado seria o trabalho apresentado para a obtenção do grau de doutor. A dissertação, ou melhor dizendo, a argumentação é tipo de texto prevalecente em todos esses gêneros; não é característica apenas das dissertações de mestrado. Monografia, por sua vez, é um tipo de pesquisa científica que se concentra em um tema específico. Consequentemente, não é característica somente de um TCC, mas uma necessidade dos trabalhos científicos, sejam eles dissertações de mestrado, teses de doutorado, artigo científico, TCC: tratar de um tema único do início ao final do trabalho, para que dele resulte uma pesquisa profunda. Chamar apenas o TCC de monografia é uma impropriedade. Em relação ao uso da palavra tese para os trabalhos que objetivam o grau de doutor também pode produzir ambiguidade: em todos os trabalhos científicos se defende uma tese. Em alguns manuais de metodologia, o leitor encontra a expressão *tese de mestrado*, porque se trata realmente de defender uma tese. Não há razão para escrever um texto científico qualquer se não se tem uma tese, um ponto de vista, a defender.

Em relação ao uso terminológico de *monografia,* Souza (2016, p. 103), esclarece:

> O termo *monografia*, se nos ativermos à sua etimologia e composição, que nos dá seu sentido dicionarizado, se define como *escrito* (-grafia) que se propõe tratar, de modo tanto quanto possível exaustivo, de *um* (mono-) tema precisamente delimitado. Aplica-se, por conseguinte, a qualquer trabalho acadêmico com tal proposição, isto é, que se configure como exposição escrita de um assunto bastante específico. [...] Ocorre que, no linguajar universitário brasileiro dos últimos 40 anos, se vem reservando o termo *monografia* apenas para trabalhos finais de graduação e de especialização, ao passo que, no caso do mestrado e do doutorado, tais trabalhos se chamam respectivamente *dissertação* e *tese*. No entanto, na verdade, tanto as assim chamadas *monografias* de graduação e de especialização quanto as dissertações e as teses constituem espécies do gênero monografia, diferenciadas apenas quanto ao nível de exigências a que cada qual se sujeita.

Em relação às teses de doutorado, alguns afirmam haver necessidade de originalidade na sua realização de uma tese. Evidentemente, tal afirmação não se justifica. Sejam os trabalhos em nível de mestrado, sejam em nível de doutorado, eles sempre devem ser inéditos, originais e contribuir "não só para a ampliação de conhecimentos ou a compreensão de certos problemas, mas também servir de modelo ou oferecer subsídios para outros trabalhos" (MARCONI; LAKATOS, 2017a, p. 257). A exigência de originalidade tinha como objetivo a não repetição de pesquisa. Assim, tínhamos pesquisa sobre os contos de Machado de Assis, sobre seus romances, sobre suas peças teatrais, sobre sua poesia, sobre suas crônicas etc. Todavia, é possível, mesmo focalizando, por exemplo, os romances machadianos, a produção de diversas pesquisas originais. Cada uma delas focalizará um tema específico. Falar, pois, em originalidade como característica da tese de doutorado é desconsiderar que a dissertação de mestrado também deve ser original. O que vai diferenciar um trabalho de outro é o nível de profundidade da pesquisa, o nível de amadurecimento do pesquisador, a qualidade

190 Redação científica • *Medeiros*

e consistência dos argumentos etc.[4] No mestrado e no doutorado, o nível de profundidade é objeto de considerações iniciais do orientador, quando faz análise do projeto de pesquisa; em outra oportunidade, no exame de qualificação, novamente a profundidade e a extensão da pesquisa são o foco das arguições: três arguidores sugerem refinamentos teóricos, novas referências bibliográficas, redirecionamentos, pertinências. Nas monografias, o exame do nível profundidade requerida é objeto de sugestões apenas do professor orientador.

Severino (2016, p. 234) distingue tese de doutorado de dissertação de mestrado, afirmando que aquela é

> o tipo mais representativo do trabalho científico monográfico. Trata-se da abordagem de um único tema, que exige pesquisa própria da área científica em que se situa, com os instrumentos metodológicos específicos. Essa pesquisa pode ser teórica, de campo, documental, experimental, histórica ou filosófica, mas sempre versando sobre um tema único, específico, delimitado e restrito.

Em relação à dissertação de mestrado, expõe que ela

> deve cumprir as exigências da monografia científica. Trata-se da comunicação dos resultados de uma pesquisa, análise e reflexão, que versa sobre um tema igualmente único e delimitado. Deve ser elaborada de acordo com as mesmas diretrizes metodológicas, técnicas e lógicas do trabalho científico, como na tese de doutorado.

E conclui afirmando que as teses de doutorado e as dissertações de mestrado são "monografias científicas que abordam temas únicos delimitados, servindo-se de um raciocínio rigoroso", que tanto pode apoiar-se na dedução como na indução.

Para a NBR 14724:2011, a dissertação é o

> documento que apresenta o resultado de um trabalho experimental ou exposição de um estudo científico retrospectivo, de tema único e bem delimitado em sua extensão, com o objetivo de reunir, analisar e interpretar informações. Deve evidenciar o conhecimento de literatura existente sobre o assunto e a capacidade de sistematização do candidato. É feito sob a coordenação de um orientador (doutor), visando à obtenção do título de mestre.

São requisitos para a realização de uma dissertação de mestrado: estabelecer um tema preciso, delimitado; reconhecer um problema a resolver; definir um objetivo a alcançar; apoiar-se em um método de pesquisa e em uma teoria e um quadro de referência. O pesquisador utilizará a indução ou a dedução? Partirá de um conhecimento de valor universal para aplica-lo a um caso particular, ou partirá de um caso particular para chegar a um conhecimento de validade universal? Essa forma de tratamento do assunto determina o movimento do texto. Silva *et al.* (197-, p. 175) indicam três tipos de movimento: para fora, para dentro e em ziguezague. No movimento para fora, o texto pode iniciar-se com o concreto, o específico, o próximo e caminhar em direção ao geral, à lei. Afirmam os autores citados:

> O ponto de partida é o que está mais próximo do autor: sua experiência, sua época, o meio ambiente em que vive, detalhes específicos. A partir disso, o autor move-

---

4 Afirma Severino (2016, p. 212): "O trabalho monográfico caracteriza-se mais pela unicidade e delimitação do tema e pela profundidade do tratamento do que por sua eventual extensão, generalidade ou valor didático."

Cap. 9 • Gêneros acadêmico-científicos   191

-se em direção à experiência dos homens em geral, outras épocas, outros meios ambientes, teorias.

Os textos que se movimentam para dentro têm característica dedutiva. Inicia-se o texto com uma generalização para chegar a um caso particular.

Os textos de movimento em ziguezague utilizam confrontos e comparações de ideias, fatos ou situações.

Estruturalmente, temos elementos pré-textuais, textuais e pós-textuais. Os pré-textuais são compostos de folha de rosto, errata, folha de aprovação, dedicatória, agradecimentos, epígrafe, resumo, lista de ilustrações, tabelas e outras, sumário (ver na seção em que tratamos de tese quais deles são obrigatórios e quais são opcionais). Os elementos textuais são constituídos de introdução, desenvolvimento e conclusão. Na introdução, apresenta-se o objeto da dissertação, o enfoque dado ao assunto, sua delimitação, o problema a ser resolvido, o objetivo que se tem como meta, os métodos e técnicas de pesquisa a serem utilizados, o *corpus* da pesquisa, a justificativa. E, ainda: faz-se referência à teoria em que se apoiará e os principais nomes do quadro de referência, ou seja, autores que tratam do mesmo assunto. No desenvolvimento, apresentam-se fatos, argumentos, provas, exemplos, ilustrações; discutem-se posicionamentos diversos. A finalidade do desenvolvimento é demonstrar o que foi proposto na introdução e estabelecer um debate de ideias em que fica patente o ponto de vista, a tese que pesquisador defende. A conclusão sintetiza o conteúdo da pesquisa desenvolvido no texto, salientando as principais descobertas. A introdução aponta problemas; a conclusão, a postura do autor diante dos problemas. Finalmente, os elementos pós-textuais: referências bibliográficas, que são compostas segundo a NBR 6023:2018 (ver Capítulo 11 deste livro), apêndices, anexos, glossário, índice (ver na seção sobre tese quais desses elementos são obrigatórios e quais são opcionais).

Na montagem final do trabalho, acrescentam-se: agradecimentos, resumo (em português e em uma língua estrangeira); se houver necessidade, apêndices (textos elaborado pelo próprio pesquisador) e anexos (textos transcritos).

Lembretes: não se faz um trabalho científico quando não se tem um problema específico para resolver. Esse é o ponto de partida. O segundo ponto é realizar um levantamento bibliográfico exaustivo para tomar contato com o estado da arte. Referências bibliográficas ultrapassadas constituem obstáculo à consecução de um trabalho a ser avaliado positivamente. Finalmente, uma dissertação de mestrado é produzida tendo em vista, inicialmente, a leitura de três arguidores: a do orientador e mais dois professores doutores, selecionados, segundo critérios próprios das universidades. Daí a necessidade de cuidados com o conteúdo e com a forma; com a metodologia empregada, a defesa das teses e com a variedade linguística utilizada. É comum nas bancas de defesa arguidores apontarem impropriedades nos usos linguísticos. Trabalhos escritos à última hora, sem terem passado por diversos rascunhos e seguidas revisões, estão mais propícios a conhecerem reveses.

4   TESE DE DOUTORADO

A tese constitui o relato de uma pesquisa exigida para obtenção do grau de doutor. Por meio dela, o pesquisador demonstrar capacidade de fazer avançar a área de estudo a que se dedica.

192   **Redação científica** • *Medeiros*

Se de uma dissertação de mestrado se espera sistematização do conhecimento, de uma tese de doutorado se deseja a descoberta de algo que ainda não foi relatado em outras pesquisas ou uma contribuição para a ciência.

A NBR 14724:2011 define tese como:

> Documento que apresenta o resultado de um trabalho experimental ou exposição de um estudo científico de tema único e bem delimitado. Deve ser elaborado com base em investigação original, constituindo-se em real contribuição para a especialidade em questão. É feito sob a coordenação de um orientador (doutor) e visa à obtenção do título de doutor, ou similar.

Para a NBR 14724:2011, a estrutura dos trabalhos acadêmicos (dissertação e mestrado, tese de doutorado, TCC) compreende:

Parte externa
- Capa (obrigatório)
- Lombada (opcional)

Parte interna

Elementos pré-textuais
- Folha de rosto (obrigatório)
- Errata (opcional)
- Folha de aprovação (obrigatório)
- Dedicatória: opcional
- Agradecimentos (opcional)
- Epígrafe (opcional)
- Resumo na língua vernácula [português] (obrigatório)
- Resumo em língua estrangeira (obrigatório)
- Lista de ilustrações (opcional)
- Lista de tabelas (opcional)
- Lista de abreviaturas e siglas (opcional)
- Lista de símbolos (opcional)
- Sumário (obrigatório)

Elementos textuais
- Introdução
- Desenvolvimento
- Conclusão

Elementos pós-textuais
- Referências (obrigatório)
- Glossário (opcional)
- Apêndice (opcional)
- Anexo (opcional)
- Índice (opcional)

5 MONOGRAFIA: TRABALHO DE CONCLUSÃO DE CURSO (TCC)

Vista em sua etimologia, monografia (*mono +grafia*) diz respeito a um tipo de trabalho escrito que versa sobre um tema único. Tratar de um único objeto em uma pesquisa científica não se constitui, propriamente, em elemento diferenciador dos gêneros acadêmicos. Todavia, tornou-se comum no Brasil chamar de *monografia* determinados trabalhos acadêmicos que não têm como objetivo alcançar titulação (mestre, doutor, livre-docente), mas apenas cumprir uma etapa da aprendizagem e servir como base de avaliação de um curso. Nos cursos superiores que se orientam pelo Parecer 142/2002, é cada dia mais comum a exigência de produção de um trabalho de conclusão de curso (monografia).

O trabalho de Conclusão de Curso (TCC) é um trabalho monográfico, constituído por uma pesquisa inicial sobre um tema à escolha do aluno, sob orientação de um professor. É possível que o orientador, em diálogo com o orientando sobre a oportunidade da pesquisa, extensão do projeto, insuficiência de tempo, sugira outros objetos de pesquisa, mais apropriados ao estágio em que o orientando se encontra e à consecução de seus objetivos. O orientador funciona como membro mais experiente da comunidade científica que transfere para membros menos experientes sua experiência.

Botelho e Silva (*In*: APARÍCIO; SILVA, 2014, p. 283), com base em Machado, Lousada e Abreu-Tardelli (2007), salientam a *crença*, no meio acadêmico, da existência de "capacidade geral da escrita", que, quando desenvolvida, "habilita o escrevente a dominar todo e qualquer gênero textual, ou, ainda, que o contato com a organização global de um dado gênero é suficiente para que se consiga dominá-lo".

A produção de monografia, de instrumento apropriado à aprendizagem e ao desenvolvimento de habilidades para a pesquisa científica, transforma-se em "desconforto", visto que os alunos são submetidos a dar conta de um trabalho para o qual nunca lhes foi ensinado.

Finalmente, Botelho e Silva (p. 294 s), por meio de entrevista semiestruturada com um grupo de estudantes do curso de Pedagogia de Juiz de Fora, elencam um conjunto de categorias que lhes serviram para análise dos principais problemas vividos pelos alunos, diante da tarefa de produzir uma monografia. Salientam, no entanto, que "é provável que as dificuldades de escrita sejam mais em função da falta desses aspectos [a seguir relacionados], do que em função de uma dificuldade de escrita em si" (p. 300). Vejamos as principais dificuldades:

- Não compreensão da monografia como gênero.
- Não identificação dos propósitos comunicativos do gênero e desconhecimento dos elementos básicos constituidores de uma monografia. Em relação aos propósitos do gênero, os estudantes entendiam ser a monografia (TCC) apenas um trabalho a ser avaliado, um requisito a ser cumprido. Não a viam como meio de desenvolvimento da capacidade de leitura e escrita de textos acadêmicos nem fizeram considerações sobre seus usos sociais (papel social das pesquisas científicas): "Não compreendem que a construção desse gênero é um momento de aprofundamento em um tema específico, uma experiência de pesquisa e, além

disso, que essa é uma etapa fundamental para um contato mais concreto com a leitura e escrita acadêmicas" (p. 304).

- Confusão entre monografia como gênero escrito e defesa do trabalho escrito, que se constitui em gênero oral.

- Dificuldades relativas ao reconhecimento dos elementos constitutivos básicos do gênero *monografia*. Incluem-se aqui a falta de consciência dos possíveis leitores, do meio em que a informação veiculará, papel social exercido pelo produtor, todos elementos fundamentais na elaboração do texto.

- Dificuldades no processo de letramento acadêmico. A redação de monografia, em geral, é uma atividade nova na vida do estudante de curso superior. E, sem embasamento teórico de metodologia científica, sem uma orientação segura, os obstáculos à consecução de um resultado satisfatório aumentam.

Parte então os autores citados do conceito de letramento Soares (2000, p. 47): "Estado ou condição de quem não apenas sabe ler e escrever, mas cultiva e exerce as práticas sociais que usam a escrita." Apoiam-se também em Street (2003), que utiliza o termo no plural (letramentos): letramentos múltiplos são "práticas sociais que variam no tempo e no espaço e estabelecem-se em relações de poder e ideologia". Street reconhece a existência de dois tipos de letramento: o modelo autônomo, que vê as práticas de leitura e escrita como individuais (autônomas); seu objetivo é proporcionar ascensão econômica à população. Nessa abordagem, uma classe social impõe à outra suas concepções de letramento. O segundo modelo é ideológico: o letramento é visto como uma prática social e não como "uma técnica ou habilidade neutra que depende exclusivamente do indivíduo. Nessa perspectiva, é impossível separar práticas de letramento das estruturas culturais e de poder da sociedade".

Valendo-se ainda de Street (2010), afirmam haver três principais modelos relativamente ao processo de ensino-aprendizagem no ensino superior: habilidade de estudo, socialização acadêmica e letramento acadêmico. Para o primeiro modelo, o letramento "forma um conjunto de habilidades individuais e cognitivas que os discentes têm que adquirir para transpor ao contexto acadêmico" (BOTELHO; SILVA *In*: APARÍCIO; SILVA, 2014, p. 287). Problemas de leitura e escrita são aqui vistos como "espécie de patologia"; a análise dos textos produzidos restringe-se a questões de ortografia e normas gramaticais. Segundo o modelo de socialização acadêmica, cabe ao professor "inserir os alunos em uma nova cultura: a acadêmica". A cultura acadêmica, porém, é vista como homogênea; normas e práticas aprendidas constituem via de "acesso ao meio acadêmico de forma plena". As relações de poder não são problematizadas. Finalmente, o modelo acadêmico de letramento vê o letramento como uma prática social: "a leitura e a escrita dos alunos são vistas nos níveis epistemológico e identitário, não como uma habilidade ou possibilidade de socialização". Botelho e Silva salientam então dois pontos: "o modelo adotado pelo professor impacta (negativa ou positivamente) no processo de ensino-aprendizagem dos alunos"; os letramentos acadêmicos "são transformadores e não normativos" (p. 288).

Os conceitos de gêneros acadêmicos, vistos no início deste capítulo, e de letramento acadêmico, que acabamos de apresentar, são essenciais para a produção de uma monografia.

Em geral, as monografias (e o TCC é uma delas) são constituídas por delineamento bibliográfico, ou seja, apoiam-se em pesquisa bibliográfica. Nada impede, no entanto, dependendo da área, que o orientando se apoie também em uma pesquisa de campo para realizar sua monografia.

Para a NBR 14724:2011, trabalho de conclusão de curso de graduação, trabalho de graduação interdisciplinar, trabalho de conclusão de curso de especialização e/ou aperfeiçoamento é

> documento que apresenta o resultado de estudo, devendo expressar conhecimento do assunto escolhido, que deve ser obrigatoriamente emanado da disciplina, módulo, estudo independente, curso, programa, e outros ministrados. Deve ser feito sob a coordenação de um orientador.

O TCC é uma dissertação que trata de um assunto particular, de forma sistemática e completa. Esta é sua característica essencial. Para o Manual de Normas da Universidade Federal do Paraná (2002, p. 2), que utiliza o termo *monografia* em lugar de TCC, trata-se da

> exposição de um problema ou assunto específico, investigado cientificamente. O trabalho de pesquisa pode ser denominado monografia quando é apresentado como requisito parcial para a obtenção do título de especialista, ou pode ser denominado trabalho de conclusão de curso, quando é apresentado como requisito parcial para a conclusão de curso. A monografia pode ser defendida em público ou não. A monografia publicamente comunicada em congressos, encontros, simpósios, academias, sociedades científicas, segundo normas estipuladas pela coordenação dessas reuniões e/ou entidades, é denominada memória.

No TCC, o orientando concentra-se na revisão bibliográfica, ou revisão da literatura. É um trabalho de assimilação de conteúdos, por meio de resenhas ou de confecção de fichamentos. Na introdução, o pesquisador formula claramente o objeto da investigação. Apresenta sinteticamente a questão a ser solucionada. Portanto, há necessidade de problematizar a realidade para se buscar uma solução. Se não há problemas para resolver, não há por que iniciar a pesquisa e a redação do TCC. Na introdução, ainda, apresentam-se a justificativa do trabalho e a metodologia utilizada na pesquisa (raramente se veem nesse tipo de trabalho: pesquisa de campo, uso de questionários, pesquisa de laboratório; são trabalhos constituídos basicamente de revisão bibliográfica), teoria de base, quadro de referência.

Escrita a introdução, o pesquisador passa para nova etapa do TCC: o desenvolvimento, que compreende explicação, discussão e demonstração. Portanto, etapa de exposição dos fundamentos lógicos do trabalho realizado; etapa de explicitação, de esclarecimento, de análise, de supressão do ambíguo, de exame e demonstração do raciocínio, de apresentação de provas, de argumentação.

Finalmente, a conclusão retoma as pré-conclusões anteriormente expostas em variadas partes do texto, e reforça a linha de pensamento que dá sustentação ao TCC. Nesse momento, o pesquisador procura firmar a unidade temática, as ideias contidas na exposição, a tese que defende. Trata-se de um resumo das conclusões espalhadas pela monografia, uma síntese das ideias defendidas na obra.

6 COMUNICAÇÕES CIENTÍFICAS

O conhecimento científico não se resume à descoberta de fatos e leis novas, mas também em sua publicação. Por isso, são comuns na vida acadêmica eventos que ocorrem no interior das Universidades e outros que se realizam fora dela. Entre eles, citemos: congressos, conferência, simpósio, seminário, mesa-redonda, painel. Nesses eventos, a comunicação se dá oralmente, mas os textos são previamente preparados, rascunhados, redigidos.

No sentido que aqui nos interessa, o congresso consiste numa reunião de especialistas que se reúnem para debater determinados temas de interesse da comunidade científica. Conferência, por sua vez, define-se como evento que implica periodicidade. É um evento organizado por associações, instituições. Objetiva reunir pessoas para discutirem uma questão, um tema, um problema, tendo em vista alcançar soluções. Às vezes, o termo é usado como equivalente a palestra e, nesse caso, temos a exposição de apenas uma pessoa. Após a fala do expositor, pode ocorrer debate sobre o assunto tratado. O simpósio é uma reunião destinada apenas a especialistas: reúnem-se para debater sobre tema previamente acordado. Como há debate, há necessidade de um coordenador. O seminário já foi objeto de exposição no Capítulo 1 deste livro. Consiste num grupo de estudo, composto de um número limitado de pessoas, com tarefas coordenadas por um líder. Depois da pesquisa, apresenta-se oralmente o resultado para uma classe, ou grupo de pessoas. A mesa redonda tem como finalidade debater ideias. É sua característica a defesa de pontos de vista diversos. Nesse caso, temos, por exemplo, dois debatedores que expõem posições diferentes sobre um tema. Em seguida, os trabalhos são abertos à participação dos presentes. Finalmente, o painel que, diferentemente, da mesa-redonda, pode ter uma diversidade maior de expositores. Em programas de televisão, o uso do painel nos debates é comum.

Comunicação científica define-se como informação que se apresenta em congressos, simpósios, reuniões, academias, sociedades científicas. Em tais encontros, são expostos os resultados de pesquisas em andamento. A comunicação científica em geral é limitada em sua extensão. As exposições realizadas em congressos, reuniões e outros que tais são breves, ocupando tempo de 10 a 20 minutos.

A finalidade dela é fazer conhecida uma descoberta, os resultados alcançados com a pesquisa, o estágio em que se encontra o desenvolvimento da pesquisa.

Estruturalmente, temos em uma comunicação científica: (1) Introdução (formulação do tema, justificativa, objetivos, problema que se propõe resolver, metodologia, teoria de base, quadro de referência). (2) Desenvolvimento: inclui exposição do já foi realizado na pesquisa. (3) Conclusão: anúncio dos próximos passos da pesquisa.

Observação: a comunicação só se realiza quando o leitor ou ouvinte entende o que se lhe comunicou. São considerados requisitos básicos para a divulgação científica: o conhecimento daquilo que se comunica, a precisão terminológica, a acessibilidade da linguagem, a adaptação à audiência.

A abordagem é a forma como o pesquisador interpreta uma situação, a forma como trata os problemas que objetiva resolver, a posição que toma diante de determinada situação.

Os **tipos** de comunicação mais comuns são: estudos breves sobre aspectos da ciência; sugestões de solução de problemas; apreciação ou interpretação de obras; recensão de um texto.

A comunicação ainda envolve: preparação do texto a ser apresentado e abertura a questionamentos de colegas. As apresentações de comunicação em geral se revestem de certa formalidade. Daí o uso da variedade linguística prestigiada.

7 INFORME CIENTÍFICO

O informe científico caracteriza-se como relato escrito que divulga os resultados parciais ou totais de uma pesquisa. É o mais breve dos trabalhos científicos, pois se restringe à descrição dos resultados iniciais alcançados de uma pesquisa em andamento. Também se faz referência a dificuldades encontradas. A divulgação do informe científico é feita em periódicos impressos ou eletrônicos, ou folhetos preparados para o evento.

As instituições costumam informar sobre a extensão dos informes científicos, que, normalmente, não ultrapassam a duas ou três páginas. Apresentam um título, um resumo acompanhado de palavras-chave, o objeto da pesquisa, problema a ser resolvido, objetivo, justificativa, *corpus* e relevância da pesquisa, síntese da teoria de base utilizada, metodologia, resultados, conclusão.

8 ENSAIO

É uma exposição metódica dos estudos realizados e das conclusões originais a que se chegou após apurado exame de um assunto.

Massaud Moisés (1987b, p. 227) apresenta duas ramificações do ensaio: o informal e o formal. O **ensaio informal** é exemplificado com a obra de Montaigne (*Ensaios*), marcado pela liberdade criadora e pela emoção. O **ensaio formal** caracteriza-se pela seriedade dos objetivos e lógica do texto. É exemplo deste tipo o *Ensaio acerca do entendimento humano*, de John Locke. Massaud Moisés considera insuficientes tais características para distinguir um do outro, e destaca como características do ensaio formal: brevidade, serenidade (deixa de lado a polêmica e o tom enfático), uso da primeira pessoa. Além disso, o ensaio é problematizador, antidogmático e nele devem sobressair o espírito crítico do autor e a originalidade.

9 *PAPER*

Em português, *paper* corresponde a *ensaio*, ou seja, trata-se de um posicionamento pessoal sobre um tema específico. O termo não encontrou acolhida entre os pesquisadores nacionais.

Para Andrade (1995, p. 68), "*paper* é texto escrito de uma comunicação oral. Pode apresentar o resumo ou o conteúdo integral da comunicação e tem por objetivo sua publicação nas atas ou anais do evento em que foi apresentada".

Para Roth (1994, p. 2), *paper* é um documento que se baseia em pesquisa bibliográfica e em descobertas pessoais. Contém uma síntese das descobertas sobre um tema; uma avaliação, interpretação das descobertas. Em geral, dele se esperam originalidade quanto ao posicionamento e argumentação consistente. Um *paper* é manifestação visível de que o pesquisador é parte da comunidade acadêmica.

Se o autor apenas compilou informações sem fazer avaliações ou interpretações sobre elas, o produto de seu trabalho será um relatório. Espera de quem apresenta um *paper* uma avaliação ou interpretação de fatos ou das informações que foram recolhidas, o desenvolvimento de um ponto de vista sobre um tema, uma tomada de posição definida e a expressão dos pensamentos de forma original.

O *paper*, ainda segundo Roth (1994, p. 4) não é: (a) um resumo de um artigo ou livro (ou outra fonte); (b) ideias de outras pessoas, repetidas não criticamente; (c) uma série de citações, não importa se habilmente postas juntas; (d) opinião pessoal não evidenciada, não demonstrada; (e) cópia do trabalho de outra pessoa sem reconhecê-la, quer o trabalho seja ou não publicado, profissional ou amador: isto é plágio.

Os passos para a realização de um *paper* incluem: escolher um assunto, reunir informações, avaliar o material, organizar as ideias, escrever o *paper*.

No meio acadêmico, *paper* vem sendo empregado com um sentido genérico; pode referir-se não só a comunicação científica, como também a texto de um simpósio, mesa-redonda e mesmo a um artigo científico.

10 PROJETO DE PESQUISA

Antes de escrever o relatório da pesquisa, o estudioso elabora um projeto de pesquisa, que inclui os elementos estruturais do texto. Durante o desenvolvimento da pesquisa, o projeto é aperfeiçoado: acrescentam-se a ele novos capítulos, novas seções; suprimem-se informações; trocam-se textos de lugar etc. Projetos não são inflexíveis, camisas de força.

Na realização de um projeto de pesquisa, observa-se o estado em que se encontra o conhecimento do problema que se deseja resolver Existem outros estudos que tratam do assunto? A bibliografia a ser utilizada está atualizada? A teoria de base é adequada? O *corpus* estabelecido é suficiente? O quadro de referência e a metodologia escolhida são apropriados?

Para outras informações sobre projeto de pesquisa, ver Capítulo 14.

11 PESQUISA-PILOTO

Terminado o projeto de pesquisa, é preciso testar os instrumentos que serão utilizados na pesquisa, como, por exemplo, o questionário, utilizado em algumas áreas do conhecimento (Marketing, Linguística, Economia, História, Sociologia). Por isso, diz-se que a principal função da pesquisa-piloto é testar o instrumento da coleta de dados. Durante a fase de aplicação do pré-teste, o pesquisador anotará as reações do entrevistado, grau de dificuldade de entendimento

Cap. 9 • Gêneros acadêmico-científicos 199

das questões propostas no questionário, embaraço quanto a algumas questões. O pré-teste serve ainda para verificação de perguntas desnecessárias, supérfluas, inadequadas.

12 RELATÓRIO TÉCNICO-CENTÍFICO

A expressão *relatório de pesquisa* é usada tanto para referência a pesquisas científicas realizadas fora da universidade, quanto para cumprimento de obrigações junto a instituições de fomento à pesquisa. Nas universidades, antes da defesa de uma dissertação de mestrado ou tese de doutorado, no exame de qualificação, o candidato apresenta um relatório do estágio em que se encontra a pesquisa.

Relatório técnico-científicos é objeto da NBR 10719:1989, que o define como:

> 3.1.1   Documento que relata formalmente os resultados ou progressos obtidos em investigação de pesquisa e desenvolvimento ou que descreve a situação de uma questão técnica ou científica. O relatório técnico-científico apresenta, sistematicamente, informação suficiente para um leitor qualificado, traça conclusões e faz recomendações. É estabelecido em função e sob a responsabilidade de um organismo ou de pessoa a quem será submetido.

A NBR 10719 estabelece como disposição e sequência dos elementos constituidores do resumo:

- Preliminares ou pré-texto:
  - Capa (primeira e segunda, isto é, frente e verso).
  - Folha de rosto (ou ficha de identificação do relatório.
  - Prefácio (apresentação).
  - Resumo.
  - Lista de símbolos, unidades, abreviaturas etc.
  - Lista de ilustrações.
  - Sumário.
- Texto:
  - Introdução: "Define brevemente os objetivos do trabalho e as razões de sua elaboração, bem como as relações existentes com outros trabalhos" (n. 6.1.1). E, ainda: "A introdução não deve repetir ou parafrasear o resumo, nem dar detalhes sobre a teoria experimental, o método ou os resultados, nem antecipar as conclusões e as recomendações" (n. 6.1.2).
  - Desenvolvimento: compreende a "descrição de métodos, teorias, procedimentos experimentais, discussão de resultados, etc." (n. 6.2.2).
  - Conclusões e/ou recomendações: nela "devem figurar, clara e ordenadamente, as deduções tiradas dos resultados do trabalho ou levantadas ao longo da discussão do assunto" (n. 6.3.1). As recomendações, por sua vez, "são

declarações concisas de ações, julgadas necessárias a partir das conclusões obtidas, a serem usadas no futuro" (n. 6.3.3).

- Pós-liminares ou pós-texto:
  - Anexos.
  - Agradecimentos.
  - Referências bibliográficas.
  - Glossário.
  - Índice(s).
  - Ficha de identificação do relatório.
  - Lista de destinatários e forma de acesso ao relatório.
  - Terceira e quarta capas.

As informações essenciais da capa são:

- Nome e endereço do organismo responsável (autoria).
- Número do relatório; ISSN (no caso de relatórios que serão publicados).
- Título e subtítulo.
- Data (mês e ano).
- Classificação de segurança, quando necessário.

Se o relatório tiver lombada, são seus elementos:

- Nome do autor ou sigla da instituição responsável.
- Título do relatório.
- Elemento de identificação (número do relatório).

Os elementos de identificação que figuram no anverso da folha de rosto são:

- Nome do órgão responsável (autor coletivo).
- Divisão do órgão responsável.
- Número do relatório.
- Título e subtítulo.
- Nome(s) do(s) responsável(is) pela elaboração e respectivos títulos e/ou filiação científica.
- Número da parte e respectivo título, se houver.
- Número do volume, se houver.
- Número de edição, a partir da segunda.
- Classificação de segurança.
- Local e data da publicação.

Nos relatórios técnico-científicos, o resumo é composto de no máximo 500 palavras e sua elaboração deve corresponder ao disposto na NBR 6028. São escritos na voz ativa e na terceira pessoa. Abaixo do resumo, seguem-se as palavras-chave que são separadas por ponto. Constam do resumo: objetivo, método, resultado e conclusões do documento. Ao tratar

Cap. 9 • Gêneros acadêmico-científicos   201

do objetivo, introduzem-se o tema (o objeto do relatório) e o problema que se deseja resolver. A NBR 10719 prescreve ainda que o resumo

> Deve ser informativo, dando uma descrição clara e concisa de conteúdo de forma inteligível e suficiente para que o usuário possa decidir se é ou não necessária a leitura completa do trabalho (n. 5.5.2).

Especifica também que

> em trabalhos de grande vulto, o resumo deve vir na língua original do texto, acompa-nhado de uma tradução em uma ou mais línguas estrangeiras (inglês, francês, italiano e espanhol, conforme o trabalho assim o exigir e na ordem apresentada) (n. 5.5.6).

Tendo projetado a pesquisa, estruturado o projeto, realizada a apresentação, estabe-lecido o objetivo, delimitado o tema, exposto as justificativas, passa-se a abordar o objeto da pesquisa, o problema que se quer resolver. É hora de estabelecer as hipóteses básicas, as secundárias, as variáveis dependentes e independentes, a relação entre as variáveis. Em se-guida, passa-se a comentar a metodologia de pesquisa utilizada, os métodos de abordagem (indutivo, dedutivo, hipotético-dedutivo, dialético), os métodos de procedimento (histórico, comparativo, estudo de caso etc.).

Um relatório técnico-científico responde às seguintes perguntas: O quê, Por quê? Para quê e para quem? Onde? Como? Com quê? Quanto? Quando? Quem? Com quanto?

O pesquisador pode vir a utilizar técnicas para a elaboração da pesquisa; técnicas de pesquisa são o instrumental necessário a uma ciência para alcançar metas estabelecidas. Compreende duas fases: (a) a documentação indireta, que inclui pesquisa documental (ar-quivos públicos e particulares, fontes estatísticas, como IBGE, Banco Central etc.) e biblio-gráfica; e (b) a documentação direta, que compreende pesquisa de laboratório, pesquisa de campo: observação de fatos e fenômenos, entrevista, questionários, formulários.

A metodologia da pesquisa implica a delimitação do universo que será investigado (*corpus*), o tipo da amostragem, a coleta das informações, o tratamento dos dados estatís-ticos, a interpretação dos dados colhidos. Uma pesquisa científica não tem em vista apenas descrever fatos, mas interpretá-los.

Um pesquisador parte de uma teoria. É ela que dá sustentação à sua análise da reali-dade. A pesquisa será quantitativa (positivista) ou qualitativa? Ainda no início do relatório, o autor exporá a revisão bibliográfica; apresentará um quadro de referências. Não se admite pesquisa que parta do nada, sem revisão da literatura, exceto nos casos de originalidade do tema. A revisão bibliográfica é essencial em qualquer tipo de pesquisa: sem ela corremos o risco de desperdiçar tempo, de descobrir a pólvora, de descobrir o que já é de domínio da ciência há tempos. A revisão bibliográfica permite novos pontos de vista, confirmação dos resultados obtidos por outrem, reformulação do problema de pesquisa e dos objetivos, dis-cussões mais consistentes etc.

Outra etapa de importância relevante dentro da pesquisa refere-se à definição dos ter-mos (definição operacional), das palavras utilizadas.

Faz-se em seguida o cronograma da pesquisa, quando iniciará e quando terminará, bem como se estabelece um orçamento dos gastos necessários à realização da pesquisa. Tam-bém é conveniente esclarecer quais serão os instrumentos utilizados para a realização da

202 **Redação científica** • *Medeiros*

pesquisa: questionários, formulários, testes. Finalmente, apresenta-se um elenco de referências bibliográficas utilizadas na pesquisa.

13 RELATÓRIO DE PESQUISA PARA EXAME DE QUALIFICAÇÃO

A estrutura do relatório de pesquisa para **exame de qualificação** é a mesma de uma dissertação de mestrado ou tese de doutorado, acrescentando-se a ela cursos realizados e seu conteúdo, nome do professor, ou orientador, carga horária dos cursos realizados, número de créditos do curso, atividades realizadas, como fichamentos, resenhas, participacão em simpósios, plano da pesquisa (uma espécie de sumário das seções a serem desenvolvidas), estágio em que se encontra o trabalho de pesquisa, rascunho de dois ou três capítulos e cronograma das etapas que falta cumprir.

14 RESENHAS, RESUMOS, SEMINÁRIOS, DEFESA DE TRABALHOS ACADÊMICOS

Esses gêneros acadêmico-científicos, excetuando defesa de trabalhos acadêmicos, já foram tratados neste livro: resenha, no Capítulo 7; resumo, no Capítulo 6; seminário, na seção 5 do Capítulo 1.

A defesa é um gênero acadêmico oral. Como o nome assinala, o orientando, em sessão previamente estabelecida, com indicação de dia, horário, sala e arguidores, defende argumentativamente o trabalho realizado diante de uma banca de professores doutores (comissão julgadora).

Para a obtenção do título de mestre e de doutor, os arguidores são professores doutores. Nas dissertações de mestrado, a banca é composta de três membros: o próprio orientador e dois colegas doutores; um dos arguidores é da mesma faculdade e o outro é de outra faculdade, ainda que da mesma universidade. Nas bancas de doutorado, cinco são os arguidores: o orientador, dois colegas da mesma faculdade e dois professores doutores de outra instituição (às vezes essa constituição se altera).

O orientador abre a sessão, cumprimenta os arguidores e estabelece uma ordem para as arguições, o tempo reservado a cada um (em geral, 30 minutos), bem como o tempo de resposta à disposição do arguinte (também, normalmente, de 30 minutos para a resposta a cada arguidor). Varia a ordem de fala: em algumas defesas, à fala de cada um dos arguidores segue-se a fala do arguinte; em outras, fala primeiro o arguinte, defendendo sua tese, para, em seguida, ser arguido.

Ao final da sessão, os presentes (convidados do arguinte, colegas, interessados no assunto) deixam a sala; reúnem-se os arguidores, discutem alguns pormenores da defesa e chegam ao resultado final, que, ao retorno do arguinte e dos presentes à sessão, é proclamado pelo orientador.

Nas bancas de TCC, é cada dia mais comum a presença de três professores arguidores: o orientador e mais dois professores da mesma instituição.

10
Citação direta e indireta

> À pergunta por que ler vamos associar, a partir de agora, um novo elemento: trata-se do como ler. Se ler é uma forma de viver, se leitura do mundo e leitura da palavra estão umbilicalmente ligadas, uma complementando a outra, o como fazê-lo é uma forma de dar sentido à vida, ou melhor, de procurar os sentidos, ao invés de aceitá-los prontos (AMARAL *et al.*, 1994, p. 303).

1   DIALOGISMO

O conceito de dialogismo de Bakhtin serve-nos para a abertura deste capítulo em que trataremos de citações diretas e indiretas. Nossos enunciados não são originais: eles respondem a um já dito e provocam respostas, quer em termos de adesão, quer de recusa; em termos de aplausos ou de críticas, de concordâncias ou discordâncias. Bakhtin entendia que todo dizer orientava-se por um já dito, bem como para uma resposta, enfim que todo dizer é internamente dialogizado. Para Faraco (2017, p. 66), com base nesse conceito de dialogismo, todo enunciado é "entendido não mais como unidade da língua, mas como unidade da interação social; não como um complexo de relações entre palavras, mas como um complexo entre pessoas socialmente organizadas". E, pouco adiante, afirma que diálogo

> deve ser entendido como vasto espaço de luta entre as vozes sociais (uma espécie de guerra dos discursos), no qual atuam forças centrípetas (aquelas que buscam

impor certa centralização verbo-axiológica por sobre o plurilinguismo real) e *forças centrífugas* (aquelas que corroem continuamente as tendências centralizadoras, por meio de vários processos dialógicos tais como a paródia e o riso de qualquer natureza, a ironia, a polêmica explícita ou velada, a hibridização ou a reavaliação, a sobreposição de vozes etc.) (p. 69-70).

Todo pesquisador estabelece um diálogo com a produção científica anterior e provoca resposta da comunidade científica. Diálogo que se estabelece com a teoria que dá sustentação ao desenvolvimento do trabalho que empreende e com os autores que cita, quer de forma direta, transcrevendo textos, quer de forma indireta, parafraseando-os.

O dialogismo é o princípio constitutivo da linguagem, que se caracteriza de forma explícita ou implícita pela presença de vozes polêmicas ou contratuais em um discurso. O dialogismo se constitui em espaço de interação do eu com o outro, de um texto com outros textos.

A **heterogeneidade** discursiva pode ser **constitutiva** ou **mostrada** (cf. AUTHIER-RE-VUZ, 1990). Se **constitutiva**, não se mostra explicitamente; é notada pela memória discursiva de uma formação discursiva. Todo discurso é tecido de outros discursos. Às vezes, há a dissimulação da presença do outro discurso (outra voz), mas ele está sempre presente. Não se pode falar em originalidade total de nenhum discurso. Somos seres clivados: quando falamos, fala também o outro. Nossos discursos dialogam com outros discursos. Se **mostrada**, distinguem-se formas não marcadas e formas marcadas ou explícitas. As formas não marcadas podem ser identificadas graças à cultura do leitor (coenunciador); são elas: as alusões, a ironia, o pastiche. As formas marcadas são assinaladas de forma explícita, por meio de discurso direto, discurso indireto e discurso indireto livre, uso de aspas, comentários (glosas) (cf. MAINGUENEAU, 1998, p. 78-80). São marcas linguísticas: "fulano disse..."; "conforme fulano"; "de acordo com fulano". Outras marcas linguísticas: uso de aspas, recuo de um texto em relação à margem lateral esquerda, uso de *itálico*, **bold**, fonte e espaço interlinear reduzidos. Outras possibilidades de heterogeneidade mostrada são encontradas na ironia, na imitação, na pressuposição, na paródia. Quando se lê, por exemplo, "Nova canção do exílio" ("Um sabiá // na palmeira, longe. // Estas aves cantam // um outro canto" [ANDRADE, C.D., 1983, 180]) nossa memória recupera a "Canção do exílio", de Gonçalves Dias (1998, p. 105): "Minha terra tem palmeira, // Onde canta o Sabiá; // As aves, que aqui gorjeiam, // Não gorjeiam como lá". No poema de Gonçalves Dias, há uma epígrafe, estabelecendo um diálogo de Gonçalves Dias com Goethe: "Conheces o país onde florescem as laranjeiras? // Ardem na escura fronde os frutos de ouro... // Conhecê-lo? Para lá, para lá quisera eu ir!" (tradução de Manuel Bandeira. Disponível em: https://descomplica.com.br/blog/portugues/4-tipos--de-intertextualidade-que-voce-encontra-para-a-cancao-do-exilio-e-1-exemplo-de-como--isso-pode-ser-cobrado-no-enem/. Acesso em: 5 mar. 2018).

2   CONCEITO DE PARÁFRASE

Para Dubois *et al.* (1988, p. 453), "um enunciado A é denominado de *paráfrase* de um enunciado B se A contém a mesma informação que B, sendo, porém, mais longo. Pode-se, tam-

Cap. 10 • Citação direta e indireta   205

bém, dizer que a frase passiva é a paráfrase da frase ativa correspondente". Enfim, na paráfrase ocorre uma transformação formal que não acrescenta informação nova em relação à frase sobre a qual foi efetuada a transformação.

Por que parafrasear?

Mendonça (1987, p. IX), citando Pignatari, entende que

> informações de primeiro grau são informações complexas a que poucos têm acesso; para que cheguem a um número maior de pessoas, é preciso diluí-las, trocá-las em miúdo, embora com alguma perda. É uma forma de tradução, é uma forma de degrau para a informação superior.

O primeiro dado é de que os textos originais contêm informações complexas, que podem apresentar dificuldades de entendimento. Assim, a paráfrase tem como objetivo traduzir um texto complexo em linguagem mais acessível. A tradução, no entanto, acarreta a diluição do conhecimento, da informação nova, e isto provoca alguma perda. Não obstante isso, revela-se útil, porque é um degrau que se sobe para atingir a informação superior.

Parafrasear é, pois, traduzir as palavras de um texto por outras de sentido equivalente, mantendo, porém, o sentido original. A paráfrase inclui o desenvolvimento de um texto, o comentário, a explicitação, o resumo.

Sant'Anna (1985, p. 81), ocupando-se dos conceitos de paráfrase, estilização e apropriação,

> vê o jogo dos textos como uma técnica de infra e intertextualidade. Esse conceito explica muito melhor certos comportamentos num Manuel Bandeira e num Jorge de Lima, tirando a questão do enfoque velho que apenas falava de "fontes", "influências" e "plágios".

E, adiante, estendendo esses conceitos à literatura brasileira, afirma:

> Pode-se pensar a história da literatura brasileira e latino-americana como uma sucessão de três fases, dentro do que temos chamado de paráfrase, estilização e paródia. Há, efetivamente, um período onde predomina a imitação (até o século XVIII), um período romântico onde se introduz uma certa individualidade nacional, e um período moderno onde o processo criador atingiu maior autonomia.

> Em outros termos: o Brasil até o século XVIII viveu no domínio da paráfrase. Seja porque a episteme da imitação era predominante no mundo ocidental, seja porque o país fosse ainda imaturo para produzir obras mais individualizadas. Um segundo período ocorre no século XIX, uma espécie de descoberta da estilização. Nesse sentido, o Romantismo é um avanço. Sendo um período de valorização do indivíduo, do nacionalismo e do subjetivismo, propicia uma caracterização ou participação maior da literatura nacional. E, enfim, um terceiro período seria o parodístico, e coincidiria com os movimentos de vanguarda que em nossa cultura são representados em torno do Modernismo (1922). Um período crítico, autocrítico de nossa cultura, em que, tecnicamente, a paródia foi muito utilizada (p. 86).

206 **Redação científica** • *Medeiros*

3 TIPOS DE PARÁFRASE

Graduando as paráfrases, há as que se aproximam mais do texto original e aquelas que dele se distanciam. Num extremo, teríamos um grau de diferenciação mais próximo de zero; no extremo oposto da escala, encontramos o comentário apreciativo, o juízo valorativo a respeito de um texto. Intermediando os dois extremos há o resumo.

A **reprodução parafrástica** consiste em repetir com outras palavras o sentido do texto original. Nesse caso, pode-se, por exemplo, optar por converter as frases negativas em afirmativas de igual valor, ou voz passiva em voz ativa. Por exemplo:

> Se posso prever tudo o que uma pessoa me vai dizer, a mensagem é totalmente redundante e eu posso abster-me de a ouvir ou ela de o dizer; ao contrário, se nada posso prever do que ela me vai dizer – caso alguém que se dirigisse a mim numa língua que desconheço completamente – a comunicação também é impossível. Em ambos os casos não há possibilidade de intercâmbio de informação (PIGNATARI, 1988b, p. 52).

Substituindo os vocábulos por outros de sentido equivalente, o texto ficaria assim:

> Quando se pode prever tudo aquilo que uma pessoa vai falar, o conteúdo de sua exposição é inteiramente redundante e eu posso deixar de prestar-lhe atenção ou ela de o dizer; diferentemente, se não posso conjecturar nada do que ela vai falar-me – caso alguma pessoa se dirigisse a mim num idioma que não conheço totalmente – a comunicação não é possível. Nos dois casos, temos obstáculo ao intercâmbio de informação.

Agora, substituindo voz passiva por voz ativa:

> Nesse quinto equívoco, o gênero é reduzido a uma sequência ou tipo textual [...] em que o tipo descritivo é "conceituado" como um gênero.
>
> No exemplo, o "gênero descritivo" é definido, ao mesmo tempo, como "ação de descrever" e como "ato de narrar", gerando uma confusão conceitual difícil de resolver (BEZERRA, 2017, p. 43).

Podemos ter como resultado:

> Para Bezerra (2017, p. 43), reduzir gênero a uma sequência ou tipo textual é um equívoco. A definição de "gênero descritivo" como "ação de descrever" e como "ato de narrar" gera confusão conceitual de difícil solução.

Como se pode verificar pelo exemplo, a citação indireta, ou citação parafraseada, implica a citação da fonte: optamos, na citação direta, por apresentar as referências bibliográficas no final do texto citado; na paráfrase (citação indireta), nós a citamos logo no início. Todavia, é possível também inverter essa disposição:

> Bezerra (2017, p. 43), discorrendo sobre o equívoco de reduzir o tipo textual descritivo a gênero descritivo, afirma: "O 'gênero descritivo' é definido, ao mesmo tempo, como 'ação de descrever' e como 'ato de narrar', gerando uma confusão conceitual difícil de resolver."

Na paráfrase, temos:

Não confundamos tipo descritivo com gênero. A definição de "gênero descritivo" como "ação de descrever" e como "ato de narrar" gera confusão conceitual de difícil solução (cf. BEZERRA, 2017, p. 43).

A **nominalização** também é um processo parafrástico:

> O pesquisador publicou um livro que foi comemorado pelos amigos.
> A publicação de um livro do pesquisador foi comemorada pelos amigos.

O **comentário explicativo,** ou explicitação de um sentido, desenvolve conceitos, argumenta, busca esclarecer o que pode ser motivo de obscuridade. Aqui, o enunciador busca explicitar o que está implícito; faz deduções, mostra o que está subentendido. Suponhamos o seguinte texto:

> O apogeu já é decadência, porque sendo estagnação não pode conter em si um progresso, uma evolução ascensional. Bilac representa uma fase destrutiva da poesia, porque toda perfeição em arte significa destruição (M. ANDRADE, 1976, p. 32).

A explanação do sentido contido no texto seria:

> Se o apogeu é considerado o último degrau de uma escada, a partir do momento em que é alcançado, passa-se à estagnação, que é índice de deterioração, ou inicia-se o processo de declínio. A poesia parnasiana, que alcançou em Bilac um defensor máximo, representa uma estética literária que, levada às últimas consequências, destrói o poético. Mário de Andrade revela-se cuidadoso para não ferir susceptibilidades: considera Bilac um poeta rigoroso quanto aos princípios parnasianos, mas acrescenta que, chegando a esse limite, a poesia retorna de sua caminhada, na busca de outros elementos que a faz poética. E seu principal ingrediente acaba revelando-se a dinamicidade da procura.

O **desenvolvimento,** ou **amplificação do sentido de um texto**, consiste em reescrevê--lo, adicionando exemplos, pormenores, comparações, contrastes, exposição de causa e efeitos, definição dos termos utilizados. Suponhamos:

> Marcela morria de amores pelo Xavier. Não morria, vivia. Viver não é a mesma cousa que morrer; assim o afirmam todos os joalheiros deste mundo, gente muito vista na gramática. Bons joalheiros, que seria do amor se não fossem os vossos dixes e fiados? Um terço ou um quinto do universal comércio dos corações (ASSIS, 1979, v. 1, p. 536).

Um possível desenvolvimento do texto seria:

> A ironia machadiana leva o leitor acostumado aos romances da linha romântica, ou sentimentaloides, a refletir sobre o que se esconde, muitas vezes, atrás de certas manifestações ditas amorosas. Desvenda as intenções humanas e mostra o mercantilismo que pode estar presente nas relações afetivas. *Dixe* é joia, enfeite, ornamento de ouro ou pedraria. Machado, já no século XX, critica "amores" que se apoiam em trocas mercantis. Sem o comércio de joias e pedras preciosas, sem o crédito para a aquisição de tais produtos, o amor em que pé estaria? Como seria? Não esquece o autor também de apresentar ataque aos gramáticos que, provavelmente, implicavam com a expressão *morrer de amor* (tal como alguns nos tempos modernos se recusam a aceitar *correr risco de vida* e prescrevem *correr risco de morrer*, deixando de ver implícito na primeira expressão o verbo *perder: correr risco de*

208 **Redação científica** • *Medeiros*

perder a vida). Então, assevera: "assim o afirmam todos os joalheiros deste mundo, gente muito vista na gramática", expressão que pode ser entendida ironicamente como: gramáticos querem, como se fosse possível, lapidar a língua como fazem os joalheiros com o objeto de seu trabalho.

O **resumo**, forma por excelência de paráfrase, é objeto do Capítulo 6 deste livro.

A **paródia**, segundo Massaud Moisés (1985a, p. 388), é o nome que se dá a toda composição literária que imita o tema ou a forma de uma obra séria, quer explorando aspectos cômicos, quer expondo aspectos satíricos. Seu objetivo é ridicularizar um estilo ou uma tendência dominante.

Para Hutcheon (1989, p. 48), analisando o conceito de paródia, o prefixo *para* tem dois significados, mas apenas um deles é mencionado costumeiramente: o de *contra* ou *oposição*. Assim, a paródia contrasta os textos, ela os coloca em oposição. Daí o sentido de *ridículo* em que um texto é confrontado com outro para zombar dele, caricaturá-lo. O prefixo *para*, entretanto, também significa *ao longo de* e, portanto, remete à noção de *acordo* ou *intimidade*. Daí afirmar que "nada existe em *paródia* que necessite da inclusão de um conceito de ridículo, como existe, por exemplo, na piada, ou *burla*".

É, pois, a paródia repetição com diferença. A distância entre uma obra e outra é assinalada pela ironia. Por isso, ela é transformadora em seu relacionamento com outros textos e permite ver (ouvir) o discurso que foi silenciado, já que faz uma leitura do viés, do que se deixou de dizer, do que poderia ter sido dito, mas não se disse.

Além disso, a paródia é "uma forma de imitação caracterizada por uma inversão irônica, nem sempre às custas do texto parodiado" (HUTCHEON, 1989, p. 17). A autora citada apresenta um exemplo de paródia na escultura: a *Pietà*,[1] de Max Ernst, seria uma inversão edipiana da escultura de Miguel Ângelo: o pai, petrificado, ampara o filho nos braços; diferente, pois, da escultura italiana original,[2] em que a mãe viva segura o filho morto.

Assim, a paródia é repetição, mas repetição com diferença e distanciamento crítico. A ironia da paródia pode ser depreciativa, ou criticamente construtiva, ou destrutiva. Distinta, portanto, da sátira que apenas distorce, deprecia, fere. A paródia, ao duplicar o texto, tem em vista assinalar dessemelhanças; difere, por conseguinte, do *pasticho*, da alusão, da citação direta (HUTCHEON, 1989, p. 73).

Dom Quixote, de Cervantes, é um exemplo clássico de paródia na literatura. A "Canção do exílio", de Gonçalves Dias, foi parodiada por Oswald de Andrade ("Canto de regresso à pátria") e por Murilo Mendes ("Canção do exílio"). Em "Canção do exílio", de Casimiro de Abreu, ocorre paráfrase, enquanto em Chico Buarque de Holanda e Antônio Carlos Jobim ("Sabiá") ocorre estilização.[3] Há em todos esses conceitos contiguidade de significantes.

---

1 *Pietà or Revolution of night*, de Max Ernst. Disponível em: http://www.greynotgrey.com/blog/2012/06/17/happy-fathers-day-max-ernst-pieta-or-revolution-by-night/. Acesso em: 6 mar. 2018.

2 Pietà, de Michelangelo. Disponível em: http://www.guiageo-europa.com/vaticano/pieta.htm. Acesso em: 6 mar. 2018.

3 Todos esses textos estão disponíveis em: https://blogdojeffrossi.blogspot.com.br/2015/02/15-parodias-eou--versoes-do-poema-cancao.html. Acesso em: 6 mar. 2018.

Cap. 10 • Citação direta e indireta 209

O emprego de uma palavra evoca os empregos precedentes, e, por meio deles, contextos precedentes. Na literatura, certas palavras são identificadas com correntes literárias, épocas ou autores. Uma palavra marcada por um contexto precedente, ou por uma marca estilística de um autor, dá origem a uma **estilização**. Se há contraste, inversão de sentido, ocorre **paródia**. Diferentemente, na **paráfrase** há apenas troca de palavras por outras de sentido equivalente e alterações na estrutura fraseológica.

A paródia não é exclusiva da literatura e das artes plásticas. Ela pode aparecer em qualquer manifestação cultural. Por exemplo, em cena de *Os intocáveis*, de Brian de Palma, é nítida a intenção parodística: uma mãe desce uma escadaria com um carrinho de bebê. Cena semelhante ocorre em *O encouraçado Potemkin*, de Sergei Eisenstein. Enquanto neste a cena salienta a estupidez do conflito entre marinheiros e a força do Czar, em *Os intocáveis*, a cena ressalta a estupidez da violência urbana. A violência está cada dia mais perto do homem e atinge-o desde a mais tenra idade.

Feitos esses comentários sobre paráfrase e paródia, podemos concluir esta seção afirmando que a redação de trabalhos científicos não se fixa na transcrição contínua; daí a necessidade de o redator valer-se da paráfrase ou da paródia para expor sentidos já constantes de outros textos. Citar faz parte de qualquer trabalho de pesquisa, mas transcrever quando é possível parafrasear pode revelar incúria, desleixo, negligência da parte do pesquisador. O trabalho científico (artigo científico, dissertação de mestrado, tese de doutorado etc.) também não pode reduzir-se a uma colcha de retalhos, a um amontoado de transcrições diretas (citações). Outro defeito grave seria a apropriação de textos alheios. É plágio, é antiético transcrever textos alheios ou parafraseá-los sem identificar sua fonte.

4 APRESENTAÇÃO DE CITAÇÃO DIRETA E INDIRETA: NBR 10520:2002

Para a NBR 10520:2002, citação é "menção de uma informação extraída de outra fonte" (n. 3.1). A mesma norma define também citação direta como: "transcrição textual de parte da obra do autor consultado" (n. 3.3) e citação indireta como: "texto *baseado* na obra do autor consultado" (n. 3.4; destaque nosso). Finalmente, temos a citação de citação, que é a "citação direta ou indireta de um texto em que não se teve acesso ao original" (n. 3.2).

Citação é um argumento de autoridade. Todavia, não é recheando o texto com inúmeras citações, que logo são abandonadas, sem delas aproveitar na análise, que se dá consistência à argumentação. Bancas de arguição de mestrado e doutorado salientam comumente esse defeito nos trabalhos examinados: uso de teorias que se opõem, sem a percepção do pesquisador; citações múltiplas que se contradizem, sem que se faça menção a suas divergências, diferença de sentido de determinado conceito, discrepância de pontos de vista. Além disso, ao final, não é possível entender a tese que o autor da pesquisa quer defender. Nesse sentido, Demo (2015b, p. 40-41) argumenta:

210 **Redação científica** • *Medeiros*

Uma obra é considerada científica muitas vezes à revelia dos critérios internos, apenas porque satisfaz à expectativa ideológica ou coloca-se como sustentação da opinião dominante.

Principalmente em ciências sociais, que são marcadas pela ideologia de forma intrínseca, a vigência da opinião dominante é um fato marcante. [...]
A intersubjetividade cobre, assim, uma série de fenômenos importantes. O mais destacado certamente é o *argumento de autoridade,* que traduz com muita propriedade a questão do débito social da ciência. A autoridade, em si, não é argumento algum. Um enunciado não pode ser científico por causa da boca que o pronuncia. Todavia, sabemos que a importância atribuída a certas teorias está muito mais em função de seus donos do que de critérios internos de cientificidade. É nesse sentido que muitos abusam de *citações* de autores que imaginam célebres e capazes de ajudar a convencer o leitor. Na verdade, a citação é importante no sentido de permitir ao leitor refazer criticamente o roteiro de construção científica seguido pelo autor, ou de facilitar a cobertura do tema de vários ângulos, ou de explorar potencialidades outras em autores geralmente vistos em uma direção já notória, e assim por diante. Um trabalho sem citação pode ser tão científico quanto outro abarrotado delas. Um trabalho sem citação é apenas mais pobre em referência à discussão circundante do tema.

A maioria, porém, dos autores esconde-se atrás de citações, procurando uma proteção que temem não poder transmitir por próprias palavras. Recaem no argumento de autoridade, que, embora sendo talvez o mais vigente, é também o que menos comprova. *Não se pode confundir argumento de autoridade com autoridade do argumento*, ou seja, muitos autores são considerados autoridade porque dispõem de fato de uma obra científica. Sua citação faz sentido, porque se recorre a alguém que na respectiva temática mostrou argumentação respeitável [destaque nosso].

Trabalhos científicos podem passar ao largo de ciitações constituídas de assuntos sobejamente divulgados, de domínio público, bem como retiradas de obras didáticas.

As citações, como já dissemos, podem ser diretas ou indiretas. As primeiras são transpostas para o texto tal como se apresentam na fonte. São transcrições literais. As segundas mantêm o conteúdo do texto original, mas são reescritas com outras palavras, são parafraseadas; podem apresentar-se na forma de um resumo das ideias apresentadas no texto citado, ou em forma de comentário, de crítica. A NBR 10520:2002, no parágrafo 3.4, assim a define: "Texto baseado na obra do autor consultado". Como não se trata de transcrição literal, mas de uma paráfrase, não se usam aspas para esse tipo de citação.

A citação indireta pode ser constituída de forma genérica ou de forma precisa. Quando nos referimos a um ponto de vista defendido em toda uma obra, utilizamos a referência genérica e, nesse caso, se utilizamos o sistema autor-data, indicamos apenas o autor (sobrenome) e ano. Se, todavia, a referência é específica a uma página, indicamos autor (sobrenome), ano e página. Suponhamos que estamos fazendo referência genérica ao livro *A arte de ler* de Michèle Petit:

A capacidade de produzir sentido é intrínseca ao exercício da leitura (PETIT, 2017).
Para Petit (2017), a capacidade de produzir sentido é intrínseca ao exercício da leitura.

Quando, porém, nos referimos a uma página específica, mesmo que seja uma citação indireta, a remissão é feita com autor (sobrenome no sistema autor-data), ano, página:

> Considerada como uma arte que se transmite, mais do que se ensina, a leitura tem grande importância na construção não só de conhecimentos, mas de nós mesmos (cf. PETIT, 2017, p. 23).

Se nos referirmos a mais de uma obra de um autor, onde apresenta as mesmas ideias, o ano das obras é separado por vírgulas. Suponhamos que estamos nos referindo ao conceito de *formação discursiva* de Eni Puccinelli Orlandi, que aparece, por exemplo em *Gestos de leitura* (2014) e em *Discurso e leitura* (2012). Se se tratar de citação indireta genérica, temos:

> No conceito de formação discursiva, Puccinelli (2012, 2014) salienta que ela ultrapassa as posições estritas do estruturalismo; elas são atravessadas pelas diferenças e contradições e guardam a perspectiva não conteudística em relação ao sentido, ao sujeito e à história.

Se, no entanto, se tratar de uma paráfrase de um trecho específico, temos:

> As formações discursivas compõem as formações ideológicas; são elas que determinam o que se pode ou não dizer em determinadas situações (PUCCINELLI, 2012, p. 23, 2014, p. 12-13).

Em ambos os casos, a ordem dos anos é da mais antiga para a mais atual e as informações são separadas por vírgula. Se, todavia, forem relacionados simultaneamente diversos textos de vários autores, usa-se ponto e vírgula para separar as informações bibliográficas e os sobrenomes são ordenados alfabeticamente (parágrafo 6.1.5 da NBR 10520:2002):

> No processo de organização do texto, é fundamental o conhecimento dos articuladores argumentativos (cf. GUIMARÃES, 2013, p. 150 s; KOCH, 2015, p. 163 s, 2017, p. 101 s).

A norma faz ainda referência a dados obtidos de palestras, debates, comunicações etc. Nesse caso, indica-se "entre parênteses, a expressão informação verbal, mencionando-se os dados disponíveis, em nota de rodapé" (n. 5.5).

5   SISTEMAS DE CHAMADA

As citações podem aparecer no texto (sistema autor-data) ou em notas que podem aparecer em rodapé, ao final de um capítulo, parte, todo o texto.

As citações, sejam diretas sejam indiretas, exigem cuidados elementares com relação à elaboração da referência à fonte. A falta de rigor com relação a esse pormenor pode levar um trabalho científico a não alcançar resultado satisfatório, ainda que criterioso com relação à pesquisa científica propriamente dita.

5.1 Sistema autor-data

Para evitar a repetição de notas, utiliza-se modernamente o sistema autor-data. Para a norma:

212 **Redação científica** • *Medeiros*

> Nas citações, as chamadas pelo sobrenome do autor, pela instituição responsável ou título incluído na sentença devem ser em letras maiúsculas e minúsculas e, quando estiverem entre parênteses, devem ser em letras maiúsculas (n. 5).

Por meio dessas informações, o leitor, recorrendo às referências (bibliografia), obtém as informações bibliográficas completas, como nome do autor, título da obra, edição, local, ano de publicação. Nesse caso, há economia de tempo de elaboração do trabalho e de papel, bem como se evitam desencontro de informações e confusões ortográficas, porque a citação completa aparece apenas uma vez, ao final do trabalho.

Cuidado nas transcrições indica rigor na execução do trabalho. Transcrições criteriosas não inventam nada, não alteram a pontuação do texto citado, não trocam palavras por outras de sentido equivalente (como se quisesse "melhorar" o texto original), nem omitem informações que distorçam o sentido do autor citado. Um pesquisador descuidado em suas citações pode pôr a perder sua pesquisa, ou conquistar arguições de fortes emoções da banca arguidora, ou ter seu artigo científico recusado por parte dos pareceristas, justamente pelo desleixo nas citações. Acrescente-se: é sempre oportuno contextualizar as citações, dizer o que o autor trata na oportunidade do texto citado. Sem a contextualização, uma citação pode afirmar algo muito diferente do sentido original.

Nas citações em que se utiliza o sistema autor-data, em que as entradas são feitas pelo sobrenome do autor, pelo nome da instituição responsável ou até mesmo pelo título incluído na sentença, essas informações, graficamente, são apresentadas de duas formas se o sobrenome do autor (ou nome da instituição responsável, ou título) estiver dentro dos parênteses, ele será escrito com letras maiúsculas; se fizer parte do parágrafo e estiver, portanto, fora dos parênteses, será escrito com letras maiúsculas e minúsculas. Exemplo (sobrenome dentro dos parênteses):

> Tolstói não nos revela quais são os sentimentos de Anna enquanto ela viaja no trem para São Petersburgo. Ao invés disso, pinta quadros que nos ajudam a sentir essas emoções: a neve visível da janela à esquerda, a atividade no compartimento, o tempo frio e por aí afora. Descreve como Anna tira o romance da maleta vermelha e como, com suas mãozinhas, coloca uma almofada no colo. Depois descreve as pessoas que se encontram no compartimento. E é então que nós, leitores, compreendemos que Anna não consegue concentrar-se no livro, que levantou a cabeça da página e que está prestando atenção nas pessoas que se encontram no compartimento – e, transformando mentalmente as palavras de Tolstói para criar as imagens que Anna está vendo, sentimos suas emoções (PAMUC, 2011, p. 77).

Se o sobrenome fizer parte do enunciado, ele é escrito apenas com a inicial maiúscula. Temos então:

> Para Pamuc (2011, p. 77),

> Tolstói não nos revela quais são os sentimentos de Anna enquanto ela viaja no trem para São Petersburgo. [...] . E é então que nós, leitores, compreendemos que Anna não consegue concentrar-se no livro, que levantou a cabeça da página e que está prestando atenção nas pessoas que se encontram no compartimento – e, transformando mentalmente as palavras de Tolstói para criar as imagens que Anna está vendo, sentimos suas emoções.

> Conforme Orlandi (1999, p. 117), ...

Cap. 10 • Citação direta e indireta   213

Segundo Fiorin (1989, p. 72), ...

Nesses casos, citamos um trecho de página específica de obra consultada. Às vezes, no entanto, em citações indiretas, não queremos evidenciar uma página e nos referir a toda a obra; indicamos então apenas autor (fora dos parênteses) e ano (dentro dos parênteses), informações que possibilitam ao leitor localizar a obra nas referências bibliográficas. Suponhamos:

> À maneira de Forster, em seu *Aspectos do romance*, Pamuc (2011) nos fala sobre a arte do romance. O livro é composto de conferências que realizou na Universidade de Harvard. Nele vamos verificar que no centro da arte do romance está a habilidade do autor de pintar com palavras quadros que produzam sensações e sentimentos no leitor.

A seguir contemplamos outras especificações estabelecidas pela NBR 10520:2002:

1. Citação de obra de **um autor**. Usa-se apenas o último sobrenome:

   > Segundo Koch (2005, p. 121), "a progressão textual (sequenciação) diz respeito aos procedimentos linguísticos por meio dos quais se estabelecem [...] diversos tipos de relações semânticas [...] à medida que faz o texto progredir".

   Nesse caso, temos sobrenome do autor, ou nome de entidade responsável até o primeiro sinal de pontuação, seguido da data de publicação do documento e da página da citação direta, separados por vírgula entre parênteses. Exemplos:

   No texto:

   > O direito de retirada nas sociedades limitadas encontra-se atualmente previsto no art. 1.077 do novo Código Civil (FONSECA, 2005, p. 24).

   Na lista de referências bibliográficas, ao final do texto:

   > FONSECA, Priscila M. P. Corrêa da. *Dissolução parcial, retirada e exclusão de sócio no novo Código Civil*. 3. ed. São Paulo: Atlas, 2005.

2. Citação de obra de **dois autores** tem os sobrenomes separados por ponto e vírgula:

   > (BITTAR; ALMEIDA, 2004, p. 23)

   Fora dos parênteses, utilizamos vírgula para separar os sobrenomes:

   > Como afirmam Bittar e Almeida (2004, p. 23), ...

3. Citações indiretas de **várias obras de um mesmo autor** (ou seja, vários autores com a mesma ideia), publicados em anos diferentes e mencionados simultaneamente, têm as datas separadas por vírgula. Supondo referência genérica:

   > (OLIVEIRA, 2002, 2006)

214 **Redação científica** • *Medeiros*

(SANTOS; OLIVEIRA; PESSOA, 2001, 2002, 2003)[4]
(QUEIRÓS; NEGRÃO, 2003)

Supondo referência a página específica:

Sousa (2002, p. 99), Alves e Oliveira (2003, p. 53) e Silva (2004, p. 66) entendem que...

4. Citações indiretas de diversas obras de vários autores, mencionados simultaneamente, são separadas por ponto e vírgula; os sobrenomes aparecem em ordem alfabética. Exemplo:

(OLIVEIRA, 2002; PEREIRA, 1989; SILVA, 2001)

5. Se houver coincidência de sobrenomes, acrescentam-se as iniciais de seus prenomes. Se as letras iniciais dos prenomes coincidirem, escrevem-se os prenomes por extenso:

(DINAMARCO, P. S., 2004, p. 536).
(DINAMARCO, M. C. A., 2004, p. 32).
(DINAMARCO, C. R., 1986, p. 33).
(SILVA, J., 2004, p. 21).
(SILVA, M., 2004, p. 57).
(OLIVEIRA, A., 2006)
(OLIVEIRA, N., 2006)
(SOUSA, José, 2004).
(SOUSA, João, 2004).

A incompetência relativa do juízo deprecado não pode servir de fundamento para devolver-se a carta sem cumprimento (DINAMARCO, P. S. *In*: MARCATO, 2004, p. 535).

Afirma-se que a ação rescisória serve como fator de equilíbrio, pois dá oportunidade à parte, tal qual os recursos, de se insurgir contra as decisões visando ao aprimoramento destas e à eliminação quase exauriente das injustiças (DINAMARCO, M. C. A., 2004, p. 32).

6. Citação de obra de **três autores**, tal como a de dois autores, tem os sobrenomes separados por ponto e vírgula:

(ELIACHEVITH; NOLDE; TAGER, 1930, p. 45)

Fora dos parênteses, temos vírgula e conjunção aditiva (*e*) separando o último sobrenome do anterior:

Como afirmam Eliachevith, Nolde e Tager (1930, p. 45), ...

---

4   Nesse caso, o exemplo contempla uma obra de vários autores.

Cap. 10 • Citação direta e indireta   215

7. Citação de obra de mais de **três autores**: cita-se apenas o sobrenome do primeiro autor, seguindo da expressão latina *et al.*, que significa *e outros*:

"............." (CUNHA *et al.*, 1980, p. 55).

No texto, fora dos parênteses:

Informam Cunha *et al.* (1980, p. 55)...

Embora os nomes dos autores sejam: L. Veiga da Cunha, A. Santos Gonçalves, V. Alves Figueira e Mário Lino, apenas o primeiro sobrenome é expresso. Na lista de referências bibliográfica, ao sobrenome do primeiro autor é acrescentado seu nome:

CUNHA, L. Veiga *et al. A gestão da água: princípios e sua aplicação em Portugal.* Lisboa: Fundação Calouste Gulbenkian, 2002.

Nesse tipo de citação com mais de um autor, redobram-se os cuidados com a concordância verbal (*informam* e não *informa*, porque o sujeito é composto: há mais de um autor).

8. Uma entidade pode constituir-se em autora:

"..................." (FACULDADE DE LETRAS DA UNIVERSIDADE DE SÃO PAULO, 2004, p. 21).
"............." (SECRETARIA DE NEGÓCIOS JURÍDICOS DA PREFEITURA DO MUNICÍPIO DE SÃO PAULO, 1992, p. 21).

9. No caso de **obras sem indicação de autoria** ou responsabilidade, usam-se a primeira palavra do título seguida de reticências, data de publicação e página da citação. Exemplo:

No texto:

Todas essas regras deverão ser observadas no caso de recuperação da empresa (ANTEPROJETO..., 2006, p. 33).

Na lista de referências:

ANTEPROJETO de lei. *Conjunto de leis*, Brasília, DF, nº 11, p. 33, mar. 2006.

10. Quando não temos autoria, fazemos a citação pela "pela primeira palavra do título seguida de reticências [...], seguida da data de publicação do documento e da(s) página(s) da citação, no caso de citação direta, separados por vírgula e entre parênteses" (n. 6.3, letra *b* da NBR). Se o título se inicia por artigo definido ou indefinido, este é incluído na indicação da fonte. Exemplo:

No texto:

Não era para tanto, segundo o senador Fulano de Tal (AS DISCUSSÕES..., 2006, p. 7).

216 **Redação científica** • *Medeiros*

Na lista de referências:

AS DISCUSSÕES legislativas. *Folha de S. Paulo*, São Paulo, p. 7, 5 maio 2006.

11. Pela norma da ABNT, o sobrenome é sempre simples, mas é comum em autores da área do Direito o uso dos nomes pelos quais são conhecidos:

> Os contratos de casamento babilônicos eram realizados em razão de acordo entre o futuro marido ou seus pais e os pais da futura esposa, com a entrega de uma soma em dinheiro, chamada *tirhatu*, que marcava o início de uma primeira fase da realização matrimonial (ÁLVARO VILLAÇA, 2004, p. 30).

12. Citação de vários textos de um mesmo autor, mas sem especificar página:

> Ao tratar de aspectos sociocognitivos em suas obras, Koch (KOCH, 1996, 2005, 2015)...

13. Citação de mais de uma obra de um mesmo autor, mas com especificação da página consultada:

> Koch (1996, p. 34, 2005, p. 107) afirma que...

> A ordem das obras citadas é da mais antiga para a mais atual:

> Afirma Demo (2012, 2014, 2015) que...

14. Em citações de diferentes obras de um mesmo autor, publicadas num mesmo ano, são usadas, para distingui-las, letras minúsculas (conforme a lista de referência) após a data de publicação e sem espacejamento:

> ... afirma Mirabete (2003a, p. 199).
> ... afirma Mirabete (2003b, p. 201)
> "................." (SOARES, 2004a)
> "................." (SOARES, 2004b)

15. Na citação direta, são indicados o volume (se houver) e a página da fonte consultada. Estas informações são postas depois da data de publicação da obra, separadas por vírgula e precedidas pela abreviatura do termo que as caracteriza (v., p.). Exemplo:

> (SOBRENOME, 2006, v. 2, p. 78-79)
> "............" (MIRABETE, 2003, v. 1, p. 101).

O número do volume é grafado em algarismo arábico (não importa se na obra ele aparece em algarismo romano), a abreviatura de página e o número da página em que se encontra o texto original. Também com relação ao número de página, esclarecemos: os números, mesmo que idênticos, devem ser repetidos:

> p. 120-121 (e não 120-1)
> p. 205-206 (e não 205-6)

Se a referência incluir a(s) página(s) seguinte(s), temos:

Mirabete (2003, p. 121 s)
"........." (MIRABETE, 2003, p. 121 s)

Não se pluraliza a abreviatura de seguintes (ss) nem se usa ponto nela. Há apenas uma forma para o singular e para o plural.

16. As citações diretas de até três linhas são contidas por aspas duplas. As aspas simples servem para indicar citação no interior de citação. Exemplo:

Afirma Orlandi (1999, p. 42) que "as palavras mudam de sentido segundo as posições daqueles que as empregam".

17. As citações diretas com mais de três linhas são destacadas com recuo de 4 cm da margem esquerda, são grafadas com fonte menor que a do texto utilizado e sem aspas. A norma não faz referência ao espaço interlinear, mas é comum nesse tipo de citação *espaço interlinear reduzido* (no Word, 1,0). Exemplo:

A linguagem não é constituída apenas pela mensagem:

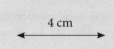

Os dizeres não são, como dissemos, apenas mensagens a serem decodificadas. São efeitos de sentidos que são produzidos em condições determinadas e que estão de alguma forma presentes no modo como se diz, deixando vestígios que o analista de discurso tem de apreender. São pistas que ele aprende a seguir para compreender os sentidos aí produzidos, pondo em relação o dizer com sua exterioridade, suas condições de produção. Esses sentidos têm a ver com o que é dito ali mas também em outros lugares, assim como com o que não é dito, e com o que poderia ser dito e não foi. Desse modo, as margens do dizer, do texto, também fazem parte dele (ORLANDI, 1999, p. 30).

18. Interpolações e comentários são indicados entre colchetes; para a supressão usamos reticências dentro de colchetes [...]. Destaques são indicados, em geral, com *itálico*, e informa-se ao leitor que se trata de um destaque que não consta do original. Destaques em **bold** ou sublinha também podem ser usados. Exemplos:

O sentido de um texto, qualquer que seja a situação comunicativa, não depende tão somente da estrutura textual em si mesma (daí a metáfora do texto como um iceberg). *Os objetos de discurso a que o texto faz referência são apresentados em grande parte de forma lacunar, permanecendo muita coisa implícita.* O produtor do texto pressupõe da parte do leitor/ouvinte conhecimentos textuais, situacionais e enciclopédicos e, orientando-se pelo Princípio da Economia, não explicita as informações consideradas redundantes. Ou seja, visto que não existem textos totalmente explícitos, o produtor de um texto necessita proceder ao "balanceamento" do que necessita ser explicitado textualmente e do que

218 **Redação científica** • *Medeiros*

pode permanecer implícito, por ser recuperável via inferenciação. [...] Na verdade, é este o grande segredo do locutor competente (KOCH, 2015, p. 35-36) (destaque nosso).

Outra expressão para indicar destaque que não consta no original é *grifo nosso,* embora na citação se use itálico, ou seja, a expressão *grifo nosso* significa *destaque nosso:*

O perito tem o dever de cumprir o ofício que lhe foi conferido no prazo designado pelo juiz. *Pode*, todavia, escusar-se do encargo alegando motivo legítimo, ou *pode* ser recusado pelas partes por impedimento ou suspeição (CPC, 423) (ROMAR, 2005, p. 132, grifo nosso).

Se o destaque for do autor:

A *inspeção judicial* é uma diligência processual realizada pelo juiz, de ofício ou a requerimento da parte, com o intuito de esclarecer fatos que interessem à solução do litígio, mediante uma verificação direta em pessoas ou coisas (ROMAR, 2005, p. 133, destaque do autor).

A norma estabelece que se use *grifo do autor* (ou outra expressão equivalente, como *destaque do autor*) se o destaque já fizer parte da obra consultada (n. 5.7), mas é mais comum a ocorrência dessa indicação apenas quando o destaque foi introduzido pelo citador.

19. Se a informação provém de palestras, debates, comunicações, indica-se entre parênteses a informação verbal, mencionando-se as informações disponíveis em nota de rodapé. Exemplo:

Variadas partes do Código Civil de 2002 apresentam tratamento diferenciado na exposição da lei, provavelmente por obra de sucessivas revisões ou de revisores diferentes das diferentes partes (informação verbal).[1]

No rodapé:

[1] Afirmação do Prof. Manoel de Almeida em aula inaugural na Faculdade de Direito X, em São Paulo, em maio de 2018.

20. Trabalhos citados que ainda não conheceram publicação são referenciados da forma seguinte:

No texto:

O mais solene dos atos é o casamento (em fase de elaboração).[1]

No rodapé:

[1] *Dos fatos jurídicos*, de autoria de Manoel de Almeida, a ser editado pela Editora X, 2018.

21. Se a citação incluir texto traduzido pelo pesquisador, introduz-se, depois da chamada da citação, a expressão *tradução nossa*, entre parênteses. Exemplo:

Giuseppe Ferri afirma: "Todavia, não sendo na sociedade de pessoas um órgão de assembleia, não é preciso uma deliberação formal, mas é suficiente que a determinação corresponda à vontade da maior parte dos sócios" (FERRI, 1971, v. 10, p. 230-231, tradução nossa).

22. Não se misturam sistemas de chamada. Se se inicia com o sistema autor-data, segue-se com ele até o final da redação do texto da pesquisa. Da mesma forma, se se utiliza inicialmente com o sistema numérico, segue-se com ele até o fim do trabalho. Afirma a norma em 6.1: "Qualquer que seja o método adotado, deve ser seguido consistentemente ao longo de todo o trabalho, permitindo sua correlação na lista de referências ou em notas de rodapé." Constituem impropriedades os exemplos seguintes:

(SILVA, *op. cit.*),

(SILVA, *idem, ibidem*).

As expressões *op. cit.* e *idem, ibidem* não fazem parte do sistema autor-data, mas do sistema numérico.

5.2 Sistema numérico

Para a NBR 10520:2002, no sistema numérico

> a indicação da fonte é feita por uma numeração única e consecutiva, em algarismos arábicos, remetendo à lista de referências ao final do trabalho, do capítulo ou da parte, na mesma ordem em que aparecem no texto. Não se inicia a numeração das citações a cada página.

Se se usam notas de rodapé, não há razão para repeti-las no final de capítulos, partes, todo o texto.

São as seguintes as normas estabelecidas pela NBR 10520:2002:

1. Como já exposto na citação da própria norma, as referências têm numeração única e consecutiva, em algarismos arábicos, para todo o capítulo ou parte. A ABNT não admite a numeração por página. Nesse sistema, remete-se a uma lista de referência ao final do capítulo, parte, ou toda a obra, na ordem em que aparecem no texto. Suponhamos que no texto haja:

   Afirma Gil que "nem sempre fica clara a distinção entre a pesquisa bibliográfica e a documental".[5]

2. Na lista de referências de notas, "a primeira citação de uma obra, em nota de rodapé [ou de final de capítulo, de parte ou de toda a obra], deve ter sua referência completa" (n. 7.1.1), ou seja, apresentar todos os elementos essenciais de uma nota bibliográfica: sobrenome e nome do autor, título da obra, edição, local, editora, ano, página.

   [5] GIL, Antonio Carlos. *Como elaborar projetos de pesquisa*. 4. ed. São Paulo: Atlas, 2002. p. 46.

220   **Redação científica** • *Medeiros*

3. A indicação da numeração é apresentada entre parênteses, alinhada ao texto, ou elevada como se fosse um número expoente, após a pontuação. Exemplos:

    Afirma Martins que "..........." (22)

    Afirma Martins que "..........."[22]

4. Ao final do capítulo, ou da parte, ou de toda a obra, são feitas as referências, com SOBRENOME DO AUTOR, [vírgula] Nome. [ponto]. *Título da obra.* [em itálico e ponto]. Local: [dois-pontos], Editora, [vírgula] ano da publicação. [ponto]. abreviatura de página [p.] e número da página. [ponto]. Exemplos:

    [21] BITTAR, Eduardo C. B.; ALMEIDA, Guilherme Assis de. *Curso de filosofia do direito.* São Paulo: Atlas, 2004. p. 53.

    [22] GRANZIERA, Maria Luiza Machado. *Direito de águas*: disciplina jurídica das águas doces. 2. ed. São Paulo: Atlas, 2003. p. 99.

    No segundo exemplo, temos uma obra com subtítulo; ele é precedido de dois-pontos e escrito em fonte normal, sem destaque. Depois do subtítulo, aparece a edição de forma abreviada (não se usa número ordinal e as edições são assinaladas apenas a partir da segunda).

5. Citações subsequentes de uma mesma obra são referenciadas de forma abreviada, com o uso de expressões latinas, que não recebem nenhum destaque (não se usa, por exemplo, itálico para grafá-las):

    a) Uso da expressão *idem* = mesmo autor – *Id.*:

    [11] KOCH, Ingedore G. Villaça. *Desvendando os segredos do texto.* São Paulo: Cortez, 2005. p. 45.
    [12] *Idem*, 2005, p. 77.
    [13] *Idem*, 1996, p. 27.

    Na nota 13, aparece o ano da publicação de outro livro da autora citada na nota 11. A referência completa desse livro pode ter sido apresentada em nota anterior, por exemplo, na nota 9.

    [9] KOCH, Ingedore Villaça. *A coesão textual.* São Paulo: Contexto, 1996. p. 30.

    b) Uso da expressão ibidem = na mesma obra – Ibid.:

    [16] FIORIN, José Luiz. *Elementos de análise do discurso.* São Paulo: Contexto, 1989. p. 24.

    [17] *Ibidem*, p. 51.

    c) Uso de *op. cit.* = *opus citatum* (obra citada):

    [35] KOCH, Ingedore Villaça. *A coesão textual.* São Paulo: Contexto, 1996. p. 30.

    [36] FIORIN, José Luiz. *Elementos de análise do discurso.* São Paulo: Contexto, 1989. p. 24.
    [37] KOCH, Ingedore Villaça. *Op. cit.*, p. 65.

Cap. 10 • Citação direta e indireta   221

O uso de *op. cit.* está condicionado ao aparecimento sequencialmente de autores diferentes. Se na nota 56, por exemplo, a referência fosse a Dejalma de Campos, deveria ser usada a expressão *ibidem* e não *op. cit.* O uso do sistema numérico, sobretudo porque recheado dessas expressões latinas, impede rápida identificação das obras citadas. Daí, cada dia mais, os pesquisadores optarem pelo sistema autor-data.

d) Uso da expressão passim = aqui e ali, em diversas passagens:

[3] OLIVEIRA, 2006, *passim.*

e) Uso de *loco citato* = no lugar citado – *loc. cit.*:

[11] OLIVEIRA, 2006, p. 21-22.
[22] OLIVEIRA, *loc. cit.*

f) Uso de confira, confronte – cf.:

[13] Cf. OLIVEIRA, 2006.

g) Uso de *sequentia* = seguinte ou que se segue – *et seq.*:

[23] OLIVEIRA, 2003, p. 44 *et seq.*

Normalmente, no lugar de *et seq.* os pesquisadores usam a abreviatura de seguinte(s):

[23] OLIVEIRA, 2003, p. 44 s.

No sistema autor-data, não temos ponto depois da abreviatura de seguinte(s):

Como afirma Oliveira (2003, p. 44 s), ...

As expressões das alíneas *a, b, c* e *f* podem ser usadas somente quando estão próximas, na mesma página. Se o pesquisador, por exemplo, citar uma obra no primeiro capítulo e a ela fizer referência em capítulos subsequentes, terá de repeti-la. Não é suficiente usar expressões como *ibidem* ou *op. cit.* no segundo capítulo, terceiro, e assim por diante. Citar uma obra no primeiro capítulo e fazer referência a ela no décimo terceiro implica repetir a referência completa no décimo terceiro capítulo.

6. As expressões latinas são utilizadas apenas em referências do sistema numérico, exceto a expressão *apud* e *in*. Citação de citação constitui o terceiro tipo de citação de que trata a NBR 10520:2002 (os outros dois são: citação direta e citação indireta). A citação de citação é a transcrição direta de um texto a que não se teve acesso ao original. Esse tipo de citação é acompanhado da expressão latina *apud*, que significa *citado por*. Suponhamos:

Existe uma tentação constante de tratar fenômenos sociais em geral, e formas simbólicas em particular, como se elas fossem *objetos naturais*, passíveis de vários tipos de análise formal, estatística e objetiva. Minha argumentação aqui não é que esta tentação é completamente equivocada, que se deve resistir a ela a qualquer custo, que a herança do positivismo deve

222 **Redação científica** • *Medeiros*

ser erradicada de uma vez por todas, essa pode ser a visão de alguns proponentes radicais daquilo que é, algumas vezes, chamado de "enfoque interpretativo" nas ciências sociais, mas não é meu ponto de vista. Ao invés, minha argumentação [...] é de que, embora vários tipos de análise formal, estatística e objetiva seja perfeitamente apropriados e até mesmo vitais de forma geral na análise social, e na análise das formas simbólicas em particular, esses tipos de análise se constituem, na melhor das hipóteses, num enfoque *parcial* ao estudo dos fenômenos sociais e das formas simbólicas (THOMPSON *apud* DEMO, 2012a, p. 36-37).

Nesse caso, não houve acesso à obra de J. B. Thompson, *Ideologia e cultura moderna: teoria social crítica na era dos meios de comunicação de massa,* publicada pela Editora Vozes, em 1995, mas à obra de Pedro Demo, *Pesquisa e informação qualitativa,* 5. ed., publicada pela Editora Papirus, em 2012. A citação que não se colhe diretamente do autor de origem justifica-se apenas em casos raros, de obras clássicas esgotadas. Imaginemos um autor da área de Sociolinguística que queira ilustrar seu texto sobre discriminações sociais motivadas pelo uso de variedades linguísticas diversas, citando uma passagem bíblica em que os efraimitas não conseguiam pronunciar *chibolete* e diziam *sibolete.* Nesse caso, em vez de citar qualquer autor de Sociolinguística que faça referência a esse fato, ele pode transcrever diretamente os versículos bíblicos do livro dos *Juízes* (capítulo 12, versículos 5 e 6):

> Os gileaditas tomaram as passagens do Jordão que conduziam a Efraim. Sempre que um fugitivo de Efraim dizia: "Deixem-me atravessar", os homens de Gileade perguntavam: "Você é efraimita?" Se respondesse que não, diziam: "Então diga: Chibolete". Se ele dissesse: "Sibolete", sem conseguir pronunciar corretamente a palavra, prendiam-no e matavam-no no lugar de passagem do Jordão. Quarenta e dois mil efraimitas foram mortos naquela ocasião (Disponível em: http://biblia.com.br/novaversaointernacional/juizes/jz-capitulo-12/. Acesso em: 6 mar. 2018).

6   NOTAS

A NBR 10520:2002 distingue três tipos de notas: de referência, de rodapé e explicativas. As de referência são notas que indicam fontes consultadas ou remetem a outras partes da obra onde o assunto é tratado. As notas de rodapé são constituídas por observações ou complementos ao texto feitos pelo autor, tradutor ou editor. As notas explicativas são notas usadas para comentários, esclarecimentos que não podem ser incluídos no texto, ou que prejudicariam o andamento de um enunciado. Podem ser deslocadas para um comentário ao pé da página. Nesse caso, o pesquisador se vale de notas, cuja numeração é feita em algarismos arábicos, única para cada capítulo ou parte. Não se admite a numeração por página. Para a NBR 10520:2002, "deve-se utilizar o sistema autor-data para as citações no texto e o numérico para as notas explicativas" (n. 7). Suponhamos no texto:

> O uso de normas técnicas é essencial na realização de trabalhos técnico-científicos e acadêmicos.[5]

No rodapé, teríamos:

[5] Vejam-se argumentos favoráveis ao uso da norma em Silva (2005, p. 207).

11

Elaboração de referências bibliográficas

> Dos diversos instrumentos utilizados pelo homem, o mais espetacular é, sem dúvida, o livro. Os demais são extensões de seu corpo. O microscópio, o telescópio, são extensões de sua visão; o telefone é a extensão de sua voz; em seguida, temos o arado e a espada, extensões de seu braço. O livro, porém, é outra coisa: o livro é uma extensão da memória e da imaginação (BORGES, 1982, p. 15).

1 CONCEITO

No Brasil, as referências bibliográficas são normatizadas pela NBR 6023:2018 da Associação Brasileira de Normas Técnicas (ABNT). A norma cuida das condições pelas quais devem ser referenciadas as publicações mencionadas em livros, artigos científicos, dissertações de mestrado, teses de doutorado, resenhas e outros. Destina-se a pesquisadores, autores, editores, bibliotecários que se interessam pela elaboração de referências a serem incluídas em textos.

Entende-se por referência (bibliográfica) o conjunto padronizado de elementos descritivos que permitem a identificação de documentos impressos em variados tipos de material.

Para todos os envolvidos em atividades científicas, técnicas ou acadêmicas, ainda que sujeitas a críticas e discordâncias, as normas da ABNT constituem o parâmetro oficial no Brasil. Elas se apoiam em normas internacionais e estão em vigor nos meios técnicos,

224 **Redação científica** • *Medeiros*

científicos e acadêmicos da maioria dos países do mundo e não há como ignorá-las, mesmo discordando ou criticando as falhas existentes em sua elaboração.

Publicações em periódicos internacionais costumam exigir adequação às **Normas de Vancouver**, que apresentam pequenas diferenças em relação às normas da ABNT: abreviatura dos prenomes dos autores (sem ponto), ano de publicação (entre parênteses) da obra logo a seguir à referência ao(s) autores, ordenação cronológica das obras de um mesmo autor pelo critério descendente (da publicação mais atual para a mais antiga) etc.

Neste capítulo, tratamos da NBR 6023:2018 da ABNT. Ela fixa a ordem dos elementos das referências bibliográficas e estabelece convenções para a transcrição e apresentação dos elementos das referências bibliográficas.

A referência pode aparecer:

- Inteiramente incluída no texto, caso em que é chamada sistema autor-data.
- Parte no texto, parte em nota de rodapé. Nesse caso, temos o sistema numérico: uma chamada no texto e a informação referencial no rodapé. Esse sistema permite também deslocar as notas para o final de um capítulo ou de todo o texto.
- Em lista bibliográfica, sinalética ou analítica.
- Encabeçando resumos ou recensões.

Se inteiramente incluída no texto (sistema autor-data, visto no Capítulo 9), a referência aparece entre parênteses, logo depois de uma transcrição direta ou indireta, ou logo após a citação do sobrenome de um autor. No sistema numérico, temos uma indicação numérica no texto e no rodapé ou no final do capítulo, da parte ou de toda a obra a descrição das informações referenciais. Se composta em lista de referências, há um número que remete a uma lista numerada, com a descrição da obra referenciada. Pode, ainda, aparecer impressa no início de um texto, como resumos e resenhas, ou numa listagem, ordenada alfabeticamente pelo sobrenome, ao final de uma obra.

A lista de referências é digitada em espaço simples. Entre uma referência e outra, deixa-se um espaço simples. Quando posta em rodapé e ocupar mais de uma linha, a segunda linha da mesma referência é digitada sob a primeira letra da primeira palavra, de forma que o número da nota de rodapé seja realçado.

2   ELEMENTOS ESSENCIAIS E COMPLEMENTARES

São elementos essenciais de uma referência:

- Nome do(s) autor(es).
- Título e subtítulo (quando houver) da obra.
- Edição a partir da segunda (quando não se cita a edição, entende-se que se trata da primeira edição).
- Local da publicação.
- No da editora que publicou a obra.
- Data da publicação.

Os elementos complementares nas referências a livros são:

- Organizador, coordenador, diretor de uma obra.
- Ilustrador.
- Tradutor.
- Revisor.
- Adaptador.
- Compilador.
- Número de páginas.
- Volume.
- Ilustrações.
- Dimensões materiais da obra (altura e largura em centímetros).
- Série editorial ou coleção.
- Notas (mimeografado, no prelo, não publicado, título original).
- ISBN (*International Standard Book Number*).
- Índice.

Segundo a NBR 6023:2018, "ao optar pelo uso de elementos complementares, estes devem ser incluídos em todas as referências do mesmo tipo de documento" (parágrafo 6.8). Nos trabalhos acadêmicos, costumeiramente são indicados apenas os elementos essenciais.

Os documentos mais utilizados nas referências[1] desses trabalhos, de modo geral, são:

- Livros.
- Dicionários.
- Enciclopédias.
- Capítulo de livro.
- Dissertação de mestrado.
- Tese de doutorado.
- Artigos de periódicos impressos ou eletrônicos.
- Arquivos eletrônicos.
- Filmes.
- Vídeos.
- CDs.
- DVDs.
- Documentos.

Ao apresentar modelos para referenciar livro, dicionário, enciclopédia, a NBR 6023:2108 estabelece no parágrafo 7.1 e subdivisões que são elementos essenciais: autor,

---

1   No passado, a seção que apresentava a lista de todas as obras consultadas tinha como título *bibliografia*. Hoje, usa-se a expressão *referências,* porque se entende que, além de livros, referenciam-se: CD, DVD, filmes, artigos de periódicos, fotos, mapas etc.

226 **Redação científica** • *Medeiros*

título, subtítulo, edição, local, editora e data de publicação. Se necessário, a esses elementos são acrescidos elementos complementares, como: tradução, número total de páginas, dimensão em centímetros, número de ISBN.

- **Autor**: SOBRENOME em maiúsculas, vírgula, prenomes por extenso com as iniciais em maiúsculas ou abreviadamente, ponto. O uso de abreviatura para prenomes, no entanto, pode dificultar a identificação de um autor. A uniformidade de tratamento é um cuidado elementar: se o pesquisador optar por abreviar o prenome de um autor, usará abreviadamente todos os outros.
- **Título da obra e subtítulo**: para o título, usa-se *itálico*, ou **bold**, ponto (hoje, com a difusão dos computadores, não há por que falar em sublinha). Quando a obra tem subtítulo, ele é antecedido de dois-pontos e é escrito sem nenhum destaque.
- **Edição**: indica-se a edição a partir da segunda, em números arábicos (não se usa número ordinal) e com a palavra *edição* de forma abreviada: 2. ed.
- **Local da publicação**: o nome da cidade não é abreviado. Caso existam cidades com o mesmo nome em Estados ou países diferentes, anota-se o Estado ou país, seguindo-se dois-pontos. Se falta local, usa-se a abreviatura [*S.l.*], entre colchetes:

FERRAJOLI, Luigi. *Diritto e ragione*: teoria del garantismo penale. [*S.l.*]: Laterza, 1990.

O *s* deve ser grafado em letra maiúscula quando for o primeiro elemento dos dados de publicação.

- **Editora**: o nome da editora aparece após os dois-pontos postos depois do local da publicação. Não se inclui no nome da editora a razão social, como: Cia., S.A., Ltda., Filhos & Irmãos, Sons, Livraria, Papelaria etc. Quando essas palavras constituem o nome da empresa publicadora, elas permanecem, como é o caso da Companhia das Letras. Algumas editoras são referenciadas de forma abreviada, como Edusp (Editora da Universidade de São Paulo), Difel (Difusão Europeia do Livro) etc. Editoras de universidades são acompanhadas da palavra *editora*: Editora da Universidade de Campinas, Editora da Universidade de Minas Gerais. Os livros publicados pela Unesp são referenciados sem a necessidade da palavra editora:

FEYERABEND, Paul. *A ciência em uma sociedade livre*. Tradução de Vera Joscelyne. São Paulo: Unesp, 2011.

Se duas forem as editoras e de um mesmo local, temos dois-pontos separando-as:

São Paulo: Revista dos Tribunais: Edusp, 2018.

Se as editoras forem de locais diferentes, temos ponto e vírgula separando-as:

São Paulo: Cortez; Campinas : Editora da Unicamp, 2018.

- **Data**: o ano da publicação é grafado com algarismos arábicos, sem ponto no milhar, antecedido de vírgula e seguido de ponto. Se for absolutamente impossível identificar a data, anota-se uma data aproximada entre colchetes.

Cap. 11 • Elaboração de referências bibliográficas   227

- Ano provável: [2018?]
- Ano certo, mas não indicado: [2015]
- Ano aproximado: [ca. 1999]
- Década certa: [199-]
- Década provável: [199-?]
- Século certo: [19--]
- Século provável: [19--?]

Observações gerais:

- Na impossibilidade de encontrar informações sobre o local e o editor da publicação, ainda que seja no final do livro, na contracapa ou no prefácio, emprega-se a notação *s.l.* (ausência do local) e *s.n.* [*sine nomine*] (ausência do editor).

- Com a difusão do uso de computadores e de programas de texto, o texto das referências é justificado, ou seja, há alinhamento tanto à esquerda quanto à direta. Entre uma referência e outra, há um espaço interlinear maior.

- O subtítulo de um livro não é destacado (*itálico*, **bold).** Destaca-se apenas o título da obra.

- Número de volumes da obra deve ser indicado após a data de publicação e o ponto final, com a palavra *volume* abreviada: 2 v.; não confundir 2 v. (dois volumes) com v. 2 (volume 2); a indicação de volume é feita com algarismos arábicos.

- Se os autores de uma obra são dois ou três, os nomes são separados por ponto e vírgula; se forem mais de três os autores, após o primeiro é acrescentada a expressão latina *et al.* (que significa *e outros*). As expressões latinas são destacadas.

- Se várias obras de um mesmo autor forem referenciadas, seu sobrenome e nome são substituídos por um traço equivalente a seis espaços, seguido de ponto.

  KOCH, Ingedore G. Villaça. *A coesão textual.* São Paulo: Contexto, 1996

  _____ . *Desvendando os segredos do texto.* São Paulo: Cortez, 2002.

- Se mais de uma edição de uma mesma obra for referenciada e se usar a classificação alfabética, sobrenome e nome são substituídos por um traço equivalente a seis espaços; e o nome da obra, que também é uma repetição, também é substituído por um traço de seis espaços:

  KOCH, Ingedore G. Villaça. *A coesão textual.* São Paulo: Contexto, 1996

  _____ . *Desvendando os segredos do texto.* São Paulo: Cortez, 2002

  _____ . _____ . 8. ed. São Paulo: Cortez, 2015.

A norma não trata de ordenação segundo a cronologia descendente. Uma possibilidade é:

KOCH, Ingedore G. Villaça. *Desvendando os segredos do texto.* 8. ed. São Paulo: Cortez, 2015 [2002].

228 **Redação científica** • *Medeiros*

Nesse caso, informamos ao leitor que foi usada a oitava edição de 2015, mas há também referência no texto à primeira edição de 2002.

3   REGRAS GERAIS DE APRESENTAÇÃO DE LIVROS

Como já dissemos, são elementos imprescindíveis: autor, título da obra, edição, local, editor e ano de publicação e são elementos complementares: organizador (ou coordenador), a descrição física do volume: número de páginas ou número de volumes, dimensões (largura e altura em centímetros), série ou coleção, notas especiais, número do ISBN (*International Standard Book Number*).

Considerando a**penas com os elementos essenciais:**

1. Citação de obra de um autor

> FERNANDES, Florestan. *Fundamentos empíricos da explicação sociológica*. 2. ed. São Paulo: Nacional, 1967.

Notas:

- Sobrenome em letras maiúsculas. Vírgula.
- Prenome do autor em caixa alta e baixa. Ponto.
- Título da obra destacado (*itálico* ou **bold**). Ponto. O título é escrito em caixa baixa (letras minúsculas), exceto a primeira letra da primeira palavra, que é escrita com maiúscula. Mesmo que se trate de um artigo definido ou indefinido, somente este aparecerá em caixa alta. *Os lusíadas*, por exemplo. A Norma não apresenta exceções para o uso de letras maiúsculas nas palavras que compõem o título (excetuando nomes próprios).
- Número da edição (a partir da segunda). Ponto. Não se usa número ordinal para abreviar o número das edições: *2. ed.* (*e não 2ª ed.*). A palavra *edição* também é abreviada: ed.
- Local da publicação. Dois-pontos. Quando se vale de livros em francês, italiano, espanhol, inglês, por exemplo, também se usa escrever o nome da localidade da publicação como está na capa da obra. É por isso que o leitor pode encontrar: *Rouen, Firenzi, Torino, Milano, Padova, Madrid, London, New York, Minneapolis, Virginia* etc.
- Editora. Vírgula. Não se usam palavras como *Editora, S.A., Cia., Filho, Ltda., Sons, Publishing, The*. Usa-se apenas o nome da editora. Retomando o exemplo do início (FERNANDES, Florestan. *Fundamentos empíricos da explicação sociológica*. 2. ed. São Paulo: Nacional, 1967), substituímos Cia. Editora Nacional, que está nas capas dos livros dessa editora, por Nacional, como estabelece a regra.
- Ano da publicação. Ponto.

Se a obra é publicada sob a **organização**, direção, **coordenação** de um autor, o modelo a seguir é:

Cap. 11 • Elaboração de referências bibliográficas 229

> BOSI, Alfredo (org.). *O conto brasileiro contemporâneo*. 6. ed. São Paulo: Cultrix, 1989.

Para *coordenador*, usa-se a abreviatura *coord.*; para *diretor, dir*; para *organizador, org.* A NBR 6023:2018 não admite o plural para essas expressões. Não se confunde este tipo de organização ou coordenação com o elemento complementar *organização* que aparece em obra das quais já consta autor. Nesse caso, o elemento organização é considerado complementar:

> CRUZ E SOUSA, João da. *Obra completa*. Organização de Andrade Murici. Rio de Janeiro: Nova Aguilar, 1995.

Com informações complementares:

> MALINOWSKI, Bronislaw. *Argonautas do pacífico ocidental*: um relato do empreendimento e da aventura dos nativos nos arquipélagos da Nova Guiné melanésia. Tradução de Anton P. Carr e Ligia Cardieri. Coordenação da tradução e apresentação de Eunice R. Durham. Prefácio de Mariza Peirano. São Paulo: Ubu Editora, 2018. 672 p. Título original: *Argonauts of the Western Pacific*. ISBN 978-85-92886-85-1.

2. Dois autores

Os nomes dos autores são separados por ponto e vírgula:

> ARANHA, Maria Lúcia de Arruda; MARTINS, Maria Helena Pires. *Temas de filosofia*. São Paulo: Moderna, 1994.

3. Três autores

Os nomes dos autores são separados por ponto e vírgula:

> CASAGRANDE NETO, Humberto; SOUZA, Lucy; ROSSI, Maria Cecília. *Abertura do capital de empresas no Brasil*. 3. ed. São Paulo: Atlas, 2000.

4. Quatro autores ou mais

Cita-se apena o nome do primeiro autor, seguido da expressão latina *et al.* (que significa *e outros*).

> MAGALHÃES, Antonio de Deus F. *et al. Perícia contábil*. 3. ed. São Paulo: Atlas, 2001.

5. Livro em 1ª edição

Não se faz referência à edição:

> ASSUNÇÃO, Lutero Xavier. *Princípios de direito na jurisprudência tributária*. São Paulo: Atlas, 2000.

6. Livro em 2ª ou mais edição

A partir da segunda edição, faz-se a referência com número arábico seguido de ponto e da abreviatura de edição:

> ICHIHARA, Yoshiaki. *Princípio da legalidade tributária na Constituição de 1988*. 2. ed. São Paulo: Atlas, 1994.

7. Livro com título e subtítulo

O título é destacado (pode-se usar itálico ou **bold**; normalmente, *itálico*). O subtítulo não é destacado:

> CASSONE, Vittorio; CASSONE, Maria Eugenia Teixeira. *Processo tributário*: teoria e prática. 3. ed. São Paulo: Atlas, 2002.

8. Livro com mais de um volume

O número de volumes é indicado com algarismos arábicos. Não se confundem total de volumes, com um volume específico. No primeiro caso, temos: 2 v., 3 v.; no segundo, v. 2, v. 1:

> BRANDÃO, Junito de Souza. *Mitologia grega*. 26. ed. Petrópolis: Vozes, 2015. 2 v.
>
> TELES, Ney Moura. *Direito penal*. 2. ed. São Paulo: Atlas, 1998. v. 2.

9. Citação de um livro específico numa obra em vários volumes

O número do volume é grafado em algarismos arábicos:

> VENOSA, Sílvio de Salvo. *Direito civil*: direitos reais. 2. ed. São Paulo: Atlas, 2002. v. 5.

Considerando os elementos complementares (coordenação, organização ou direção, tradução, volume, número de páginas, dimensões físicas do volume, ISBN), temos:

> CHANLAT, Jean-François (coord.). *O indivíduo na organização*: dimensões esquecidas. Tradução de Arakcy Martins Rodrigues; Luciano dos Santos Gagno; Mauro Tapias Gomes; Ofélia de Lanna Sette Tôrres. Organização da edição brasileira de Ofélia de Lanna Sette Tôrres. 2. ed. São Paulo: Atlas, 1993. 2 v., v. 1, 206 p., 17 × 24 cm. ISBN 85.224.0964-1.

Notas:

- O nome do coordenador aparece na ordem indireta (proceder da mesma forma em caso de diretor, organizador). Abreviaturas como *coord., org., dir.* não são pluralizadas.
- Título em destaque.
- Subtítulo sem nenhum destaque. Ele é precedido de dois-pontos. Após o subtítulo, coloca-se ponto.
- Edição (a partir da segunda).
- Nome do tradutor na ordem direta. Se os tradutores forem vários, eles são separados por ponto e vírgula. Se forem mais de três, usa-se a expressão *et al.* depois do primeiro nome.
- Local. Dois-pontos.
- Editora. Vírgula.
- Ano da publicação. Ponto.
- Número de volumes. Vírgula.
- Volume consultado. Vírgula.
- Número total de páginas. Vírgula.
- Dimensões físicas da obra em centímetros. Ponto.

Cap. 11 • Elaboração de referências bibliográficas   231

- Número do ISBN. Ponto. (Esse número é normalmente impresso na quarta-capa, na parte inferior, próximo ao dorso.)

4   TRABALHOS ACADÊMICOS: DISSERTAÇÃO DE MESTRADO, TESE DE DOUTORADO

São elementos essenciais: autor, título, subtítulo (se houver), ano de depósito, tipo de trabalho (dissertação de mestrado, tese de doutorado, trabalho de conclusão de curso etc.), grau (especialização, mestrado, doutorado) e curso entre parênteses, local e data de apresentação da defesa:

- **Dissertação de mestrado:**

  CARVALHO FILHO, Milton Paulo de. *Indenização por equidade no novo Código Civil.* 2002. Dissertação (Mestrado em Direito) – Faculdade de Direito, Universidade Mackenzie, São Paulo, 2002.

- **Tese de doutorado:**

  HACKEROTT, Maria Mercedes Saraiva. *A passagem da Minerva para a Gramática Geral na história da gramática portuguesa*: uma mudança de conceitos gramaticais? 1994. 226 f. Tese (Doutorado em Linguística) – Faculdade de Filosofia, Letras e Ciências Humanas, Universidade de São Paulo, São Paulo, 1994.

- **Trabalho de conclusão de curso:**

  MEDEIROS, João Bosco. *Alucinação e magia na arte.* 1993. Orientador: Massaud Moisés. 86 f. Monografia (Curso de pós-graduação *stricto sensu* em Letras) – Faculdade de Filosofia, Letras e Ciências Humanas, Universidade de São Paulo, São Paulo, 1983.

Notas:

- Sobrenome em letras maiúsculas. Vírgula.
- Prenomes do autor. Ponto.
- Título da tese ou dissertação em destaque. Ponto.
- Ano estampado na publicação. Ponto.
- Nome do orientador (elemento complementar).
- Número de folhas (a palavra folha é abreviada no lugar de página). Esse elemento é considerado complementar (ver dois últimos exemplos).
- Indicação de que se trata de dissertação, tese ou outro tipo de trabalho. Parêntese de abrir. Informação sobre a área da dissertação ou tese. Parêntese de fechar. Traço. Nome da faculdade. Vírgula. Nome da Universidade. Vírgula. Local. Ponto.
- Dizeres: "Monografia (apresentada ao final do curso de...)" ou "Trabalho de Conclusão de Curso (bacharelado em Direito)" ou "Trabalho de Conclusão de Curso

(licenciatura em Letras)". Traço sem espaço. Adaptar os dizeres conforme a especialidade da monografia.

- Nome da faculdade, vírgula.
- Nome da Universidade, vírgula.
- Local, vírgula.
- Data de apresentação ou defesa. Ponto.

5   LIVRO DE SÉRIE OU COLEÇÃO

A norma estabelece que os títulos de séries e coleções sejam indicados entre parênteses, separados por vírgula, da numeração em algarismos arábicos (se houver) (n. 8.10):

> NUNES, Benedito. *Introdução à filosofia da arte*. 2. ed. São Paulo: Ática, 1989. (Fundamentos, 38.)

Notas:

- Sobrenome do autor em letras maiúsculas. Vírgula.
- Prenomes do autor. Ponto.
- Título da obra em destaque. Ponto.
- Edição abreviada.
- Local da publicação. Dois-pontos.
- Editora. Vírgula.
- Ano da publicação. Ponto.
- Número total de páginas. Vírgula.
- Dimensões físicas do volume (altura e largura) em centímetros. Ponto.
- Nome da série ou coleção entre parênteses. A indicação do número de série ou coleção facilita a localização de uma obra em uma biblioteca. Livros de uma série são colocados todos juntos e não segundo a ordem alfabética dos autores.

7   CAPÍTULO DE LIVRO SEM AUTORIA ESPECIAL

Nesse caso, autor do capítulo e autor do livro são os mesmos:

> LÉVY-BRUHL, Henri. Os fatores da evolução do direito. *In*: LÉVI-BRULL, Henri. *Sociologia do direito*. 2. ed. São Paulo: Martins Fontes, 1997. p. 79-85.

Notas:

- Sobrenome do autor do capítulo em maiúsculas. Vírgula.
- Prenomes do autor do capítulo, ou artigo. Ponto.
- Título do capítulo citado, sem destaque. Ponto.

Cap. 11 • Elaboração de referências bibliográficas   233

- Uso da expressão latina *In*, seguida por dois-pontos. As normas anteriores traziam as expressões latinas sem destaque; na edição de 2018 da Norma, elas aparecem destacadas.
- Sobrenome do autor da obra e prenomes (repetem-se o sobrenome e o prenome; não são substituídos por traço de seis toques. Ponto.
- Título da obra em destaque. Ponto.
- Edição na forma abreviada (sempre a partir da segunda).
- Local da publicação. Dois-pontos.
- Nome da editora. Vírgula.
- Ano da publicação. Ponto.
- Número de páginas do capítulo citado (página inicial e final), separada por hífen. Ponto.

8   CAPÍTULO DE LIVRO COM AUTORIA ESPECIAL

MARCONI, Marina de Andrade. Cultura e sociedade. *In:* LAKATOS, Eva Maria. *Sociologia geral*. 6. ed. São Paulo: Atlas, 1991. p. 130-148.

AUTHIER-REVUZ, Jacqueline. Falta do dizer, dizer da falta: as palavras do silêncio. *In:* ORLANDI, Eni Puccinelli (org.). *Gestos de leitura*: da história no discurso. 4. ed. Campinas: Editora da Unicamp, 2014. p. 261-284.

Notas:

- Sobrenome do autor do texto (artigo, capítulo) em maiúsculas. Vírgula.
- Prenomes do autor do fragmento ou capítulo. Ponto.
- Título do fragmento ou artigo, sem nenhum destaque. Ponto.
- Uso da expressão *In:* destacada (no caso, usamos *itálico*), seguida por dois-pontos.
- Sobrenome do autor da obra em que está contido o artigo ou capítulo, vírgula.
- Prenomes do organizador da obra e, em seguida, coloca-se entre parênteses informação, como organizador (org.), coordenador (coord.), diretor (dir.). Ponto.
- Título da obra em destaque. Ponto.
- Edição (a partir da segunda). Ponto.
- Local da publicação. Dois-pontos.
- Nome da editora. Vírgula.
- Ano da publicação. Ponto.
- Páginas inicial e final em que se encontra o texto citado, Ponto. A abreviatura de página é com *p* minúsculo e ponto.

9   ANAIS

São elementos essenciais: autor, título do trabalho, seguido da expressão latina *In*, nome do evento, numeração do evento (se houver), ano e local (cidade) de realização do evento, título

234 **Redação científica** • *Medeiros*

do documento, local, editora (se houver), data de publicação, páginas inicial e final da parte referenciada.

> SOERENSEN, B.; MORENO, A.; BOLOGNANI, H. Contribuição para uso de imuno--supressores como teste de determinação da normalidade de animais de laboratório. *In:* CONGRESSO PAN-AMERICANO DE MEDICINA VETERINÁRIA E ZOOTECNIA, 8., 1977, Santo Domingo (República Dominicana). *Anais* [...]. Santo Domingo, 1977. p. 52-56.

Notas:

- Sobrenome do trabalho. Vírgula.
- Prenomes do autor citado. Ponto. Como, no exemplo, são vários os autores, eles aparecem separados por ponto e vírgula.
- Título do trabalho, subtítulo (se houver) seguido da expressão *In:*.
- Título do evento em letras maiúsculas. Vírgula.
- Número do evento (se houver) em algarismo arábico (não se usa número ordinal, mas arábico com ponto, como se faz com edições de livro: 2. ed., 5. ed. etc.); também não se usa número romano. Vírgula.
- Ano do evento. Vírgula.
- Local de realização do evento. Ponto.
- Título do documento: anais, atas, tópico temático, em destaque. Reticências.
- Local da publicação do texto. Vírgula.
- Editora (se houver).
- Data da publicação do texto. Ponto.
- Páginas inicial e final da parte referenciada.

10 CONGRESSOS E SIMPÓSIOS

Para referenciar trabalhos apresentados em congressos, a organização dos elementos se dá como no exemplo seguinte:

- **Congresso:**

> FIGUEIREDO, Carlos. A linguagem racista no futebol brasileiro. *In:* CONGRESSO BRASILEIRO DE HISTÓRIA DO ESPORTE, LAZER E EDUCAÇÃO FÍSICA, 4., 1968, Rio de Janeiro. *Anais eletrônicos...* Rio de Janeiro: UFRJ. Disponível em: http://www.geocities.com/Athens/Stux/9231/racismo.html. Acesso em: 14 abr. 2000.

Observar o uso da expressão latina *In:*, seguida de dois-pontos e o uso de letras maiúsculas para o nome do evento. Não se usa número ordinal nem romano para a indicação sequencial do evento, mas número arábico, seguido de ponto. Depois do ano, usa-se vírgula para separar do local. Ponto. Em seguida, a expressão *Anais* [...] em destaque. Local da publicação dos anais; dois-pontos, instituição responsável e endereço eletrônico.

- **Simpósio:**

SIMPÓSIO DE FISIOTERAPIA EM TERAPIA INTENSIVA, 12 E SIMPÓSIO DE FISIOTERAPIA EM CARDIOLOGIA, 8. São Paulo. *Anais* [...]. São Paulo: Albert Einstein, Instituto Israelita de Ensino e Pesquisa, 2019.

OLIVEIRA, Adna Gomes. O Itamaraty, o corpo diplomático e a ONU no início da Guerra Fria: a atuação brasileira entre 1947 a 1956. *In*: SIMPÓSIO NACIONAL DE HISTÓRIA, 29., 2017, Brasília. *Anais* [...] Brasília: 24 a 28 jul. 2017. Disponível em: https://www.snh2017.anpuh.org/resources/anais/54/1502822581_ARQUIVO_anphu2017-ADNA.pdf. Acesso em: 27 nov. 2018.

Notas:

- Sobrenome do autor do trabalho. Vírgula.
- Prenomes do autor do trabalho. Ponto. Se os autores forem vários, seus nomes aparecem separados por ponto e vírgula.
- Título do trabalho e subtítulo (se houver) seguido da expressão *In:*.
- Título do evento em letras maiúsculas, antecedido da expressão latina *In:* Vírgula.
- Número do evento (se houver). Não se usa número ordinal, mas número arábico, seguido de ponto. Também não se usa número romano. Vírgula.
- Ano do evento. Vírgula.
- Local de realização do evento. Ponto.
- Título do documento: anais, atas, tópico temático, em destaque. Reticências.
- Local da publicação do texto.[2] Dois-pontos se vier em seguida o nome do responsável pela publicação, ou vírgula se ao local da publicação seguir apenas o ano da publicação.
- Editora ou nome da instituição que publicou o texto. Vírgula.
- Data da publicação do texto. Ponto.
- Páginas inicial e final da parte referenciada. Ponto.

11 ENTIDADES COLETIVAS

BIBLIOTECA NACIONAL (Brasil). *Relatório da diretoria-geral, 1984*. Rio de Janeiro, 1985.

Obras de responsabilidade coletiva são referenciadas iniciando-se pelo nome da entidade em letras maiúsculas.

---

2 No exemplo, optamos por uma referência eletrônica.

236 Redação científica • *Medeiros*

No caso de a entidade coletiva ter denominação genérica, seu nome é precedido pelo nome do órgão superior.

> BRASIL. Ministério da Fazenda. Serviço de Estatística Econômica e Financeira. *Relatório geral.* Brasília, 1994.

12 CITAÇÃO DE ARTIGO DE PERIÓDICO (JORNAIS E REVISTAS)

A NBR 6023:2018 estabelece no número 7.7: "Publicação periódica inclui o todo ou partes de: coleção, fascículo ou número de revista, jornal, entre outros."

São elementos essenciais:

- Título e subtítulo (se houver).
- Local de publicação.
- Editora.
- Datas de início e encerramento da publicação, se se tratar de coleção de publicação periódica (se houver).
- Número de ISSN (se houver).

1. Coleção de revistas

> TERESA REVISTA DE LITERATURA BRASILEIRA. Departamento de Letras Clássicas e Vernáculas. Faculdade de Filosofia, Letras e Ciências Humanas. São Paulo, Universidade de São Paulo, n. 14, 2014. ISSN 1517-9737-12.

Com informações complementares:

> REVISTA BRASILEIRA DE GEOGRAFIA. Rio de Janeiro: IBGE, 1939. ISSN 0034-723X. Trimestral. Absorveu Boletim Geográfico do IBGE. Índice acumulado, 1939-1983.

O título da coleção é escrito com letras maiúsculas. Ponto. Em seguida, local, dois-pontos, editora, ano da publicação e periodicidade, ponto. Número do ISNN. Ponto. Periodicidade e outras informações.

2. Artigo de revista

- **Assinado**

> VIDALE, Giulia. Chega de palmadas. *Veja,* São Paulo, edição 2609, ano 51, n. 47, p. 88-89, 21 nov. 2018.

Sobrenome e nome do autor do texto. Ponto. Título do texto, sem destaque. Ponto. Nome do periódico em destaque (*itálico*), vírgula, número da edição, vírgula, número de

Cap. 11 • Elaboração de referências bibliográficas 237

anos da publicação, vírgula, número do periódico, vírgula, página(s) em que se encontra o texto, vírgula, data da publicação, com o nome do mês abreviado, ponto.

- Não assinado

   PATERNIDADE: qual laboratório escolher? *Panorama da Justiça*, São Paulo, TecJus, ano 3, n. 13, p. 12, ago./set. 1998.

Somente a primeira palavra do artigo não assinado é escrita em letras maiúsculas. O nome do periódico é destacado e seguido de vírgula; ano da publicação, número, páginas em que se encontra o texto e abreviatura do nome dos meses da periodização e ano da publicação.

- Artigo de revista publicado eletronicamente

   ALMEIDA, Cleydiane Alves Santana de; RODRIGUES, Roberta Rego; PINHEIRO, Viviane Seabra. Duas abordagens de gênero e discurso na vertente anglo-saxônica. *Publicatio*, UEPG, Ciências Humanas, Linguística, Letras e Artes, v. 16, n. 1, 2008. Disponível em: http://www.revistas2.uepg.br/index.php/humanas/article/view/622/610. Acesso em: 20 out. 2018.

Na referência a textos *on line*, "além dos elementos essenciais e complementares [se se estiver usando elementos complementares nas referências], deve-se registrar o endereço eletrônico, precedido da expressão Disponível em:, e a data do acesso, precedida da expressão Acesso em:" (NBR 6023:2018, parágrafo 6.6).

3. Artigo e/ou matéria de jornal
São elementos essenciais:

- Autor(es) (se houver).
- Título do texto.
- Subtítulo (se houver).
- Título do jornal.
- Local de publicação.
- Numeração do ano e/ou volume (se houver).
- Data de publicação.
- Caderno ou parte do jornal.
- Paginação correspondente.

- **Artigo assinado:**

   ALMEIDA, Maria Hermínia Tavares de. A democracia sobreviveu. *Folha de S. Paulo*, São Paulo, ano 81, 29 set. 2002, p. A3.

   PALLAZZO JR., José Truda. A lei dos crimes ambientais sob ameaça. *Jornal da Tarde*, São Paulo, 7 set. 1998, p. 2A.

238 **Redação científica** • *Medeiros*

Nas referências a artigos assinados de jornais, a data precede a informação sobre a página em que se encontra. Usa-se vírgula depois do nome do jornal. Em seguida, temos o nome da localidade de sua sede e vírgula, data com o nome do mês abreviado e paginação.

- **Artigo não assinado:**

CNBB apoia ato contra realidade perversa. *Folha de S. Paulo*, São Paulo, 5 set. 1998. Caderno Brasil, p. 1-5.

Apenas a primeira palavra do texto referenciado aparece em letras maiúsculas. O título do jornal é destacado e seguido de vírgula. Em seguida, temos data abreviada (o nome do mês é escrito abreviadamente e não representado por número). A informação sobre o caderno é dispensável, quando o próprio jornal o numera. Na *Folha de S. Paulo*, por exemplo, o primeiro caderno aparece com a letra A (p. A1, A2; para as páginas do caderno 2, p. B2, p. B3 etc.

6. Matéria não assinada de revista, publicada eletronicamente

PROCURADORES do caso Eduardo Jorge vão depor no Senado. *Veja On-line*, São Paulo, 7 ago. 2000. Disponível em: http://veja.com.br. Acesso em: 12 ago. 2000.

Em textos não assinados, a entrada da referência é feita com a primeira palavra do título do texto em letras maiúsculas. Ponto. Título do periódico em destaque (*itálico*). Vírgula. Local da sede do periódico. Vírgula. Data, com o nome do mês abreviado. Expressão "Disponível em:" (com dois-pontos), seguida do endereço eletrônico. Ponto. Expressão "Acesso em:" (com dois-pontos) e data da publicação; o nome do mês é abreviado. Ponto.

7. Matéria assinada de jornal, publicada eletronicamente

BETING, Joelmir. Volta por cima. *O Estado de S. Paulo*, São Paulo, 9 mar. 2001. Disponível em: http://www.estado.com.br/editoriais/2001/03/09/ eco812html. Acesso em: 9 mar. 2001.

Além das observações anteriores, atentar para o rigor na grafia do nome de alguns periódicos: *Folha de S. Paulo*, *O Estado de S. Paulo* (não se escreve *São*).

8. Matéria não assinada de jornal, publicada eletronicamente

DIRETOR diz que revista se baseou em três fitas. O Estado de S. Paulo, São Paulo, 9 mar. 2001. Disponível em: http://www.estado.com.br/editoriais/ 2001/03/09/po1094.html. Acesso em: 9 mar. 2001.

Como já informamos anteriormente, se a matéria não é assinada, a entrada da referência ser faz com a primeira palavra do título do texto em letras maiúsculas. Se houver artigo definido ou indefinido, faz-se com o artigo indefinido ou definido e a palavra subsequente.

Cap. 11 • Elaboração de referências bibliográficas

9. Outros suportes eletrônicos:

- **CD:**

  PAU no gato! Por quê? Rio de Janeiro: Sony Music Book Case Multimidia Educational, [1990]. 1 CD-ROM. Windows 3.1.

- **Textos *on-line*:**

  Para as obras consultadas *on-line* são essenciais as informações sobre o endereço eletrônico, conforme já dissemos, precedido da expressão: "Disponível em:", e a data de acesso ao documento, precedida da expressão: "Acesso em:" Exemplos:

  MUELLER, S. P. M. A pesquisa na formação do bibliotecário. Disponível em: http://www. biblioteconomia.cjb.net. Acesso em: 9 ago. 2000.

13 LEGISLAÇÃO

A NBR 6023:2018 estabelece:

> 7.11.1 Inclui Constituição, Decreto, Decreto-lei, Emenda Constitucional, Emenda à Lei Orgânica, Lei Complementar, Lei Delegada, Lei Ordinária, Lei Orgânica e Medida Provisória, entre outros.

São elementos essenciais:

- Jurisdição ou cabeçalho da entidade em letras maiúsculas.
- Epígrafe e ementa transcrita conforme publicada.
- Dados da publicação.

Se necessário, podem ser acrescentados elementos complementares, como:

- Retificação.
- Alteração.
- Revogação.
- Projeto de origem.
- Autoria do projeto.
- Dados relativos ao controle de constitucionalidade.
- Vigência.
- Consolidação e atualização.

1. Constituição Federal

BRASIL. *Constituição da República Federativa do Brasil*. Brasília: Senado Federal, Secretaria de Editoração e Publicações, Coordenação de Edições Técnicas, 2016.

240 **Redação científica** • *Medeiros*

A entrada da referência se faz com o nome do país, do Estado ou do município.

RIO DE JANEIRO. *Constituição do Estado do Rio de Janeiro*. Atualizada até a Emenda Constitucional n. 53, de 26.06.2012. Atualizada em 28-08-2012. Rio de Janeiro: Assembleia Legislativa do Estado do Rio de Janeiro, 2012.

2. Emenda Constitucional

BRASIL. Constituição (1988). Emenda constitucional n. . . . , de . . . de . . . . de 199. . . Dá nova redação ao art. . . . da Constituição Federal, alterando e inserindo parágrafos. São Paulo: Editora X, 2018.

3. Medida Provisória

BRASIL. Medida Provisória n. . . . ., de . . . de . . . . de 200 . . . Estabelece . . . ., e dá outras providências. *Diário Oficial da União*, Poder Executivo, Brasília, DF, ... 2001. Seção 1, p. . . . . .

4. Decreto

BRASIL. Decreto n. 71.790, de 31 de janeiro de 1993. Institui o Ano Nacional de Turismo e dá outras providências.

5. Código

BRASIL. *Código civil*. Organização de Sílvio de Salvo Venosa. São Paulo: Atlas, 2018.

6. Jurisprudência (decisões judiciais)

BRASIL. Tribunal Regional Federal. Região . . . . Apelação cível nº . . . . Apelante: . . . . Apelada: . . . . Relator: . . . . . . São Paulo, ... 2001. São Paulo, ..., v. . . . ., nº . . . ., p. . . . . . ., ... 2001.

BRASIL. Supremo Tribunal Federal. Súmula n. . . . . *In:* _____ . Súmulas. São Paulo: Associação dos Advogados do Brasil, 2018. p. X.

7. Legislação em meio eletrônico

BRASIL. *LDB – Lei de diretrizes e base da educação nacional*. 2. ed. Atualizada até junho de 2018. Brasília: Senado Federal, Secretaria de Editoração e Publicações Coordenação de Edições Técnicas, 2018. Disponível em: http://www2.senado.leg.br/bdsf/bitstream/handle/id/544283/lei_de_diretrizes_e_bases_2ed.pdf?sequence=1. Acesso em: 21 nov. 2018.

14 TEXTOS AUDIOVISUAIS

Compreendem: disco de vinil, DVD, CD, vídeo, entre outros. São elementos essenciais: título, diretor e/ou produtor, local, empresa produtora, data e especificação do suporte.

BELEZA roubada. Direção de Bernardo Bertolucci. Produção de Jeremy Thomas. Intérpretes: Liv Tyler, Sinéad Cusack, Jeremy Irons, Jean Marais, Rachel Weisz e outros. Roteiro de Bernardo Bertolucci. Trilha sonora de Richard Hartley. Recorded Picture Company, 1996. DVD (114 min). Manaus: Microservice Tecnologia Digital da Amazônia.

15 OBSERVAÇÕES TÉCNICAS GERAIS

Anotamos nesta seção as principais características da descrição de uma referência.

■ Alinhamento e estética

As referências são digitadas em espaço simples e separadas entre uma e outra por um espaço simples. Se constituídas em rodapé, a segunda linha da nota é alinhada sob a primeira letra da primeira palavra da primeira linha. O recurso tipográfico (fonte), como **bold**, *itálico*, utilizado para destacar o título dos textos citados, deve ser constante (uniforme) em todas as referências. A entrada é feita com letras maiúsculas para o sobrenome dos autores e nome de instituições. Se o texto não tem autoria, a entrada se faz por sua primeira palavra em letras maiúsculas (ou o artigo definido ou indefinido mais a primeira palavra):

ANDRADE, Carlos Drummond de. *Contos plausíveis*. Rio de Janeiro: José Olympio, 1985.

CUNHA, Euclides da. *Euclides da Cunha*: trechos escolhidos. Organizado por João Etienne Filho. Rio de Janeiro: Agir, 1961. (Nossos Clássicos, 54.)

FOLHA DE S. PAULO. *Manual de redação*: as normas de escrita e conduta do principal jornal do país. 21. ed. São Paulo: Publifolha, 2018.

SONDA da Nasa faz pouso em Marte. Disponível em: https://www.msn.com/pt--br/noticias/ciencia-e-tecnologia/sonda-da-nasa-faz-pouso-em-marte/ar-BBQ7JVz?ocid=mailsignout. Acesso em: 27 nov. 2018.

■ Anais de congresso[3]

SIMPÓSIO DE FISIOTERAPIA EM TERAPIA INTENSIVA, 12 E SIMPÓSIO DE FISIOTERAPIA EM CARDIOLOGIA, 8. São Paulo. *Anais* [...]. São Paulo: Albert Einstein, Instituto Israelita de Ensino e Pesquisa, 2019.

OLIVEIRA, Adna Gomes. O Itamaraty, o corpo diplomático e a ONU no início da Guerra Fria: a atuação brasileira entre 1947 a 1956. *In*: SIMPÓSIO NACIONAL DE HISTÓRIA, 29. Brasília. *Anais* [...] Brasília: 24 a 28 jul. 2017. Disponível em: https://www.snh2017.anpuh.org/resources/anais/54/1502822581_ARQUIVO_anphu2017-ADNA.pdf. Acesso em: 27 nov. 2018.

---

3 Recomendamos a leitura de "O que são anais de eventos ou *proceedings* e qual a sua importância?" Disponível em: https://blog.even3.com.br/anais-de-eventos-ou-proceedings/. Acesso em 27 nov. 2018. Outra leitura igualmente apropriada é a de "O que são anais de congresso". Disponível em: https://publicacoes.even3.com.br/o-que-sao-anais-de-congressos. Acesso em: 27 nov. 2018.

242 **Redação científica** • *Medeiros*

■ **Ano da publicação**

O ano da publicação é sempre indicado em algarismos arábicos. Não se usam pontos para separar as unidades.

2018 (e não 2.018)

Se a data não aparece na publicação, coloca-se entre colchetes a data provável:

[1991?]

Ou aproximada:

[ca. 1991]

Data certa, mas não indicada no documento:

[2002]

Década certa:

[199-]

■ **Classificação de autor repetido e autor e título repetidos**

Para a classificação de autor repetido em lista por ordem alfabética, a nova edição da NBR 6023:2018 já não traz informação sobre a substituição do nome e sobrenome do autor por um traço de seis pontos.[4] Pela norma de 2002, tínhamos:

CAMARA JR., Mattoso J. *Dicionário de linguística e gramática*. 25. ed. Petrópolis: Vozes, 2004a.

_____ . *Dispersos*. Organização de Carlos Eduardo Falcão Uchôa. 3. ed. Rio de Janeiro: Lucerna, 2004b.

Para autor e obras repetidos, temos (aqui, seguindo a ordem cronológica da mais antiga para a mais atual):[5]

GIL, Antonio Carlos. *Como elaborar projetos de pesquisa*. 4. ed. São Paulo: Atlas, 2002.

_____ . _____ . 6. ed. São Paulo: Atlas, 2017.

_____ . *Métodos e técnicas de pesquisa social*. 2. ed. São Paulo: Atlas, 1989.

_____ . *Técnicas de pesquisa em economia*. 2. ed. São Paulo: Atlas, 1991.

---

4 Como a norma silencia a esse respeito, o referenciador pode optar por repetir o sobrenome e os prenomes, não os substituindo por traços de seis toques. Em relação ao uso de várias edições de uma mesma obra, a norma também silencia. Em geral, os autores utilizam apenas uma edição; todavia, se necessário fazer referência a mais de uma edição, sugerimos a indicação de outras edições entre colchetes, como no exemplo apresentado.

5 Embora a norma não possibilite a informação sobre o ano de publicação entre parênteses, logo após os prenomes, esse procedimento não é raro entre acadêmicos. Nesse caso, teríamos, por exemplo: CAMARA JR., Mattoso J. (2004a). *Dicionário...*

Quando se opta pela ordem cronológica descendente, ou seja, da obra mais atual para a mais antiga, temos para a repetição de obras de um mesmo autor:

GIL, Antonio Carlos. *Como elaborar projetos de pesquisa*. 6. ed. São Paulo: Atlas, 2017 [4. ed. 2002].

_____. *Técnicas de pesquisa em economia*. 2. ed. São Paulo: Atlas, 1991.

_____. *Métodos e técnicas de pesquisa social*. 2. ed. São Paulo: Atlas, 1989.

A NBR 6023:2018 não faz referência à citação de várias edições de uma mesma obra. Se um dos autores das obras referenciadas é repetido, temos:

MEDEIROS, João Bosco. *Português instrumental*. 4. ed. São Paulo: Atlas, 2000.

_____; ANDRADE, Maria Margarida de. *Manual de elaboração de referências bibliográficas*. São Paulo: Atlas, 2001.

■ Coleção

Coleções são referenciadas após o ano da publicação:

TODOROV, Tzvetan. *As estruturas narrativas*. Tradução de Leyla Perrone-Moisés. São Paulo: Perspectiva, 2013. (Debates, 14.)

■ Destaque:

Estabelece a NBR 6023:2018:

6.7 [...] O recurso tipográfico (negrito, itálico ou sublinhado) utilizado para destacar o elemento título deve ser uniforme em todas as referências. Isso não se aplica às obras sem indicação de autoria, ou de responsabilidade, cujo elemento de entrada é o próprio título, já destacado pelo uso de letras maiúsculas na primeira palavra, incluindo artigo (definido ou indefinido) e palavras monossilábicas iniciais (se houver).

A Norma ocupa-se de estabelecer um padrão: se se opta pelo uso do **bold** nos destaques de uma referência, segue-se com ele em todas as referências; se se opta pelo *itálico*, mantém-se a uniformidade do início ao final das referências.

Empregam-se letras maiúsculas nos sobrenomes dos autores individuais, nos nomes das entidades coletivas, nos títulos de periódicos quando constituírem a entrada da referência, nas entradas de artigos não assinados:

SUSSEKIND, Flora.

BANCO INTERAMERICANO DE DESENVOLVIMENTO.

BRASIL. Ministério da Fazenda.

TERESA: REVISTA DE LITERATURA BRASILEIRA.

APRENDA a ouvir a intuição. [artigo não assinado]

Nas referências a parte de obra, a indicação da obra principal, precedida de *In:*, segue a mesma norma:

DALLARI, Dalmo de Abreu. Constituição resistente. *In:* MORAES, Alexandre de (coord.). *Os 10 anos da Constituição Federal.* São Paulo: Atlas, 1999. p. 45-63.

A letra maiúscula é utilizada apenas na primeira letra de um título de obra:

As estrutura narrativa (obra de Tzvetan Todorov).
O romancista ingênuo de o sentimental (obra de Orhan Pamuk)
Gestos de leitura (obra organizada por Eni Puccinelli Orlandi)

As palavras latinas (algumas abreviadas) de domínio comum passam a ser escritas com destaque (**bold**, *itálico*) pela NBR 6023:2018:

Apud
et al.
et seq.
Ibidem
Idem
In:
Op. cit.
Passim
q. v.

■ **Dimensão física da obra**

Largura e altura são referenciadas em centímetros:

VOLÓCHINOV, Valentin. *Marxismo e filosofia da linguagem.* Tradução, notas e glossário de Sheila Grillo e Ekaterina Vólkova Américo. São Paulo: Editora 34, 2017. 374 p, 14 × 21 cm.

■ **Edição**

A edição é sempre indicada em algarismos arábicos, com a palavra *edição* abreviada:

2. ed. = em português
2nd. = em francês (ou 2e); 3ème (ou 3e)
2nd = em inglês; 3rd (= terceira); 4th (= quarta)

MOTA, Lourenço Dantas; ABDALA JUNIOR, Bejamin (org.). *Personae*: grandes personagens da literatura brasileira. 2. ed. São Paulo: Editora Senac São Paulo, 2010.

Se há alguma informação sobre a organização da obra, ou se se trata de uma edição especial, a ordem dos elementos é a seguinte:

CAMARA JR., J. Mattoso. *Dispersos.* Organização de Carlos Eduardo Falcão Uchôa. 3. ed. Petrópolis: Vozes, 2004.

■ **Entidades coletivas**

Entidades coletivas, como órgãos governamentais, empresas, congressos, são referenciadas com entrada pelo título:

BIBLIOTECA NACIONAL (Brasil). *Bibliografia brasileira*. Rio de Janeiro, v. 7, n. 1, p. 1-195, 1º trim. 1989. ISBN 0102-3144.

■ Fonte dos elementos bibliográficos

Os elementos constantes de referências bibliográficas são transcritos da folha de rosto (frontispício), ou "outras fontes equivalentes".

COSTA, José Augusto Fontoura. *Normas de direito internacional*: aplicação uniforme do direito uniforme. São Paulo: Atlas, 2000.

FERRAZ, Antonio Augusto de Camargo (coord.). *Ministério público*. 2. ed. São Paulo: Atlas, 1999. 2 v.

SALVADOR, Antônio Raphael; SOUZA, Osni. *Mandado de segurança*: doutrina e jurisprudência. São Paulo: Atlas, 1998.

■ Ilustração

Se a obra é ilustrada e é importante a referência à ilustração, indica-se depois da data de publicação:

JANSON, H. W. *História da arte*. Tradução de J. A. Ferreira de Almeida e Maria Manuela Rocheta Santos. 4. ed. Lisboa: Fundação Calouste Gulbenkian, 1989. 824 p., il.

■ Letras maiúsculas e minúsculas

Nomes de periódicos são grafados com letra maiúscula em todas as palavras:

Folha de S. Paulo.
O Estado de S. Paulo.
Revista de Administração de Empresas.

Se o nome de um periódico constitui a entrada de uma referência, ele é escrito todo com letras maiúsculas:

FOLHA DE S. PAULO. São Paulo, 9 nov. 2018.

Se a matéria não é assinada, apenas a primeira palavra do título do artigo é escrita com letras maiúsculas:

CHILE deixa de comprar carne de MS por medo de febre aftosa do Paraguai. *Folha de S. Paulo*, 5 nov. 2002, p. B-2.

■ Local e editora

O local da publicação é transcrito da obra tal como aí figura. Havendo homônimos, acrescenta-se o Estado, o país:

Cambridge, Massachusetts: Addison-Wesley, 2018.

Se nem o local nem o nome do editor aparecem na publicação, são utilizadas as abreviaturas:

[*S.l.: s.n.*]

Não constando local da publicação, indica-se entre colchetes [*S.l.*] (= *Sine loco*).

Se o nome do editor não aparece na publicação, coloca-se entre colchetes [*s.n.*] (= *sine nomine*).

Nomes de editoras figuram tal como aparecem no frontispício da obra, suprimindo-se os elementos que designam a natureza jurídica ou comercial (S.A., Ltda., Filhos, Editora, Editorial etc.):

J. Olympio (e não Editora José Olympio)

Nacional (e não Editora Nacional)

Brasiliense (e não Editora Brasiliense)

Saraiva (e não Editora Saraiva)

No caso de editoras com nome de cidades ou países, coloca-se o nome *editora*:

Editora do Brasil

Porto Editora

Coimbra Editora

Algumas editoras têm seus nomes abreviados:

EDUC (Editora da Pontifícia Universidade Católica de São Paulo)

EPU (Editora Pedagógica Universitária

Difel (Difusão Europeia do Livro)

Edusp (Editora da Universidade de São Paulo)

FTD (iniciais de Frère Théophane Durand, superior geral da Congregação Religiosa dos Maristas)

PUF (PresseS Universitaire de France)

FGV (Fundação Getulio Vargas)

Se duas forem as editoras responsáveis por uma publicação, seus nomes são separados por dois-pontos:

Atlas: Edusp, 2002.

Edusp: Objetiva, 2002.

Se as editoras forem de localidades diferentes, elas são separadas por ponto e vírgula:

São Paulo: Cortez; Campinas: Pontes, 2018.

■ **Nome de meses**

Nomes de meses são abreviados no idioma original da publicação. Não se abreviam meses com apenas quatro letras, ou menos. Quando abrangem um período, são separados por barra diagonal: *jun./ago.*

ABREVIATURAS DE NOME DE MESES

Alemão: Jan. (Januar); Feb. (Februar); März (März); Apr. (April); Mai (Mai); Juni (Juni); Juli (Juli); Aug. (August); Sept. (September); Okt. (Oktober); Nov. (November); Dez. (Dezember).

Espanhol: enero (enero); feb. (febrero); marzo (marzo); abr. (abril); mayo (mayo); jun. (junio); jul. (julio); agosto (agosto); sept. (septiembre); oct. (octubre); nov. (noviembre); dic. (diciembre).

Francês: janv. (janvier); févr. (février); mars (mars); avril (avril); mai (mai); juin (juin); juil. (juillet); août (août); sept. (septembre); oct. (octobre); nov. (novembre); déc. (décembre).

Inglês: Jan. (January); Feb. (February); Mar. (March); Apr. (April); May (May); June (June); July (July); Aug. (August); Sept. (September); Oct. (October); Nov. (November); Dec. (December).

Italiano: genn. (gennaio); febbr. (febbraio); mar. (marzo); apr. (aprile); magg. (maggio); giugno (giugno); luglio (luglio); ag. (agosto); sett. (settembre); ott. (ottobre); nov. (novembre); dic. (dicembre).

Português: jan. (janeiro); fev. (fevereiro); mar. (março); abr. (abril); maio (maio); jun. (junho); jul. (julho); ago. (agosto); set. (setembro); out. (outubro); nov. (novembro); dez. (dezembro).

As abreviaturas dos meses em alemão e em inglês são grafadas com letra inicial maiúscula.

■ Nome de autor/autores

Tratando-se de **pessoa física**, os autores são referenciados pelo último sobrenome (exceto quando o último for constituído por expressões como: *filho, neto, júnior, sobrinho* etc.), seguido pelos prenomes. O sobrenome é escrito com letras maiúsculas:

MORAES, Alexandre de

SANTOS, Luís dos

SCHILLER, Friedrich

SILVA, Manoel da

Se compostos, devem aparecer:

CARVALHO NETO, Inácio de

RODRIGUES JÚNIOR, Otávio Luiz[6]

SIMÃO FILHO, Adalberto

MONTORO FILHO, André Franco

VIEIRA SOBRINHO, José Dutra

AUTHIER-REVUZ, Jacqueline

BERTUCCELI-PAPI, Marcela

CALDAS-COULTHARD, Carmen Rosa

PERRONE-MOISÉS, Leyla

SCHLIBEN-LANGE, Brigite

Os nomes são transcritos como aparecem no texto referenciado.

ASSIS, Machado de (e não ASSIS, Joaquim Maria Machado de).

Até três autores, todos devem ser referenciados completamente. Se há mais de três, após o primeiro coloca-se a expressão *et al.* (= e outros) em redondo (tipo normal). Entre um nome e outro, usa-se ponto e vírgula:

SAMPIERI, Roberto Hernández; COLLADO, Carlos Fernández; LUCIO, María del Pilar Baptista. *Metodologia de pesquisa*. Tradução de Daisy Vaz Moraes. 5. ed. Porto Alegre: Penso, 2013.

CITELLI, Adilson *et al. Dicionário de comunicação*: escolas, teorias e autores. São Paulo: Contexto, 2014.

Se forem mais de três os autores, depois do nome do primeiro autor escreve-se a expressão latina *et al.* (= e outros):

CITELLI, Adilson *et al.* (org.). *Dicionário de comunicação*. São Paulo: Contexto, 2014.

Tratando-se de **pessoa jurídica**, a entrada é feita pelo seu nome:

AMERICAN PSYCHOLOGICAL ASSOCIATION. *Manual de publicação APA*. Tradução de Daniel Bueno. 6. ed. Porto Alegre: Penso, 2012.

Se se tratar de uma instituição governamental da administração direta, seu nome é precedido pelo nome do órgão superior ou da jurisdição à qual pertence:

BRASIL. *Manual de redação da presidência da república*. 2. ed. Brasília: Presidência da República, 2002.

SÃO PAULO. Subsecretaria de Comunicação. *Manual de identidade visual do governo do Estado de São Paulo*. São Paulo: Subsecretaria de Comunicação, 2016.

---

6 Nas referências, respeita-se a forma como estão grafados nomes e sobrenomes no frontispício das obras. Assim, escreve-se JR. ou *JÚNIOR, conforme aparece na obra*. Também se transcrevem com rigor *s, z*, letras dobradas, acentos. A NBR 6023:2018, diferentemente da norma Vancouver, não abrevia os prenomes.

Cap. 11 • Elaboração de referências bibliográficas 249

■ Organizador/Coordenador/Diretor

No caso de obra constituída de vários textos de diferentes autores, com indicação na folha de rosto (frontispício) apenas do nome do organizador, ou coordenador, ou diretor, inicia-se a referência com o seu nome:

> MORAES, Alexandre de (coord.). *Os 10 anos da Constituição Federal*: temas diversos. São Paulo: Atlas, 1999.

Mesmo que uma obra seja organizada, coordenada, dirigida por várias pessoas, usa-se a abreviatura no singular: org., coord., dir.

■ Página

Os números de página são precedidos da abreviatura *p*. Os números, mesmo que idênticos, são repetidos:

> SANTIAGO, Silviano. Iracema, o coração indômito de Pindorama. *In:* MOTA, Lourenço Dantas; ABDALA, JUNIOR, Benjamin (org.). Personae: grandes personagens da literatura brasileira. 2. ed. São Paulo: Editora Senac São Paulo, 2010. p. 13-33.

> SCLIAR, Moacyr. Policarpo Quaresma: triste fim, gloriosa permanência. *In:* MOTA, Lourenço Dantas; ABDALA, JUNIOR, Benjamin (org.). Personae: grandes personagens da literatura brasileira. 2. ed. São Paulo: Editora Senac São Paulo, 2010. p. 101-118.

■ Pontuação

- Usa-se **ponto** na descrição de vários elementos da referência: ao final do nome do autor, do título de uma obra, das notas tipográficas [imprenta].

  > BOSSA, Nadia. *Dificuldades de aprendizagem*: o que são? Como tratá-las. Porto Alegre: Artmed, 2000.

- O **ponto e vírgula** separa nomes de autores de uma obra e editoras de diferentes localidades.

  > BOCK, Ana Mercês Bahia; FURTADO, Odair; TEIXEIRA, Maria de Lourdes Trassi. *Psicologias*: uma introdução ao estudo de psicologia. 13. ed. São Paulo: Saraiva, 1999.
  > HESSEN, Johannes. *Teoria do conhecimento*. Tradução de António Correia. 7. ed. Coimbra: Arménio Amado; São Paulo: Martins Fontes, 1979. (Studium.)

- Usa-se **dois-pontos** para separar título de subtítulo de uma obra, local de editora e depois da expressão latina *In*.

  > SALLES, Cecília Almeida. *Crítica genética*: uma (nova) introdução. São Paulo: Educ, 2000.
  > PORTELA, Eduardo. O grito do silêncio. *In:* LISPECTOR, Clarice. *A hora da estrela*. Rio de Janeiro: J. Olympio, 1977.

  Quando são duas as editoras, elas são separadas por dois-pontos:

  > CHARTIER, Roger. A aventura do livro: do leitor ao navegador. São Paulo: Imprensa Oficial: Editora da Unesp, 1999.

250 **Redação científica** • *Medeiros*

- **A vírgula** serve para separar sobrenome de prenomes, editora e data de publicação.

  PRAZ, Mario. *A carne, a morte e o diabo na literatura romântica.* Tradução de Philadelpho Menezes. São Paulo: Editora da Unicamp, 1996.

- **Parênteses** são usados para indicar informação sobre série e coleção:

  GUIMARÃES, Elisa. *A articulação do texto.* 3. ed. São Paulo: Ática, 1993. (Princípios, 182.)

  NUNES, Benedito. *O tempo na narrativa.* São Paulo: Ática, 1988. (Fundamentos.)

  FIGUEIREDO, Fidelino de. *História da literatura realista*: 1871-1900. 2. ed. Lisboa: Livraria Clássica Editora, 1924. (Biblioteca de Estudos Históricos Nacionais, 5.)

- **Hífen** é utilizado para separar páginas iniciais e finais de partes referenciadas, assim como os limites de determinado período da publicação:

  p. 12-23.

  período 1950-1968.

- **Barra transversal** é usada para separar nome de meses e as datas a que se refere uma publicação:

  jun./ago.

  São Paulo, Secretaria da Agricultura, 1999/2000.

- **Colchete** é utilizado para indicar elementos que não figuram na obra referenciada:

  São Paulo: Nacional, [1958?].= data provável.

  Petrópolis: Vozes, [1975] = data certa, mas não indicada no frontispício da obra

  Porto Alegre: Globo, [196-] = década certa

  Belo Horizonte: Del Rey, [199-?] década provável

■ **Série e coleção**

É pouco comum em trabalhos acadêmico-científicos a presença da informação de que um livro pertence a uma série ou coleção. Exemplificando, temos:

  CHAUI, Marilena. *O que é ideologia.* São Paulo: Abril Cultural: Brasiliense, 1984. (Coleção Primeiros passos, 7.)

Ou simplesmente:

  CHAUI, Marilena. *O que é ideologia.* São Paulo: Abril Cultural: Brasiliense, 1984. (Primeiros passos, 7.)

Ou ainda:

CHAUI, Marilena. *O que é ideologia*. São Paulo: Abril Cultural: Brasiliense, 1984. (Primeiros passos, n. 7.)

■ Título e subtítulo da obra

O título e o subtítulo são transcritos tal como figuram no frontispício da obra. São separados por dois-pontos. Apenas o título é destacado (em geral, usa-se *itálico*). Se necessário, ao título são acrescidos outros elementos identificadores da obra:

ALENCAR, José de. *Iracema*. Edição crítica. Rio de Janeiro: Instituto Nacional do Livro, 1965.

■ Tradução

O nome do tradutor figura após o título da obra:

PERELMAN, Chaim. *Retóricas*. Tradução de Maria Ermantina Galvão G. Pereira. São Paulo: Martins Fontes, 1997.

WEBER, Max. *Metodologia das ciências sociais*. Tradução de Augustin Wernet. Introdução à edição brasileira de Maurício Tragtenberg. 5. ed. São Paulo: Cortez; Campinas: Editora da Unicamp, 2016.

■ Volume

Publicações com mais de um volume são referenciadas indicando-se em algarismos arábicos a quantidade de volumes seguida da abreviatura *v.*:

HAUSER, A. *História social da literatura e da arte*. Tradução de Walter H. Geenen. 4. ed. São Paulo: Mestre Jou, 1982. 2 v.

HAUSER, A. O estatuto social do artista da Renascença. *In*: HAUSER, A. *História social da literatura e da arte*. Tradução de Walter H. Geenen. São Paulo: Mestre Jou, 1982. 4. ed. v. 1, p. 415-453.

O número do volume consultado é indicado em algarismos arábicos e é precedido da abreviatura v.:

5 v.	v. 3
quantidade de volumes	número do volume

16 ORDENAÇÃO DAS REFERÊNCIAS

As referências podem ser ordenadas segundo dois sistemas: (1) alfabeticamente pelo sobrenome de entrada; (2) numericamente, pela ordem de citação no texto.

16.1 Sistema alfabético

Nesse sistema, durante o desenvolvimento do texto foi utilizado o sistema autor-data; ao final do texto (capítulo, parte, todo o texto), as referências são reunidas em uma lista, em ordem alfabética. O sobrenome utilizado no interior da obra é o que **vai figurar** na lista de

252   Redação científica • Medeiros

referências. Entre uma referência e outra há um espaço interlinear maior. Se for utilizado o espaço interlinear 1,5 (no Word), localizando "Opções de espaçamento de linha", acrescentam-se mais 6 pontos. Exemplo:

> COSTA, Hélio Rubens Batista Ribeiro; RIBEIRO, José Horácio Halfeld Rezende; DINAMARCO, Pedro da Silva (coord.). *Linhas mestras do processo civil.* São Paulo: Atlas, 2004.
>
> FILOMENO, José Geraldo Brito. *Manual de direitos do consumidor.* 7. ed. São Paulo: Atlas, 2004.
>
> MACHADO, Hugo de Brito. *Comentários ao código tributário nacional.* São Paulo: Atlas, 2003. v. 1.

Se forem referenciadas várias obras de um mesmo autor, a referência sucessiva na mesma página, pode ser feita alfabeticamente, considerando o título das obras, ou cronologicamente. Em ambos os casos, o nome do autor é substituído por um traço equivalente a seis espaços e ponto.[7] Na classificação cronológica, a ordem é descendente:

> FABRETTI, Láudio Camargo. *Código tributário nacional comentado.* 5. ed. São Paulo: Atlas, 2005.
>
> _____ . *Prática tributária da micro, pequena e média empresa.* 5. ed. São Paulo: Atlas, 2003.
>
> _____ ; FABRETTI, Dilene Ramos. *Direito tributário para os cursos de administração e ciências contábeis.* 3. ed. São Paulo: Atlas, 2004.

Na segunda referência apresentada, o autor da obra é o mesmo da primeira e, por isso, foi substituído por um traço de seis toques e ponto. Na terceira referência, a obra é de dois autores: Láudio Camargo Fabretti e Dilene Ramos Fabretti e, por isso, apenas o primeiro nome foi substituído por um traço de seis toques e ponto e vírgula.

Se autor e obra forem os mesmos, mas apenas divergirem as edições, referencia-se:

> MEDEIROS, João Bosco. *Redação científica: a prática de fichamentos, resumos, resenhas.* 11. ed. São Paulo Atlas, 2009.
>
> _____ . _____ . 12. ed. São Paulo: Atlas, 2014.

O primeiro traço substitui o nome do autor e o segundo, o título da obra. Ambos os traços são separados por ponto. Ao final do segundo traço, coloca-se também ponto. Também aqui a norma atual omitiu o que especificava no parágrafo 9.1.2 da edição de 2002.

A NBR 6023:2018 não faz referência ao uso da ordenação cronológica descendente (da obra mais atual para a mais antiga).[8] Como um pesquisador pode utilizar mais de uma

---

7   Essa era a regra do parágrafo 9.1.1 da NBR 6023:2002. A norma atual (parágrafo 9.1 da NBR 6023:2018) silencia a esse respeito, o que leva a subentender que a repetição do nome e prenomes seria adequada.

8   A ordenação cronológica descendente é comum entre os pesquisadores e usada sempre na norma Vancouver.

Cap. 11 • Elaboração de referências bibliográficas   253

edição de uma mesma obra em sua pesquisa, seria inadequado na cronologia descendente valer-se de traços para substituir a informação sobre a obra (porque se teria de repetir uma mesma obra em locais diferentes). Nesse caso, sugerimos o uso da informação sobre edições anteriores entre colchetes, como no exemplo seguinte:

> DEMO, Pedro. *Introdução à metodologia da ciência*. 2. ed. São Paulo: Atlas, 2015 [1983].
>
> _____ . *Metodologia científica*: em ciências sociais. 3. ed. São Paulo: Atlas, 2014a. [2. ed. 1989].
>
> _____ . *Pesquisa*: princípio científico e educativo. São Paulo: Cortez, 2014b.
>
> _____ . Pesquisa e informação qualitativa. 5. ed. Campinas: Papirus, 2012.
>
> SEVERINO, Joaquim Antônio. *Metodologia do trabalho científico*. 24. ed. São Paulo: Cortez, 2016. [21. ed. 2000, 14. ed. 1986, 13. ed. 1985].
>
> _____ . *Filosofia no ensino médio*. São Paulo: Cortez, 2014.

Agora, verifiquemos como seria dispendioso e até confuso se fôssemos utilizar traços para substituir o nome do autor e título da obra, mas observando a cronologia descendente:

> DEMO, Pedro. *Introdução à metodologia da ciência*. 2. ed. São Paulo: Atlas, 2015.
>
> _____ . _____ . São Paulo: Atlas, 1983.
>
> _____ . *Metodologia científica*: em ciências sociais. 3. ed. São Paulo: Atlas, 2014a.
>
> _____ . _____ . 2. ed. São Paulo: Atlas, 1989.
>
> _____ . *Pesquisa*: princípio científico e educativo. São Paulo: Cortez, 2014b.
>
> _____ . Pesquisa e informação qualitativa. 5. ed. Campinas: Papirus, 2012.
>
> _____ . *Conhecimento moderno*: sobre ética e intervenção do conhecimento. 2. ed. Petrópolis: Vozes, 1999.
>
> _____ . *Cidadania tutelada e cidadania assistida*. Campinas: Autores Associados, 1996.
>
> SEVERINO, Joaquim Antônio. *Metodologia do trabalho científico*. 24. ed. São Paulo: Cortez, 2016.
>
> _____ . _____ . 21. ed. São Paulo: Cortez, 2000.
>
> _____ . _____ . 14. ed. São Paulo: Cortez, 1986.
>
> _____ . _____ . 13. ed. São Paulo: Cortez, 1985.
>
> _____ . *Filosofia no ensino médio*. São Paulo: Cortez, 2014.

Nesse caso, a ordem descendente é interrompida duas vezes na referência a obra de Pedro Demo e duas vezes na referência a obra de Antônio Joaquim Severino. Seria ainda pior o resultado se optássemos por uma terceira forma:

254 **Redação científica** • *Medeiros*

DEMO, Pedro. *Introdução à metodologia da ciência*. 2. ed. São Paulo: Atlas, 2015.

_____ . *Metodologia científica*: em ciências sociais. 2. ed. São Paulo: Atlas, 2014a.

_____ . *Pesquisa*: princípio científico e educativo. São Paulo: Cortez, 2014b.

_____ . *Pesquisa e informação qualitativa*. 5. ed. Campinas: Papirus, 2012.

_____ . *Conhecimento moderno*: sobre ética e intervenção do conhecimento. 2. ed. Petrópolis: Vozes, 1999.

_____ . *Cidadania tutelada e cidadania assistida*. Campinas: Autores Associados, 1996.

_____ . *Metodologia científica*: em ciências sociais. 2. ed. São Paulo: Atlas, 1989.

_____ . *Introdução à metodologia da ciência*. São Paulo: Atlas, 1983.

SEVERINO, Joaquim Antônio. *Metodologia do trabalho científico*. 24. ed. São Paulo: Cortez, 2016.

_____ . *Filosofia no ensino médio*. São Paulo: Cortez, 2014.

_____ . *Metodologia do trabalho científico*. 21. ed. São Paulo: Cortez, 2000.

_____ . _____ . 14. ed. São Paulo: Cortez, 1986.

Nesse caso, teríamos de repetir título de obras em locais diferentes. Por essa razão, sugerimos o uso de colchetes como no exemplo retroapresentado.

16.2 Sistema numérico

Nesse caso, reúnem-se as referências ao final de um texto (ou capítulo, parte, artigo científico), observando a sequência numérica em que aparecem no texto. A NBR 6023:2018, ao tratar de ordenação das referências por sistema numérico, não fala em nota de rodapé (parágrafo 9.2), mas admite o uso do rodapé para referências no parágrafo 6.3.

Se houver necessidade de notas explicativas, elas serão postas na própria página onde aparecem no texto e valendo-se de outro tipo de sinal, como, por exemplo, asterisco (*). Diferentemente do sistema alfabético, nesse sistema a indicação de página é obrigatória. Os textos referenciados a seguir supõem que tenham sido citados no texto com números elevados ["expoentes"] depois ou antes da pontuação, mantendo-se, porém, a uniformidade; os números de chamada também podem aparecer entre parênteses (caso menos frequente nos trabalhos acadêmico-científicos). Com relação à pontuação nas chamadas, a norma apresenta apenas exemplos com as chamadas antes da pontuação. Exemplos:

Conforme Weber,[1] a análise da obra de Knies é "difícil", visto que seu estilo é "quase incompreensível".

Para Chanlat e Bédard[2], as palavras são uma ferramenta do executivo.

Cap. 11 • Elaboração de referências bibliográficas   255

Entende Hannah Arendt que "a época moderna, com sua crescente alienação do mundo, conduziu a uma situação em que o homem, onde quer que vá, encontra apenas a si mesmo" (3).

1 WEBER, Max. *Metodologia das ciências sociais.* Tradução de Augustin Wernet. Introdução à edição brasileira de Maurício Tragtenberg. 5. ed. São Paulo: Cortez; Campinas: Editora da Unicamp, 2016. p. 105.

2 CHANLAT, Alain; BÉDARD, Renée. Palavras: a ferramenta do executivo. *In:* CHANLAT, Jean-François (coord.). O indivíduo na organização: dimensões esquecidas. Tradução de Ofélia de Lanna Sette Tôrres. São Paulo: Atlas, 1996. v. 1, p. 125-148.

(3) ARENDT, Hannah. *Entre o passado e o futuro.* Tradução de Mauro W. Barbosa. 8.ed. São Paulo: Perspectiva, 2017. p. 125.

Embora a NBR 6023:2018 apresente exemplificação com os números do sistema numérico alinhados horizontalmente, é comum o uso de números elevados (no Word = teclas Ctrl + Shift + a tecla +, tudo ao mesmo tempo; depois de acionar essas três teclas, digite o número da referência):

[1] WEBER, Max. *Metodologia das ciências sociais.* Tradução de Augustin Wernet. Introdução à edição brasileira de Maurício Tragtenberg. 5. ed. São Paulo: Cortez; Campinas: Editora da Unicamp, 2016.

[2] CHANLAT, Alain; BÉDARD, Renée. Palavras: a ferramenta do executivo. *In:* CHANLAT, Jean-François (coord.). *O indivíduo na organização*: dimensões esquecidas. Tradução de Ofélia de Lanna Sette Tôrres. São Paulo: Atlas, 1996. v. 1, p. 125-148.

No caso de uso de parênteses, o número permanece alinhado horizontalmente.

12

Estrutura e apresentação de trabalhos acadêmico-científicos

> É fácil fazer com que um assunto complicado pareça complicado; é preciso inteligência e esforço, porém, para expor ideias e informações da maneira mais simples possível (BARRAS, 1979, p. 20).

> Nem sempre a ciência oferece uma ferramenta claramente superior para entender o mundo que nos cerca. (CASTRO, 2014, p. 17).

1 ESTRUTURA DE DISSERTAÇÃO DE MESTRADO, TESE DE DOUTORADO, TCC[1]

Denomina-se dissertativo todo texto que apresenta um juízo valorativo sobre um fato, ou acontecimento, ou uma opinião sobre um objeto ou ação, ou uma visão subjetiva sobre um assunto. Hoje, em substituição ao termo *dissertação*, fala-se mais comumente em textos argumentativos, expositivos, explicativos. Para Siqueira (1995, p. 11), se não houver a participação

---

1 Em algumas instituições, determinados trabalhos acadêmicos são chamados de *monografia*, para diferenciá-los de dissertações de mestrado e teses de doutorado. Chamam então os TCCs de *trabalho monográfico* ou de *monografia*. Como já dissemos, monografia diz respeito, propriamente, a tratamento de um único tema, não a tipo de trabalho. Todavia, o nome *monografia* está consagrado. Dizem os professores: "Ao final deste curso, será necessário entregar uma monografia." A estrutura de qualquer trabalho acadêmico é sempre a mesma.

258 **Redação científica** • *Medeiros*

pessoal no texto, com a elaboração de um ponto de vista, "o texto produzido não será texto e sim um pseudotexto, pois apresentará simplesmente uma informação que já faz parte do saber partilhado, do conhecimento de todos".

Todo texto é composto de introdução, desenvolvimento e conclusão. O que expor em cada uma dessas partes constitui-se às vezes em embaraço para o redator.

A NBR 14724:2011 apresenta três definições para os trabalhos acadêmico-científicos. A dissertação de mestrado é:

> documento que apresenta o resultado de um trabalho experimental ou exposição de um estudo científico retrospectivo, de tema único e bem delimitado em sua extensão, com o objetivo de reunir, analisar e interpretar informações. Deve evidenciar o conhecimento de literatura existente sobre o assunto e a capacidade de sistematização do candidato. É feito sob a coordenação de um orientador (doutor), visando a obtenção do título de mestre (n. 3.10).

A tese de doutorado é:

> documento que apresenta o resultado de um trabalho experimental ou exposição de um estudo científico de tema único e bem delimitado. Deve ser elaborado com base em investigação original, constituindo-se em real contribuição para a especialidade em questão. É feito sob a coordenação de um orientador (doutor) e visa a obtenção do título de doutor, ou similar (n. 3.33).

E o trabalho de conclusão de curso de graduação, trabalho de graduação interdisciplinar e trabalho de conclusão de curso de especialização ou aperfeiçoamento é definido como:

> documento que apresenta o resultado de estudo, devendo expressar conhecimento do assunto escolhido, que deve ser obrigatoriamente emanado da disciplina, módulo, estudo independente, curso, programa, e outros ministrados. Deve ser feito sob a coordenação de um orientador (n. 3.35).

Ao tratar da estrutura dos trabalhos acadêmicos, no entanto, a NBR citada não faz distinção, dividindo-os em parte externa e parte interna. A parte externa compreende a capa, que é obrigatória, e a lombada, que é opcional. A parte interna é composta de elementos pré-textuais, textuais e pós-textuais. Embora já tenhamos exposto os elementos constituidores dessas partes no Capítulo 8, retomamo-los no Quadro 12.1, especificando-os.

Quadro 12.1 Elementos de um trabalho acadêmico.

ESTRUTURA	ELEMENTO
Parte externa	Capa (elemento obrigatório). Compreende: nome da instituição, autor, título da obra e subtítulo, se houver (evidencia-se o subtítulo com caracteres de fonte menor que a do título), volume (se for composta a obra em mais de um volume), local da instituição onde será apresentado, ano do depósito (entrega) do trabalho. Lombada (elemento opcional): é regulada pela NBR 12225:2004, que estabelece que seus elementos são: nome do autor, título da obra, volume (se houver), data.

Cap. 12 • Estrutura e apresentação de trabalhos acadêmico-científicos 259

ESTRUTURA	ELEMENTO
Elementos Pré-textuais	1. Folha de rosto (elemento obrigatório): no anverso, colocam-se nome do autor, título, subtítulo (se houver),[2] número do volume se a obra compuser mais de um volume (nesse caso, repete-se a folha de rosto em cada volume, distinguindo-os por volume 1, volume 2), natureza do trabalho (tese de doutorado, dissertação de mestrado, trabalho de conclusão de curso) e objetivo (aprovação em disciplina, grau pretendido e outros), nome da instituição a que é submetido o trabalho, área de concentração, nome do orientador, local da instituição onde será apresentado, ano do depósito. 2. Verso da folha de rosto: "deve conter os dados da catalogação na publicação, conforme o Código de Catalogação Anglo-americano vigente" (NBR 14724:2011). Em geral, para a confecção da ficha catalográfica, os orientandos valem-se do auxílio de bibliotecários. 3. Errata (opcional) 4. Folha de aprovação (obrigatória) 5. Dedicatória (opcional) 6. Agradecimentos (elemento opcional) 7. Epígrafe (opcional) 8. Resumo em língua portuguesa (obrigatório) 9. Resumo em língua estrangeira (obrigatório) 10. Lista de ilustrações (opcional) 11. Lista de tabelas (opcional) 12. Lista de abreviaturas e siglas (opcional) 13. Lista de símbolos (opcional) 14. Sumário (obrigatório)
Elementos Textuais	1. Introdução. 2. Desenvolvimento: compõe-se de discussão da revisão da literatura, apresentação dos dados, análise, resultados. 3. Conclusão
Elementos Pós-textuais	1. Referências (obrigatório) 2. Glossário (opcional) 3. Apêndice(s) (opcional) 4. Anexo(s) (opcional) 5. Índice(s) (opcional)

1.1 Capa

A capa de um trabalho acadêmico-científico contém os seguintes elementos:

---

2 Para a NBR 14721:2011(n. 4.1.1, letra *d*), se houver subtítulo, "deve ser precedido de dois-pontos, evidenciando a sua subordinação ao título". Em geral, porém, o que se vê nos trabalhos acadêmicos (tal como se verifica no mercado editorial) é a ausência de dois-pontos, distinguindo o título do subtítulo apenas pela diferenciação gráfica: título em letras maiúsculas e subtítulo em letras maiúsculas e minúsculas.

- Nome da instituição.
- Nome do autor.
- Título do trabalho.
- Subtítulo, se houver.
- Local (cidade) da instituição onde deve ser apresentado o trabalho.
- Ano de depósito (entrega do texto impresso à secretaria da instituição).

A seguir, modelo de capa (observar a distribuição dos elementos, uso de maiúscula, centralização, espaçamento):

UNIVERSIDADE DE SÃO PAULO
FACULDADE DE FILOSOFIA,
LETRAS E CIÊNCIAS HUMANAS
JOÃO DA SILVA

GÊNERO LÍRICO

São Paulo
2018

Modelo de capa.

1.2 Lombada

A lombada é opcional. É parte da capa que se opõe ao corte (à direita) do livro. Ela serve para enfeixar as folhas ou páginas de um trabalho impresso. O processo de reunião das páginas pode ser por colagem, costura, grampo, uso de espiral. São elementos da lombada:

- Nome do autor, grafado longitudinalmente do alto para o pé da lombada.
- Título do trabalho, grafado da mesma forma que o nome do autor.
- Elementos alfanuméricos de identificação, como volume: v. 1, por exemplo.

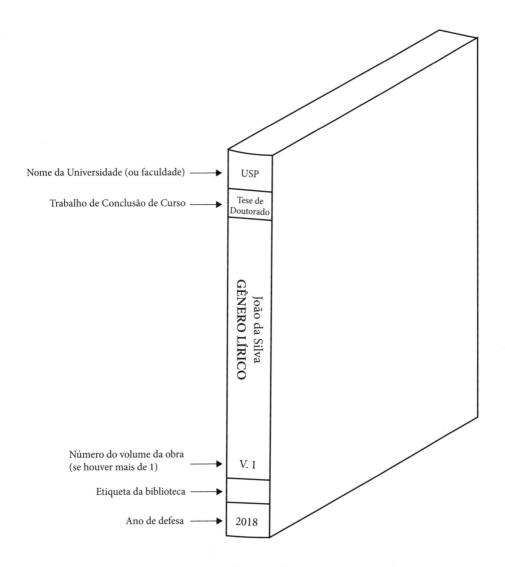

Modelo de lombada.

262 **Redação científica** • *Medeiros*

1.3 Folha de rosto

O anverso da folha de rosto contém os seguintes elementos:

- Nome do autor.
- Título principal do trabalho.
- Subtítulo, se houver; deve ser precedido de dois-pontos e evidenciar subordinação.[3]
- Natureza (tese de doutorado, dissertação de mestrado, trabalho de conclusão de curso) e objetivo (grau pretendido ou aprovação em curso superior regular), nome da instituição a que é submetido, área de concentração.
- Nome do orientador.
- Local (cidade) da instituição onde deve ser apresentado o trabalho.
- Ano de depósito (entrega do texto à secretaria da faculdade ou universidade).

No verso da folha de rosto, deve constar ficha catalográfica.

A seguir, modelo de folha de rosto:

---

3 Embora a NBR 14724:2011 estabeleça o uso de dois-pontos para separar título de subtítulo, é comum apenas a diferenciação gráfica: título em letras maiúscula e subtítulo em letras maiúsculas e minúsculas (apenas a primeira letra em maiúscula).

Cap. 12 • Estrutura e apresentação de trabalhos acadêmico-científicos   263

JOÃO DA SILVA

GÊNERO LÍRICO:
História e Formas

Tese de doutorado apresentada à Faculdade
de Filosofia, Letras e Ciências Humanas da
Universidade de São Paulo, para a obtenção
do grau de doutor.

Orientador: Fulano de Tal

São Paulo
2018

Modelo de folha de rosto.

264 **Redação científica** • *Medeiros*

O texto da natureza do trabalho varia, conforme a finalidade. Em uma dissertação de mestrado, teríamos:

> Dissertação de mestrado apresentada à Faculdade X da Universidade Estadual Paulista "Júlio de Mesquita Filho", Campus de Bauru, como requisito para a obtenção do título de Mestre em X, sob a orientação do Prof. Dr. Fulano de Tal.

> Trabalho de conclusão de curso apresentado à Faculdade X da Universidade Y, como requisito para a conclusão do curso XX, sob a orientação do Prof. Fulano de Tal.

1.4 Verso da folha de rosto

O verso da folha de rosto é o local apropriado para a ficha catalográfica, que é elaborada de acordo com técnicas biblioteconomia. Em geral, um bibliotecário, para elaborar uma ficha catalográfica, apoia-se nas seguintes informações: nome do autor da obra, título e subtítulo da obra, número de volumes, nome do orientador, local e data, número de folhas do trabalho acadêmico impresso, indicação da natureza acadêmica do trabalho (finalidade do trabalho), unidade de ensino e instituição onde o trabalho será apresentado, áreas de aplicação do trabalho.

Fichas catalográficas são comuns em teses de doutorado e dissertações de mestrado. Não o são em TCCs.

FICHA CATALOGRÁFICA

Silva, João da
Gênero lírico: história e formas/João da Silva. Tese de doutorado sob a orientação do Prof. Manoel da Silva – São Paulo: Universidade de São Paulo, 2014. 128 f.

ISBN 978-85-224-3377-x

1. História e crítica 2. Literatura 3. Formas 4. Estética I. Título

05-2903   CDD-808.1

Índices para catálogo sistemático
1. Teoria literária   808.1
2. Literatura   801

Modelo de verso de folha de rosto.

1.5 Errata

Errata é uma lista de falhas que ocorreram, sobretudo de impropriedades no uso da variedade padrão da linguagem. Exemplo:

ERRATA			
SOBRENOME, Nome. *Título da obra*. Local: Nome da instituição, ano.			
Folha	**Linha**	**Onde se lê**	**Leia-se**
13	17	Pixação	Pichação

Erratas são problemáticas: se se constata um erro e não se aponta, ele pode ser objeto de arguição; se erros são listados em errata, depõem contra o trabalho, chamando a atenção para suas falhas, que poderiam ser sanadas antes da impressão, com a utilização de variadas versões (rascunhos) e diversas revisões. Se ela for necessária, será posta logo após a folha de rosto. É constituída pelo nome do autor do trabalho, título da obra e subtítulo (se houver), indicações precisas das falhas (número da página ou folha e número da linha em que se encontra o problema), o "erro" e sua correção.

1.6 Folha de aprovação

Folha de aprovação é, segundo a NBR 14724:2011, n. 3.18: a "folha que contém os elementos essenciais à aprovação do trabalho". São seus elementos:

- Nome do autor do trabalho.
- Título do trabalho e subtítulo (se houver).
- Natureza do trabalho (tese de doutorado, dissertação de mestrado, TCC).
- Objetivo.
- Nome da instituição a que é submetido.
- Área de concentração.
- Data da aprovação.
- Nome, titulação e assinatura dos componentes da banca examinadora e instituições a que pertencem.
- Data de aprovação e assinaturas dos membros componentes da banca examinadora, postas após a aprovação do trabalho.

266 **Redação científica** • *Medeiros*

JOÃO DA SILVA

MUDANÇA ORGANIZACIONAL

Tese de doutorado aprovada como requisito parcial para a obtenção do título de doutor em Administração pela Faculdade de Economia e Administração da Universidade de São Paulo.

Habilitação: Administração

Data de Aprovação

_____/_____/_____

Banca Examinadora:

_____

Prof. Dr. Manoel da Silva
Orientador
Universidade de . . . .

_____

Profa. Dra. Diana Medeiros
Universidade de...

_____

Profa. Dra. Maria Cláudia Lombardi
Universidade de . . . .

_____

Prof. Dr. Sebastião de Almeida
Universidade de . . . .

_____

Prof. Dr. Otávio de Almeida
Universidade de . . . .

Modelo de folha de aprovação em teses de doutorado.

Nas defesas de tese de doutorado, a banca arguidora é formada pelo orientador e por quatro professores doutores; nas defesas de dissertação de mestrado, além do orientador, temos dois arguidores, que também são doutores; na defesa de TCC, ao professor orientador juntam-se dois professores arguidores.

1.7 Dedicatória

É cada dia mais comum os autores de um trabalho acadêmico-científico dedicarem sua obra a um familiar, amigo ou pessoa de suas relações. Em geral, são breves e escrita sem muitos adjetivos: uma preposição e o nome da pessoa são suficientes. Ela é escrita no terço final da folha:

Para Fulano de Tal.

Modelo de folha de dedicatória.

1.8 Agradecimentos

O autor de um trabalho acadêmico pode apresentar uma lista de pessoas a quem agradece por terem colaborado com ele durante a pesquisa e redação do texto. Entre eles, citam-se: seu orientador, professores, colegas, amigos que lhe prestaram favores, discutiram com ele determinadas partes do texto, sugeriram uma consulta bibliográfica, enfim pessoas que o ajudaram na realização de sua pesquisa.

AGRADECIMENTOS

Sou grato ao Prof. Dr. Fulano de Tal, cujas constantes orientações foram decisivas para a realização desta pesquisa. Nesses anos todos de convívio, manteve comigo relação de amizade e de profundo conhecedor do objeto de pesquisa a que me dediquei. Foram anos de aprendizado que me enriqueceram e deixaram saudade. Além de sua competência, ressalto a paciência, o alto grau de compreensão das situações vividas e, sobretudo, seu comportamento ético no trato das questões científicas.

Agradecemos também aos professores Fulano e Beltrano que me abriram suas bibliotecas, me emprestaram livros e artigos científicos e, ainda, colaboraram na discussão de variados temas e revisão de pontos de vista.

A Fulana de Tal meus agradecimentos pela paciente e competente leitura das primeiras versões deste trabalho. Sem o acolhimento de suas sugestões, meus arguidores teriam de enfrentar um texto com inúmeros problemas de redação.

Aos familiares, meus agradecimentos pela compreensão de minha ausência em inúmeros eventos.

Finalmente, agradecimentos à Coordenação de Aprerfeiçoamento de Pessoal de Nível Superior (CAPES), pela concessão de bolsa de estudo para a realização desta tese de doutorado.

[...]

1.9 Epígrafe

Para a NBR 14724:2011, epígrafe é "texto em que o autor apresenta uma citação, seguida de indicação de autoria, relacionada com a matéria tratada no corpo do trabalho" (n. 3.14). Não é, pois, um texto ornamental, mas diretamente relacionado com o que se trata em um capítulo, por exemplo. Frases-feitas e clichês, colhidos em autores muito conhecidos e sem nenhuma relação com o que se discute no texto não são apropriadas para epígrafe. Uma frase de um autor de textos de motivação (autoajuda), por mais interessante que seja, pode não ser adequada em um texto de investigação sociológica, orientada pelo materialismo histórico. A sabedoria universal, gotas de otimismo, provérbios não são apropriados para epígrafe de trabalhos acadêmico-científicos. Quando se opta por uma epígrafe inicial, em uma página isolada, ela é grafada no terço final da folha e recuada em relação à margem esquerda, como a dedicatória.

A epígrafe não é obrigatória, mas é cada dia mais comum em trabalhos acadêmicos-científicos.

> Qualquer discurso teórico não é a revelação total da realidade, é a realização de um possível ao sujeito, sob condições histórico-sociais dadas: o objeto construído anuncia e denuncia o sujeito que o constrói: ela é a exteriorização de sua interioridade, do seu tempo, do seu meio, de suas questões, de sua inserção de classe (MINAYO, 2014, p. 387-388).

Modelo de folha de epígrafe.

270   **Redação científica** • *Medeiros*

Se a epígrafe é posta na página de abertura capitular, ela vem logo sob o nome do capítulo. É comum o uso do recuo à esquerda. Também se pode usar o itálico. Em geral, ela fornece ao leitor uma pista orientadora da produção do sentido.

2

GÊNEROS DISCUSIVOS

> Os gêneros não devem ser tratados como entidades discretas, claramente distintas, prontas para serem ensinadas e aprendidas, mas como entidades complexas, dinâmicas, que se manifestam no mundo real e como pare da complexidade desse mundo (BEZERRA, 2017, p. 48).

2.1   CONCEITO DE GÊNERO

Xxxxxxxxxxxxxxxxxxxxxxxxxxxxxxxxxxxxxxxxxxxxxxxxxxxxxxxxxxxxxxxxxxxxxxxxxxxxxxxxxxxxxxx xxxxxxxxxxxxxxxxxxxxxxxxxxxxxxxxx.

Modelo de abertura capitular com epígrafe.

1.10 Resumo (*abstract*)

Dois são os resumos em um trabalho acadêmico-científico: um em língua portuguesa e outro em língua estrangeira. Eles são constituídos de uma apresentação concisa dos pontos relevantes do conteúdo de um trabalho acadêmico. É elemento obrigatório, constituído de uma sequência de enunciados que identificam objeto, objetivo, métodos, resultados, conclusões da da obra. Não é lista de tópicos e não deve ultrapassar 500 palavras. Regula a confecção de resumos a NBR 6028:2003 (ver Capítulo 7 deste livro). Tanto ao final do resumo em língua portuguesa, quanto do resumo em língua estrangeira, expõem-se as palavras-chave do trabalho. A expressão *palavras-chave* é seguida de dois-pontos e, logo após, são apresentadas, em geral, de três a seis palavras separadas por ponto e finalizadas por ponto.

Coloca-se o resumo logo após a epígrafe (se se optar por epígrafe; se não se optar nem por dedicatória nem agradecimentos nem epígrafe, o resumo é posto logo depois da folha de aprovação. O título é grafado em letras maiúsculas e centralizado; o texto, escrito em terceira pessoa, é composto de um único parágrafo. A ordem dos resumos é: primeiramente, o que é redigido em língua portuguesa; em seguida, em folha separada, o resumo em língua estrangeira. O título em inglês é *Abstract;* em espanhol, é *Resumen;* em francês, é *Résumé;* em italiano, é *Riassunto*. Vejamos um exemplo:

RESUMO

Razão e desrazão no mundo estético-sincrético de Fialho de Almeida focaliza a mimese fialhiana dos contos de *O país das uvas*. Mimese entendida aqui não como reprodução da realidade, mas como produto da relação tensa entre semelhança e diferença. Realidade que se constitui em apoio para a introdução de diferenças. Como, ao falar de Realismo português, a obra de Fialho quase sempre é esquecida e alguns de seus contos, dignos de figurar em antologias de todos os tempos, apresentam um painel da sociedade portuguesa do século XIX, no campo e na cidade, considerou-se isto motivo suficiente para a realização desta pesquisa, que se orientou por problemas estéticos que a fôrma *conto* faz ir à tona e situar o artista português dentro de sua época. Pela polissemia da palavra *realismo,* quando aplicada genericamente a Fialho, ela se constitui em rótulo impróprio. Afinal o que é o Realismo estético? Seria a obra de o autor de *O país das uvas* realista? Estaria o autor de "Os ceifeiros" preocupado em reproduzir fielmente a realidade portuguesa do século XIX? Ou teria feito dela apenas apoio para o exame de camadas mais profundas da realidade social? Comparado com realistas mais ortodoxos, não tenderia Fialho a aprofundar a análise do real, passando ao largo das soluções fáceis? Realista? Não--realista? Como abordá-lo? Com apoio então em uma observação de um dos seus críticos de que "se o problema de Eça é o de como chegar à realidade, o de Fialho parece ser o de como desvencilhar-se dela" (BARROS, 1986, p. 80), a pesquisa orientou-se por dois conceitos que dessem unidade aos contos: *razão* e *desrazão*. De um lado, o artista estampa análises racionais da sociedade portuguesa; de outro, mostra um mundo desgovernado, que, antes que dirigido por uma vontade cega, sofre os efeitos de transformações de valores humanos. Desses dois conceitos chegamos à categoria estética do *grotesco* (KAISER, 1986), embora outras categorias, como belo, feio, sublime, trágico, cômico, tenham também sido abordadas. Para questões de conteúdo, o quadro de referências é constituído por: Benjamin, Horkheimer, Adorno, Habermas (1975), Heine (1991), Nietzsche (1984), Nordau (1960), Schopenhauer (1974). Para o exame de aspectos formal, estético e literário: Balakian (1985), Candido *et al.* (1987), Eikenbaum, Chklovski, Jakobson (1978), Forster (1983), Frye (1973), Goldmann (1976), Hauser (1982), Kaempfer (1985), Lubbock (1976), Lukácks (197-), Mendilow (1972), Meyerhoff (1976), Muir (197-), Pimpão (1971), Pouillon (1974), Williams (1990), Zola (1982). Metodologicamente, as análises dos contos são comparativas: recorremos a outros autores do mesmo período para mostrar diferenças. Apoiamo-nos na primeira edição de *O país das uvas*, publicada pela *Gazeta de Notícias*, em 1893. Os contos são ilustrados por Julião Machado, é edição especial, destinada aos assinantes da Gazeta. Essa edição foi escolhida por se tratar da primeira e ainda contar com o autor vivo, o que lhe permitiu a revisão das provas tipográficas. Finalmente, breve comentário sobre o resultado da pesquisa: não é possível encaixar Fialho em uma estética apenas: sua obra é um mosaico de estéticas. Não seria romântico, nem realista; não seria naturalista nem decadentista, mas tudo isso em diferentes contos.

Modelo de resumo.

1.11 Lista de abreviaturas, quadros, tabelas

Essas listas funcionam como se fossem um "sumário" de abreviaturas, quadros, tabelas, em que se indica a expressão referenciada e o número da página em que se encontra. Cada uma dessas listas inicia-se em página isolada. Não é elemento obrigatório. Quando necessário, por sua relevância, seria modelo:

LISTA DE TABELAS

Tabela 2.1, 44

Tabela 3.3, 68

Tabela 5.7, 99

Modelo de folha de lista de tabela.

1.12 Sumário

Sumário é a lista de toda a matéria constante de um texto. É constituído do nome dos capítulos e das seções secundárias, terciárias, quaternárias, quinárias, com a indicação da página inicial. Exemplo:

SUMÁRIO

Introdução, 13
1 GÊNEROS LITERÁRIOS, 17
    1.1   Conceito, 18
    1.2   Características, 21
2 FORMAS LITERÁRIAS, 27
    2.1   Xxxxxxxxxx, 38
    2.2   Xxxxxxxxxx, 43
    2.2.1   Xxxxxxxxxx, 49
    2.2.2   Xxxxxxxxxx, 55
3 XXXXXXXXXXXXXXXXXXXXXXXXXX, 61

Referências, 81

Modelo de folha de sumário.

O título dos capítulos é grafado com letras maiúsculas. Usa-se o tabulador para manter o alinhamento (tecla-se o número, em seguida o tabulador e, após, o nome da seção ou subseção).

Trabalhos acadêmicos com menos de dez páginas dispensam sumário.

1.13 Introdução

Para a NBR 14724:2011, a introdução "apresenta os objetivos do trabalho e as razões de sua elaboração". Para Inácio Filho (2003, p. 92), pertence à introdução: revisã da bibliografia, colocação do problema, pressupostos, hipóteses, metodologia (que pode vir a ocupar um capítulo à parte), síntese dos capítulos. Todavia, são comuns outros elementos, como: objeto (tema) do trabalho, problema, objetivo, justificativa. Ela tem função persuasiva: busca explicitar a importância da pesquisa realizada. Em geral, traz ainda informação sobre a linha de pesquisa e o quadro de referência, bem como breve descrição das partes (se houver) e dos capítulos do texto. Ela não se constitui no primeiro capítulo do trabalho; é um texto descritivo-expositivo de todo o trabalho que segue. Em geral, apresenta:

- **Características de conteúdo:**
  - Objeto do trabalho e sua delimitação (estabelecimento claro dos limites da pesquisa). O objeto de uma pesquisa pode ser examinado com mais profundidade quando é restrito, o que se consegue com alguns adjetivos e advérbios e complemento nominal: "O objeto desta pesquisa é a violência contra mulher no Brasil"; "O objeto desta pesquisa é a violência contra a mulher no Estado X"; "O objeto desta pesquisa é a violência contra a mulher na cidade X"; "O objeto desta pesquisa é a violência contra a mulher na região central da cidade X" (em seguida, descreve-se que se entende por região central); "O objeto desta pesquisa é a violência contra a mulher na região central da cidade X, na última década"; "O objeto desta pesquisa é a violência contra a mulher na região central da cidade X, no verão de 2018" etc.
  - Problema/problematização que se deseja resolver. Sem a existência de clareza de um problema a resolver, não há como iniciar uma pesquisa; sem informar o leitor, na introdução, qual o problema que se pretende dar solução, ele poderá desistir da leitura.
  - Hipóteses e variáveis. É no início do trabalho que se estabelece uma possível solução (hipótese), que, no desenvolvimento, será examinada, rejeitada ou aceita. Também se diz, sinteticamente, a variável ou variáveis dependentes e independentes que constituirão o foco do trabalho. Evidentemente, nem sempre, porém, os trabalhos acadêmicos seguem uma linha positivista, de procura de causas e explicações para os fenômenos; pesquisas qualitativas ocupam-se de interpretação e, por isso, nem sempre cabem hipóteses e variáveis de trabalho.
  - Justificativa. Leitores estão interessados em saber por que devem ler determinado trabalho. Quem o escreve precisa apresentar argumentos que o

276 **Redação científica** • *Medeiros*

persuadam a continuar na leitura. Por que o pesquisador se pôs a investigar o fenômeno o objeto de seu trabalho? As pesquisas da área não são suficientes? Daí a necessidade da verificação do estado da arte na área da pesquisa. Levantamento exaustivo de tudo o que já foi produzido na área pode ser uma orientação segura de que não se está descobrindo a pólvora.

- Metodologia utilizada na pesquisa. Além do método utilizado na pesquisa, informa-se também a extensão do *corpus*. Característica do *corpus*: consistência e adequação. O método escolhido é o mais apropriado para o problema que se pretende examinar? O pesquisador optou por pesquisa bibliográfica tão somente, quando seria necessário também pesquisa de campo? Optou por relato de caso? Ensaio clínico? Estudo de caso? Estudo de caso controle? Estudo de coorte? Estudo retrospectivo? Estudo transversal? Nessa parte do trabalho, informa-se também sobre a extensão do *corpus*.

- Teoria de base: que linha de pesquisa seguirá? Positivista? Estrutural? Funcionalista? Qual o quadro de referência? Quais os principais autores em quem se apoia? Teríamos, por exemplo, algo como: "Esta pesquisa apoia-se na Semiótica Tensiva e tem como principal quadro de referência Zilberberg (2006), Parret (2009), Hjelmslev (2003) etc."

- Descrição das partes do trabalho: "O texto da pesquisa está estruturado em X partes: a primeira engloba X capítulos. No capítulo 1, abordamos...; no capítulo 2, tratamos de..." etc. Na segunda parte, composta de tantos capítulos, examinamos no capítulo 6...; no capítulo 7, discutimos...." etc.

- Possibilidade de contribuição da pesquisa desenvolvida.

■ **Características formais da redação:**
- Organização: distribuição consistente das partes do trabalho. Hierarquização do conteúdo das seções.

- Brevidade, se o exame do fenômeno examinado pede brevidade; maior extensão, se ele exige profundidade de análise.

- Escolha da pessoa gramatical: aproximação do leitor (primeira pessoa do singular, primeira pessoa do plural) ou distanciamento (terceira pessoa). Aqui, prevalece o uso na área: se o costume é o uso de uma pretensa neutralidade científica, o uso da terceira pessoa será necessário.

- Uso da variedade linguística prestigiada. Em geral, arguidores focalizam, além de problemas de conteúdo, o cuidado com a produção do sentido: enunciados inacabados, *nonsense*, impropriedade vocabular, "incorreções gramaticais", notadamente cochilos ortográficos.

1.13.1 Objeto

A formulação precisa do objeto de pesquisa é um orientador seguro não só para o arguidor e leitores futuros do trabalho, como também um guia para a elaboração da pesquisa para o próprio pesquisador. Por isso, uma das características de um objeto de pesquisa é sua delimitação:

Cap. 12 • Estrutura e apresentação de trabalhos acadêmico-científicos   277

O objeto desta pesquisa são os gêneros, focalizados segundo teorias, métodos, debates.

O objeto desta pesquisa são os gêneros acadêmico-científicos, abordados do ponto de vista bakhtiniano.

O objeto desta pesquisa é o gênero resumo nos trabalhos acadêmico-científicos, abordado segundo a proposta sociorretórica de John Swales.

1.13.2 Objetivo

O *estabelecimento do objetivo* de uma pesquisa é etapa que indica e caracteriza o que o pesquisador tem em vista alcançar com sua investigação. Em geral, a formulação do objetivo da pesquisa ocorre quando o problema já foi estabelecido. Caracteriza-se como fase em que o pesquisador procura dar resposta às questões: *Por que fazer a pesquisa? Para que realizar a pesquisa? Para quem?* Objetivos vagos ou enunciados de forma defeituosa conduzem a pesquisa ao fracasso. Por isso, a necessidade de precisão e concisão para o estabelecimento de objetivos que funcionam como guias da pesquisa.

O objetivo é estabelecido paralelamente ao problema a ser resolvido. Com o objetivo estabelecido, definem-se a natureza do trabalho, o material a ser coletado (o *corpus* da pesquisa).

O pesquisador pode formular objetivos gerais e específicos. Os objetivos gerais definem o que o pesquisador pretende atingir com sua investigação.

Em geral, uma pesquisa exploratória apresenta objetivo geral com verbos como: *conhecer, descobrir, identificar, levantar.* Já em uma pesquisa descritiva são mais comuns verbos como: *caracterizar, descrever, traçar.* Uma pesquisa explicativa vale-se de verbos como: *analisar, avaliar, verificar, explicar* (RICHARDSON, 2015, p. 63).

Os objetivos específicos definem as etapas do trabalho que devem ser realizadas para que se alcance o objetivo geral. Da mesma forma, são construídos com verbo no infinitivo: *aplicar, caracterizar, classificar, descrever, determinar, distinguir, enumerar, exemplificar, explicar, reconhecer, selecionar.*

Objetivos específicos exploratórios (*conhecer, identificar, levantar, descobrir*):

Levantar informações sobre articuladores textuais.

Identificar fatores que contribuíram para o aprimoramento do conceito nos estudos linguísticos.

Objetivos específicos descritivos (*caracterizar, descrever, traçar*):

Caracterizar o conceito de articulador textual.

Objetivos específicos explicativos (*analisar, avaliar, verificar, explicar*):

Verificar como o conceito de articulador textual aparece na literatura da área.

Comparar os vários conceitos de articulador textual nos livros que tratam do assunto.

Richardson (2015, p. 63) recomenda que o primeiro objetivo específico seja exploratório; o segundo, descritivo, e o terceiro (se necessário), explicativo. E recomenda que, ao formular objetivos, o pesquisador seja claro, preciso, conciso. O objetivo deve apresentar apenas uma ideia, ou seja, expor apenas um sujeito e um complemento. Acrescenta que o objetivo deve referir-se apenas à pesquisa que se tem em vista realizar.

Discussões, reflexões ou debates não constituem objetivos de pesquisa, pois todo trabalho científico é fruto de discussão, reflexão, debate de ideias, cujo lugar mais adequado é o espaço dedicado à revisão da literatura, dos modelos utilizados. Portanto, evita-se a formulação de objetivos com os seguintes enunciados:

> Este trabalho visa refletir sobre o conceito de articulador textual.
> Este trabalho objetiva discutir o conceito de articulador textual.
> Este trabalho pretende debater o conceito de articulador textual.

Alguns requisitos para a formulação de objetivos: *originalidade, exequibilidade, oportunidade, relevância, interesse.* Objetivos que apresentam quantificadores (metas) em geral são tidos como bem formulados (em geral, essa característica diz respeito à pesquisa na área de ciências sociais):

> Ao final desta pesquisa de três anos sobre o avanço da irrigação no Nordeste brasileiro, espera-se que a aplicação das técnicas recomendadas alcance 20% mais de produtividade agrícola em comparação com o ano imediatamente anterior à difusão das novas tecnologias.

Para estabelecer o objetivo do texto, utilizam-se verbos no infinitivo:

> Este texto visa estudar...
> Este texto objetiva analisar...
> Este texto tem em vista questionar...
> Este texto visa comparar...
> Este texto objetiva introduzir...
> Este texto tem em vista elucidar...
> Este texto visa explicar...
> Este texto objetiva contrastar...
> Este texto tem em vista explicar as causas dos eventos segundo seu aparecimento cronológico.
> Este texto objetiva estudar o fato X, examinando suas causas e seus efeitos.
> Este texto tem em vista analisar os problemas X e Y e mostrar as soluções.
> Este texto visa examinar os fatos segundo sua ordem de importância.

1.13.3 Problema de pesquisa

Para Cervo, Bervian e Silva (2014, p. 75), depois de escolhido o tema (o objeto) da pesquisa, a fase seguinte é constituída pela transformação do tema em problema:

> Problema é uma questão que envolve intrinsecamente uma dificuldade teórica ou prática, para a qual se deve encontra uma solução.
>
> A primeira etapa da pesquisa é a formulação do problema, que pode ser na forma de formulação de perguntas. Enquanto o tema permanecer apenas no nível do discurso, não se terá iniciado a investigação propriamente dita. O tema escolhido deve ser questionado, portanto, pela mente do pesquisador, que deve transformá-

Cap. 12 • Estrutura e apresentação de trabalhos acadêmico-científicos   279

-lo em problema de pesquisa, mediante seu esforço de reflexão, sua curiosidade ou talvez seu gênio. Descobrir os problemas que o tema envolve, identificar as dificuldades que ele sugere, formular as perguntas ou levantar hipóteses significa abrir a porta através da qual o pesquisador pode penetrar no terreno do conhecimento científico.

A formulação de um problema pode dar-se antes da revisão da literatura, mas, depois dela, é possível que haja mudanças na sua formulação. Às vezes, retomamos o problema, para refiná-lo, durante todo o desenvolvimento da pesquisa. Sem um problema preciso, corre-se o risco da prolixidade, da falta de direção, da ausência de resultado satisfatório. Se o problema é estabelecido de forma precisa, ele desencadeará a formulação da hipótese geral a ser comprovada no desenvolvimento do texto. Ora, ao optar por uma solução que deseja demonstrar, tem-se uma tese. É essa tese que dá unidade ao trabalho; ela é que perseguirá o desenvolvimento do trabalho.

O ponto central de um objeto (ou fenômeno) a ser investigado necessita de uma resposta provável, provisória, ou seja, uma **hipótese**. A principal resposta recebe o nome de hipótese básica. As hipóteses secundárias são afirmações complementares da hipótese básica. Nem sempre, porém, hipóteses secundárias são elaboradas. Vejamos um exemplo, retirado da tese de doutorado de Sueli Cristina Marquesi (1990, p. 2): *A organização do texto descritivo em língua portuguesa*:

> Hipótese: Existe uma superestrutura do texto descritivo, que se define por categorias e regras responsáveis por sua organização.

1.13.4 Justificativa

Para Garcia (1998, p. 40), ao justificar a pesquisa realizada ou a realizar-se, o pesquisador informa sobre a relevância e oportunidade da investigação; especifica os motivos que a justificam e relaciona as contribuições da pesquisa, bem como a solução do problema que deseja alcançar. Para Marconi e Lakatos (2017a, p. 239), a justificativa é de suma importância e, frequentemente, "é o elemento que contribui mais diretamente na aceitação da pesquisa pela(s) pessoa(s) ou entidade(s) que vai(ão) financiá-la".

Segundo as autoras citadas, a justificativa consiste em exposição breve, mas completa, das razões de ordem teórica e prática que tornam relevante a realização da pesquisa. Essa parte da pesquisa responde à pergunta: por que se deseja realizar a pesquisa? Em geral, conforme Richardson (2015, p. 55), fazem parte da justificativa: (a) informar o modo como se deu a escolha do fenômeno objeto da pesquisa; (b) razões em defesa da pesquisa realizada; (c) relação do problema da pesquisa com o contexto social; (d) motivos que justificam a pesquisa em termos teóricos e práticos, considerando a contribuição da investigação para o conhecimento humano e solução de um problema; (e) viabilidade da execução da pesquisa; (f) informações sobre a escolha dos locais que serão pesquisados e em que nível se dará a pesquisa: local, regional, estadual, nacional, internacional.

O pesquisador pode iniciar a justificativa, afirmando algo sobre sua experiência relativa ao objeto que será examinado:

280 **Redação científica** • *Medeiros*

> Em minha experiência de profissional da área de...
> Em minha experiência de sociólogo (psicólogo, antropólogo)...
> Minha experiência de redator de textos publicitários...
> Minha experiência no estudo de "leitura"...
> Minha experiência no estudo de "produção de textos"...

Exposta sua experiência, o pesquisador estabelece o problema que deseja investigar:

> Por isso, pretendo analisar qual a contribuição que os estudos sobre o texto vêm proporcionando aos estudantes...
>
> Com base nessa experiência e apoiado na literatura sobre gêneros discursivos, caracterizamos as abordagens mais utilizadas no Brasil, particularmente nos detendo em duas delas: as socioinerativas e as sociorretóricas.
>
> Nunca é demais salientar que a formulação de problema é feita em termos de pergunta: Como? Qual? Quando? Quê?
>
> Finalmente, na justificativa indicam-se as contribuições teóricas e práticas da pesquisa. Ela é sempre pessoal e, por isso, não admite citações diretas ou indiretas. O conhecimento do pesquisador, bem como sua habilidade em apresentar argumentos consistentes, adequados e suficientes, são imprescindíveis para a elaboração de uma justificativa persuasiva.

1.13.5 Hipóteses e variáveis

Depois de posto um problema de pesquisa, o pesquisador propõe uma resposta provável, provisória, ou seja, uma hipótese. Hipótese é, pois, uma proposição que se admite, independentemente e ser fala ou verdadeira, como um ponto de partida para a dedução de determinadas consequências. Em outros termos, uma hipótese constitui-se em uma possibilidade de vir a acontecer. Suponhamos o problema: "nas condições atuais de Lava-Jato, quais fatores exercem mais influência na escolha de um candidato a presidência da República?" Poderíamos ter como hipótese (possibilidade de resposta): "na atual conjuntura de Lava-Jato, entre as condições para a escolha de um candidato à presidência da República, salientamos seu comportamento ético, não ter sido citado por nenhuma delação premiada e a propaganda eleitoral".

Gil (2016, p. 42), reproduzindo definição de Kerlinger (hipótese é "um enunciado conjetural das relações entre duas ou mais variáveis"), entende que o termo *variável* é um dos mais utilizados em Ciência Sociais e que, por isso, a apreensão de seu significado "é necessária para a adequada caracterização das hipóteses deste grupo". Exemplificando, afirma então que "de maneira bastante prática, pode-se dizer que variável é qualquer coisa que pode ser classificada em duas ou mais categorias: 'sexo' [...] é uma variável, pois envolve duas categorias: masculino e feminino". Da mesma forma, classe social, que pode ser classificada em: alta, média, baixa. Idade seria outra variável, assim como nível de escolaridade, estado civil. E conclui:

> Deve ficar claro que o conceito *variável* provém da Matemática. Logicamente é de natureza quantitativa, o que faz com que as variáveis usualmente sejam classificadas em contínuas e discretas. As primeiras são aquelas cujos valores podem ser facionados, como, por exemplo, idade, estatura etc. As últimas, por sua vez,

Cap. 12 • Estrutura e apresentação de trabalhos acadêmico-científicos 281

apresentam-se sempre sob a forma de números inteiros, como, por exemplo, o número de filhos de casal, quantidade de países que possuem bomba atômica etc.

As variáveis são independentes, dependentes, moderadoras, de controle. A variável independente é a que exerce influência sobre outra; constitui a causa de um resultado. Ela é manipulada pelo pesquisador, para observar sua relação com um fenômeno a ser explicado e, assim, verificar sua influência sobre um resultado. A variável dependente é constituída por valores (fenômenos, fatores) a serem explicados. A variável dependente é o fator que varia, conforme a introdução da variável independente. Para Marconi e Lakatos (2017a, p. 149),

> a variável independente é o antecedente e a variável dependente é o consequente. Os cientistas fazem predições *a partir* de variáveis independentes *para* variáveis dependentes. Quando, ao contrário, querem explicar um fato ou fenômeno encontrado (variável dependente), *procuram* a causa (variável independente).

A variável moderadora também se constitui em condição para a alteração de um fenômeno, um fator determinante para a ocorrência de um resultado, mas secundariamente em relação à variável independente e, portanto, tem importância menor que ela. Esse tipo de variável é usado na pesquisa de problemas complexos, sobretudo porque se imagina a existência de variados fatores inter-reladcionados. Com relação à variável de controle, Marconi e Lakatos a definem como

> fator, fenômeno ou propriedade que o investigador neutraliza ou anula propositadamente em uma pesquisa, com a finalidade de impedir que interfira na análise da relação entre as variáveis independente e dependente (p. 157).

A variável é um conceito que contém valores como quantidade, qualidade, característica, magnitude, traços. Ela pode apresentar relações de simetria com relação a outras variáveis, isto é, nenhuma variável exerce influência sobre outra. A variável recíproca é aquela em que cada uma das variáveis é alternadamente causa e efeito. Nas relações assimétricas, uma variável independente exerce efeito sobre outra dependente.

1.13.6 Métodos e *corpus* de pesquisa

O método de pesquisa, como já dissemos no Capítulo 2, seção 3) pode ser: indutivo, dedutivo, hipotético-dedutivo, dialético. No método indutivo, parte-se de fatos particulares para leis e teorias. No método dedutivo, parte-se de leis ou teorias para os casos particulares. Isto é, realizam-se predições sobre a ocorrência de fenômenos particulares. No método hipotético-dedutivo, parte-se da percepção de lacunas nos conhecimentos, formulam-se hipóteses e testa-se a predição de ocorrência de fenômenos englobados pela hipótese. O método hipotético-dedutivo não leva a certezas, mas a probabilidades, a que se chega por meio de testes, que consistem em tentativas de falseamento, em tentativas de eliminação de erros. Utiliza para isso a observação e a experimentação. No método dialético, avança-se para o mundo dos fenômenos através da contradição inerente ao fenômeno. O materialismo dialético entende que a realidade é dinâmica e está sujeita a transformações tanto em termos quantitativos quanto qualitativos.

282 **Redação científica** • *Medeiros*

No Capítulo 2, seção 3.2, tratamos ainda dos métodos de procedimento: histórico, comparativo, experimental, estatístico, observacional, monográfico ou estudo de caso. Os métodos de procedimentos constituem fases mais concretas da investigação.

Ao descrever os métodos de pesquisa utilizados, faz-se também referência ao *corpus* da investigação. É o momento para informar como se deu a coleta de dados, os critérios que serviram para a mensuração das variáveis, as possibilidades de viés, o que se fez para evitar vieses. *Corpus* suficiente e adequado à pesquisa favorece a consecução de resultados consistentes; *corpus* insuficiente e inadequado leva a resultados frustrantes, ainda que todas as outras fases da pesquisa tenham sido cumpridas com rigor. Normalmente, diz-se *população* (universo que se deseja pesquisar) e *amostra* representativa desse universo. Uma pesquisa de opinião sobre o aborto no Brasil teria como universo (*população*) todos os seus habitantes; com base nesse universo, seleciona-se uma amostra (*corpus*) representativa desse universo, porque seria inviável examinar a opinião de todos os brasileiros.

Vejamos um exemplo de introdução: nele podemos notar que, embora sejam repetidos elementos do resumo, ela focaliza outros, como a descrição do progresso do texto: o que contém cada um dos capítulos. Além disso, diferentemente do resumo de dissertações de mestrado, tese de doutorado e TCCs, que é limitado a 500 palavras, ela pode ultrapassar esse limite e não conhece a restrição de ser escrita em um parágrafo somente.

INTRODUÇÃO

Focalizamos nesta pesquisa os contos de *O país das uvas* (1893), de Fialho de Almeida, artista português (1857-1911), considerado da Geração de 70, visando sobretudo mostrar diferenças entre sua prática literária e a da geração a que pertencia, bem como a improcedência de rótulos que a ele são aplicados, como o de naturalista e de autor de obra irregular.

Em "Contos e contistas", texto publicado em *O empalhador de passarinho*, Mário de Andrade, ao responder à questão "o que é conto?", afirma que se trata de um "inábil problema de estética literária". A leitura de vários contos de uma mesma obra obrigaria o leitor a um esforço penoso de "recriação e rápido esquecimento de um exército de personagens, às vezes abandonados com saudade".

Essas dificuldades seriam responsáveis pelo pouco apreço do leitor comum por se entregar à leitura de livros de contos. Constituem também barreira ao estudioso de questões literárias, porque demanda encontrar uma linha de análise que possa estabelecer um tema comum a todos eles.

Razão e desrazão no mundo estético-sincrético de Fialho de Almeida localizou essa linha de análise, focalizando o tema da mimese fialhiana nos contos de *O país das uvas*. Mimese entendida aqui não como reprodução da realidade, mas como produto da relação tensa entre semelhança (verossimilhança) e diferença. Realidade que se constitui em apoio para a introdução de diferenças. Para Fialho, a realidade portuguesa era múltipla, requisitando diversidade de instrumentos em seu exame.

Quando se fala de Realismo português, a obra de Fialho quase sempre é esquecida, embora alguns de seus contos sejam dignos de figurar em antologias de todos os tempos. Eles apresentam um painel da sociedade portuguesa do século XIX, no campo e na cidade, motivo mais que suficiente

Cap. 12 • Estrutura e apresentação de trabalhos acadêmico-científicos   283

para a realização desta pesquisa. Pela polissemia da palavra *realismo,* quando aplicada genericamente a Fialho, ela se constitui em rótulo impróprio. Afinal o que é o Realismo estético? Seria a obra de o autor de *O país das uvas* realista? Estaria o autor de "Os ceifeiros" preocupado em reproduzir fielmente a realidade portuguesa do século XIX? Ou teria feito dela apenas apoio para o exame de camadas mais profundas da realidade social? Comparado com realistas mais ortodoxos, não tenderia Fialho a aprofundar a análise do real, passando ao largo das soluções fáceis? Realista? Não-realista? Como abordá-lo?

Com apoio então em uma observação de um dos seus críticos de que "se o problema de Eça é o de como chegar à realidade, o de Fialho parece ser o de como desvencilhar-se dela" (BARROS, 1986, p. 80), a pesquisa orientou-se por dois conceitos que dessem unidade aos contos: *razão* e *desrazão.* De um lado, o artista estampa análises racionais da sociedade portuguesa; de outro, mostra um mundo desgovernado. Todavia não se tratava de um mundo dirigido por uma vontade cega, como afirmava Schopenhauer, mas de transformações de valores humanos e, sem se valer de considerações metafísicas que eximissem o homem de responsabilidade, a ele mesmo a imputava.

Com base nesses dois conceitos – razão e desrazão –, chegamos à categoria estética do *grotesco* (KAISER, 1986), embora outras categorias, como belo, feio, sublime, trágico, cômico, tenham também sido abordadas.

Do quadro de referências em que nos apoiamos para o exame dos contos fialhianos, ressaltamos: Benjamin, Horkheimer, Adorno, Habermas (1975), Heine (1991), Nietzsche (1984), Nordau (1960), Schopenhauer (1974). Para o exame de aspectos formais, estéticos e literários: Balakian (1985), Candido *et al.* (1987), Eikenbaum, Chklovski, Jakobson (1978), Forster (1983), Frye (1973), Goldmann (1976), Hauser (1982), Kaempfer (1985), Lubbock (1976), Lukácks (197-), Mendilow (1972), Meyerhoff (1976), Muir (197-), Pimpão (1971), Pouillon (1974), Williams (1990), Zola (1982).

Metodologicamente, as análises dos contos são comparativas: recorremos a outros autores do mesmo período para mostrar diferenças. Apoiamo-nos na primeira edição de *O país das uvas,* publicada pela *Gazeta de Notícias,* em 1893. Os contos são ilustrados por Julião Machado, é edição especial, destinada aos assinantes da Gazeta. Essa edição foi escolhida por se tratar da primeira e ainda contar com o autor vivo, o que lhe permitiu a revisão das provas tipográficas.

A obra *O país das uvas,* vista neste dissertação como fruto de uma estética sincrética, não teve seus contos nem criados nem publicados numa mesma data, mas ao longo de quase uma década, o que vai refletir diferenças de concepção de arte. Assim, o leitor poderá, à primeira vista, encontrar dificuldades em entender por que colocar lado a lado contos de tão diversa concepção artística, como realista, naturalista e decadentista. De posse, porém, da informação de que os contos não foram gerados de um jato, talvez se possa entender melhor as passagens do artista alentejano por variados programas estéticos. Propomos, porém, que a diversidade não é produto apenas da diferença temporal entre a elaboração de um conto e outro, mas fruto de uma enunciação consciente de que a realidade demanda mais de um instrumento para sua compreensão. Vejamos os vinte contos na ordem em que se apresentam no livro. As informações sobre as datas de publicação são de Pimpão (1945, p. 186, 187, 207, 211-212):

1. "Pelos campos" foi publicado pela primeira vez em 29 de março de 1888, em *O Repórter,* n. 88. Pimpão informa que se chamava inicialmente "Sinfonia em cor de rosa – 'A primavera'".

2. "Ao Sol" foi publicado em *A Ilustração,* de Mariano Pina, em 1887. Chamava-se "Vilegiatura dum dispéptico".

284 **Redação científica** • *Medeiros*

3. "As vindimas" foi publicado em *O Repórter*, n. 215, de 4 de agosto de 1888, com o título "Crônica rústica".

4. "Os pobres" conheceu sua primeira publicação em *O país das uvas*.*

5. "Amores de sevilhano" foi publicado em *O Repórter*, n. 264, de 22 de setembro de 1888.

6. "O filho" deve ter sido publicado pela primeira vez em 1886.

7. "A taça do rei de Tule" foi publicado pela primeira vez em *O país das uvas*.

8. "O cancro", igualmente publicado pela primeira vez em *O país das uvas*.

9. "Conto de Natal", também foi publicado pela primeira vez em *O país das uvas*.

10. "A princesinha das rosas" é de 1885.

11. "Divorciada" aparece primeira vez em *O país das uvas*.

12. "O anão", inicialmente, foi publicado em 1884 e chamou-se "Lenda do Carrasquinho".

13. "Tragédia na árvore" foi publicado no *Correio da Manhã*, em 9 de agosto de 1885, com o título "A inveja".

14. "A velha" foi publicado no *Correio da Manhã*, n. 592, de 15 de novembro de 1886, com o seguinte título: "Em 1885 – no Bussaco, véspera de Natal".

15. "Idílio triste" é publicado pela primeira vez em *O país das uvas*.

16. "O corvo" apareceu em *Pontos nos ii,* de 23 de outubro de 1890.

17. "O antiquário" foi publicado inicialmente em *Jornal de Domingo*, volume II (1882), com o título "Última paixão de Vicente Prostes" e republicado no *Correio da Manhã*, de 24 e 25 de setembro de 1885, com o título "O antiquário". O conto foi ainda publicado na *Revista Ilustrada* (1892) com o título "A noiva de Vicente Prostes".

18. "O menino Jesus do Paraíso" foi publicado pela primeira vez em *O país das uvas*.

19. "Conto do almocreve e do diabo" foi inicialmente (18840 publicado com o título "Nosso compadre diabo".

20. "Três cadáveres" foi publicado pela primeira vez com o título "A doente", em *O Atlântico*, n. 121, de 23 de abril de 1883.

Esta dissertação de mestrado esta dividida em oito capítulo. No capítulo 1, tratamos das transformações culturais do final do século XIX; no capítulo 2, abordamos os vieses da crítica sobre Fialho; no capítulo 3, discorremos sobre a mimese fialhiana; os capítulos 4, 5 e 6 constituem o núcleo do texto, considerando questões como abandono e solidão, deliquescência de campo e cidade, o grotesco. Finalmente, nos capítulos 7 e 8, discutimos dois temas: a subjetividade e o lirismo da prosa poética de Fialho e sua constante intertextualidade.

Finalmente, breve comentário sobre o resultado da pesquisa: não é possível encaixar Fialho em uma estética apenas: sua obra é um mosaico de estéticas. Não seria romântico, nem realista; não seria naturalista nem decadentista, mas tudo isso em diferentes contos. Atribuir demasiado rigor às demarcações constitui risco a quem se põe a examinar Fialho, sem atentar para a complexidade de sua produção literária.

---

* A obra de Pimpão não informa a data de publicação de todos os contos. Embora empreendesse pesquisa nesse sentido, não pude identificar o ano de publicação do conto. Por isso, alguns contos são considerados publicados pela primeira vez em *O país das uvas*. Para Pimpão, todos os contos do livro sob análise já estavam prontos em 1890.

Modelo de introdução.

1.14 Desenvolvimento

Desenvolvimento é o corpo do trabalho. Em geral, é dividido em capítulos (seção primária) e seções (secundárias, terciárias, quaternárias, quinarias). Compõem o desenvolvimento:

- Discussão do embasamento teórico (revisão da literatura). Referências a autores de nomeada conferem apoio ao texto, mas, como já dissemos, reproduzindo Demo (2015b, p. 41), "não se pode confundir argumento de autoridade com autoridade do argumento, ou seja, muitos autores são considerados autoridade porque dispõem de fato de uma obra científica. Sua citação faz sentido, porque se recorre a alguém que na respectiva temática mostrou argumentação respeitável".
- Análise: divisão de um texto em suas partes para ressaltar pormenores e investigar em profundidade.
- Discussão do problema da pesquisa e resultados encontrados.
- Demonstração da tese que se defende.
- Busca de argumentos de validade intrínseca: domínio do assunto.

1.15 Conclusão

É o lugar apropriado para a apresentação da solução encontrada para o problema de pesquisa estabelecido. Comumente, retomam-se conclusões parciais apresentadas no desenvolvimento, para desenvolvê-las, reafirmá-las, enfatizá-las. Não é lugar, portanto, para argumentos ou fatos novos, bem como para referências bibliográficas. Pode-se optar por dois modelos:

- Desenvolver afirmações conclusivas postas no corpo do trabalho.
- Fazer uma síntese do que foi visto.

Se o trabalho não for conclusivo, utiliza-se a expressão *considerações finais*.

Para evitar inconsistências, a conclusão e a introdução são escritas ao final do trabalho. Assim, não se compõe a conclusão, desconsiderando o que se prometeu na introdução; não se promete na introdução o que não se confirmará na conclusão.

A conclusão pode ainda propor novos problemas, novas questões para futuras pesquisas.

1.16 Referências

As referências bibliográficas arrolam livros consultados, artigos científicos, documentos e outros materiais que serviram ao embasamento da pesquisa. Antes, essa lista era chamada de *bibliografia*, hoje, como são arroladas obras que não são livros, como CD, DVDs, textos de internet, passou-se a usar o termo *referências*. Sua elaboração segue a NBR 6023:2018, da Associação Brasileira de Normas Técnicas (ABNT).

286 **Redação científica** • *Medeiros*

Os elementos principais de uma referência bibliográfica, como já vimos no Capítulo 10, são, no caso de um livro:

> CHIPP, H. B. *Teorias da arte moderna*. Tradução de Waltensir Dutra. São Paulo: Martins Fontes, 1988.

- SOBRENOME do autor. Vírgula. Prenomes. Ponto.
- *Título da obra em destaque* (dois-pontos) e subtítulo (não destacado). Ponto.
- Edição abreviada.
- Local. Dois-pontos.
- Editora. Vírgula.
- Ano da publicação. Ponto.

Para artigos de revistas, temos:

> TOMASI, Carolina. A corrida atrás do objeto: os antissujeitos átono e tônico. *Casa – Cadernos de Semiótica Aplicada*, Araraquara, v. 11, n. 2, p. 40-52, dez. 2013. Disponível em: https://seer.fclar.unesp.br/casa/article/view/6545/4820. Acesso em: 17 mar. 2018.

- SOBRENOME do autor. Vírgula. Prenomes. Ponto.
- Título do artigo, sem destaque. Ponto.
- Nome do periódico, com destaque. Vírgula.
- Local da sede do periódico. Vírgula.
- Volume. Vírgula.
- Número do periódico. Vírgula.
- Número das páginas em que se encontra o artigo. Vírgula.
- Abreviatura do mês e ano da publicação.
- Como o exemplo é de um periódico eletrônico, acrescentam-se: o endereço eletrônico e a data do acesso.

Para outras informações sobre referências, ver Capítulo 10.

1.17 Glossário

A NBR 14724:2011, no n. 3.20, define glossário como: "relação de palavras ou expressões técnicas de uso restrito ou de sentido obscuro, utilizadas no texto, acompanhadas das respectivas definições". Diferentemente de índices, glossários não remetem a página do interior de um trabalho.

GLOSSÁRIO

Ancoragem: é o procedimento semântico...
Debreagem: é a operação pela qual...
Enunciação: e a instância de mediação...
Isotopia: é a reiteração de unidades semânticas...

Modelo de folha de glossário.

1.18 Apêndice e anexo

Em um trabalho acadêmico-científico, quando necessário, podem-se apresentar depois das referências apêndices e anexos. Os apêndices e anexos são textos complementares do trabalho; contêm documentos ilustrativos, ou exposições que se tornaram inviáveis no interior dos capítulos. Os primeiros são textos produzidos pelo próprio pesquisador (questionários, entrevistas, fotografias etc.). Os anexos são constituídos por transcrições de leis, tabelas estatísticas do Banco Central ou organismos internacionais etc.

1.19 Índice

Índices são tábuas de expressões-chave que remetem ao interior do texto. Índices, postos sempre ao final de uma obra, não se confundem com sumário. Enquanto este elenca as seções de uma obra, o índice lista de nomes, expressões, palavras-chave que ocorrem em todo o texto. Dois são os principais deles: os índices de assunto e os onomásticos (nomes de au-

288 **Redação científica** • *Medeiros*

tores citados). Em um trabalho acadêmico-científico raramente se vê a presença de índices. Eles constituem o último elemento de um trabalho acadêmico-científico.

2 TÍTULOS E SEÇÕES

O título da obra aparecerá na primeira página do texto, em caracteres maiúsculos (caixa alta). Se houver subtítulo, este aparecerá sob o título, em caracteres minúsculos, exceto as primeiras letras das palavras (caixa alta e baixa). Não se utilizam parênteses para os subtítulos. O título e o subtítulo de um trabalho acadêmico-científico admitem o uso do **bold**.

Para a NBR 14724:2011, os títulos sem indicativo numérico – errata, agradecimentos, lista de ilustrações, lista de abreviaturas e siglas, resumos, sumário, referências, glossário, apêndice(s), anexo(s) – são centralizados, conforme a NBR 6024:2003.

O nome do capítulo (seção primária) é digitado no alto da página, deixando 1/3 da página em branco. O nome do capítulo, bem como seu número sequencial, admite o uso do **bold** e a centralização. A seção secundária (primeira divisão capitular) é escrita toda em caixa alta (letras maiúsculas) ou em letras minúsculas, exceto a primeira letra da primeira palavra. As seções secundárias admitem a centralização, ou o alinhamento à esquerda, bem como o uso do **bold**. A subseção é escrita apenas com a primeira letra da primeira palavra em maiúscula. Admite o uso do **bold**, bem como do *itálico*.

10

GÊNERO LÍRICO

10.1 XXXXXXXXXXXXXXXXXXXXXXX
10.1.1 Xxxxxxxxxxxxxxxxxxxxx

Cap. 12 • Estrutura e apresentação de trabalhos acadêmico-científicos 289

Observações:

- Número do capítulo isolado em uma linha.
- Nome do capítulo em letras maiúsculas (caixa alta).
- Nome da seção em letras maiúsculas (caixa alta). O primeiro número corresponde ao capítulo, o segundo à sequência das seções; assim, a seção 3.4 (seção secundária) é a quarta divisão do Capítulo 3; nas seções terciárias, quaternárias, quinárias, teríamos: 3.4.1, 3.4.2, 3.4.2.1, 3.4.2.2, 3.4.2.2.1, 3.4.2.22 etc. É comum, no entanto, a eliminação do primeiro número, que é indicativo do Capítulo. Dessa forma, em vez de 3.4 como quarta divisão do capítulo 3, teríamos apena 4, que seria subdividido em 4.1, 4.2, 4.2.1, 4.2.2, 4.3 etc.
- Nome da subseção em letras maiúsculas e minúsculas (caixa alta e baixa): somente a primeira palavra tem a primeira letra em maiúscula.

Um capítulo ou unidade começa sempre em nova folha; seu nome e o das seções são postos rente à margem esquerda do papel. Pode-se optar também por outras combinações: centralização das seções, ou alinhá-las à direita.

As seções e subseções exigem rigorosa hierarquização do sentido. Por exemplo: a seção terciária não tem o mesmo nível hierárquico que a seção secundária. Aquela está subordinada a esta. Saber hierarquizar os sentidos é um passo fundamental na organização de um texto. Sua estruturação implica a divisão em seções primárias, secundárias, terciárias, quaternárias, quinárias. Não se confundem esses conceitos: capítulo não é tópico, seção secundária não é capítulo (seção primária), parte não é item. Partes englobam capítulos; estes juntam seções secundárias, terciárias etc. A hierarquização das seções serve para orientar o leitor e o próprio pesquisador na exposição de seus argumentos.

Embora tenhamos feito referência a cinco seções (capítulo, que é chamado de seção primária, e mais quatro divisões, comumente não se vai além de quatro divisões (capítulo e três divisões), salvo exceções. O excesso de divisões, porém, constitui obstáculo para a hierarquização do sentido, tanto para o leitor quanto para o autor. Vejamos um exemplo:

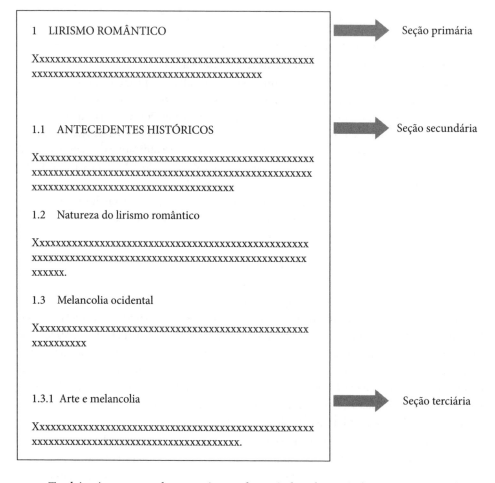

Também é costume colocar o número do capítulo sobre o título. Assim, em vez de:

1   LIRISMO ROMÂNTICO

teríamos:

1

LIRISMO ROMÂNTICO

Alguns pesquisadores costumam variar o uso de caracteres para cada seção, grafando a primeira divisão (capítulo) em letras maiúsculas (caixa alta) e em **bold**; a segunda em letras maiúsculas, mas sem destaque; a terceira com apenas a letra inicial da primeira palavra em maiúscula e sem destaque; a quarta em itálico; a quinta com uma fonte menor. Todavia, a hierarquização do sentido não se faz com a diferenciação tipológica, mas com a subordinação numérica (2.1 é subdivisão de 2; 4.2.2 é subdivisão de 4.2; 7.3.3.1 é subdivisão de 7.3.3). Simplifica-se então a grafia das seções, utilizando letras maiúsculas (caixa alta) e em **bold** para o nome do capítulo; a primeira divisão do capítulo (que é chamada de seção secundária)

Cap. 12 • Estrutura e apresentação de trabalhos acadêmico-científicos   291

grafa-se com letras maiúsculas (caixa alta), mas sem destaque; as demais subdivisões são grafadas em **bold** e somente a letra inicial da primeira palavra é escrita com letra maiúscula.

Quando necessário estender as subdivisões, pode-se utilizar sistema misto: depois da terceira divisão de um capítulo (seção quaternária), valer-se de letras maiúscula: A, B, C. Essas letras seriam subdivididas em números romanos (I, II, III).

---

1   JUIZADOS ESPECIAIS CRIMINAIS

   1.1   Procedimento sumaríssimo para apuração das infrações penais

      1.1.1   Xxxxxxxxxxxxxxxxxxxx

         A.   Xxxxxxxxxxxxx

         B.   Xxxxxxxxxxxxx

         I –   Xxxxxxxxxxxxx

         II –   Xxxxxxxxxxxxx

      1.1.2   Xxxxxxxxxxxxxxxxxxxxxxx

E, ainda, há outras divisões, como o uso de letras maiúsculas (caixa alta) e **bold** no início de um parágrafo:

---

xxxxxxxxxxxxxxxxxxxxxxxxxxxxxxxxxxxxxxxxxxxxxxxx.

   A SOCIEDADE MEDIEVAL. Xxxxxxxxxxx xxxxxxxxxxx xxxxxxxxxxxxxxxxxx xxxxx xxxxx xxxxx xxx xxxxxxxxx xxxxxxxxxxxxxxxxxxx.

Ou em caixa alta e baixa (combinação de letras maiúsculas e minúsculas), em **bold**:

Redação científica • *Medeiros*

xxxxxxxxxxxxxxxxxxxxxxxxxxxxxxxxxxxxxxxxxxxxxxx.

   A **sociedade medieval**. Xxxxxxxxx xxxxxxxx xxxx xxxxxx xxxx xxxxxxxxxx xxxxxxxxxxx xxxxxxx xxxxx xxxxxxxx xxxxxxxxxxx xxxxxxxxxxxxx xxxxxxxxxxx xxxxxxxxxxx xxxxxxxxx.

A separação entre o nome da subdivisão e o texto é feita de três formas:

- Usando ponto depois do tópico.
- Usando traço depois do tópico.
- Usando dois-pontos depois do tópico.

A **sociedade medieval**. É possível que...

Ou:

A **sociedade medieval** – é possível que...

Ou:

A **sociedade medieval**: é possível que...

Esses usos implicam uniformização textual rigorosa. Não se misturam sistemas gráficos: ora ponto, ora traço, ora dois-pontos. O mesmo critério é seguido do início ao final do texto. Divisões de tópicos arrolados em um parágrafo são organizadas, utilizando-se os marcadores textuais que constam do Word: números arábicos, letras, bolinhas, traço, ou qualquer outro sinal. Mantém-se a uniformidade em todo o texto:

São os seguintes os procedimentos para ....:

1. ....;

2. ....;

3. ....

Ou:

São os seguintes os procedimentos para ....:

a) ....;

b) ....;

c) ....

Ou:

São as seguintes as definições de gênero discursivo, segundo as mais diversas abordagens:

- .... ;

- .... ;

- ....

✓ Xxxxxxxxxxxxxxxxx.

✓ Xxxxxxxxxxxxxxxxx.

Observar: depois de números foram usados pontos; depois das letras, parêntese de fechar; bolinhas foram subdivididas com outro tipo de marcador textual. Ao final de cada tópico, usa-se ponto final ou ponto e vírgula. Se se usa ponto final, as iniciais do tópicos são grafadas com letra maiúscula; se se usa ponto e vírgula, a letra inicial do tópico é grafada com letra minúscula.

Finalmente, mantém-se a uniformidade tipológica para qualquer divisão: título do capítulo (seção primária), seção secundária, seção terciária etc.: se foi utilizado **bold** para uma divisão, mantém-se o **bold** para todas as divisões semelhantes; se foi usado *itálico* para uma subdivisão, mantém-se o *itálico* para todas as subdivisões de igual peso (nível hierárquico). Da mesma forma, se foi usada fonte 14 para o título de um capítulo, mantém-se a uniformidade para todos os demais. Se foram utilizadas letras maiúsculas (caixa alta) para a primeira divisão capitular, mantém-se o mesmo procedimento para todas as demais, e assim por diante.

Outras observações relevantes para as divisões:

- Não se usa ponto ao final do título das seções e subseções.
- Depois de dois-pontos ou traço em divisão que se faz no início de um parágrafo, usa-se letra minúscula.
- Em geral, não se usam artigo definido no início das seções nem verbos no seu enunciado. Se, todavia, se optar por um título de divisão com artigo definido em uma delas, mantém-se seu uso em todas as demais seções.

Retomando, a hierarquização rigorosa das seções de um texto, além de conferir consistência à argumentação, facilita a leitura e a interação das pessoas envolvidas na produção do sentido. A organização estética de um trabalho acadêmico-científico não é desprezível.

3 FONTES: ITÁLICO, BOLD, SUBLINHA, LETRAS MAIÚSCULAS

O uso moderado na utilização de destaque contribui não só para a estética visual da página, como também para enfatizar sentidos necessários. Excesso de destaque, além de obstruir a leitura, satura o efeito de subjetividade. Há alguns deles que podem ser evitados, como o uso de letras maiúsculas (caixa alta) para grafar palavras inteiras no interior de um enunciado; também não se abusa do itálico, do **bold**, das aspas. A economia de destaques, no entanto, nem sempre é observada em trabalhos acadêmico-científicos. Em relação às letras maiúsculas no início de determinadas palavras, a norma padrão (a gramatical) reserva seu uso para nomes próprios, de instituições, de empresas, de periódicos, de logradouros, títulos honoríficos. Não se utiliza a bel-prazer, e sem nenhuma razão que a justifique, letra maiúscula para palavras comuns.

São as seguintes as observações para o uso de destaque, além do que já foi dito:

- Nomes de livros são grafados em itálico; apenas a primeira letra da palavra inicial (que pode ser um simples artigo definido) é escrita em letra maiúscula: "Luiz

Cap. 12 • Estrutura e apresentação de trabalhos acadêmico-científicos   295

Costa Lima, autor de *Mimese e modernidade*, afirma..." Nas listas bibliográficas, temos: LIMA, Luiz Costa. *Mimese e modernidade*: formas das sombras. São Paulo: Graal, 1980.

- Nome de periódicos têm todas as letras iniciais em maiúsculas: *Folha de S. Paulo; O Estado de S. Paulo*. Esses dois periódicos não grafam *São* por extenso, mas abreviadamente.

- O itálico é utilizado no texto para destacar sentidos ou para expressões estrangeiras: "Uso a palavra *fábula* com o significado de..."; "Na leitura de um texto, os *frames*..."

- Letras maiúsculas (caixa alta) são utilizadas para grafar, no frontispício de um trabalho acadêmico, o título da obra. Diz-se *caixa alta* se todas as letras de uma palavra estão grafadas com letras maiúsculas: "A palavra LITERATURA aparece no texto em caixa alta". Da mesma forma, valemo-nos da caixa alta para grafar, também no frontispício do trabalho, o nome de seu autor. Igualmente, ainda, utilizamos caixa alta no nome dos capítulos e de sua primeira divisão.

- Caixa alta e baixa (aqui, temos letra inicial da primeira palavra em maiúscula e as demais palavras com letra inicial minúscula) é usada para as divisões terciária, quaternária, quinaria. O capítulo (seção primária) e sua primeira divisão (seção secundária) são grafados com letras maiúsculas.

Os tipos *Times New Roman* ou *Arial* são os mais utilizados na digitação de trabalhos acadêmico-científicos.

Quanto ao tamanho da fonte, em geral dá-se preferência a caracteres legíveis. A NBR 14724:2011 recomenda o uso da fonte tamanho 12 para o texto e tamanho menor (10, por exemplo) para as citações diretas de mais de três linhas, notas de rodapé, legenda das ilustrações, paginação.

4   NUMERAÇÃO DAS FOLHAS DE UM TRABALHO ACADÊMICO

Um trabalho acadêmico é numerado de modo contínuo: da folha de rosto até o final. No entanto, algumas folhas não terão número aparente, como, por exemplo: folha de rosto, folha de aprovação, dedicatória, agradecimentos, epígrafe, página inicial de uma lista de abreviaturas, de quadros, de tabelas etc., página inicial de sumário, introdução e todas de abertura capitular.

O número de página é posto no topo da página, à direita, quanto centralizada; outra possibilidade: embaixo, à direita ou centralizado. Utilizam-se números arábicos.

5   CONSIDERAÇÕES FINAIS SOBRE A APRESENTAÇÃO DE UM TRABALHO ACADÊMICO

As várias partes de um trabalho acadêmico, quando em equilíbrio, manifestam cuidado, realização criteriosa. Uma introdução de cinco páginas e um desenvolvimento (corpo do trabalho) de três páginas é marca de desequilíbrio. Um trabalho de 500 páginas, com uma conclusão de cinco linhas mostra igualmente desarmonia. Uma lista de referências bibliográficas de 15 páginas para um trabalho de 10 páginas não seria demais? Comumente, uma introdução ocupa duas, três, quatro páginas. O desenvolvimento varia de 150 a 400 páginas (sobretudo dissertações de mestrado e teses de doutorados; em TCCs, ocupa por volta de 40 a 80 páginas. A conclusão de todos esses trabalhos ocupa em média de seis a dez páginas. As referências relacionam 20 a 200 obras. Evidentemente, elas podem ser menor ou maior, mantendo-se sempre, porém, a proporção em relação ao tamanho do trabalho.

13
Redação: progressão textual e articuladores textuais

> O conhecimento da gramática é apenas um dos meios para chegarmos a uma comunicação correta, mas não é um fim em si mesmo. Ao escrever, não devemos ficar obcecados em demonstrar erudição e cultura gramatical. Se quisermos escrever bem, isto é, de modo eficaz, devemos dirigir a nossa preocupação para as três funções básicas [da comunicação], produzir resposta, tornar comum e persuadir (BLIKSTEIN, 1985, p. 23).

1 USO DA VARIEDADE LINGUÍSTICA DE PRESTÍGIO

Nenhuma língua é homogênea. Todas são constituídas por um conjunto de variedades linguísticas. Cada uma dessas variedades é utilizada em determinados meios e segundo determinadas funções. Uma não é melhor que a outra e tanto é impróprio valer-se de uma variedade prestigiada em momento que se exige o uso da menos prestigiada, quanto utilizar uma variedade estigmatizada em um meio que pede, pelo menos, o uso da chamada "norma culta" da linguagem. A expressão *norma culta* é usada aqui no sentido técnico que os sociolinguistas dão a essa palavra. Para Faraco e Zilles (2017, p. 19), por exemplo, norma culta "designa tecnicamente o conjunto das características linguísticas do grupo de falantes que se consideram *cultos* (ou seja, a 'a norma normal'[1] desse grupo social específico). Na sociedade brasileira, esse grupo é tipicamente urbano, tem elevado nível de escolaridade e faz amplo uso dos bens da cultura escrita". A norma culta escrita não se confunde com a norma padrão, que é idealizada e não se constitui propriamente em uso dos falantes de uma língua. Ela apenas busca aproximar-se da norma gramatical. O leitor pode verificar isso no seu cotidiano: pessoas com curso superior não utilizam a variedade preconizada pela gramática normativa: utilizam uma variedade que não é estigmatizada tão somente. Se comparada com os compêndios gramaticais, verificam-se diferenças.

Na produção científica, a variedade que é usual no meio é a que se distancia da variedade estigmatizada e se aproxima da variedade linguística padrão.

Pesquisas produzidas durante anos reservam muitas vezes pouco tempo para seguidas versões da redação de seu texto, o que acaba sendo fator comprometedor do resultado. Sem o laboratório do rascunho, sem revisões exaustivas, o risco de uma produção desajeitada é quase inevitável. Um cronograma consistente de pesquisa reserva tempo para a redação, revisões e acabamento, sem mesquinharia. Normalmente, porém, ocorre o contrário: reduzido tempo previsto para essas atividades. Também os escritores experientes redigem seus textos mais de uma vez. Como diz Camara Jr. (1978, p. 12), se não conhecemos os mecanismos da linguagem, igualamo-nos a operários que "são canhestros e insipientes no exercício de sua profissão". Não basta, pois, uma exímia pesquisa sobre um objeto, se o pesquisador não é capaz de elaborar um texto inteligível.

Como não produz esse tipo de texto a todo momento, falta, muitas vezes, domínio do gênero acadêmico-científico. Sem competência linguística e genérica, para migrar da produção apropriada a uma área para outra, a comunicação pode ficar comprometida. Textos acadêmico-científicos são escritos, primeiramente, para leitores específicos: orientador, arguidores, pareceristas. São defendidos em ambientes de protocolos formais. Exigem o cumprimento de determinadas formas e fórmulas: gentilezas, atenção à fala e argumentos do outro, debate respeitoso, crédito a ideias alheias etc. Para Koller, Couto e Hohendorff (2014, p. 126),

> parece óbvio, mas infelizmente essa percepção não é tão evidente quando analisamos textos acadêmicos. Inúmeras são as dissertações, teses e outras produções científicas com escrita desleixada, com ambiguidades excessivas, com uso de provérbios e com erros de concordância que não são aceitáveis vindos de indivíduos que carregam os mais altos títulos do sistema educacional do país. Adequar-se ao gênero científico, isto é, adequar-se ao paradigma social que se espera dos cientistas é, pois, ratificar o compromisso com as honrarias acadêmicas agregadas (Ph. D, Doutor, Mestre, Especialista, Licenciado, Bacharel) e com a qualidade vocabular que essas alcunhas inspiram socialmente.

A linguagem nos textos acadêmico-científicos tem pelo menos três aspectos a serem considerados:

---

1 Faraco e Zilles distinguem a **norma normal**, modo como habitualmente se fala na comunidade, de **norma normativa**, que se identifica como o modo como se deve dizer em determinados contextos.

Cap. 13 • Redação: progressão textual e articuladores textuais   299

- Adequação ao assunto.
- Ajuste à variedade linguística usual no meio.
- Estabelecimento de comunicação.

A preocupação de ajustar-se à variedade linguística usual no meio possibilita evitar comentários desabonadores e reduzir o não entendimento do sentido que se quis produzir. Pode parecer tarefa hercúlea conformar-se ao padrão linguístico exigido na academia, mas, em geral, os arguidores não vão muito além de breves considerações sobre a inteligibilidade dos enunciados e questões ortográficas, coisas que podem ser resolvidas quando não se confia em apenas uma versão do texto. Com duas ou três revisões, enunciados iniciados e abandonados no meio do caminho podem vir à tona e ser melhorados, *ss* podem ser substituídos por *zz*, *cc* cedilhados podem dar lugar a *ss* etc. O foco será sobretudo no uso de **articulares argumentativos** (conectivos coordenativos e subordinativos, como: *e, nem, não só..., mas também, ou, logo, portanto, por conseguinte, então, em consequência, mas, contudo, todavia, entretanto, porque, pois; porque, visto que, posto que, uma vez que, já que, quando, enquanto, à proporção que, à medida que, se, caso, desde que, contanto que, conforme, consoante; advérbios e expressões denotativas, como até, também, inclusive* etc.). As **modalizações discursivas** também podem ser objeto de atenção. Temos então advérbios: (1) asseverativos afirmativos: *realmente, evidentemente, sem dúvida, naturalmente, efetivamente, claro, lógico, certo;* e os asseverativo negativos, que incluem: *de jeito nenhum, de nenhuma forma;* (2) os quase asseverativos: *talvez, provavelmente, possivelmente* etc.; (3) os delimitadores: *biologicamente, cientificamente, matematicamente, administrativamente* etc.; (4) a modalização deôntica, que inclui advérbios como: *obrigatoriamente, necessariamente*.[2] (5) a modalização afetiva, produzida por advérbios como: *felizmente, infelizmente, curiosamente, espantosamente, sinceramente, francamente, lamentavelmente*. A competência linguística do pesquisador no uso de tais elementos favorece a prática da redação de textos científicos, de argumentação coesa, coerente, consistente.

Para Fiorin e Platão (1990, p. 219), um dos ângulos de que geralmente se esquece quanto à polêmica sobre o uso da variedade linguística padrão (a estabelecida pela gramática tradicional) "é que **falar, ou escrever, com correção é um dos procedimentos argumentativos**" [destaque nosso]. Colocando o problema em outros termos, o uso da variedade linguística comum na academia concorre para aumentar o poder de persuasão. Todavia, isso não significa encher o texto de mesóclises e formalidades que provocam a impressão de artificialidade.

A linguagem escrita, em relação à oral, é uma linguagem controlada. Por causa das exigências de clareza, exige alguns cuidados. Na exposição oral, conta-se com a presença de quem fala, bem como com toda a soma de mímica, inflexões de voz e variações de tom, que suprem inúmeros esclarecimentos, que na linguagem escrita, muitas vezes, desaparecem. A frase, destituída da ajuda do ambiente, da entoação e da mímica, necessita de apoio

---

2 Pesquisadores marinheiros de primeira viagem, às vezes, também usam o verbo *dever* em profusão; substituí-lo por um enunciado descritivo não é difícil.

300 Redação científica • Medeiros

em informações contextuais. Precisa, sobretudo, iniciar-se e chegar ao fim. Se na oralidade a presença de anacolutos é compreensível, na escrita eles são indesejáveis. Arguidores de bancas de mestrado e doutorado e pareceristas de artigos científicos, os primeiros leitores de um trabalho científico, querem entender o sentido construído pelos enunciados. Se não há concatenação entre os sentidos, não há como avaliá-los.

Um trabalho acadêmico, como já afirmamos, colhe melhores resultados quando a redação final apoiou-se em seguidas versões. Rascunhos nesse tipo de atividade constituem um procedimento do qual não se pode abrir mão. Quando possível, até mesmo a leitura de terceiros é apropriada, sobretudo quando realizada por quem conhece a variedade linguística comum na comunidade acadêmica.

Para Camara Jr. (1978, p. 58), escrever não é uma prerrogativa dos literatos, mas uma atividade social imprescindível e só é capaz de escrever bem aquele que sabe bem o que vai escrever, ou seja, pesquisou profundamente o objeto que focaliza, refletiu, debateu, discutiu, pesou argumentos prós e contras. E isto implica preparar-se apropriadamente antes de se pôr a escrever, pesquisando exaustivamente em obras atuais, organizando um plano para a redação, refletindo sobre problema que se quer resolver, refinando a tese que se quer defender. Iniciar a redação de uma dissertação de mestrado, tese e doutorado, TCC, artigo científico etc., sem estar de posse das informações que serão necessárias, é correr o risco de produzir um trabalho vazio de contribuição à ciência e de transformar a atividade redacional em um suplício.

A linguagem será sem adornos, sem exageros estilísticos, sem preocupações pseudoliterárias. Excesso de citações, de quadros, tabelas, gráficos pode incomodar a leitura e deixar os arguidores (ou pareceristas, se se tratar de um artigo científico) sem saber o sentido que se quer construir, o ponto de vista que se quer defender. A extensão, principalmente se a exposição não comporta demora, pode prejudicar o interesse do leitor; se, por outro lado, exige análise minuciosa, a superficialidade e a rapidez do tratamento da matéria conduz a insatisfação.

Nas ciências, o debate de ideias é profícuo. Se o pesquisador apenas faz citações diretas ou indiretas, sem apresentar seu ponto de vista, sem discutir consistência e limites dos argumentos, sem contrapor ou questionar, o leitor do texto da pesquisa ficará sem saber qual é a tese que defendida. Posicionar-se favoravelmente ou contrariamente é uma necessidade na pesquisa científica. A postura de neutralidade excessiva, não comprometedora, pode acarretar prejuízo ao texto. Assumir posições, ser polêmico, manifestar coragem para a crítica respeitosa são comportamentos apropriados. Textos assepticamente neutros nem sempre são bem vistos. Além disso, a neutralidade científica é apenas ilusória, visto que as escolhas são sempre pessoais: o pesquisador decide sobre o objeto de sua pesquisa, estabelece um problema, apoia-se em uma teoria entre tantas, utiliza um quadro de referência específico (deixando, por exemplo, de relacionar autores que se posicionam contrariamente ao que defende) etc., assume conceitos, faz afirmações. Suas marcas pessoais são distribuídas pelo texto, queira ou não.

Arguidores e pareceristas esperam encontrar no texto fundamentação, argumentação consistente, profundidade de análise, contribuição à ciência.

2 PLANO DA REDAÇÃO

A eficácia de um trabalho escrito que se pretenda claro e persuasivo está relacionada à habilidade do pesquisador em explorar as três partes de sua estrutura: introdução, desenvolvimento, conclusão. Acrescente-se que "as partes de um discurso não se distinguem por fronteiras marcadas a régua", ensina Massaud Moisés (1979, p. 22).

A **introdução** evita o tratamento abrupto do objeto da pesquisa. Prepara-se o leitor, elucidando uma série de questões que, se desconsideradas, poderiam obscurecer o sentido do texto, ou, pelo menos, desorientá-lo. A introdução é um protocolo que os leitores de uma tese de doutorado, dissertação de mestrado, TCC esperam ter sido cumprido no início do trabalho. Nela, já dissemos mais de uma vez, coloca-se o que se constituiu o objeto da pesquisa, o problema que se propôs resolver, o objetivo, a justificativa do trabalho, os métodos e *corpus* utilizados, a teoria que dá sustentação à investigação, o quadro de referência em que se apoia o pesquisador.

Explica-se ao leitor qual é o ponto de vista de quem realiza o trabalho, sob que perspectiva se situa. Que tese será defendida? Quais são as hipóteses (possíveis respostas) do trabalho?

O **desenvolvimento** é um elemento da estrutura do texto que busca examinar o fenômeno ou objeto da pesquisa. A análise inclui prós e contras, para que o leitor saia convencido da leitura. As opiniões não bastam; examinam-se os fatos com rigor, expõem-se argumentos.

Após o desenvolvimento, passa-se à **conclusão**, que deve confirmar a hipótese inicial, ou a tese apresentada. Sintetiza-se o que se expôs no desenvolvimento, resumem-se os principais resultados ou descobertas. Podem-se apontar perspectivas futuras abertas pela análise do tema. Para evitar desencontros, sugere-se que o resumo, a introdução do trabalho e a conclusão sejam os últimos textos a serem produzidos. A harmonia ou desarmonia entre eles é foco de atenção dos arguidores e pareceristas. Depois de redigidos, verifica-se se não prometem mais do que se alcançou.

As **referências**, etapa final de um trabalho, são realizadas segundo as normas estabelecidas, no Brasil, pela Associação Brasileira de Normas Técnicas (NBR 6023:2018). Se se optou pelo sistema numérico, as referências seguem a ordem em que aparecem; se se optou pelo sistema autor-data, elas são realizadas em ordem alfabética, com entrada pelo último sobrenome dos autores. Também aqui cabe uma sugestão: para evitar que um texto citado no interior da obra não seja relacionado nas referências, toda vez, durante o processo de redação do texto, que se faz uma citação direta ou indireta, imediatamente se acrescenta a informação bibliográfica às referências. Se assim proceder, ao término da redação do texto da pesquisa, a seção de referências também já estará pronta, sem que se tenha omitido nenhuma informação. Tal como o texto, porém, também elas são motivo de revisão e acertos finais.

Auxilia na redação de um texto de pesquisa a elaboração de um plano de tudo o que será tratado no trabalho. Elencam-se, primeiramente, os capítulos necessários para a defesa da tese que se propõe resolver (dissertações de mestrado, tese de doutorado, TCCs, artigos científicos se constituem com base na defesa de uma tese). Em seguida, subdividem-se

302 **Redação científica** • *Medeiros*

os capítulos em seções secundárias, terciárias, quaternárias, quinárias, também conforme a necessidade. Finalmente, acrescentam-se ao plano as seções de introdução, conclusão e referências.

Um plano de trabalho não é uma camisa de força. Com o desenvolvimento da pesquisa, ele vai-se refinando, aprimorando. Não importa quantas vezes se tenha de retomá-lo para fazer acréscimos, substituições, cortes. Sem sua existência prévia, tudo ficaria muito mais difícil; a produção do texto ficaria desorientada.

3 PROGRESSÃO TEXTUAL

Inicialmente, uma informação sobre o aspecto formal do parágrafo: no estilo tradicional, o parágrafo é marcado por um espaço branco (na régua do Word, suponhamos 1) em relação à margem esquerda (dente do parágrafo). Modernamente, encontram-se trabalhos acadêmico-científicos em que os parágrafos são alinhados à esquerda (sem o espaço branco) e, entre um e outro, deixa-se um espaço interlinear maior (suponhamos 6 pontos no Word, em "Opções de espaçamento de linha").

Vejamos agora como se dá a progressão textual, lembrando que um texto não é um produto acabado a que o leitor, de posse do código, tem acesso. Texto é um processo de interação; "é visto como um tecido formado de múltiplos fios que se entrelaçam, compondo uma unidade significativa capaz de comunicar algo, em um contexto histórico-social, e não um amontoado de frases, uma sucessão de enunciados interligados" (SANTOS; RICHE; TEIXEIRA, 2013, p. 99-100).

Para Garcia (1980, p. 208 s), um parágrafo desenvolve-se com base em uma frase inicial, que ele chama de tópico frasal. Seu desenvolvimento conhece as seguintes feições:

- Declaração inicial (a mais comum)

Nesse caso, o enunciador afirma ou nega algo, "para, em seguida, justificar ou fundamentar a asserção, apresentando argumentos sob a forma de exemplos, confrontos, analogias, razões, restrições". Exemplo:

> Deparamo-nos, frequentemente, com acontecimentos que exigem um posicionamento, uma exposição clara de nossas convicções sobre o assunto. Tomar uma decisão final, porém, nem sempre é fácil, justamente porque o campo da reflexão se vincula à ideia de problematicidade, ao universo da *doxa*, em que se digladiam as várias opiniões. Levar o outro a concordar com nossas opiniões, conseguir adesão exige muita reflexão prévia e competente articulação discursiva, uma vez que o sentido pretendido se multiplica na mente dos interlocutores, uma vez que o "certo", embora existe em essência, não possui um rigor estritamente natural, mas pode ser construído em função de uma série de fatores ligados às múltiplas relações que os homens mantêm entre si (FERREIRA, 2015, p. 13-14).

Com base em uma declaração inicial de que "frequentemente" somos requisitados a tomar uma posição sobre determinados assuntos ou acontecimentos, o enunciador passa a explicitar o conceito de *doxa*, opinião. Valendo-se então da metáfora do duelo, da luta

Cap. 13 • Redação: progressão textual e articuladores textuais   303

corporal, mostra que emitir opinião "exige muita reflexão prévia e competente articulação discursiva". Ressalta também os percalços do sentido que se multiplica "na mente dos interlocutores e que, por isso, também o "certo" é polissêmico.

- **Definição: forma didática de iniciar um parágrafo**

> As convenções genéricas são significados que os indivíduos utilizam e recriam para ler o texto a partir de papéis predeterminados historicamente. As regras se repetem e se reproduzem, ultrapassando limites de espaço e temo e, à medida que recorrem, sinalizam a existência de contratos, de acordos tácitos, perpetuados ou recriados, entre produtores e receptores, envolvidos pelas práticas sociais comuns a determinados grupos. Entenda-se por práticas sociais as práticas de interação nos diferentes níveis de organização de uma sociedade (PINHEIRO *In*: MEURER; MOTTA-ROTH, 2002, p. 260).

O enunciador, depois de definir gênero do discurso como "significados que os indivíduos utilizam e recriam para ler o texto a partir de papéis predeterminados historicamente", passa a explicitar esse conceito como "regras que se repetem e se reproduzem" e funcionam como contratos, acordos estabelecidos na interação linguística. E finaliza o parágrafo, valendo-se também da definição de "práticas sociais", um termo utilizado no seu enunciado.

- **Divisão**

O enunciador avisa o leitor que o tema, o objeto de seu parágrafo, é divisível em tantas partes:

> Três são as considerações que podemos fazer sobre o Positivismo: em primeiro lugar, sua pretensão de verdade...; em segundo lugar [...].

Ou se vale desses organizadores textuais, em algum lugar do parágrafo:

> Há alguns anos, quando se fazia referência a tipos de texto, costumava-se falar em descrição, narração e dissertação. Essa tipologia era ensinada na escola e cobrada em provas e exames. Ocorre que uma tipologia que agrupe textos em descrição, narração e dissertação é um procedimento muito genérico. Primeiro, não se trata de gêneros textuais; segundo, essa classificação não dá conta da variedade de textos que circulam socialmente; terceiro, na prática dificilmente encontraremos textos que sejam exclusivamente descritivos, narrativos e dissertativos (TERRA, 2014, p. 111-112).

Esses marcadores de organização textual, às vezes, são distribuídos em diferentes parágrafos.

- **Alusão histórica, ou citação direta de um autor conhecido ou uma máxima**

> "A próxima guerra pode ser a da água. Há nessa região do mundo uma escassez terrível de água, e, se os países não cooperarem entre si para desenvolver a tecnologia da dessalinização e da distribuição de líquidos, teremos enormes dificuldades num futuro próximo", disse em entrevista a VEJA, em 1991, Shimon Peres (1923-2016), que foi presidente e, em três ocasiões, primeiro-ministro de Israel. "Guerra de água", naquele momento, era uma expressão restrita ao meio acadêmico e a certos círculos políticos. Passados 27 anos, o mundo ainda não enfrentou um conflito armado de grandes proporções motivado

primordialmente por uma disputa que envolvesse os recursos hídricos. Mas a previsão de Peres não morreu de equívoco. A água de fato se tornou um dos principais fatores de tensão diplomática entre nações vizinhas – ainda que sem levar à guerra – inclusive em regiões onde sua escassez nem é severa. Em 2006, por exemplo, a construção de duas fábricas de celulose no lado uruguaio do Rio da Prata levou cidadãos argentinos a protestar contra a possível poluição do curso de água que divide os dois países. O governo da presidente Cristina Kirchner transformou o episódio em uma causa nacionalista, e a ponte entre Uruguai e Argentina ficou fechada por quatro anos, prejudicando as trocas comerciais e o turismo (SCHELP, Diogo. As guerras do futuro próximo. *Veja*, São Paulo, edição 2574, ano 51, n. 12, p. 80-81, 21 mar. 2018).

A citação direta que abre o parágrafo constitui num expediente para o desenvolvimento do sentido que o enunciador propõe: chamar a atenção para a escassez de água que nos ronda e que ela "se tornou um dos principais fatores de tensão diplomáticas entre nações vizinhas".

■ Interrogação

A interrogação tanto pode apresentar no início de um parágrafo, como ao longo dele e, nesse caso, amplia as possibilidades de desenvolvimento de um sentido. Exemplos:

"O que você faz nos dias em que as coisas não estão saindo bem?", indagaram ao dr. Brock. Ele disse que tão somente parava de escrever e deixava o trabalho de lado, à espera de outro dia, quando as coisas sairiam melhor. Eu disse, então, que um escritor profissional deve estabelecer uma rotina diária e se ater firmemente a ela. Disse que escrever é um ofício, não uma arte, e que um sujeito que abandona seu ofício por lhe faltar inspiração não se leva a sério. E pode acabar economicamente quebrado (ZINSSER, 2017, p. 16).

O enunciador parte de uma interrogação para esclarecer o que é escrever para um escritor profissional, alguém que vive do que escreve. Identifica então escrever com um ofício, recomendando a necessidade de disciplina, "rotina diária", e de renúncia ao conceito de "inspiração".

Agora um exemplo em que a interrogação aparece ao final do parágrafo e possibilita a progressão textual no(s) parágrafo(s) seguinte(s):

Vimos até aqui que o(s) sentido(s) de um texto depende(m) de vários fatores (linguísticos, cognitivos, socioculturais, interacionais). Se todos esses fatores interferem na construção de sentido(s) do texto, é correto afirma que há textos incoerentes? (CAVALCANTE, 2016, p. 32).

A essa lista de Garcia, podem-se acrescentar outras formas de iniciar um parágrafo, como, por exemplo:

■ Uso de etimologia

Investigação deriva do verbo "investigar" e o étimo é latino: *in* + *vestigare* – e a raiz do verbo latino está no substantivo cognato *vestigium*, vestígio, pista, sinal. Investigar é, pois, seguir a pista, os indícios, quando o propósito é descobrir algo. Tais pistas ou indícios são traduzidos pelos *interrogativos que configuram um problema posto ou formulado* (o quê? que? Como? por quê? para quê? onde? Quando?

Cap. 13 • Redação: progressão textual e articuladores textuais 305

com que meios? quantos? etc. Daí ser equivalente a inquirir, perquirir, perseguir, pesquisar (SALOMON, 2006, p. 145).

Evidentemente, essa forma de iniciar um parágrafo requer conhecimento etimológico, o que nem sempre está ao alcance de um pesquisador iniciante. Todavia, hoje contamos com dicionários (*Houaiss,* por exemplo) cujos verbetes já dispõem da etimologia da palavra e há *sites* especializados em etimologia disponíveis na Internet.

Em relação ao desenvolvimento do parágrafo, Garcia (1980, p. 214 s) apresenta as seguintes possibilidades:

- Enumeração de pormenores

Vejamos inicialmente pormenores espaciais:

> *Outro dia, em Copacabana, o taxista sugeriu que talvez nos livrássemos do engarrafamento na avenida Atlântica se fôssemos por dentro.* Eu disse OK. Ele virou à esquerda e saímos numa avenida Nossa Senhora de Copacabana parada e ainda mais cheia. Perguntou a um colega e ficou sabendo que, lá na frente, dois carros tinham acabado de bater – daí a razão de estar tudo congestionado. *Deu com as duas mãos no volante: "É a lei de Murphy!"* (CASTRO, Ruy. Infalível Murphy. *Folha de S. Paulo,* São Paulo, 22 jan. 2018.

Destacamos o tópico frasal e a conclusão do parágrafo (uso do itálico) para mostrar as três partes do parágrafo.

O texto focaliza inicialmente algum lugar do bairro de Copacabana; em seguida a sugestão do taxista para mudar de rota por causa do congestionamento; a entrada na Avenida Copacabana, o choque de dois carros "lá na frente" e, finalmente, "deu com as duas mãos no volante". Todos esses pormenores espaciais contribuem para formar o parágrafo.

A exploração de pormenores temporais é outra forma de desenvolvimento de um parágrafo, como podemos verificar no exemplo seguinte:

> A retórica ou arte de bem falar não é muito prestigiada atualmente. Na sua origem (que remonta ao século V a.C.), consistia num conjunto de técnicas destinadas a regrar a organização do discurso, segundo os objetivos a serem atingidos. Era um meio de chegar ao domínio da linguagem verbal. Além disso, a abordagem de tais técnicas levava a estudar a linguagem e seus componentes e a fazer disso um objeto de ciência. Infelizmente, a retórica confundiu rapidamente seus fins e seus meios. Reduziu-se a uma técnica de ornamentação do discurso, exagerando as sutilezas nas distinções das figuras. Depois de ter sido objeto de ensino prático da linguagem e da ciência, contribuiu para esclerosar a eloquência e sufocar o discurso verbal pela multiplicidade de regras e figuras: não tardou a apagar-se e a se tornar sinônima de afetação ou de declamação falsa. Mas, de alguns anos para cá, vem ela reconquistando seu lugar de honra. Assim, reeditam-se na França velhos tratados do século XVIII (Dumarsais) e do século XIX (Fontanier). Volta-se a estudar as figuras, sobretudo no domínio poético. Uma breve descrição dos principais elementos da retórica talvez nos ajude a compreender as razões de seu renascimento (VANOYE, 1985, p. 47).

Aqui, o enunciador se apoiou numa constatação de que, depois de ter alcançado grande prestígio, a retórica ou arte de bem falar foi transformada em "técnica de ornamentação do discurso" (extensas listas de figuras) e seu estudo perdeu relevância. Para dar consistência a

306 **Redação científica** • *Medeiros*

seu argumento, expande o sentido inicial, explorando características temporais: século V a. C. (Aristóteles), momento posterior (Idade Média), séculos XVIII e XIX, atualidade. Por meio do articulador *mas,* o argumento exposto de que teria perdido interesse, no entanto, recebe forte restrição: "mas, de alguns anos para cá, vem ela reconquistando seu lugar de honra". Neste caso, a relação entre a ancoragem e a opinião do autor é de contrariedade. As outras três formas de relacionar uma ancoragem com a opinião do autor são: associatividade (o autor manifesta opinião semelhante à constatada ou tirada de uma citação direta), complementaridade (o autor complementa a informação da ancoragem, acrescentando alguma informação nova do tipo: *além disso...*) e incompatibilidade (o autor nega a informação apresentada na ancoragem).

A **ancoragem** de um parágrafo tem a função de "situar adequadamente o leitor dentro do texto e permitir que o assunto seja coerentemente abordado" (SIQUEIRA, 1995, p. 14). Ela pode dar-se com base no *saber partilhado* (conhecimento que se toma como do senso comum); a ancoragem pode ser: com base em fatos, numa citação direta ou indireta ou num problema (nesse caso, vem expressa numa frase interrogativa).

Até aqui vimos, portanto, que o parágrafo se inicia com uma ancoragem, em seguida temos uma opinião do autor que pode ocorrer por associação, complementaridade, contrariedade e incompatibilidade. Depois disso, temos os argumentos. Os recursos argumentativos são, basicamente, a exemplificação, a explicitação, a enumeração, a comparação. As outras formas utilizadas para dar sustentação a um argumento são apresentar características espaciais, temporais, contrastivas, analógicas, causa e consequência.

■ Confronto de sentidos, de fatos, fenômenos

O foco do enunciador nesse tipo de desenvolvimento do parágrafo é mostrar diferenças, contrastes:

> *A primeira e a mais fundamental diferença que se apresenta entre as ciências diz respeito às ciências formais, estudo das ideias, e às ciências factuais, estudo dos fatos.* Entre as primeiras encontram-se a lógica e a matemática que, não tendo relação com algo encontrado na realidade, não podem valer-se dos contatos com essa realidade para convalidar suas fórmulas. Por outro lado, a física e a sociologia, sendo ciências factuais, referem-se a fatos que supostamente ocorrem no mundo e, em consequência, recorrem à observação e à experimentação para comprovar (ou refutar) suas fórmulas (hipóteses) (LAKATOS, 1995c, p. 25).

O uso do *itálico* no tópico frasal foi introduzido para ressaltar a explicitação que o desenvolvimento apresenta ao diferenciar ciências formais de ciências factuais. Nas entrelinhas do texto de Lakatos fica subentendido, sobretudo pelo uso do modalizador *supostamente*, que se trata de pura convenção.

■ Analogia e comparação

Para tornar um sentido mais concreto e mais claro, valemo-nos às vezes de analogias, comparações, metáforas, como no exemplo seguinte:

> *À dificuldade de distinguir o necessário do supérfluo acresce outra, que é a de negar o supérfluo e ilícito, se nos não negarmos também em parte no lícito e necessário.* Usemos para o declarar de outros símiles. Quero endireitar uma vara que está torcida; bastará porventura trazê-la

Cap. 13 • Redação: progressão textual e articuladores textuais   307

com moderada força até aquele ponto em que fique direita? Não, por certo; senão que é necessário repuxar para a parte contrária, como se a minha intenção fosse não tirar-lhe o torcimento, senão trocá-lo por outro. Quero passar um rio caudaloso de ribeira a ribeira; bastará meter a proa em direitura da passagem onde pretendo desembarcar? Não por certo; senão que é necessário metê-la muito mais acima, porque a força da corrente me fará insensivelmente vir descaindo. *Pois, assim também, para uma pessoa endireitar as suas más inclinações, não basta que procure pôr a natureza em uma mediania racionável, senão que é necessário puxar para o extremo contrário, e, para vir a sair com a mortificação ou negação do ilícito, é necessário emproar mais alto, abraçando a negação do lícito* (BERNARDES, 1966, p. 135).

Separamos as três partes do parágrafo por motivos didáticos (uso do *itálico* no tópico frasal e na conclusão). Para firmar o sentido de que não basta negar o supérfluo e o ilícito e que é necessário também negar em parte o lícito e o necessário, Bernardes nos apresenta duas analogias: a de uma vara torcida e a de uma travessia de rio.

■ Citação de exemplos

A citação de exemplos, ilustrações, serve não só para desenvolver um parágrafo, como também para explicitar o sentido que se propõe:

De maneira bastante prática, pode-se dizer que variável é qualquer coisa que pode ser classificada em duas ou mais categorias. "Sexo", por exemplo, é uma variável, pois envolve duas categorias: masculino e feminino. "Classe Social" também é variável, já que envolve diversas categorias, como alta, média e baixa. Também idade constitui uma variável, podendo abranger uma quantidade infinita de valores numéricos. Outros exemplos de variáveis são: estatura, estado civil, nível de escolaridade, agressividade, introversão, conservadorismo político, nível intelectual etc. (GIL, 1989b, p. 61-62).

Nesse caso, Gil, para explicar o conceito de variável, tomou como exemplo as categorias *sexo, classe social, idade, estatura, estado civil, nível de escolaridade, agressividade*, o que facilita enormemente a compreensão, porque concretiza uma informação conceitual.

No exemplo seguinte, depois da definição de dúvida como "um estado subjetivo de indefinição ou de suspensão do julgamento", o enunciador concretiza sua explicação com a metáfora "coluna do meio" e a quantificação matemática. Em seguida, distingue dois tipos de dúvida: a real e a metódica.

A dúvida é um estado subjetivo de indefinição ou de suspensão do julgamento. Instala-se o estado de dúvida quando motivos para o "sim" e para o "não" apresentam-se com o mesmo peso. É uma espécie de "coluna do meio", quando as probabilidades das colunas um e dois são da ordem de cinquenta por cento. Deveremos observar que a dúvida pode ser real ou metódica. Será real quando a ponderação dos motivos conduz a um equilíbrio real. É metódica quando questiona temas já aceitos como resolvidos, a fim de reexaminar a validade de seus fundamentos (RUIZ, 1995, p. 20).

■ Apresentação de causas, efeitos, razões, consequências

Garcia (1980, p. 221) nos alerta que "legitimamente, só os *fatos* ou *fenômenos físicos* têm causa; os *atos* ou *atitudes* praticados ou assumidos pelo homem têm *razões, motivos* ou *explicações*". No exemplo, temos desenvolvimento por causa e consequência:

308 **Redação científica** • *Medeiros*

> Se os problemas derivados da escassez e da contaminação da água doce são assustado-ramente transparentes, os da água salgada correm em silêncio. Mais de três bilhões de pessoas dependem da biodiversidade dos oceanos para a sobrevivência. Os mares são a maior fonte de proteína do planeta, por meio da pesca, e criam 200 milhões de empregos diretos e indiretos. Eles absorvem 30% do dióxido de carbono emitido na atmosfera – função essencial sem a qual não existiria vida terrestre. Os recursos oceânicos geram 3 trilhões de dólares por ano, o equivalente a cerca de 5% do PIB global. Mesmo diante de sua importância portentosa, temos destruído esse bem valioso. A poluição das águas marinhas, somada aos estragos provocados pelas mudanças climáticas, que interferem na cadeia alimentar, vem destruindo ecossistemas como a fabulosa Grande Barreira de Corais australianos, patrimônio da humanidade, com 3.000 recifes, ponde em risco tudo o que o ser humano extrai das águas salgadas (THOMAS, Jennifer Ann. Os oceanos estão à deriva. *Veja,* São Paulo, edição 2574, ano 51, n. 12, p. 84, 21 mar. 2018).

No exemplo, verificamos as consequências da poluição das águas dos oceanos. Conse-quências que têm como causa o lixo que o homem produz e despeja no mar. Já no exemplo seguinte, o texto explora motivações e razões:

> Por neutralidade, as ciências sociais produzem tendencialmente instrumentos de controle social. São profundamente desmobilizadoras, por mais que possam apregoar em teoria o contrário. Sabem sobretudo como não mudar, a título de mudar. E é precisamente isso que o poder vigente espera delas. Nisso são demasiadamente úteis, como estrategicamente inúteis para os desiguais (DEMO, 1989, p. 85).

O texto de Demo contesta a neutralidade científica nas ciências sociais e apresenta razões para seu ponto de vista: elas seriam instrumentos de controle social; sabem "como não mudar", mesmo quando parecem mudar alguma coisa; são "úteis" para alguns e "estra-tegicamente inúteis para os desiguais".

Diferentemente de Garcia, que fala em desenvolvimento do parágrafo, Koch (2015, p. 148) entende tratar-se da progressão textual e nele vê dois movimentos: um de retroação e outro de prospecção:

> Como imperativos de ordem cognitivo-discursiva que são, esses movimentos de avanço e recuo – tal como acontece, por exemplo, na ação de tricotar – presidem à criação da tessitura textual. [...]
>
> A progressão textual (sequenciação) diz respeito aos procedimentos linguísticos por meio dos quais se estabelecem, entre segmentos do texto (enunciados, partes de enunciados, parágrafos e mesmo sequências textuais), diversos tipos de relações semânticas e/ou prag-mático-discursivos, à medida que se faz o texto progredir.

Ainda segundo Koch, a progressão pode dar-se por meio de recorrência de variados tipos, como reiteração de itens lexicais, paralelismos, paráfrases.

Se o leitor localizar em algum *site* o poema "Visão 1944", de Carlos Drummond de Andrade, vai verificar que as 25 estrofes começam com o verso "Meus olhos são pequenos para ver". Se se dispuser a aprofundar a pesquisa, localizando repetições na música popular

Cap. 13 • Redação: progressão textual e articuladores textuais   309

brasileira, vai verificar como se trata de procedimento comum, estratégia valiosíssima para enfatizar sentidos. Vejamos um exemplo:

> Simplifique, simplifique. Thoreau disso isso, como se costuma relembrar tão frequentemente, e nenhum outro autor americano praticou de forma tão consistente aquilo que pregava. Abra qualquer página de *Walden* e você encontrará um homem contando o que passa apela sua mente de forma clara e ordenada (ZINSSER, 2017, p. 20).

Nem sempre, a repetição de palavras é um defeito de produção de textos, como normalmente se apregoava no passado. Ela pode ter função no desenvolvimento do sentido.

O paralelismo é outra forma muito comum no desenvolvimento de um texto, como podemos verificar em "Quadrilha", poema de Drummond. "Amor é fogo que arde sem se ver", poema de Camões, é outro exemplo de utilização do paralelismo em sua progressão textual (ambos os textos são facilmente encontráveis em *sites* da Internet).

A paráfrase é recurso largamente utilizado, quer na fala, quer na escrita. A todo momento, repetimos algum sentido produzido com outras formulações:

> A retórica existe onde há uma questão a ser debatida. Por isso, atua no interior do discurso polêmico: aquele em que duas ou mais pessoas ou facções emitem opiniões discordantes (FERREIRA, 2015, p. 98).

Aqui, o enunciador explicita o que se entende por *discurso polêmico* = "aquele em que duas ou mais pessoas ou facções emitem opiniões discordantes". As expressões *isto é, ou seja, quer dizer, ou melhor, em outras palavras, em síntese, em suma, em resumo* são todas introdutoras de paráfrase. Elas produzem o sentido de um enunciador preocupado com o entendimento do que diz ou escreve e têm função retórica, isto é, de produzir efeito de ênfase.

> Segundo a proposta de Halliday e Hasan (1976), a noção de *coesão* precisa ser completada pela noção de *registro*, ou seja, adequação a um determinado contexto de situação (GUIMARÃES, 2013, p. 16).

Visando esclarecer o sentido de registro, Guimarães parafraseia-o por meio da expressão *ou seja*: registro = "adequação a um determinado contexto de situação".

Para Koch (2015, p. 151), ainda,

> pode haver progressão textual sem recorrências estritas, na qual a continuidade de sentido é garantida por outros recursos ou procedimentos linguísticos. Tais recursos constituem-se em fatores de coesão textual e interferem de maneira direta na construção da coerência na medida em que garantem a manutenção do tema, o estabelecimento de relações semânticas e/ou pragmáticas entre segmentos maiores ou menores do texto, a ordenação e a articulação de sequências textuais.

Passa então a tratar da progressão temática por articulação de tema-rema, ou seja, tema e comentário. O tema constitui a informação de domínio do leitor e o comentário a informação nova. Para Guimarães (2013, p. 68), do ponto de vista do enunciador, o tema é o ponto de partida do enunciado: "Ponto de apoio dos enunciados, a parte temática é, pois, contextualmente dedutível. O grupo do rema corresponde ao que é dito do tema; é o elemento frástico posto como o mais informativo – o que faz avançar a comunicação". Vejamos um exemplo:

310 **Redação científica** • *Medeiros*

A sequência narrativa tem como principal objetivo manter a atenção do leitor/ouvinte em relação ao que se conta. Para isso, são reunidos e selecionados fatos, e a história passa a ser desenvolvida, quando a situação de equilíbrio é alterada por uma tensão, que determina transformações e retransformações, as quais direcionam ao final (CAVALCANTE, 2016, p. 65).

O tema é a sequência narrativa e a informação nova são seus elementos estruturais. Desde nossos primeiros anos escolares, aprendemos o que é uma narrativa. Com base nessa informação, o enunciador introduz algumas informações novas sobre a composição de uma narrativa: uma situação inicial equilibrada que é interrompida por um desequilíbrio provocador de alterações no andamento da história e conduzem a um desenlace, a uma resolução.

Guimarães (2013, p. 67), valendo-se da classificação de Adam, apresenta os seguintes tipos de progressão textual, isto é, estratégias de avanço e retomada do texto, com base nos conceitos de tema e rema: (1) progressão com tema constante; (2) progressão por tematização linear e (3) progressão de temas derivados.

- Progressão com tema constante

Reescrever é a essência de escrever bem: é onde se ganha ou se perde o jogo. Essa ideia é difícil de aceitar. Todos nós investimos muito emocionalmente no nosso primeiro rascunho; não conseguimos admitir que ele possa ter nascido com imperfeições. Mas o mais provável, em quase 100% dos casos, é que isso tenha mesmo acontecido. A maior parte dos autores não diz logo de cara aquilo que quer dizer, ou não o diz tão bem quanto poderia. Há quase sempre alguma coisa errada com a frase que acaba de conceber. Não é clara. Não tem uma lógica. É verborrágica. Está pesada demais. É pretensiosa. É chata. É cheia de excessos. É cheia de clichês. Falta ritmo. Pode ser lida de diferentes formas. Não decorre naturalmente da frase precedente. Não... O fato é que escrever com clareza é o resultado de uma série de remendos (ZINSSER, 2017, p. 105-106).

Do início ao final do parágrafo, temos retomada do tema da necessidade de rascunho, da reescritura. Na frase introdutória, o enunciador compara escrever a um jogo: reescrever seria a tática mais adequada para "ganhar o jogo"; quem não reescreve seus textos corre o risco de perder o jogo. Em seguida, nos alerta que, embora seja difícil admitir imperfeições no que escrevemos, nossos textos, em quase 100% dos casos, nascem com imperfeições. Apresenta então os possíveis defeitos de uma frase: falta de clareza, falta de lógica, excessos (verborragia), uso de clichês, falta de conexão entre um sentido anterior e um posterior etc. Finaliza o parágrafo com o mesmo tema inicial: escrever com clareza é o resultado do ato de reescrever os textos que produzimos.

- Progressão por tematização linear

Aqui, temos o processo *palavra puxa palavra*. Um exemplo seria o poema "Canção mínima", de Cecília Meireles (Disponível em: http://www.tanto.com.br/ceciliameireles-cancao. htm). Outro exemplo:

A crise econômica leva à quebradeira de empresas. A quebradeira de empresas ao desemprego. O desemprego desemboca em queda de consumo e destroça as famílias.

Cap. 13 • Redação: progressão textual e articuladores textuais   311

O comentário (rema) de uma frase precedente se torna tema da seguinte; o comentário (rema) desta última se torna o tema de uma terceira, e assim sucessivamente. Para Guimarães (2013, p. 68), tematização linear identifica-se com a figura de linguagem que a retórica chamava de *anadiplose*.

- Progressão de temas derivados

A organização da progressão textual dá-se com base em diferentes subtemas. No exemplo seguinte, o enunciador classifica os diálogos em simétricos e assimétricos:

> Acrescente-se que há dois tipos de diálogos: diálogos *assimétricos* e diálogos *simétricos*. Nos primeiros ocorre o comando por parte de um falante; nos segundos não há hierarquia entre eles, e é onde mais frequentemente ocorrem os chamados *pares adjacentes*, que são os pares conversacionais quando suas unidades, por exemplo, perguntas e respostas, ocorrem em sequência imediata (URBANO, 2011, p. 61).

Koch (2015, p. 152) ressalta, porém, que "dificilmente se encontra em um texto um único tipo de articulação tema-rema. Eles se combinam para dar ao texto a organização desejada". Guimarães (2013, p. 69) entende que a progressão por tema constante pode ser característica de sequências narrativas; a linear, de sequências explicativas e a por temas derivados é própria de sequências descritivas.

4   ARTICULADORES TEXTUAIS

Parágrafos, tópicos, subtópicos, partes de um texto, segmentos encadeiam-se em geral por meio de recursos linguísticos que se chamam *articuladores textuais*. Os articuladores relacionam as coisas no tempo e no espaço e estabelecem entre elas relações lógico-semânticas; exercem funções enunciativas ou discursivo-argumentativas, bem como funções metaenunciativas.

Os articuladores são: de conteúdo proposicional, enunciativos ou discursivo-argumentativos e metaenunciativos (cf. KOCH, 2002, p. 133).

4.1 Articuladores de conteúdo proposicional

Os articuladores de conteúdo proposional podem ser dos seguintes tipos: marcadores de relações espácio-temporais e indicadores de relações lógico-semânticas. Os articuladores que marcam relações de espaço e de tempo são, entre outros: *a primeira vez, a segunda vez, defronte de, diante de, em face de, antes, depois, atrás de*. Os articuladores que indicam relações lógico--semânticas são: de condicionalidade, causalidade, finalidade ou mediação, oposição, contraste, disjunção: *se, por causa de, para que, a fim de, porque, em oposição a, em contraste com*.

4.2 Articuladores enunciativos ou discursivo-argumentativos

Articuladores enunciativos ou discursivo-argumentativos são "os que encadeiam atos de fala distintos, introduzindo, entre eles, relações discursivo-argumentativas de contrajunção (oposição/contraste/concessão), justificativa, explicação, generalização, disjunção argumen-

312 **Redação científica** • *Medeiros*

tativa, especificação, comprovação" (KOCH, 2015, p. 164-165). Entre eles, temos: *ou, mas, portanto, ainda que, daí que, afinal, aliás.*

4.3 Articuladores metaenunciativos

De modo geral, os articuladores metaenunciativos tecem comentário sobre a própria enunciação. São eles: delimitadores de domínio, organizadores textuais, modalizadores epistêmicos, atitudinais e afetivos, axiológicos, de caráter deôntico (obrigatório), atenuadores, metaformulativos.

Os **delimitadores de domínio** estabelecem o âmbito dentro do qual o conteúdo do enunciado pode ser verificado. Incluem advérbios espaciais, de tempo, de modo:

> **Ontem**, *o posicionamento político era um;* **hoje**, *é outro.* No **interior do Estado**, *prevalecia o posicionamento conservador;* **na Capital**, *o não conservador.*

> **Biologicamente**, fala-se em evolução das espécies...

Os **organizadores textuais** incluem: *primeiro, depois, em seguida, por um lado, por outro lado, às vezes, outras vezes, em primeiro lugar, em segundo lugar, por último.*

Os **modalizadores epistêmicos** assinalam o grau de comprometimento do locutor com seu enunciado: *evidentemente, não há como negar, aparentemente.*

Os **modalizadores atitudinais e afetivos** "encenam a atitude psicológica com que o anunciador se apresenta diante dos eventos de que fala o enunciado" (KOCH, 2015, p. 167). São exemplos: *felizmente, infelizmente, desgraçadamente* etc.

Os **modalizadores axiológicos** expressam a valoração atribuída aos eventos, às ações e às situações a que o enunciado faz menção. São exemplos de tais articuladores: *curiosamente, mais uma vez.*

Os **modalizadores de caráter deôntico** indicam o grau de imperatividade ou facultatividade atribuído ao conteúdo. Exemplos: *é indispensável, opcionalmente, obrigatoriamente, necessariamente.*

Os **modalizadores atenuadores** podem ser exemplificados com: *talvez fosse melhor, ao que me parece, no meu modo de entender, creio que.*

Os **modalizadores metaformulativos** são de variados tipos: (a) comentadores da forma como o enunciador apresenta-se ao interlocutor no ato da enunciação: *francamente, sinceramente*; (b) comentadores da forma do enunciado: *em síntese, para recordar, em suma, resumidamente*; (c) nomeadores do tipo de ato ilocucionário que o enunciado pretende realizar: *eis a questão, a título de garantia, minha crítica é que, cabe perguntar se...*; (d) comentadores da adequação do tema ou dos termos utilizados: *por assim dizer, como se diz habitualmente, na acepção ampla do termo, para falar de modo que todos me entendam, como chamamos habitualmente*; (e) introdutores de reformulações ou correções: *quero dizer*; (f) introdutores de tópico: *a respeito de...*; (g) interruptores e reintrodutores de tópico (marcadores de digressão): *quanto a [isso]..., é interessante lembrar que..., voltando ao assunto X*; (h) marcadores conversacionais que operam o amarramento de pedaços de textos: *aí, daí, então, agora.*

Os articuladores de texto são responsáveis, em geral, pela coesão textual, bem como pela orientação do sentido.

14
Projeto de pesquisa

Um principiante pode supor que elaborar projetos é perder tempo e que o melhor é começar imediatamente o trabalho de pesquisa. No entanto, a experiência vai lhe ensinar que o início de uma pesquisa, sem projeto, é lançar-se à improvisação, tornando o trabalho confuso, dando insegurança ao mesmo, reduplicando esforços inutilmente e que, agir desta maneira, é motivo de muita pesquisa começada e não terminada, num lastimoso esbanjamento de tempo e recursos (RUDIO, 2014, p. 55).

1   PLANEJAMENTO

Na vida cotidiana, é comum o planejamento para nossas mais simples ações. Planejamos uma volta pela cidade para fazer compras, planejamos uma reforma de um apartamento ou uma casa, planejamos a aquisição de um imóvel ou de um carro. Mesmo as pessoas que dizem que não gostam de fazer planejamento não abdicam totalmente de fazê-lo. No mundo acadêmico, da construção de conhecimento, da pesquisa, da elaboração de uma tese de doutorado, uma dissertação de mestrado, um TCC, podemos verificar que só alcançaremos bom êxito no resultado final se na sua origem o trabalho contou com um planejamento bem elaborado.

Para Inácio Filho (2003, p. 49),

> quando saímos a passear sem destino, ficamos a vagar pelas ruas e, frequentemente, passamos várias vezes pelo mesmo local. Quando se anda sem destino, não se vai longe, mesmo caminhando muito. [...] Mas em ciência não podemos andar

314 **Redação científica** • *Medeiros*

sem rumo e, por isso, planejamos nossas atividades. Tal planejamento permite--nos economia de tempo e racionalização de recursos, além de possibilitar-nos o exercício de nossa disciplina científico-acadêmica.

O pesquisador consciente da força de seu braço não se põe a investigar problemas para os quais não dispõe de competência. Outras vezes, um assunto é instigante, mas o desenvolvimento do conhecimento ainda não permite exame profundo nem alcançar a solução necessária. Há casos em que a investigação seria tão demorada e dispendiosa que não seria adequado meter-se a realizá-la. Segundo Brenner e Jesus (2007, p. 27), "fazer uma pesquisa sem elaborar um projeto implica em improvisações, tornando o trabalho difícil e seu resultado confuso e incerto, gerando insegurança e duplicação de esforços". A realização de um projeto implica estabelecer o que o que fazer (objeto, tema da pesquisa), por que fazer (justificativa), para que fazer (objetivo), onde fazer (local de realização da pesquisa), como (metodologia), com que (amostra), quando fazer (tempo da pesquisa, cronograma), com quanto fazer e como pagar quem vai ajudar a recolher as informações (orçamento).

Pereira (2007, p. 134) entende que "o projeto funciona como um instrumento de planejamento, uma ferramenta que delineia procedimentos e ações que se desenvolverão no decorrer da pesquisa". E continua:

> O planejamento da pesquisa é constituído por quatro grandes momentos ou grupos de ação: preparação da pesquisa, fases da pesquisa, execução da pesquisa e relatório. A estruturação de um projeto de pesquisa é uma ação típica da etapa de preparação.

Um projeto de pesquisa desempenha várias funções:

- Definir e planejar para o próprio autor da pesquisa o caminho que será seguido no desenvolvimento da investigação, explicando as etapas que devem ser alcançadas, os instrumentos e estratégias a serem utilizados.

- Impor-se uma disciplina de trabalho relativa à ordem dos procedimentos e organização do tempo e cumprimento dos prazos.

- Atender às exigências dos examinadores, tendo em vista a discussão do projeto e sua apreciação. Nas universidades, é comum, durante o exame de qualificação, o projeto de pesquisa ser submetido a uma banca, composta de três arguidores.

- Permitir que orientadores discutam ideias, avaliem possibilidades, perspectivas e desvios.

- Servir de base para a solicitação de bolsa de estudos ou de financiamento por agências de apoio à pesquisa.

- Orientar a coordenação de programas de pós-graduação sobre a decisão de aceitação da matrícula de um candidato ao mestrado ou ao doutorado.[1]

---

1 Para Michel (2005, p. 60), "a elaboração do projeto de uma pesquisa deve ser cuidadosa, abrangente, completa, pois seus itens serão aproveitados na elaboração da monografia ou trabalho final da pesquisa. Por cuidar da preparação, do planejamento e prospecção da pesquisa, ele é o elemento balizador das dificuldades e obstáculos que poderão ser encontrados no desenrolar do trabalho, tais como: exequibilidade de execução, tempo, material bibliográfico, pesquisa de campo, recursos etc., orientando e reorientando o pesquisador, até mesmo, possibilitando a reflexão sobre a viabilidade ou não do trabalho".

Feito o planejamento, estamos aptos escrever o projeto de pesquisa. Para Gil (2017, p. 160),

> como as pesquisas diferem muito entre si, não há como definir um roteiro rígido, aplicável a todos os projetos. Mas é possível oferecer um modelo relativamente flexível que considere os elementos essenciais e possibilite a inclusão dos itens inerentes à especificidade da pesquisa.

A NBR 15287:2011 estabelece como estrutura dos projetos de pesquisa:

- Elementos pré-textuais:
  - Capa (opcional): nome da entidade a que é submetido o projeto; nome do autor da pesquisa, título, subtítulo (se houver), local da entidade à qual se apresenta a pesquisa, ano do depósito (entrega do projeto).
  - Lombada (opcional).
  - Folha de rosto (elemento obrigatório): nome do autor da pesquisa, título, subtítulo (se houver, separando-se do título por dois-pontos ou por diferenciação de fonte gráfica), tipo de projeto de pesquisa e nome da entidade a que é submetido, local da entidade à qual será apresentado, ano do depósito (entrega do projeto). A NBR 15287:2011 (n. 4.2.1.1), em nota, salienta que, "se exigido pela entidade, apresentar os dados curriculares do autor em folha ou página distinta após a folha de rosto".
  - Lista de gráficos, quadros, tabelas, abreviaturas e siglas, símbolos (estas listas são opcionais). Nesse caso, temos:

        LISTA DE GRÁFICOS
        Gráfico 1.1 Xxxxxxxxxx, 109
        Gráfico 3.2 Xxxxxxxxxx, 215

        LISTA DE QUADROS
        Quadro 2.1 Xxxxxxxxxx, 122
        Quadro 2.2 Xxxxxxxxxx, 125

        LISTA DE TABELAS
        Tabela 1.1 Xxxxxx, 57
        Tabela 3.3 Xxxxx, 219

        LISTA DE ABREVIATURAS
        BNDS (Banco Nacional de Desenvolvimento Econômico e Social), 65
        FMI (Fundo Monetário Internacional), 43

  - Sumário (obrigatório)

316   **Redação científica** • *Medeiros*

■ Elementos textuais

- Introdução: compreende o tema do projeto (o objeto da pesquisa), o problema abordado, as hipóteses (quando couber), objetivos, justificativa.

- Desenvolvimento: a norma não especifica, mas como, depois de "justificativa" segue ponto final e se inicia novo enunciado ainda dentro dos elementos textuais, subentende-se que se trata de informações do desenvolvimento: "É necessário que sejam indicados o referencial teórico que o embasa, a metodologia a ser utilizada".

- Conclusão do projeto: a NBR sob foco não trata desse elemento, mas em geral os projetos reafirmam propósitos da pesquisa e sua necessidade.

■ Elementos pós-textuais:

- Referências (obrigatório).
- Glossário (opcional).
- Apêndice (opcional).[2]
- Anexo (opcional).[3]
- Índice (opcional).

■ Finalmente, teríamos: cronograma e orçamento da pesquisa.

O planejamento de uma pesquisa é, pois, um processo sistematizado pelo qual se confere maior eficiência à investigação para, dentro de determinado prazo, alcançar os objetivos pretendidos. Vejamos agora detidamente os elementos estruturais retroapresentados.

Fala-se normalmente nos manuais de metodologia do *tema* de uma pesquisa, que é seu objeto propriamente. A delimitação do assunto, ou a constituição do tema objeto da pesquisa, permite estabelecer um foco, uma perspectiva, contribuindo para o aprofundamento da investigação. Temas genéricos não conduzem a resultados relevantes. Daí a necessidade de limitar a extensão da pesquisa.[4] Segundo Duarte e Barros (2008, p. 41),

> o objeto de estudo deve ser restrito, específico, bem delimitado [...]. Ao restringir o foco, evita-se ficar perdido pelo caminho, ou que a amplitude demasiada implique pouca profundidade.

Rudio (2014, p. 89-90) distingue assunto de tema: "desejo fazer uma pesquisa sobre delinquência juvenil" seria um assunto, não um tema de pesquisa. A característica do tema

---

2   Apêndice é texto produzido pelo próprio autor, exposto depois de referências bibliográficas e glossário (se houver).

3   Anexo é texto não elaborado pelo autor que serve como ilustração para sua exposição.

4   Sonia Vieira (2008, p. 12) recomenda: "Nada de temas grandes ou grandiosos, isto é, não pense em assunto muito extenso nem de grande impacto. E – escolhido o tema – comece a recortar e a afunilar, porque você vai ter de aprender tudo sobre ele." E continua: "é bom que o tema de seu trabalho esteja enquadrado na linha de pesquisa do orientador. Se seu orientador trabalha em genética de milho, não insista em estudar genética de abelhas".

Cap. 14 • Projeto de pesquisa   317

é a precisão, os limites que o pesquisador estabelece para sua investigação. Especifica, então, que, para transformar um assunto geral em um tema de pesquisa,

> é necessário observarmos a realidade, de maneira cuidadosa e persistente, no âmbito do assunto que pretendemos pesquisar. Concomitantemente, devemos consultar livros, obras especializadas, periódicos, pessoas entendidas ou interessadas no assunto, etc. Talvez uma boa orientação seja a seguinte: tanto melhor podemos definir um tema, quanto mais aptos estivermos para descrever, com acerto, o seu *campo de observação*, com as respectivas *unidades de observação e variáveis*.

O estabelecimento de um o **objeto de pesquisa** (tema ou assunto) constitui, pois, uma decisão que implica: verificar sua importância (uma pesquisa é relevante se contribui para a ampliação do conhecimento e o faz avançar), evitar pesquisar sobre o que já é conhecido (originalidade, portanto), bem como estar a par das publicações atuais na área que se pretende produzir o trabalho científico e apurar a viabilidade da pesquisa. Ainda com relação ao objeto da pesquisa, ela pode chegar a melhores resultados quando se delimita espacial e temporalmente sua extensão. Suponhamos: "Investigar o recrudescimento da corrupção *dos agentes governamentais de São Paulo no período de 1990-2018*. Uma pesquisa que tratasse da corrupção brasileira teria um objeto excessivamente extenso. Se, em vez de São Paulo (Estado), tivéssemos Prefeitura de São Paulo, teríamos fronteiras mais reduzidas. Se especificássemos: "Corrupção na Secretaria X da Prefeitura de São Paulo", mais delimitada ainda estaria nosso objeto.

A **justificativa** compreende origem do problema, enunciado do problema, delimitação do problema, estabelecimento de hipóteses[5] (se necessária para o tipo de pesquisa que se realiza), resultados esperados. A formulação de um problema de pesquisa orienta-se pelas seguintes características: ser formulado como pergunta, ser delimitado a uma dimensão viável, ser claro, definindo-se os termos que se apresenta, ser preciso (limites), apresentar referências empíricas, possibilitar pesquisa factível, ser ético.

A construção de um **problema** que possibilite investigação científica pode surgir da observação de um fenômeno da realidade, ou resultar da leitura de textos da área em que se atua. Em geral, porém, depois de constituído um problema de pesquisa, volta-se para a revisão da literatura da área e, conforme o andamento da pesquisa, o enunciado do problema é paulatinamente alterado, refinado, ganha em precisão. Para Inácio Filho (2003, p. 49),

> a leitura de revistas especializadas da área a ser estudada e a participação em cursos de especialização, extensão e aperfeiçoamento, em seminários e congressos científicos muito contribuem no momento em que vamos tratar de um projeto de pesquisa e da enunciação de um problema.

Uma das características de um problema científico é a relevância. Se uma pesquisa não permite o avanço da ciência, ela é inútil. Por isso, exige-se do pesquisador conhecimento sobre o ponto em que se encontram as pesquisas relativas ao assunto que tem em vista

---

5   Entre os critérios para a construção de hipóteses, salientam-se: ser plausível, consistente, específica, verificável, clara, simples, econômica, explicativa (cf. RUDIO, 2014, p. 99).

318   **Redação científica** • *Medeiros*

investigar, os problemas percebidos pela comunidade que atua na área e quais foram ou não examinados por ela. Um problema de pesquisa também é formulado de maneira clara e precisa,[6] operacional, ou seja, levando-se em consideração se ele é observável, quantificável, mensurável. É formulado como pergunta (enunciado em forma de uma questão) e ser suscetível de solução.

E para que essas ações sejam contempladas com o êxito, se se tratar, por exemplo, de uma pesquisa experimental ou de campo, constroem-se hipóteses de trabalho, delimita--se o assunto (o objeto da pesquisa) a ser investigado, verifica-se a relevância da pesquisa, definem-se os termos a serem utilizados. As definições operacionais distinguem-se de uma definição de dicionário. Uma coisa é, por exemplo, a definição genérica de *corrupção*, outra é dizer o que se entende por corrupção no desenvolvimento do trabalho científico:

Nesta pesquisa, tomamos o termo *corrupção* no sentido de...

O **objetivo** é outro elemento estrutural de um projeto de pesquisa. Idealmente, é expresso por um verbo que que produza sentido de maior precisão, evitando-se algo como: "meu objetivo é *refletir* sobre..." Alguns verbos, porém, por serem muito genéricos, não constituem propriamente um objetivo de pesquisa.

Em relação à **metodologia**, em alguns casos prevalece a pesquisa de campo, em outros, a pesquisa de laboratório, em outros, a bibliográfica. Há autores que apresentam a especificação da metodologia utilizada na introdução, outros sugerem que seja posta em capítulo próprio. Esse caso é apropriado para pesquisas que exigem descrição pormenorizada do instrumento de pesquisa utilizado: estabelecer a população que se vai observar e uma amostra que seja suficientemente representativa da população objeto da pesquisa. Na seção de metodologia, especificam-se também os instrumentos de coleta de informações, dados e evidências, análise dos dados (teste de hipóteses, correlação, análise de regressão). Não se confundem metodologia e métodos de pesquisa. Método é a trajetória teórica da pesquisa ou do pesquisador. É daí que decorrem conceitos e categorias adotados no desenvolvimento da investigação. A metodologia compreende: delimitação do universo da pesquisa (população da pesquisa, universo da pesquisa), seleção da amostra (parte do universo selecionado, mas que o representa consistentemente). Tomando, por exemplo, o universo da cidade de São Paulo, faz-se uma pesquisa de opinião sobre candidatos políticos, considerando apenas uma amostra do universo da cidade; seleciona-se um número limitado de pessoas e delas se colhe as informações necessárias. Se a amostra for representativa, o resultado pode dar uma "fotografia" da preferência eleitoral. A metodologia inclui ainda o levantamento bibliográfico e o tratamento da bibliografia (como os textos serão analisados).

Em relação ao **quadro de referências**, as pesquisas científicas identificam a linha teórica em que se apoiam: positivista, estruturalista, funcionalista, materialismo histórico etc.

---

6   É difícil dizer o que é claro e o que é preciso; todavia, pode-se afirmar que a utilização de variedade linguística usual na comunidade acadêmica ou para os que praticam ciência, o uso de vocabulário comum aos pesquisadores da área, as formulações sem empolação, os enunciados com sujeito, predicado e complemento, sem rodeios, sem orações subordinadas que desembocam em outras subordinadas, facilitam a apreensão do que realmente constitui o objeto da pesquisa.

Cap. 14 • Projeto de pesquisa 319

Além disso, especificam o referencial teórico, que é fundamental em qualquer tipo de pesquisa. Se o pesquisador não domina a área de conhecimento em que pretende atuar, sua investigação pode não contribuir para o progresso da ciência. Por isso, é necessário que o referencial teórico seja consistente, exaustivo e atual. Se constituído de autores do início do século XX, pode trazer problemas para quem escreve, no início do século XXI, uma dissertação de mestrado, tese de doutorado ou artigo científico. O conhecimento envelhece muito mais rapidamente do que se imagina. O que era tido como verdade até pouco tempo atrás pode perder a validade, dependendo da evolução das pesquisas científicas. Por exemplo: o tratamento da desidratação de criança décadas atrás previa a suspensão da alimentação. Hoje, já se considera que é suficiente reidratar o doente, sem necessidade de suspender a alimentação.

Na **fundamentação teórica**: explicam-se os conceitos que serão utilizados na análise, categorias e pressupostos teóricos que se constituem na baliza do desenvolvimento da pesquisa. Aqui, se faz uma revisão da literatura: apresenta-se o estágio da arte, o estágio em que se encontra o conhecimento sobre o problema examinado. Implica conhecimento dos pressupostos teóricos que darão suporte à pesquisa. A revisão da literatura não é simples arrolamento de citações diretas e indiretas, mas discussão crítica de tudo o que for citado, tomada de posição. Evita-se, salvo para análise, a justaposição de teorias diferentes, que se chocam. Assim é que, se o pesquisador optou pela linha teórica do **Positivismo,** duas são as categorias fundamentais: espaço e tempo. Para o **método dialético**, três seriam as categorias básicas: espaço, tempo e necessidade; a dialética marxista considera ainda que o tempo da história é marcado por avanços e recuos. Já para o **Neopositivismo**, temos: espaço, tempo e fato, notadamente a descrição do fato. No caso, descrever equivale a explicar. Todavia, a categoria central é a causação, o que leva a determinar causas e consequências dos fatos históricos. No **método estruturalista**, temos a reconstituição do objeto e duas são as categorias fundamentais: conjuntura (fatores singulares e desorganizados) e estrutura. Ao pesquisador cabe descobrir como se dá a organização em termos de estrutura. Uma explicação implica reconstrução: colhem-se dados e selecionam-se os que "parecem constituir uma unidade permanente". A base do estruturalismo é a antinomia *aparência* × essência. No **idealismo racionalista** kantiano, não podemos ter acesso ao conhecimento das essências (*noumenon*), mas apenas à aparência (*fenômeno*). Hegel, todavia, entende que a aparência é expressão da essência e, portanto, se se conhece uma, se conhece outra. Hegel elege, então, o movimento como categoria fundamental do conhecimento. Tudo muda, nada é permanente: a mudança dá-se de forma contraditória e superativa; num processo de negação da negação, alcança-se a síntese. A dialética caracterizadora desse movimento não se funda na contradição simples, mas na superação da negação, das antinomias. Portanto, temos: tese, antítese, síntese. Entende, ainda, Hegel que a história se funda em um movimento racional, histórico e superativo. O método dialético, por sua vez, constitui-se em método crítico da economia política. Diz-se então que a dialética de Marx se vale de uma categoria que lhe é fundamental: o trabalho. A consciência não é absoluta, visto que é limitada pela ideologia pela alienação (ausência de consciência social). Para a dialética marxista, apreendemos graus da realidade, que pode ser mais ou menos, dependendo do nível de consciência. Uma situação de miséria, por exemplo,

320 **Redação científica** • *Medeiros*

pode impedir a apreensão do real pela consciência. (Ver no Capítulo 2 deste livro outras observações sobre o método dialético; cf. INÁCIO FILHO, 2003, p. 109-125).

Referências bibliográficas: implica seleção de obras clássicas e atuais, periódicos impressos e eletrônicos, base de dados, *sites* etc. A seleção das obras orienta-se por alguns critérios, como atualidade, representatividade do autor, pertinência ao objeto da pesquisa.

Ainda fazem parte do projeto de pesquisa informações sobre orçamento (facultativo),[7] um cronograma[8] das atividades a serem realizadas. Embora em alguns casos se possa dispensar do projeto o **orçamento** dos gastos a serem realizados, para o autor da pesquisa ter consciência de quanto investirá na investigação de seu objeto de pesquisa não é irrelevante, pois evita iniciar ação que fique pelo meio do caminho por falta de verba. Em relação ao orçamento, considera-se: previsão de recursos humanos (há pesquisas que implicam a participação de mais de uma pessoa, bem como o estabelecimento das funções de cada uma) e gastos com equipamentos, impressão e acabamento do texto.

Com relação ao **cronograma**, também se diz que, ainda que seja dispensado pelo orientador, não pode ser ignorado pelo autor da pesquisa: ele precisa saber quando iniciará seus estudos, quando deve começar determinadas atividades (leitura, coleta de dados, análise, redação, acabamento, entrega), quando deve dar por encerrados os trabalhos.

Um projeto de pesquisa é, pois, resultado de um planejamento. Uma etapa necessária à pesquisa, mas não uma camisa de força. Duas observações: com o decorrer da pesquisa, ele pode ser aperfeiçoado. Modelos de projeto de pesquisa podem variar em um ou outro quesito, mas para todos eles é fundamental a existência de um problema a ser resolvido, um objetivo a ser atingido.

2   REALIDADE POSTA PELA LINGUAGEM

Para os manuais de metodologia científica, duas são as formas de conhecer a realidade: a especulativa e a científica. A especulativa é própria do conhecimento vulgar, adquirido diretamente na relação do homem com o mundo. É um conhecimento subjetivo e não sistemático. Ao lado dessa forma espontânea de conhecer o mundo, há a científica, que se apoia no uso de técnicas de investigação. Todavia, não é suficiente investigar; é necessário divulgar os resultados da pesquisa, segundo normas estabelecidas pela comunidade científica. Temos, no entanto, de considerar que é por meio da linguagem que temos acesso à realidade. Um mesmo objeto ou fenômeno do mundo real é referenciado de formas diferentes. Os relatos sobre a realidade variam conforme os propósitos estabelecidos para se atingir. Daí que "o papel da linguagem não é o de expressar fielmente uma realidade pronta e acabada, mas, sim,

---

7   Embora o pesquisador seja livre para pesquisar o que bem entender, não está autorizado a desperdiçar recursos públicos. Uma agência financiadora pode não aprovar um projeto cuja relação custo/benefício não seja justa.

8   No caso de pesquisa financiada por instituição financiadora, há exigência de prestação de contas periódicas do andamento da investigação. O cronograma é um instrumento adequado para verificar como os trabalhos se desenvolvem e a conveniência ou não de acelerar determinadas atividades.

o de construir, por meio da linguagem, uma versão, uma elaboração dos eventos ocorridos, sabidos, experimentados" (CAVALCANTE, 105). E continua a autora citada:

> Os eventos ocorridos, as experiências vividas no mundo não são estáveis, não são estáticos. Eles sempre são reelaborados a fim de que façam sentido. Falar na reelaboração da realidade pela linguagem não significa dizer que o papel da linguagem é ludibriar, é maquiar a realidade, é disfarçar a realidade – claro que não, porque, no fundo, não há uma verdade absoluta, não há algo "normal", "fiel" que precisa ser escondido. Significa apenas que é uma função inerente à linguagem a (re)elaboração das práticas sociais. [...]
>
> De início, é sempre muito complicado aceitar a ideia de realidade instável porque nossa presença no mundo parece nos provar o contrário. E o senso comum defende esse contrário com unhas e dentes: como forma de facilitar nossa vida social, é importante crer que há um mundo estável que precisa ser conhecido por meio de formulações racionais, lógicas e confiáveis. Contudo, não é preciso ir muito longe para perceber que não é bem assim que as coisas funcionam. Basta ver como atuamos para interpretar e produzir sentidos por meio dos textos: quando precisamos nos comunicar, estamos frequentemente adaptando, elaborando, modulando o nosso dizer para atender a necessidades surgidas na interação. Estamos transformando os referentes, ou seja, estamos constantemente *recategorizando* os objetos.

A realidade a que temos acesso é a criada pela linguagem. Nas ciências, varia a realidade exposta nos textos, conforme a teoria que lhe dá sustentação. Um positivista vê a realidade de determinada forma; um estruturalista de outra, que, por sua vez, a entende diferentemente de um funcionalista ou de um cientista social que se apoia no materialismo histórico.

2.1 Versões e revisões do texto

Dificilmente, um texto é resultado de uma versão simplesmente. Os que trabalham com texto cotidianamente dedicam-se a mais de uma versão de seus textos, a mais de uma revisão. A atividade de produção de textos é complexa; envolve múltiplas competências (cf. SILVA, 2004, p. 7-17; CRISTOVÃO; NASCIMENTO *In*: KARWOSKI; GAYDECZKA, BRITO, 2011, p. 43; LOUSADA *In*: DIONISIO; MACHADO; BEZERRA, 2010, p. 83-84):

- Gramatical: conhecimento das estruturas de uma língua. Implica domínio do código linguístico, habilidade para reconhecer estruturas que são próprias de uma língua e utilizá-las para compor enunciados. Compreende competência sintática, morfológica, fonológica, semântica.
- Competência sociolinguística: inclui domínio de regras socioculturais de uso da língua, segundo o contexto em que se encontram os interlocutores. Essa competência permite ao usuário da língua discernir sobre a propriedade de determinados usos em uma comunicação, como formas de tratamento (V. Exa. (Vossa Excelência), V. Sª (Vossa Senhoria), senhora, senhor, você, uso de variedade linguística apropriada à situação, regras de polidez ("por favor", "por gentileza", "muito obrigado", "desculpe-me", "peço licença para respeitosamente discordar..."

etc.), manifestação de interesse pelo bem-estar do interlocutor. Além disso, para evitar antipatia com relação à forma da expressão, pode-se evitar imperativos, valendo-se de atenuadores (modalizações) como o futuro do pretérito, "eu penso que...", "acho que se poderia...", ou um provérbio para evitar que se sabe tudo ("como diz o ditado...").

- Competência discursiva: resulta do uso da língua para formar textos coesos e correntes.
- Competência estratégica: capacidade para suprir eventuais deficiências que possam ocorrer no momento da interação comunicativa: uso de paráfrases (que inclui traduções que se considera difíceis, valendo-se de "ou seja...", "isto é...", "em outros termos...", "resumindo..." etc.), palavras de sentido equivalente (os chamados "sinônimos"), gestos, ilustrações, gráficos, tabelas, quadros.

Graficamente, temos:

Fonte: Saulo Schwartzmann.

É comum a apresentação de trabalhos acadêmico-científicos, cujos autores não demonstram ter tido preocupação com o uso da língua. Arguidores ressaltam a inadequação da variedade linguística, *nonsense*, enunciados que se iniciam, mas não apresentam completude. Um texto relapso com relação à coesão do sentido é meio caminho para críticas; pode até não ser reprovado, mas pouca repercussão positiva terá no meio acadêmico e corre o risco de comentários desabonadores nos corredores universitários.

Quando o autor não domina a variedade linguística do meio, é comum valer-se da colaboração de parceiros, ou de pessoas contratadas para essa finalidade. O ideal seria que nesse nível de educação, o pesquisador já dispusesse dessa competência e pudesse transitar com desenvoltura pelos mais variados gêneros acadêmicos. Todavia, não é incomum arguidores acusarem desleixo com relação à inteligibilidade do texto. Repetimos o que já

Cap. 14 • Projeto de pesquisa 323

dissemos anteriormente: confiar em apenas uma versão de uma pesquisa que se realizou às vezes durante anos não é procedimento adequado. A revisão cuida não apenas de ortografia e da coesão do sentido, mas também da organização do texto, sua distribuição na mancha de página, homogeneização gráfica do título das seções, respeito a convenções estabelecidas para trabalhos acadêmico-científico, notas de rodapé, referências bibliográficas.[9] Esses procedimentos, porém, não eximem de responsabilidades pela autoria do texto. Não é argumento sólido, para se safar de uma arguição, afirmar que "o texto foi revisado por um professor da Universidade X".

Com o uso de modernos programas de textos disponíveis nos computadores, a revisão ortográfica ficou mais simples, embora se reconheça a existência de inúmeras situações em que eles falham. Imaginemos apenas uma situação: *viagem* como substantivo se escreve com *g*; *viajem*, terceira pessoa do presente do subjuntivo do verbo *viajar*, se escreve com *j*. Outro empecilho são os inúmeros parônimos da língua. Além do problema da grafia das palavras, constituem objeto de uma revisão: a inteligibilidade do texto, a coesão e coerência do sentido, a normalização textual (esta última entendida como homogeneização gráfica das seções, uso de maiúsculas, símbolos, tabelas, quadros, gráficos, distribuição do texto na mancha da página, recuos, espaços interlineares, adequação às convenções estabelecidas para a redação de textos acadêmico-científicos.[10] Em relação à pontuação, eliminam-se, porque carregadas de subjetividade, reticências e exclamações. Se repetições de vocábulos não têm efeito de ênfase, mas constituem desleixo, podem ser eliminadas, mas sobretudo cuida-se da repetição de informações.

Revisões nem sempre são suficientes. Às vezes, é preciso refazer o texto, reescrevê-lo mais de uma vez. Como já dissemos, escrever exige não só competência, mas também paciência. Enfim, refaz-se o texto até conseguir o máximo de legibilidade.

Não é fato raro autores de trabalhos acadêmicos em busca à última hora de quem possa suprir suas deficiências quanto à variedade linguística usual na academia. Há pesquisadores que dominam uma língua estrangeira, mas têm dificuldades de uso da própria língua, desconhecendo totalmente a variedade linguística comum nos ambientes acadêmico-científicos. Alguns passam anos pesquisando e, na hora de entregar o trabalho, precipitam-se, desconsiderando a linguagem, como se esse cuidado fosse dispensável. A linguagem é parte integrante de uma pesquisa, de uma tese de doutorado, dissertação de mestrado, TCC. Não é algo supérfluo.

---

9 Aqui, cabe um lembrete: para evitar que um autor seja citado no interior do texto e não seja relacionado nas referências bibliográficas, toda vez que se cita uma obra, imediatamente ela é acrescentada à lista de referências. Proceder de forma contrária, ou seja, redigir todo o texto para só ao final elaborar a lista de referências é correr o risco de deixar de citar inúmeros autores e obras, ou por esquecimento ou por já não dispor da obra ao alcance das mãos (foi emprestada de bibliotecas ou amigos). A lista de referências é composta durante o progresso da redação do texto.

10 As normas da ABNT relativas à produção de trabalhados acadêmicos são objeto de todo este livro: NBR 6023:2018 (trata de referências bibliográficas), NBR 10520:2002 (trata de citações diretas e indiretas), NBR 14724:2011 (trata da apresentação dos trabalhos acadêmicos), NBR 6028:2003 (trata da elaboração de resumos), NBR 6024:2012 (trata da numeração progressiva das seções), NBR 6022:2003 (trata de artigos científicos), NBR 15287:2011 (trata da elaboração de projetos de pesquisa).

2.2 Características da linguagem

Normalmente, os manuais de metodologia recomendam a **impessoalidade verbal**. Isso quer dizer que não se deve dizer *eu pesquisei*, ou *nós pesquisamos*, mas *realizou a pesquisa*, ou *a pesquisa realizada* (ou forma equivalente). Portanto, segundo esses manuais, o verbo deve estar na terceira pessoa. Recomendam que não se diga *meu projeto*, mas *este projeto*; em vez de *minha tese*, pedem que se escreva *esta tese*; no lugar de *eu considero, considera-se*. Ultimamente, porém, reconhece-se que o uso da terceira pessoa não impede nenhuma subjetividade, não torna a linguagem neutra. A subjetividade aparece na linguagem por meio de outros elementos, como a adjetivação, os advérbios, a escolha das palavras. Por exemplo: a referência a um livro *velho* ou a um livro *antigo* ou a um livro do *século XIX* são formas diversas carregadas de subjetividade. Quando se afirma que um pensamento é *positivista*, esta classificação já manifesta um enunciador que poderia escolher outras formas para se referir ao fato, mas preferiu um vocábulo carregado de valoração. Não se alcança, portanto, a impessoalidade da linguagem com o uso da terceira pessoa verbal. O uso da primeira pessoa do singular ou do plural pode ser rejeitado por outras razões, mas não por causa da subjetividade. Nesse caso, o melhor que o pesquisador pode fazer é procurar saber como os avaliadores de seu trabalho veem essa questão, ou adaptar-se às regras da instituição em que apresentará o trabalho. Em alguns casos, como no resumo (*abstract*), o uso da terceira pessoa é mais usual; na introdução de um trabalho acadêmico-científico, porém, é possível que haja interesse da parte da banca examinadora em ver comprometimento do autor e, portanto, prefira o uso da primeira pessoa do singular ou do plural majestático. Tudo é uma questão de adaptar-se às regras do jogo da instituição para a qual se escreve.

Impessoalidade ou não é uma questão, no entanto, que deve ser considerada quanto à *uniformidade de tratamento*. Não se mistura, normalmente, em um mesmo parágrafo a primeira pessoa com a terceira.

Outra característica do texto é a **objetividade**, que implica dizer tudo sem rodeios, sem intermináveis orações subordinadas. Excesso de pormenores, de informações em um único enunciado pode prejudicar a objetividade do texto. Evite-se também acúmulo de considerações, de argumentos ruins, sem peso, opiniões. Um texto científico é composto de informações e demonstrações, dados e provas.

A **clareza** é outra preocupação de quem escreve um trabalho acadêmico. A ambiguidade é caminho certo para o insucesso, para interpretações errôneas. Nesse caso, os manuais da área recomendam uso de adjetivos e advérbios com parcimônia, segundo a necessidade. Pela extensão, falta de precisão semântica, subjetividade, evitam-se palavras como *pequeno, grande, feio, bonito, novo, velho, bom, ruim, quase todos, boa parte, recentemente, antigamente, lentamente, provavelmente*.

A **precisão** em trabalhos acadêmicos não só é desejável, como imprescindível. Gil (2016, p. 185) afirma que "cada expressão deve traduzir com exatidão o que se quer transmitir, em especial no que se refere a registros de observações, medições e análises; deve-se, portanto, indicar como, quando e onde os dados foram obtidos". Afirma ainda que a ciência tem "nomenclatura técnica específica que possibilita conferir precisão ao texto". Todavia, não se exagera no uso de palavras de difícil entendimento, que são utilizadas apenas para mostrar erudição. Um texto acadêmico prima sobretudo pela simplicidade. Não se escreve uma tese de doutorado, dissertação de mestrado, artigo científico, TCC para impressionar. Também não se vai ao extremo da vulgarização, ou uso de coloquialidade indevida.

Aqui, cabe a observação de que a linguagem técnica repele o uso de palavras de sentido equivalente (os indevidamente chamados *sinônimos*). Não se trocam palavras simplesmente para não repeti-las, quando a substituição traz prejuízo à compreensão.

A simplicidade leva à **concisão**, que é uma característica da linguagem difícil de alcançar. Ela implica dizer apenas o essencial. A revisão do texto, ao final de sua redação, é um momento oportuno para os cortes de informações desnecessárias. Recomenda-se rigor nessa ação da busca da concisão.

Entre as qualidades da linguagem ressaltem-se duas: a **coesão** e a **coerência**. A primeira cuida particularmente de aspectos como gramaticalidade, combinação de palavras, sintaxe, concordância nominal e verbal. A segunda ocupa-se da produção do sentido, da lógica da argumentação, da ordem do texto.

3   ASPECTOS GRÁFICOS

A confecção gráfica do projeto é regulada na NBR 15287:2011, que é complementada pelas NBR 10520:2002, que trata das citações diretas e indiretas, a NBR 14724:2011, que cuida da apresentação gráfica dos textos acadêmico-científicos, a NBR 6023:2018, que se ocupa da forma de apresentação das referências utilizadas em uma pesquisa.

4   ERROS EM PROJETOS

Um projeto, assim como o resultado dele (uma dissertação de mestrado, tese de doutorado, TCC), podem apresentar desfeitos que comprometem sua qualidade, como:

- Embora o objeto da pesquisa seja interessante, não há literatura que lhe possa dar apoio teórico.
- Falta de originalidade[11] na escolha do objeto da pesquisa. Segundo Acevedo e Nohara (2007, p. 83), "a originalidade é concretizada em uma investigação quando esta apresenta novas evidências empíricas sobre sua aplicação, ou apresenta novos arcabouços teóricos ou novas relações teóricas que relacionam antigos modelos ou princípios teóricos a conceitos emergentes";

---

11 Mesmo a pesquisa feita apenas com o apoio em bibliografia (sem, portanto, pesquisa de campo ou de laboratório) pode revelar-se original, apresentando contribuição para a ciência no preenchimento de lacuna de pesquisas anteriores. Quanto à originalidade, Sonia Vieira (2008, p. 12) salienta que "um projeto que propusesse a descoberta do elixir da juventude estaria tratando de um tema original e importante, mas não seria viável". Portanto, cuidado com a originalidade. O tema é original se tem potencial para surpreender; originalidade aqui não quer dizer "nunca foi estudado".

- Ausência de clareza na formulação de objetivos, ou os objetivos escolhidos não acrescentam nada à área de investigação; ou os objetivos não foram atingidos.

- Problemas relativos à metodologia escolhida, como: (a) amostra não representativa da população do objeto pesquisado; (b) tamanho da amostra; (c) instrumentos impróprios para a pesquisa; (d) falta de definições conceituais para as hipóteses; (e) o trabalho não se apoia em conhecimentos acumulados pela comunidade científica; (f) referências bibliográficas inconsistentes ou de qualidade duvidosa (cuidado com material de Internet); (g) falta de domínio das teorias clássicas do campo sob investigação; (h) utilização de teorias conflitantes; (i) ausência de consistência na interpretação dos resultados e de relação com a teoria escolhida; (j) conclusões que ultrapassam a exposição apresentada; (k) contribuição insatisfatória ao progresso científico (não aprofunda, não enriquece, não aponta lacunas ao conhecimento da área sob investigação); (l) redação realizada segundo variedade linguística imprópria ao meio.

5 OBSERVAÇÃO FINAL

Finalmente, um projeto de pesquisa pode ser alterado durante o desenvolvimento da pesquisa. Ele não é uma camisa de força, como observam Brenner e Jesus (2007, p. 28). Ele é apenas um instrumento que proporciona eficiência aos trabalhos e, dessa forma, não pode impedir novas descobertas e aperfeiçoamentos. Um projeto não é ainda o texto final da pesquisa. Ele é a manifestação de um caminho a ser percorrido. As divisões do projeto (seções) não são as mesmas do resultado final apresentado em uma dissertação de mestrado, tese de doutorado, TCC. Os elementos do projeto podem aparecer em lugares diferentes no texto final. O importante é que as teorias sejam discutidas no desenvolvimento do texto, que o problema estabelecido seja focalizado e se alcance o objetivo preestabelecido.

Vejamos a seguir dois modelos de capa e de frontispício de um projeto.

INSTITUTO NACIONAL DE....

TÍTULO DO PROJETO

Fulano de Tal – Coordenador

SÃO PAULO
2019

Modelo de capa de projeto.

UNIVERSIDADE DE SÃO PAULO
FACULDADE DE FILOSOFIA, LETRAS E CIÊNCIAS HUMANAS

TÍTULO DO TRABALHO

Orientando: Fulano de Tal
Orientador: Prof. Fulano de Tal

Projeto de pesquisa apresentado no
curso de Pós-Graduação em Semiótica
da Universidade X para a realização de
dissertação de mestrado.

SÃO PAULO
2014

Modelo de frontispício (folha de rosto) de projeto.

Referências

ACEVEDO, Claudia Rosa; NOHARA, Jouliana Jordan. *Monografia no curso de administração*: guia completo de conteúdo e forma. 3. ed. São Paulo: Atlas, 2007.

ADLER, Mortimer J.; DOREN, Charles van. *Como ler um livro*. Rio de Janeiro: Guanabara, 1990.

AMARAL, Caroline Barros; CAMPOS, Erico Bruno Viana. Resenha. *Gerais: Revista Interinstitucional de Psicologia*, Bauru, v. 9, n. 2, p. 324-330, jul./dez. 2016. Disponível em: http://www.fafich.ufmg.br/gerais/index.php/gerais/article/view/648/428. Acesso em: 26 fev. 2018.

ALMEIDA, Manuel Antônio de. *Memórias de um sargento de milícias*. São Paulo: Selinunte, 1990.

ALVES, Fernanda A. do Nascimento. *Remate de Males*, Campinas, v. 37, n. 1, jan./jun. 2017, p. 471-475. Disponível em: https://periodicos.sbu.unicamp.br/ojs/index.php/remate/article/view/8648886/16404. Acesso em: 27 fev. 2018.

AMARAL, Emília; SEVERINO, Antônio; PATROCÍNIO, Mauro Ferreira do. *Novo manual de redação*: gramática, literatura, interpretação de texto. São Paulo: Círculo do Livro, 1994.

ANDRADE, Carlos Drummond de. *Poesia e prosa*. 5. ed. Rio de Janeiro: Nova Aguilar, 1983.

ANDRADE, Manuel Correia de. *Geografia econômica*. 11. ed. São Paulo: Atlas, 1992.

ANDRADE, Manuel Correia de. *História econômica e administrativa do Brasil*. São Paulo: Atlas, 1982.

ANDRADE, Maria Margarida de. *Como preparar trabalhos para cursos de pós-graduação*: noções práticas. 7. ed. São Paulo: Atlas, 2008.

ANDRADE, Maria Margarida de. *Introdução à metodologia do trabalho científico*. São Paulo: Atlas, 2007.

330 **Redação científica** • *Medeiros*

ANDRADE, Mário de. *Poesias completas*. São Paulo: Círculo do Livro, 1976.

APARÍCIO, Ana Sílvia Moço; SILVA, Sílvio Ribeiro da (org.) *Gêneros textuais e perspectivas de ensino*. Campinas: Pontes, 2014.

APPOLINÁRIO, Fabio. *Dicionário de metodologia científica*: um guia para a produção do conhecimento científico. São Paulo: Atlas, 2007.

ARAÚJO, Antonia Dilamar. O gênero resenha acadêmica: organização retórica e sinalização lexical. *In:* BIASI-RODRIGUES, Bernardete; ARAÚJO, Júlio César; SOUSA, Socorro Cláudia Tavares de (org.). *Gêneros textuais e comunidades discursivas*: um diálogo com John Swales. Belo Horizonte: Autêntica, 2009. p. 77-93.

ARAÚJO, Antonia Dilamar. Uma análise da polifonia discursiva em resenhas críticas acadêmicas. *In:* MEURER, José Luiz; MOTTA-ROTH, Désirée (org.). *Gêneros textuais e práticas discursivas*: subsídios para o ensino da linguagem. Bauru: Edusc, 2002. p. 141-158.

ARRIGUCCI JR., Davi. *Coração partido*. São Paulo: Cosac & Naify, 2002.

ASSIS, Machado de. *Obra completa*. Rio de Janeiro: Nova Aguilar, 1979. 3 v.

ASSOCIAÇÃO BRASILEIRA DE NORMAS TÉCNICAS – ABNT. NBR 6023. *Informação e documentação – referências – elaboração*. Rio de Janeiro: ABNT, 2018.

ASSOCIAÇÃO BRASILEIRA DE NORMAS TÉCNICAS – ABNT. NBR 14724. *Informação e documentação – trabalhos acadêmicos – apresentação*: Rio de Janeiro: ABNT, 2011.

ASSOCIAÇÃO BRASILEIRA DE NORMAS TÉCNICAS – ABNT. NBR 15287. *Informação e documentação – projeto de pesquisa – apresentação*. Rio de Janeiro: ABNT, 2005.

ASSOCIAÇÃO BRASILEIRA DE NORMAS TÉCNICAS – ABNT. NBR 6022. *Informação e documentação – artigo em publicação periódica científica impressa – apresentação*. Rio de Janeiro: ABNT, 2003.

ASSOCIAÇÃO BRASILEIRA DE NORMAS TÉCNICAS – ABNT. NBR 6028. *Informação e documentação – resumo – apresentação*. Rio de Janeiro: ABNT, 2003.

ASSOCIAÇÃO BRASILEIRA DE NORMAS TÉCNICAS – ABNT. NBR 10520. *Informação e documentação – citações em documentos – apresentação*. Rio de Janeiro: ABNT, 2002.

ASSOCIAÇÃO BRASILEIRA DE NORMAS TÉCNICAS – ABNT. NBR 10719. *Apresentação de relatórios técnico-científicos*. Rio de Janeiro: ABNT, 1989.

ASTI VERA, Armando. *Metodologia da pesquisa científica*. 7. ed. Porto Alegre: Globo, 1983.

AUTHIER-REVUZ, Jacqueline. Heterogeneidade(s) enunciativa(s). Tradução de Celene M. Cruz e João Wanderley Geraldi. *Cadernos de Estudos Linguísticos,* Campinas, v. 19, p. 25-42, jul./dez. 1990.

BACCEGA, Maria Aparecida. Comunicação e consumo. *In:* CITELLI, Adilson *et al.* (org.). *Dicionário de comunicação*: escolas, teorias e autores. São Paulo: Contexto, 2014.

BAKHTIN, Mikhail. (VOLOCHINOV, V. N.). *Marxismo e filosofia da linguagem*. Tradução de Michel Lahud e Yara Frateschi Vieira. 16. ed. São Paulo: Hucitec, 2014 [1997b] [1ª edição 1929].

Referências 331

BAKHTIN, Mikhail. *Estética da criação verbal*. Tradução de Paulo Bezerra. São Paulo: Martins Fontes, 2006 [1ª edição 1959].

BAKHTIN, Mikhail. *Problemas da poética de Dostoiévski*. Tradução de Paulo Bezerra. 2. ed. Rio de Janeiro: Forense, 1997a.

BARDIN, Laurence *Análise de conteúdo*. Tradução de Luís Antero Reto. São Paulo: Edições 70, 2016.

BARONAS, Joyce Elaine de Almeida. Variação linguística na escola: resultados de um projeto. Revista da ABRALIN, v.13, n.1, p. 39-62, jan./jun. 2014. Disponível em: http://revistas. ufpr.br/abralin/article/view/38257/23356. Acesso em: 3 mar. 2018.

BARRAS, Robert. *Os cientistas precisam escrever*: guia de redação para cientistas, engenheiros, estudantes. São Paulo: T. A. Queiroz, 1979.

BARROS, Diana Luz Pessoa de. *Teoria semiótica do texto*. 5. ed. São Paulo: Ática, 2011.

BARROS, Renata C. Bianchi de; CAVALLARI, Juliana Santana (org.). *Sociedade e diversidade*. Campinas: Pontes, 2016. v. 2.

BARTHES, Roland. *O prazer do texto*. São Paulo: Perspectiva, 1987.

BECHARA, Evanildo. *Moderna gramática portuguesa*. Rio de Janeiro: Lucerna, 1999.

BENVENISTE, Émile. *Problemas de linguística geral II*. Tradução de Eduardo Guimarães *et al*. 2. ed. Campinas: Pontes, 2006.

BENVENISTE, Émile. *Problemas de linguística geral I*. Tradução de Maria da Glória e Maria Luisa Neri. 5. ed. Campinas: Pontes, 2005.

BERGAMINI, Cecília Whitaker. *Motivação*. 3. ed. São Paulo: Atlas, 1993.

BERNARDES, Manoel. *As mais belas páginas de Bernardes*. São Paulo: Melhoramentos, 1966.

BEZERRA, Benedito Gomes. *Gêneros no contexto brasileiro*: questões [meta]teóricas e conceituais. São Paulo: Parábola, 2017.

BEUREN, Ilse Maria (org.). *Como elaborar trabalhos monográficos em contabilidade*: teoria e prática. 3. ed. São Paulo: Atlas, 2006.

BIASI-RODRIGUES, Bernardete. O gênero resumo: uma prática discursiva da comunidade acadêmica. *In*: BIASI-RODRIGUES, Bernardete; ARAÚJO, Júlio César; SOUSA, Socorro Cláudia Tavares de (org.). *Gêneros textuais e comunidades discursivas*: um diálogo com John Swales. Belo Horizonte: Autêntica, 2009. p. 49-75.

BIASI-RODRIGUES, Bernardete; ARAÚJO, Júlio César; SOUSA, Socorro Cláudia Tavares de (org.). *Gêneros textuais e comunidades discursivas*: um diálogo com John Swales. Belo Horizonte: Autêntica, 2009.

BLIKSTEIN, Izidoro. *Técnicas de comunicação escrita*. São Paulo: Ática, 1985.

BOAVENTURA, Edivaldo M. *Metodologia da pesquisa*. São Paulo: Atlas, 2007.

BORGES, Jorge Luis Borges. O livro. *Humanidades*, Brasília: Universidade de Brasília, v. 1, nº 1, p. 15, out./dez. 1982.

BOTELHO, Laura Silveira; SILVA, Marta Cristina. O gênero monografia em um curso de pedagogia: um estudo exploratório. *In:* APARÍCIO, Ana Sílvia Moço; SILVA, Sílvio Ribeiro da (org.) *Gêneros textuais e perspectivas de ensino*. Campinas: Pontes, 2014. p. 283-306.

BOURDIEU, Pierre. *A economia das trocas linguísticas*. Tradução de Sergio Miceli, Silvia de Almeida Prado, Sonia Miceli e Wilson Campos Vieira. São Paulo: Perspectiva, 2007.

BOSI, Alfredo (org.). *Dialética da colonização*. São Paulo: Companhia das Letras, 1992.

BOSI, Alfredo. *O conto brasileiro contemporâneo*. 6. ed. São Paulo: Cultrix, 1989.

BOSI, Alfredo. *Machado de Assis*. São Paulo: Ática, 1982.

BOSSA, Nadia A. *Fracasso escolar*: um olhar psicopedagógico. Porto Alegre: Artmed, 2002.

BRAIT, Beth. *A personagem*. São Paulo: Ática, 1985.

BRASILEIRO, Ada Magaly Matias. *Manual de produção de textos acadêmicos e científicos*. São Paulo: Atlas, 2013.

BRENNER, Eliana de Moraes; JESUS, Dalena Maria Nascimento de. *Manual de planejamento e apresentação de trabalhos acadêmicos*. São Paulo: Atlas, 2007.

BRONCKART, Jean Paul. *Atividade de linguagem, textos e discursos*: por um interacionismo sócio-discursivo. Tradução de Anna Rachel Machado e Péricles Cunha. São Paulo: Educ, 2003.

BUNGE, Mario. *Matéria e mente*: uma investigação filosófica. Tradução de Gita K. Guinsburg. São Paulo: Perspectiva, 2017.

CABRAL, Sara Regina Scotta. Carta do leitor: um gênero textual. Vidya, Santa Maria: Centro Universitário Franciscano, n. 37, jan.-jun. 2002, p. 213-224. Disponível em: https://www.periodicos.unifra.br/index.php/VIDYA/article/view/478/464. Acesso em: 14 fev. 2018.

CADEMARTORI, Lígia. *Períodos literários*. 3. ed. São Paulo: Ática, 1987.

CAMARA JR., Joaquim Mattoso. *Manual de expressão oral e escrita*. 5. ed. Petrópolis: Vozes, 1978.

CARVALHO, Gisele de. Gênero como ação social em Miller e Bazerman: o conceito, uma sugestão metodológica e um exemplo de aplicação. *In:* MEURER; J. L.; BONINI, Adair; MOTTA-ROTH, Désirée (org.). *Gêneros*: teorias, métodos, debates. São Paulo: Parábola, 2010. p. 130-149.

CARVALHO, Guido de Oliveira; FERNANDES, Eliane Marquez da Fonseca; SOUSA FILHO, Sinval Martins. O gênero artigo científico: constâncias e mudanças diante das novas tecnologias. *In:* FERNANDES, Eliane Marquez da Fonseca (org.). *Gêneros do discurso*: dialogando com Bakhtin. Campinas: Pontes, 2017. p. 153-179.

CAVALCANTE, Mônica Magalhães. *Os sentidos do texto*. São Paulo: Contexto, 2016.

CEREJA, William Roberto; CLETO, Ciley. Superdicas para ler e interpretar textos no ENEM. 2. ed. São Paulo: Benvirá, 2017.

CERVO, Amado Luiz; BERVIAN, Pedro Alcino; SILVA, Roberto da. *Metodologia científica*. 6. ed. São Paulo: Pearson Prentice Hall, 2014. [3. ed. 1983, 2. ed.,1978].

Referências 333

CHEVALIER, Brigitte. *Leitura e anotações.*: gestão mental e aquisição de métodos de trabalho. Tradução de Maria Stela Gonçalves. São Paulo: Martins Fontes, 2005.

CHIZZOTTI, Antonio. *Pesquisa em ciências humanas e sociais.* 11. ed. São Paulo: Cortez, 2014a.

CHIZZOTTI, Antonio. *Pesquisa qualitativa em ciências humanas e sociais.* 6. ed. Petrópolis: Vozes, 2014b.

CITELLI, Adilson *et al.* (org.). *Dicionário de comunicação*: escolas, teorias e autores. São Paulo: Contexto, 2014.

COZBI, Paul C. *Métodos de pesquisa em ciências do comportamento.* São Paulo: Atlas, 2006.

CRISTOVÃO, Vera Lúcia Lopes. O gênero quarta-capa no ensino de inglês. *In:* DIONISIO, Angela Paiva; MACHADO, Anna Rachel; BEZERRA, Maria Auxiliadora (org.). *Gêneros textuais e ensino.* 3. ed. São Paulo: Parábola, 2010. p. 105-116.

CRISTOVÃO, Vera Lúcia Lopes; NASCIMENTO, Elvira Lopes. Gêneros textuais e ensino: contribuições do interacionismo sociodiscursivo. *In:* KARWOSKI, Acir Mário; GAYDE-CZKA, Beatriz; BRITO, Karim Siebeneicher. *Gêneros textuais*: reflexões e ensino. 4. ed. São Paulo: Parábola, 2011. p. 33-52.

CUNHA, Euclides da. *Euclides da Cunha*: trechos escolhidos. Rio de Janeiro: Agir, 1961. (Nossos Clássicos, 54.)

DEESE, James; DEESE, Ellin K. *Como estudar.* 13. ed. Rio de Janeiro: Freitas Bastos, 1990.

DEMO, Pedro. *Educar pela pesquisa.* 10. ed. Campinas: Autores Associados, 2015a.

DEMO, Pedro. *Introdução à metodologia da ciência.* 2. ed. São Paulo: Atlas, 2015b [1990].

DEMO, Pedro. *Metodologia científica em ciências sociais.* 3. ed. São Paulo: Atlas, 2014 [3. ed., 2007; 2. ed. 1989].

DEMO, Pedro. *Ciência rebelde*: para continuar aprendendo, cumpre desestruturar-se. São Paulo: Atlas, 2012a.

DEMO, Pedro. *Pesquisa e informação qualitativa.* 5. ed. Campinas: Papirus, 2012b.

DEMO, Pedro. *Praticar ciência*: metodologias do conhecimento científico. São Paulo: Saraiva, 2011.

DEMO, Pedro. *Metodologia do conhecimento científico.* São Paulo: Atlas, 2007.

DIAS, Gonçalves. *Poesia e prosas completas.* Rio de Janeiro: Nova Aguilar, 1998.

DIONISIO, Angela Paiva; MACHADO, Anna Rachel; BEZERRA, Maria Auxiliadora (org.). *Gêneros textuais e ensino.* 2. ed. São Paulo: Parábola, 2010.

D'ONOFRIO, Salvatore. *Metodologia do trabalho intelectual.* 2. ed. São Paulo: Atlas, 2000.

DUARTE, Jorge; BARROS, Antonio (org.). *Métodos e técnicas de pesquisa em comunicação.* 2. ed. São Paulo: Atlas, 2008.

DUBOIS, Jean; GIACOMO, Mathée; GUESPIN, Louis *et al. Dicionário de lingüística.* São Paulo: Cultrix, 1988.

ECO, Umberto. *Como se faz uma tese.* São Paulo: Perspectiva, 1989.

334 **Redação científica** • *Medeiros*

FAIRCLOUGH, Norman. *Discurso e mudança social.* Tradução de I. Magalhães *et al.* Brasília: Editora da UnB, 2001.

FARACO, Carlos Alberto. *Linguagem e diálogo*: as ideias linguísticas do Círculo de Bakhtin. São Paulo: Parábola, 2017.

FARACO, Carlos Alberto; ZILES, Ana Maria. *Para conhecer norma linguística.* São Paulo: Contexto, 2017.

FAULSTICH, Enilde. L. de J. *Como ler, entender e redigir um texto.* Petrópolis: Vozes, 1988.

FÁVERO, Leonor Lopes. *Coesão e coerência textuais.* 10. ed. São Paulo: Ática, 2005.

FEIJÓ, Ricardo. *Metodologia e filosofia da ciência*: aplicação na teoria social e estudo de caso. São Paulo: Atlas, 2003.

FERNANDES, Eliane Marquez da Fonseca (org.). *Gêneros do discurso*: dialogando com Bakhtin. Campinas: Pontes, 2017.

FERNANDES, Millôr. *A história é uma história*: e o homem o único animal que ri. Porto Alegre: L&PM, 1978.

FERRARI, Alfonso Trujillo. *Metodologia da pesquisa científica.* São Paulo: McGraw-Hill, 1982.

FERREIRA, Antonio Luiz. *Leitura e persuasão*: princípios de análise retórica. São Paulo: Contexto, 2015.

FERREIRA, Aurélio Buarque de Holanda. *Novo dicionário Aurélio da língua portuguesa.* 2. ed. Rio de Janeiro: Nova Fronteira, 1986.

FERREIRA, Fernando Guimarães. A dialética hegeliana: uma tentativa de compreensão. Rev. Estudos Legislativos. Porto Alegre, ano 7, n. 7, p. 167-184, 2013. Disponível em: submissoes.al.rs.gov.br/index.php/estudos_legislativos/article/download/112/pdf. Acesso em: 26 dez. 2017.

FEYERABEND, Paul. *A ciência em uma sociedade livre.* Tradução de Vera Joscelyne. São Paulo: Unesp, 2011.

FIORIN, José Luiz. *Elementos de análise do discurso.* 15. ed. São Paulo: Contexto, 2014 [1989].

FIORIN, José Luiz. *Linguagem e ideologia.* São Paulo: Ática, 1988.

FIORIN, José Luiz; SAVIOLI, Francisco Platão. *Para entender o texto*: leitura e redação. São Paulo: Ática, 1990.

FLEURY, Afonso; FLEURY, Maria Tereza Leme. *Aprendizagem e inovação organizacional*: São Paulo: as experiências de Japão, Coreia e Brasil. São Paulo: Atlas, 1995.

FLORES, Valdir do Nascimento; TEIXEIRA, Marlene. *Introdução à linguística da enunciação.* São Paulo: Contexto, 2005.

FOUCAULT, Michel. *As palavras e as coisas.* Tradução de Salma Tannus Muchail. São Paulo: Martins Fontes, 2016.

FOUCAULT, Michel. *A arqueologia do saber.* Rio de Janeiro: Forense, 2000.

FOWLER, Roger. *Languages in the news.* London: Routledge, 1991.

FOWLER, R.; HODGE, R.; KRESS, G.; TREW, T. *Language and control.* London: Routledge & Kegan Paul, 1979.

FREIRE, Paulo. *A importância do ato de ler.* 11. ed. São Paulo: Cortez/Autores Associados, 1985.

FRY, Ron. *Write papers.* 2. ed. Hawtorne, NJ: Career, 1994.

FRYE, Northrop. *Anatomia da crítica.* São Paulo: Cultrix, 1973.

FURLAN, Vinicius; HOLANDA, Renata; Bessa; CASTRO, Emanuel Messias Aguiar. Reflexões sobre as metodologias em psicologia social crítica. *Psicologia e Sociedade,* Belo Horizonte, v. 27, n. 3, p. 712-716. Disponível em: http://www.scielo.br/pdf/psoc/v27n3/1807-0310-psoc-27-03-00712.pdf. Acesso em: 26 fev. 2018.

GALIANO, A. Guilherme. *O método científico:* teoria e prática. São Paulo: Harbra, 1986.

GARCIA, Othon. *Comunicação em prosa moderna:* aprenda a escrever, aprendendo a pensar. 13. ed. 1986. Rio de Janeiro: Fundação Getulio Vargas, 1980. [8. ed. 1980; 2. ed., 1973].

GIDDENS, Anthony. *Central problems in social theory:* action, structure and contradiction in social analysis. London: Macmillan, 1979.

GIL, Antonio Carlos. *Como elaborar projetos de pesquisa.* 6.ed. São Paulo: Atlas, 2017. [4.ed. 2002; 2. ed. 1989].

GIL, Antonio Carlos. *Métodos e técnicas de pesquisa.* 6. ed. São Paulo: Atlas, 2016. [5. ed. 2007; 2. ed. 1989).

GIL, Antonio Carlos. *Pesquisa social.* 5. ed. São Paulo: Atlas, 2007.

GIL, Antonio Carlos. *Técnicas de pesquisa em economia.* 2. ed. São Paulo: Atlas, 1991.

GIL, Antonio Carlos. *Metodologia do ensino superior.* São Paulo: Atlas, 1990.

GIL, Beatriz; ARANHA, Solange. Um estudo do gênero abstract na disciplina de Antropologia: a heterogeneidade da(s) área(s). *Delta,* São Paulo, v. 33, n. 3, jul./set. 2017. Disponível em: http://www.scielo.br/scielo.php?script=sci_arttext&pid=S0102-44502017000300843&lng=en&nrm=iso&tlng=pt. Acesso em: 24 fev. 2018.

GNERRE, Maurizzio. *Linguagem, escrita e poder.* 2. ed. São Paulo: Martins Fontes, 1987.

GOLDENBERG, Mirian. *A arte de pesquisar:* como fazer pesquisa qualitativa em ciências sociais. 14. ed. Rio de Janeiro: Record, 2015.

GOLDSTEIN, Norma. *Análise do poema.* São Paulo: Ática, 1988.

GOMBRICH, E. H. *A história da arte.* Tradução de Álvaro Cabral. 4. ed. Rio de Janeiro: Guanabara, 1988.

GOMES, Josir Simeone. *O método de estudo de caso aplicado à gestão de negócios:* textos e casos. São Paulo: Atlas, 2006.

GOMIDE, Magdalena del Valle. *Aprendendo a estudar.* 2. ed. Rio de Janeiro: Ao Livro Técnico, 1988.

GONÇALVES, Carlos Alberto; MEIRELLES, Anthero de Moraes. *Projetos e relatórios de pesquisa em administração.* São Paulo: Atlas, 2004.

336 **Redação científica** • *Medeiros*

GRAMSCI, Antonio. *Selections from the prison notebooks.* London: Lawrence and Wishart, 1971.

GREIMAS, A. J.; COURTÉS, J. *Dicionário de semiótica.* São Paulo: Cultrix, 1989.

GUIMARÃES, Elisa. *Texto, discurso e ensino.* São Paulo: Contexto, 2013.

GUIMARÃES, Elisa. *A articulação do texto.* 9. ed. São Paulo: Ática, 2004. [3. ed. 1993].

GUIMARÃES, Silvia Adélia Henrique. A definição da prática social "orientar": a voz do professor-orientador através dos processos relacionais da LSF. *Revista Práticas de Linguagem.* Juiz de Fora: Universidade Federal de Juiz de Fora, v. 3, n. 2, jul./dez. 2013. Disponível em: http://www.ufjf.br/praticasdelinguagem/files/2014/01/344---362-A-definição-da-prática-social-"orientar"-a-voz-do-professor-orientador-através-dos-processos-relacionais-da--LSF. Acesso em: 14 fev. 2018.

GULLAR, Ferreira. *Toda poesia*: 1950-1980. 9. ed. São Paulo: Círculo do Livro, 2000 [1975].

HALLIDAY, M. A. K. *An introduction to funcional gramar.* London: Edward Arnold, 1985.

HARLOW, Eric; COMPTON, Henry. *Comunicação*: processo, técnicas e práticas. São Paulo: Atlas, 1980.

HEMAIS, Barbara; BIASI-RODRIGUES, Bernardete. A proposta sociorretórica de John M. Swales para o estudo de gêneros textuais. *In*: MEURER, J. L.; BONINI, Adair; MOTTA--ROTH, Désirée. *Gêneros*: teorias, métodos, debates. São Paulo: Parábola, 2010. p. 108-129.

HENDGES, Graciela Rabuske. Citando na internet: um estudo de gênero de revisão da literatura em artigos acadêmicos eletrônicos. *In*: MEURER, José Luiz; MOTTA-ROTH, Désirée (org.). *Gêneros textuais e práticas discursivas*: subsídios para o ensino da linguagem. Bauru: Edusc, 2002. p. 117-139.

HOFFBECK, Gérard; WALTER, Jacques. *Como tomar notas rapidamente e bem.* São Paulo: Nobel, 1991.

HOFFNAGEL, Judith Chambliss. Entrevista: uma conversa controlada. *In*: DIONISIO, Angela Paiva; MACHADO, Anna Rachel; BEZERRA, Maria Auxiliadora (org.). *Gêneros textuais e ensino.* 2. ed. São Paulo: Parábola, 2010. p. 195-208.

HUTCHEON, Linda. *Uma teoria da paródia.* Lisboa: Edições 70, 1989.

HOUAISS, Antônio; VILLAR, Mauro de Salles; FRANCO, Francisco Manoel de Mello. *Dicionário Houaiss da língua portuguesa.* Rio de Janeiro: Objetiva, 2001.

IKEDA, Sumiko Nishitani. A noção de gênero textual na linguística crítica de Roger Fowler. *In*: MEURER; J. L.; BONINI, Adair; MOTTA-ROTH, Désirée (org.). *Gêneros*: teorias, métodos, debates. São Paulo: Parábola, 2010. p. 46-64.

INÁCIO FILHO, Geraldo. *A monografia na universidade.* 6. ed. São Paulo: Papirus, 2003.

KARWOSKI, Acir Mário; GAYDECZKA, Beatriz; BRITO, Karim Siebeneicher (org.). *Gêneros textuais*: reflexões e ensino. 4. ed. São Paulo: Parábola, 2011.

KATO, Mary. *O aprendizado da leitura.* 3. ed. São Paulo: Martins Fontes, 1990.

KOCH, Ingedore Villaça. *Argumentação e linguagem.* 13. ed. São Paulo: Cortez, 2017.

KOCH, Ingedore Villaça. *Desvendando os segredos do texto*. 8. ed. São Paulo: Cortez, 2015 [1. ed., 2002, 4 ed. 2005].

KOCH, Ingedore Villaça. *As tramas do texto*. 2. ed. São Paulo: Contexto, 2014.

KOCH, Ingedore Villaça. *A interação pela linguagem*. São Paulo: Contexto, 2004.

KOCH, Ingedore Villaça. *O texto e a construção dos sentidos*. São Paulo: Contexto, 2003.

KOCH, Ingedore Villaça. *A coesão textual*. São Paulo: Contexto, 1996.

KOCH, Ingedore Villaça; TRAVAGLIA, Luiz Carlos. *Texto e coerência*. 13. ed. São Paulo: Cortez, 2012. [1. ed. 1989].

KOCH, Ingedore Villaça. *A coerência textual*. São Paulo: Contexto, 1990.

KORNHAUSER, Arthur W. *How to study*. 3. ed. Chicago: University of Chicago, 1993.

KOTAIT, Ivani. *Editoração científica*. São Paulo: Ática, 1981.

KRESS, Gunther; HODGE, Robert. *Language as ideology*. London: Routledge, 1979.

KRZYZANOWSKI, Rosaly Favero; FERREIRA, Maria Cecília Gonzaga. Avaliação de periódicos científicos e técnicos brasileiros. *Ciência da Informação*, Brasília, v. 27, n. 2, p. 165-175, maio/ago. 1998. Disponível em: http://www.scielo.br/pdf/ci/v27n2/2729809.pdf. Acesso em: 3 mar. 2018.

LAJOLO, Marisa. *Literatura*: leitores e leitura. São Paulo: Moderna, 2001.

LAKATOS, Eva Maria. *Sociologia geral*. 6. ed. São Paulo: Atlas, 1995a.

LEITE, Pedro Sisnando. *A prática de elaboração de relatórios*. 2. ed. Fortaleza: Banco do Nordeste do Brasil, 1985.

LOPES-ROSSI, Maria Aparecida Garcia. Gêneros discursivos no ensino de leitura e produção de textos. *In*: KARWOSKI, Acir Mário; GAYDECZKA, Beatriz; BRITO, Karim Siebeneicher (org.). *Gêneros textuais*: reflexões e ensino. 4. ed. São Paulo: Parábola, 2011. p. 69-82.

LOUSADA, Eliane Gouvêa. Elaboração de material didático para o ensino de francês. *In*: DIONISIO, Angela Paiva; MACHADO, Anna Rachel; BEZERRA, Maria Auxiliadora (org.). *Gêneros textuais e ensino*. 2. ed. São Paulo: Parábola, 2010. p. 81-94.

LUFT, Celso Pedro. *Ensino e aprendizado da língua materna*. São Paulo: Globo, 2007.

MACHADO, Anna Rachel. A perspectiva interacionista sociodiscursiva de Bronkart. *In*: MEURER, J. L.; BONINI, Adair; MOTTA-ROTH, Désirée (org.). *Gêneros*: teorias, métodos, debates. São Paulo: Parábola, 2010. p. 237-259.

MACHADO, Anna Rachel. Revisitando o conceito de resumos. *In*: DIONISIO, Angela Paiva; MACHADO, Anna Rachel; BEZERRA, Maria Auxiliadora (org.). *Gêneros textuais e ensino*. São Paulo: Parábola, 2010. p. 149-162.

MACHADO, Anna Rachel; LOUSADA, Eliane; ABREU-TARDELLI, Lília Santos. *Resenha*. São Paulo: Parábola, 2007.

MACHADO, Anna Rachel. *Planejar gêneros acadêmicos*. São Paulo: Parábola, 2005.

338 **Redação científica** • *Medeiros*

MAINGUENEAU, Dominique. *Termos-chave da análise do discurso*. Tradução de Márcio Venício Barbosa e Maria Emília Amarante Torres Lima. Belo Horizonte: Editora UFMG, 1998.

MARCANTONIO, Antonia Terezinha; SANTOS, Martha Maria dos; LEHFELD, Neide Aparecida de Souza. *Elaboração e divulgação do trabalho científico*. São Paulo: Atlas, 1993.

MARCONI, Marina de Andrade. *Metodologia científica*: para curso de direito. 2. ed. São Paulo: Atlas, 2001.

MARCONI, Marina de Andrade; LAKATOS, Eva Maria. *Fundamentos de metodologia científica*. 8. ed. São Paulo: Atlas, 2017a.

MARCONI, Marina de Andrade; LAKATOS, Eva Maria. *Metodologia científica*. 8. ed. São Paulo: Atlas, 2017b [5. ed. 2007].

MARCONI, Marina de Andrade; LAKATOS, Eva Maria. *Metodologia do trabalho científico*. 8. ed. São Paulo: Atlas, 2017c [7. ed. 2007].

MARCONI, Marina de Andrade; LAKATOS, Eva Maria. *Técnicas de pesquisa*. 8. ed. São Paulo: Atlas, 2017d [6. ed. 2006; 2. ed. 1990].

MARCONI, Marina de Andrade; PRESOTTO, Zelia Maria Neves. *Antropologia*: uma introdução. 3. ed. São Paulo: Atlas, 1992.

MARION, José Carlos; MARION, Arnaldo Luís Costa. *Metodologias de ensino na área de negócios*: para cursos de administração, gestão, contabilidade e MBA. São Paulo: Atlas, 2006.

MARION, José Carlos; DIAS, Reinaldo; TRALDI, Maria Cristina. *Monografia para os cursos de administração, contabilidade e economia*. São Paulo: Atlas, 2002.

MARQUESI, Sueli Cristina. *A organização do texto descritivo em língua portuguesa*. Rio de Janeiro: Lucerna, 2004.

MATIAS-PEREIRA, José. *Manual de metodologia da pesquisa científica*. São Paulo: Atlas, 2007.

MARTINS, Gilberto de Andrade. *Manual para elaboração de monografias e dissertações*. 3. ed. São Paulo: Atlas, 2007 [1990].

MARTINS, Gilberto de Andrade. *Estudo de caso*: uma estratégia de pesquisa. São Paulo: Atlas, 2006.

MARTINS, Gilberto de Andrade. *Manual para elaboração de trabalhos acadêmicos*. São Paulo: Atlas, 2001.

MARTINS, Gilberto de Andrade; LINTZ, Alexandre. *Guia para elaboração de monografias e trabalhos de conclusão de curso*. 2. ed. São Paulo: Atlas, 2007.

MARTINS, Gilberto de Andrade; THÉOPHILO, Carlos Renato. *Metodologia da investigação científica para ciências sociais aplicadas*. São Paulo: Atlas, 2007.

MARTINS, Joel; CELANI, Maria Antonieta Alba. *Subsídio para redação de tese de mestrado e de doutoramento*. 2. ed. São Paulo: Cortez & Moraes, 1979.

MARTINS, Maria Helena. *O que é leitura*. 3. ed. São Paulo: Brasiliense, 1984.

Referências 339

MATOS, Francisco Gomes de. Como resenhar um livro. *Ciência e Cultura*. São Paulo: SBPC, 1985.

MEDEIROS, João Bosco. *Português instrumental*. 10. ed. são Paulo: Atlas, 2003.

MEDEIROS, João Bosco. *Manual de redação e normalização textual*. São Paulo: Atlas, 2002.

MEDEIROS, João Bosco; ANDRADE, Margarida de. *Comunicação em língua portuguesa*. 4. ed. São Paulo: Atlas, 2006.

MEDEIROS, João Bosco.; HENRIQUES, Antonio. *Metodologia científica na pesquisa jurídica*. 9. ed. São Paulo: Atlas, 2006.

MEDEIROS, João Bosco.; GOBBES, Adilson. *Dicionário de erros correntes da língua portuguesa*. 4. ed. São Paulo: Atlas, 2003.

MEDEIROS, João Bosco; TOMASI, Carolina. *Português forense*. 8. ed. são Paulo: Atlas, 2016a.

MEDEIROS, João Bosco; TOMASI, Carolina. *Redação de artigos científicos*. São Paulo: Atlas, 2016b.

MEDEIROS, João Bosco; TOMASI, Carolina. *Comunicação empresarial*. São Paulo: Atlas, 2007.

MEDEIROS, João Bosco; TOMASI, Carolina. *Português*. 2. ed. São Paulo: Atlas, 2006.

MELO NETO, João Cabral de. *Obra completa*. Rio de Janeiro: Nova Aguilar, 1994.

MENDONÇA, Neide Rodrigues de Souza. *Desburocratização linguística*: como simplificar textos administrativos. São Paulo: Pioneira, 1987.

MEURER, J. L. Gêneros textuais na análise crítica de Fairclough. *In*: MEURER; J. L.; BONINI, Adair; MOTTA-ROTH, Désirée (org.). *Gêneros*: teorias, métodos, debates. São Paulo: Parábola, 2010. p. 81-106.

MEURER, José Luiz. Integrando estudos de gêneros textuais ao contexto de cultura. *In*: KARWOSKI, Acir Mário; GAYDECZKA, Beatriz; BRITO, Karim Siebeneicher (org.). *Gêneros textuais*: reflexões e ensino. 4. ed. São Paulo: Parábola, 2011. p. 175-196.

MEURER, José Luiz. Uma dimensão crítica do estudo de gêneros textuais. *In*: MEURER, José Luiz; MOTTA-ROTH, Désirée (org.). *Gêneros textuais e práticas discursivas*: subsídios para o ensino da linguagem. Bauru: Edusc, 2002. p.17-29.

MEURER, José Luiz; BONINI, Adair; MOTTA-ROTH, Désirée (org.). *Gêneros*: teorias, métodos, debates. São Paulo: Parábola, 2010.

MEURER, José Luiz; MOTTA-ROTH, Désirée (org.). *Gêneros textuais e práticas discursivas*: subsídios para o ensino da linguagem. Bauru: Edusc, 2002. p. 259-290.

MICHEL, Maria Helena. *Metodologia e pesquisa científica em ciências sociais*: um guia prático para acompanhamento da disciplina e elaboração de trabalhos monográficos. São Paulo: Atlas, 2005.

MINAYO, Maria Cecília de Souza. *O desafio do conhecimento*: pesquisa qualitativa em saúde. 14. ed. São Paulo: Hucitec, 2014.

340 **Redação científica** • *Medeiros*

MINICUCCI, Agostinho. *Técnicas do trabalho de grupo*. 2. ed. São Paulo: Atlas, 1992 [1a. ed. 1987].

MINICUCCI, Agostinho. *Dinâmica de grupo*: teorias e sistemas. 3. ed. São Paulo: Atlas, 1991.

MIRABETE, Julio Fabbrini. *Código de processo penal*. 3. ed. São Paulo: Atlas, 1995.

MOISÉS, Carlos Felipe. *Literatura para quê?* Florianópolis: Letras Contemporâneas, 1996.

MOISÉS, Massaud. *A análise literária*: poesia e prosa. 12. ed. São Paulo: Cultrix, 2012. [8. ed. 1987a].

MOISÉS, Massaud. *A criação literária*: prosa. São Paulo: Cultrix, 1994. v. 2.

MOISÉS, Massaud. *A criação literária*: poesia. São Paulo: Cultrix, 1987b. v. 1.

MOISÉS, Massaud. *Dicionário de termos literários*. 4. ed. São Paulo: Cultrix, 1985a.

MOISÉS, Massaud. *História da literatura brasileira*: origens, barroco, arcadismo. 2. ed. São Paulo: Cultrix, 1985b.

MOISÉS, Massaud. *Guia prático de redação*. 8. ed. São Paulo: Cultrix, 1979.

MOLINA, Olga. *Ler para aprender*: desenvolvimento de habilidades de estudo. São Paulo: EPU, 1992.

MORAES, Irany Novah. *Elaboração da pesquisa científica*. Rio de Janeiro: Publicações Médicas, 1978.

MOTTA-ROTH, Désirée. A construção social do gênero resenha acadêmica. *In*: MEURER, José Luiz; MOTTA-ROTH, Désirée (org.). *Gêneros textuais e práticas discursivas*: subsídios para o ensino da linguagem. Bauru: Edusc, 2002. p. 77-116.

NÉRICI, Inideo Giuseppe. *Introdução à lógica*. 7. ed. São Paulo: Nobel, 1982.

NEVES, Maria Helena de Moura. *Gramática de usos do português*. São Paulo: Unesp, 2000.

NOVA, Sebastião Vila. *Introdução à sociologia*. 3. ed. São Paulo: Atlas, 1995.

NUNES, Benedito. *Introdução à filosofia da arte*. 2. ed. São Paulo: Ática, 1989.

ORLANDI, Eni Pulcinelli. Ser diferente é ser diferente – a quem interessam as minorias. *In*: BARROS, Renata C. Bianchi de; CAVALLARI, Juliana Santana (org.). *Sociedade e diversidade*. Campinas: Pontes, 2016. v. 2, p. 19-33.

ORLANDI, Eni Pulcinelli (org.). *Gestos de leitura*: da história no discurso. 4. ed. Campinas: Editora da Unicamp, 2014.

ORLANDI, Eni Pulcinelli. *Língua e conhecimento linguístico*: para uma história das ideias no Brasil. São Paulo: Cortez, 2013.

ORLANDI, Eni Pulcinelli. *Discurso e leitura*. 9. ed. São Paulo: Cortez, 2012. [2. ed. 1993].

ORLANDI, Eni Pulcinelli. *Terra à vista*: discurso do confronto: velho e novo mundo. 2. ed. Campinas: Editora da Unicamp, 2008.

ORLANDI, Eni Pulcinelli. *Análise do discurso*. Campinas: Pontes, 1999.

ORLANDI, Eni Pulcinelli. *A linguagem e seu funcionamento*: as formas do discurso. 2. ed. Campinas: Pontes, 1987.

ORLANDI, Eni Pulcinelli; GUIMARÃES, Eduardo; TARALLO, Fernando. *Vozes e contrastes*: discurso na cidade e no campo. São Paulo: Cortez, 1989.

PACHECO JÚNIOR, Waldemar; PEREIRA, Vera Lúcia Duarte do Valle; PEREIRA FILHO, Hyppólito do Valle. *Pesquisa científica sem tropeços*: abordagem sistêmica. São Paulo: Atlas, 2007.

PALLOTTINI, Renata. *Dramaturgia*: a construção do personagem. São Paulo: Ática, 1989.

PAMUC, Orhan. *O romancista ingênuo e o sentimental*. Tradução de Hildegard Feist. São Paulo: Companhia das Letras, 2011.

PASCAL, Blaise. *Pensamentos*. São Paulo: Abril Cultural, 1973.

PÉCORA, Alcir. *Problemas de redação*. 2. ed. São Paulo: Martins Fontes, 1986.

PEREIRA, Maurício Gomes. *Artigos científicos*: como redigir, publicar e avaliar. Rio de Janeiro: GEN | Guanabara Koogan, 2013.

PERFEITO, André. A moeda posta em questão. *Quatro cinco um: a revista dos livros*, São Paulo, ano 1, n. 5, set. 2017, p. 19.

PIGNATARI, Décio. *Informação, linguagem, comunicação*. 8. ed. São Paulo: Cultrix, 1988a.

PIGNATARI, Décio. *O que é comunicação poética*. 2. ed. São Paulo: Brasiliense, 1988b.

PIGNATARI, Décio. *Comunicação poética*. 4. ed. São Paulo: Moraes, 1983.

PLATÃO. *Fedro ou da beleza*. Tradução de Pinharanha Gomes. 6. ed. Lisboa: Guimarães, 2000.

POPPER, Karl. *A lógica da pesquisa científica*. Tradução de Leonidas Hegenberg e Octanny Silveira da Mota. 2. ed. São Paulo: Cultrix, 2013.

POSSENTI, Sírio. Concepções de sujeito na linguagem. *Boletim da Abralin*, São Paulo, USP, n. 13, p 13-30, 1993.

PRADO, Heloisa de Almeida. *Organização e administração de bibliotecas*. Rio de Janeiro: Livros Técnicos e Científicos, 1981.

REGO, José Lins. *Fogo morto*. 17. ed. Rio de Janeiro: José Olympio, 1977.

RESENDE, Marco Flávio da Cunha. Resenha bibliográfica. *Estudos Econômicos*, São Paulo, v. 42, n. 1, jan./mar. 2012.

RESENDE, Viviane de Melo; RAMALHO, Viviane. *Análise do discurso crítica*. São Paulo: Contexot, 2006.

RICHARDSON, Roberto Jarry e colaboradores. *Pesquisa social*: métodos e técnicas. 3. ed. São Paulo: Atlas, 2015. [2. ed. 1989].

ROCCO, Maria Thereza Fraga. *Crise na linguagem*: a redação no vestibular. São Paulo: Mestre Jou, 1981.

RODRIGUES, Rui Martinho. *Pesquisa acadêmica*: como facilitar o processo de preparação de suas etapas. São Paulo: Atlas, 2007.

ROESCH, Sylvia Maria Azevedo. *Projetos de estágio e de pesquisa em administração*. 3. ed. São Paulo: Atlas, 2007.

342 **Redação científica** • *Medeiros*

ROESCH, Sylvia Maria Azevedo; FERNANDES, Francisco. *Como escrever casos para o ensino de administração*. São Paulo: Atlas, 2007.

ROJO, Roxane. Letramentos escolares: coletâneas de textos nos livros didáticos de língua portuguesa. *Perspectiva*, Florianópolis, v. 28, n. 2, 433-465, jul./dez. 2010. Disponível em: https://periodicos.ufsc.br/index.php/perspectiva/article/viewFile/2175-795X.2010 v28n2p433/18444. Acesso em: 1º mar. 2018.

ROJO, Roxane. Gêneros do discurso e gêneros textuais: questões teóricas e aplicadas. *In*: MEURER, J. L.; BONINI, Adair; MOTTA-ROTH, Désirée. *Gêneros*: teorias, métodos, debates. São Paulo: Parábola, 2010. p. 184-207.

ROTH, Audrey J. *The research paper*: process, form, and content. 7. ed. Belmont: Wadsworth, 1994.

RUDIO, Franz Victor. *Introdução ao projeto de pesquisa*. 42. ed. Petrópolis: Vozes, 2014.

RUIZ, João Álvaro. *Metodologia científica*: guia para eficiência nos estudos. 6. ed. São Paulo: Atlas, 2006 [2. ed. 1990].

SAATKAMP, Henry. *Como elaborar originais de livros*. Porto Alegre: Sulina, 1967.

SALOMON, Décio Vieira. *Como fazer uma monografia*. 13. ed. São Paulo: Martins Fontes, 2014 [2. ed. 1977].

SALOMON, Décio Vieira. *A maravilhosa incerteza*: ensaio de metodologia dialética sobre a problematização no processo de pensar, pesquisar e criar. 2. ed. São Paulo: Martins Fontes, 2006.

SANT'ANNA, Affonso Romano de. *Paródia, paráfrase & cia*. São Paulo: Ática, 1985.

SANTOS, Elisabete Cação dos. *Demóstenes Filípicas I e II*. Dissertação (Mestrado em Estudos Clássicos) – Faculdade de Letras da Universidade de Coimbra. Coimbra, 2010. Disponível em: https://estudogeral.sib.uc.pt/bitstream/10316/15372/1/Disserta%C3%A7%C3%A3o%20 mestrado%20Elisabete%20Santos.pdf. Acesso em: 9 fev. 2018.

SANTOS, Leonor Werneck; RICHE, Rosa Cuba; TEIXEIRA, Claudia Souza. *Análise e produção de textos*. São Paulo: Contexto, 2013.

SAVIANI, Dermeval. *Escola e democracia*. 32. ed. Campinas: Autores Associados, 1999.

SERAFINI, Maria Teresa. *Como escrever textos*. Rio de Janeiro: Globo, 1987.

SERAFINI, Maria Teresa. *Como se faz um trabalho escolar*: da escolha de um tema à composição do texto. Lisboa: Presença, 1986.

SERRA NEGRA, Carlos Alberto; SERRA NEGRA, Elizabete Marinho. *Manual de trabalhos monográficos de graduação, especialização, mestrado e doutorado*. 3. ed. São Paulo: Atlas, 2008.

SERULLAZ, Maurice. *O impressionismo*. Tradução de Álvaro Cabral. São Paulo: Difel, 1965.

SEVERINO, Antonio Joaquim. *Metodologia do trabalho científico*. 24. ed. São Paulo: Cortez, 2016. [13. ed., 1985, 14. ed. 1986, 21. ed. 2000].

SILVA, Antonio Carlos Ribeiro da. *Metodologia da pesquisa aplicada à contabilidade*. 2. ed. São Paulo: Atlas, 2006.

SILVA, Claudio Nei Nascimento da; MUELLER, Suzana Pinheiro Machado. Avaliação dos periódicos brasileiros: os critérios do Qualis-periódico à luz de Merton e Bourdieu. XVI XVI

Encontro Nacional de Pesquisa em Ciência da Informação (Enancib), João Pessoa, 20 a 30 de outubro, 2015. Disponível em: http://www.ufpb.br/evento/lti/ocs/index.php/enancib2015/ enancib2015/paper/viewFile/2687/1161. Acesso em: 3 mar. 2018.

SILVA, Benedicto. *A preparação de originais. Informação e indexação*. Rio de Janeiro: IBGE, 1972.

SILVA, Noadia Íris da; BEZERRA, Benedito Gomes. O conceito de gênero em artigos científicos sobre ensino de língua materna: repercussões de quatro tradições de estudos. *In*: APARÍCIO, Ana Sílvia Moço; SILVA, Sílvio Ribeiro da (org.) *Gêneros textuais e perspectivas de ensino*. Campinas: Pontes, 2014. p. 17-48.

SILVA, Rebeca Peixoto da et al. *Redação técnica*. 2. ed. Porto Alegre: Formação, [197 –].

SILVA, Vera Lúcia Teixeira da. Competência comunicativa em língua estrangeira (que conceito é esse?). *Soletras,* São Gonçalo, UERJ, ano 4, n. 8, p. 7-17, jul./dez. 2004.

SIQUEIRA, João Hilton Sayeg de. *Organização do texto dissertativo*. São Paulo: Selinunte, 1995.

SIQUEIRA, João Hilton Sayeg de. *Organização textual da narrativa*. São Paulo: Selinunte, 1992.

SIQUEIRA, João Hilton Sayeg de. *O texto*: movimentos de leitura, táticas de produção, critérios de avaliação. São Paulo: Selinunte, 1990.

SOARES, Edvaldo. *Metodologia científica*: lógica, epistemologia e normas. São Paulo: Atlas, 2003.

SOARES, Magda Becker. *Letramento*: um tema em três gêneros. Belo Horizonte: Autêntica, 2000.

SOARES, Magda Becker; CAMPOS, Edson Nascimento. *Técnicas de redação*: as articulações linguísticas como técnicas de pensamento. Rio de Janeiro: Ao livro Técnico, 1978.

SOURIAU, Etienne. *Chaves da estética*. Rio de Janeiro: Civilização Brasileira, 1973.

SOUZA, Juliana Alles de Camargo de. O artigo acadêmico-científico: como elaborar? Disponível em: https://saga.faccat.br/p907/c_arquivo.php?chave=57&baixar=true. Acesso em: 1º mar. 2018.

SOUZA, Roberto Acízelo de. *Um pouco de método*: novos estudos literários em particular com extensão às humanidades em geral. São Paulo: É Realizações, 2016.

SPINA, Segismundo. *Normas gerais para os trabalhos de grau*: um breviário para o estudante de pós-graduação. 2. ed. São Paulo: Ática, 1984.

SPINA, Segismundo. *Normas gerais para os trabalhos de grau universitário*: um breviário para o estudante de pós-graduação. São Paulo: Fernando Pessoa, 1974.

STREET, Brian. *What's new in new literacy studies?* Critical approaches to literacy in theory and practice. Columbia University, 2003. Disponível em: https://www.tc.columbia.edu/cice/ pdf/25734_5_2_Street.pdf. Acesso em: 3 abr. 2018.

344 **Redação científica** • *Medeiros*

STREET, Brian. Academic literacies approaches to genre? *Revista Brasileira de Linguística Aplicada,* Belo Horizonte, v. 10, n. 2, 2010. Disponível em: http://www.scielo.br/pdf/rbla/v10n2/04.pdf. Acesso em: 3 abr. 2018.

TACCA, Oscar. *As vozes do romance.* Coimbra: Almedina, 1983.

TAVARES, Sérgio. Aula enfadonha. Disponível em: https://www.revistaamalgama.com.br/05/2014/o-professor-cristovao-tezza/. Acesso em: 24 fev. 2018.y

TAYLOR, Frederick W. *Princípios de administração científica.* Tradução de Arlindo Vieira Ramos. 8. ed. São Paulo: Atlas, 1994.

TELES, Leandro. *Antes que eu me esqueça*: técnicas, hábitos e dicas para afiar a mente e aperfeiçoar a memória. São Paulo: Alaúde, 2016.

TERRA, Enani. *Leitura do texto literário.* São Paulo: Contexto, 2014.

TRIVINOS, Augusto N. *Introdução à pesquisa em ciências sociais*: a pesquisa qualitativa em educação. São Paulo: Atlas, 2015 [1990].

URBANO, Hudinilson. *A frase na boca do povo.* São Paulo: Contexto, 2011.

VANOYE, Francis. *Usos de linguagem*: problemas e técnicas na produção oral e escrita. São Paulo: Martins Fontes, 1985.

VARGAS, Maria Valíria. *Verbos e práticas discursivas.* São Paulo: Contexto, 2011.

VERA, Armando Asti. *Metodologia da pesquisa científica.* 7. ed. Porto Alegre: Globo, 1983.

VERGARA, Sylvia Constant. *Projetos e relatórios de pesquisa em administração.* 9. ed. São Paulo: Atlas, 2007.

VERGARA, Sylvia Constant. *Métodos de pesquisa em administração.* São Paulo: Atlas, 2005.

VIEIRA, Mauriceia Silva de Paula; SILVA, Danielle Cristine. Multimodalidade e multissemiose na formação de leitores proficientes: um estudo na perspectiva dos gêneros. *In:* APARÍCIO, Ana Sílvia Moço; SILVA, Sílvio Ribeiro (org.). *Gêneros textuais e perspectiva de ensino.* Campina: Pontes, 2014. p. 169-189).

VIEIRA, Sonia. *Como escrever uma tese.* São Paulo: Atlas, 2008.

VILLA-MOURA, Visconde de. *Fialho d'Almeida.* Porto: Renascença Portuguesa, 1917.

WEBER, Max. *Metodologia das ciências sociais.* 5. ed. Tradução de Augustin Wernet. São Paulo: Cortez Editora; Campinas: Editora Unicamp, 2016.

WITTGENSTEIN, Ludwig. *Investigações filosóficas.* 2. ed. São Paulo: Abril Cultural, 1979.

YIN, Robert K. *Pesquisa qualitativa*: do início ao fim. Tradução de Daniel Bueno. Porto Alegre: Penso, 2016.

YIN, Robert K. *Estudo de caso*: planejamento e métodos. Tradução de Cristhian Matheus Herrera. 5. ed. são Porto Alegre: Bookman, 2015.

ZILBERMANN, Regina. *Fim do livro, fim dos leitores.* São Paulo: Senac, 2001.

ZINSSER, William. *Como escrever bem*: o clássico manual americano de escrita jornalística e de não ficção. Tradução de Bernardo Azenberg. São Paulo: Três Estrelas, 2017.

Índice remissivo

Abstract, 151
Acervo de biblioteca, 78
Advérbios asseverativos afirmativos, 299
Advérbios delimitadores, 299
Advérbios quase asseverativos, 299
Agradecimentos, 268
Amplificação do sentido de um texto, 207
Análise crítica do discurso, 101 s
    análise da prática discursiva, 110
    análise da prática social, 110
    ideologia, 106
    intertextualidade, 106
    naturalização, 104
    perspectiva emancipatória, 107
    poder constitutivo, 103
    prática social, 102
    relações de poder e hegemonia, 105
    rotinas sociais, 104
    significados ideacionais, 108
    significados interpessoais, 108
    significados textuais, 109

Análise da prática discursiva, 110
Análise da prática social, 110
Análise de informação qualitativa, 97
Análise de texto, 100
Análise interpretativa em resenha, 164
Análise temática, 164
Análise textual, 163
Análise, 100
Ancoragem, 306
Anexo, 287
Anotação comentada, 19
Anotação corrida, 14
Anotação da estrutura do texto, 16
Anotação em árvore, 13
Anotação estruturada, 13
Anotação resumida, 17
Anotação, 11
Apêndice, 287
Apud: uso, 221, 244
Articuladores argumentativos, 299

346 **Redação científica** • *Medeiros*

Articuladores de conteúdo
proposicional, 311
Articuladores enunciativos ou discursivo-
argumentativos, 311
Articuladores metaenunciativos, 312
Articuladores textuais, 297
Articuladores textuais, 311
Artigo científico, 183
Aspectos gráficos dos trabalhos
acadêmico-científicos, 325
Avaliação crítica em resenha, 164

Biblioteca, 76
    acervo, 78
    divisão, 84
    classificação das obras, 78
    endereços eletrônicos, 77
    tipos de publicação, 83
    uso, 84

Capa, 259
Ciência, 31
Ciência: finalidade, 34
Ciência: natureza, 34
Ciência: segundo a área de
conhecimento, 34
Citação direta, 119
Citação direta e indireta, 203
    citação com mais de três linhas, 217
    citação de diversas obras de vários
        autores, 214
    citação de obra de dois autores, 213
    citação de obra de mais de três
        autores, 215
    citação de obra de três autores, 214
    citação de obra de um autor, 213
    citação de obra sem indicação de
        autoria, 215
    citação de palestra, debate,
        comunicação científica, 218
    citação de texto de entidades, 215

citação de várias obras de um mesmo
    autor, 213
citação direta de até três linhas, 217
comentário explicativo, 207
conceito de paráfrase, 204
diferentes obras de um mesmo autor,
    publicadas num mesmo ano, 216
fonte tipográfica, 119
grafia de sobrenome, 215
indicação de volume, 216
interdição de mistura de chamadas, 219
interpolação e comentário, 217
NBR 10520, 209
nota de referência, 222
nota de rodapé, 222
nota explicativa, 222
paródia, 208
reprodução parafrástica, 206
resumo, 208
sistema autor-data, 211
sistema numérico, 219
sistemas de chamada, 211
sobrenome: grafia, 214
supressão de texto, 120
tipos de paráfrase, 206
uso de *et al.*, 215
uso de *sic*, 119
Clareza na linguagem, 324
Classificação de obras segundo o método
    de Dewey, 78
CNPq: classificação de pesquisa, 57
Coesão e coerência, 325
Comentário explicativo, 207
Competência
    discursiva, 322
    estratégica, 322
    gramatical, 321
    sociolinguística, 321
Comunicações científicas, 196
Concisão na linguagem, 324
Conclusão na redação de textos, 285, 301

Condições de produção da leitura, 92
Contexto, 135
   imediato, 136
   situacional, 136
Contracapa, 151
Corpus, 281
Cronograma
   de estudo, 10
   de pesquisa, 320

Dados: natureza, 34
Dedicatória, 267
Dedução, 37
Defesa de trabalhos acadêmicos, 202
Desenvolvimento de parágrafo
   com confronto de sentidos, de fatos,
     fenômenos, 306
   com definição no início, 303
   com enumeração de pormenores, 305
   com interrogação no início, 304
   por alusão ou citação direta, 303
   por apresentação de causas, efeitos,
     consequências, 308
   por declaração inicial, 302
   por divisão, 303
   por meio de analogia e
     comparação, 306
   por meio de citação de exemplos, 307
   por meio de explicação
     etimológica, 304
Desenvolvimento de textos, 301
Desenvolvimento: elemento estrutural do
   trabalho, 285
Dialética materialista, 41
Dialogismo, 203
Discurso
   autoritário, 95
   conceito, 133
   lúdico, 95
   polêmico, 95
Discurso e história em Benveniste, 66

Dissertação de mestrado, 189
   defesa, 202
   estrutura, 257-259
   gênero acadêmico, 189
Divisão do acervo bibliográfico, 84

Elaboração de referências
   bibliográficas, 223
   alinhamento, 241
   anais e congressos, 241
   ano de publicação (data), 226, 242
   artigo assinado de jornal, 238
   artigo assinado de revista, 237
   artigo de revista publicado
     eletronicamente, 238
   artigo não assinado, 238
   ausência de informação sobre o local
     da publicação, 227
   autor com mais de uma obra
     citada, 227
   autor: grafia de sobrenome e nome, 226
   barra transversal: uso, 245
   capítulo de livro com autoria
     especial, 233
   capítulo de livro sem autoria
     especial, 232
   citação de anais, 233
   citação de artigo de periódico (jornal
     ou revista), 236
   citação de CD e outros suportes
     eletrônicos, 239
   citação de congressos e simpósios, 234
   citação de dissertação de mestrado ou
     tese de doutorado, 231
   citação de monografia de final de curso
     (TCC), 231
   citação de obra de um autor, dois
     autores, três autores, 229-230
   citação de obra de mais de três
     autores, 230
   citação de tese de doutorado, 231-232

citação de textos de entidades coletivas, 236

classificação de autor repetido e autor e título repetidos, 242

código legislativo, 241

colchete: uso, 248

coleção de revistas, 237

coleção (livros de coleção), 243

Constituição Federal, 240

data aproximada, 227

data certa, mas não indicada, 227

data provável, 227

década certa, 227

década provável, 227

Decreto, 240

destaque no uso de fontes, 243

dimensão física da obra, 244

dois autores, 229

dois-pontos: uso, 250

duas editoras de um mesmo local, 227

edição, 227, 244

editora, 227

elementos complementares, 225-226

elementos essenciais, 224

Emenda Constitucional, 240

entidades coletivas, 235

expressões latinas, 227, 244

fonte dos elementos bibliográficos, 245

hífen: usos, 250

ilustração, 245

Jurisprudência (decisões judiciais), 240

legislação, 239

letra maiúscula: usos, 243

letras maiúsculas e minúsculas: usos, 245

livro com mais de um volume, 230

livro de coleção, 232

livro de série ou coleção, 232

livro em primeira edição, 229

livro em segunda ou mais edição, 229

local da publicação, 226

local e editor, 246

matéria assinada de jornal, publicada eletronicamente, 238

matéria não assinada de jornal, publicada eletronicamente, 238

matéria não assinada de revista, publicada eletronicamente, 238

Medida Provisória, 240

nome de autor/autores, 247

nome de meses: abreviaturas, 247

número de volumes, 230

obra publicada por um organizador ou coordenador, 228

ordenação cronológica das obras, 227, 242

ordenação das referências, 254

organizador, coordenador, diretor, 249

parênteses: uso, 250

ponto e vírgula: uso, 249

pontuação, 230, 249

quatro autores ou mais, 229

referência à página citada, 249

regras gerais de apresentação de livros, 230

século certo, 227

século provável, 227

separação dos nomes dos autores: pontuação, 229

sine nomine: ausência de informação sobre o editor, 227

sistema alfabético, 252

sistema numérico, 254

subtítulo: grafia, 227

textos on-line, 237

título da obra: tipos gráficos (fonte), 230

título e subtítulo, 230

tradução, 251

três autores, 229

uso de *In*, 221, 233

vírgula: uso, 250

volume, 230-231, 251

Endereços eletrônicos de bibliotecas, 63
Enfoques de pesquisa, 45
Ensaio, 197
Ensaio clínico, 72
Enunciação, 67
Epígrafe, 269
Errata, 264
Erros em projetos de pesquisa
científica, 325
Escolha do objeto de pesquisa, 60
Estilização, 136, 208
Estratégias
apagamento, 126
de construção, 127
de substituição, 127
Estrutura
da redação, 297
de trabalhos acadêmicos, 192
Estrutura e apresentação de trabalhos
acadêmico científicos, 192, 257
agradecimentos, 268
anexo, 287
apêndice, 287
capa, 259
conclusão em um trabalho
científico, 285
corpus de pesquisa, 281
dedicatória, 266, 267
desenvolvimento em um trabalho
científico, 285
epígrafe, 269
errata, 265
folha de aprovação, 265
folha de rosto, 261
fonte: tipos gráficos, 294
glossário, 286
hipótese, 279, 280
índice, 287
introdução em um trabalho
acadêmico-científico, 275
itálico: usos, 294

justificativa, 279
lista de abreviaturas, quadros e
tabelas, 273
lombada, 261
maiúsculas: usos, 294
métodos de pesquisa, 281
numeração das folhas de um trabalho
acadêmico, 295
objetivo, 277
objeto, 276
problema de pesquisa, 278
referências em trabalho científico, 285
resumo (*abstract*), 271
sumário, 274
título e seções, 288
variáveis, 280
verso da folha de rosto, 264
Estruturalismo, 51
Estudo e aprendizagem, 6
vivência, atenção, relevância,
organização da informação, 8
cronograma, 10
anotação, 11-21
sublinha, 21
vocabulário, 24
Estudo caso-controle, 73
Estudo de caso, 71
Estudo de coorte, 73
Estudo longitudinal, 73
Estudo transversal, 73
Etapas da pesquisa, 53
Eufemismo, 19
Exame de qualificação, 202

Fases da pesquisa, 54
Fenomenologia, 48
Ficha de leitura, 116
Fichamento, 111
de comentário, 129
de resumo, 125
de transcrição (citação direta), 119

informatizado, 129
Figurativização (figura), 94
Finalidade da ciência, 34
Folha de aprovação, 265
Folha de rosto, 261
Fontes de pesquisa, 75
Fonte: tipos gráficos, 294
Formação discursiva, 94
Formação ideológica, 94
Formas de desenvolvimento do
 parágrafo, 302
Formulação de um problema de
 pesquisa, 64
Funcionalismo, 52
Fundamentação teórica, 319

Gênero de discurso *resumo*, 138
Gêneros acadêmico-científicos, 181
 artigo científico, 183
 comunicação científica, 196
 defesa de trabalho acadêmico, 202
 dissertação de mestrado, 189
 ensaio, 197
 informe científico, 197
 monografia, 193
 paper, 197
 pesquisa-piloto, 198
 projeto de pesquisa, 198
 relatório de pesquisa para exame de
  qualificação, 202
 relatório técnico-científico, 199
 resenha, 202
 resumo, 202
 seminário, 26, 202
 tese de doutorado, 191
 Trabalho de Conclusão de Curso, 193
Glossário, 286

Hegemonia, 104
Heterogeneidade
 constitutiva, 204

mostrada, 204
Hiperonímia, 127
Hiponímia, 127
Hipóteses: critérios de construção,
 326, 280
História em Benveniste, 66

Ibidem: uso, 220
Idem: uso, 220
Ideologia, 105
Impessoalidade verbal, 324
Implícitos (pressupostos e
 subentendidos), 95
Índice, 287
Indução, 37
Informação
 eletrônicas, 76
 pressuposta, 19
 primária, 83
 secundária, 83
 subentendida, 19
Informe científico, 197
Intertextualidade
 estilização, 136
 paráfrase, 136
 paródia, 136
Introdução na redação de um texto,
 275, 301
Ironia, 19

Justificativa em pesquisa, 279, 317

Leis da dialética, 50
Leitor e produção da leitura, 92
Leitor: tipos, 96
Leitura, 11 s
 análise crítica do discurso, 101
 análise de informação qualitativa, 97
 análise de texto, 100
 análise interpretativa, 164
 análise temática, 164

análise textual, 163
condição de produção, 94
avaliação crítica, 164
construção do sentido, 89
crítica, 99
de sobrevoo, 11
formação discursiva, 94
formação ideológica 94
implícitos, 95
interpretativa, 99
leitor e produção da leitura, 92
na produção de resenhas, 163
parafrástica, 97
polissêmica, 97
problematização, 164
prática, 89
pressupostos, 95
processamento ascendente, 97
processamento descendente, 97
qualidade, 24
subentendidos, 95
vocabulário, 24
Levantamento bibliográfico, 61, 75
compilação, 64
fichamento, 64
identificação, 63
localização de textos, 63
Levantamento (*survey*), 73
Linguagem
características na redação de trabalhos
acadêmico-científicos, 324
prática social, 102
poder constitutivo, 103
realidade posta, 320
variedade linguística, 297
Lista de abreviaturas, quadros, tabelas, 273
Lítotes, 19
Lombada, 261

Materialismo histórico, 49
Memorização, 6

Método, 281
comparativo, 44
de abordagem, 36, 37
de pesquisa, 35
de procedimento, 36, 43
dedutivo, 37
dialético, 39
estatístico, 44
experimental, 44
fenomenológico, 42
hipotético-dedutivo, 38
histórico, 43
indutivo, 37
monográfico ou estudo de caso, 44
observacional, 44
Metodologia, 318
Modalização
afetiva, 299
deôntica, 299
discursiva, 299
Modalizadores
atenuadores, 312
atitudinais e afetivos, 312
axiológicos, 312
delimitadores de domínio, 312
deônticos, 312
epistêmicos, 312
metaformulativos, 312
Monografia, 65, 257 (nota)
trabalho de conclusão de curso (TCC),
193
Motivação para o estudo, 9
Mundo comentado, 66, 68
Mundo narrado, 66, 68

Naturalização, 103
NBR
10520: citação direta e indireta, 209,
219
10520: citações diretas e indiretas, 323
10719 relatório técnico-científico, 199

352 **Redação científica** • *Medeiros*

14724: apresentação de trabalhos
acadêmicos, 259, 323
14724: estrutura de trabalhos
acadêmicos, 192
15287: projeto de pesquisa, 315
15287: projetos de pesquisa, 323
6022: artigos científicos, 184, 323
6023: referências bibliográficas, 224,
225, 236, 253, 323
6024: numeração progressiva das
seções, 323
6028 (resumo acadêmico-científico),
147, 154
Neutralidade científica, 66
Norma culta, 297
Norma Vancouver, 224, 248 (nota)
Nota
de referência, 222
de rodapé, 222
explicativa, 222
Numeração das folhas do trabalho, 295

Objetivação, 126
Objetividade na linguagem, 324
Objetivo em pesquisa, 277, 316, 318
Objeto, 276
Op. cit.: uso, 220
Orçamento, 320
Orelha e contracapa de livro (tipo de
resumo), 150
Organização do estudo, 9
Organizadores textuais, 312

Paper, 197
Paradigmas científicos, 45
Paráfrase, 136
amplificação, 207
comentário explicativo, 207
conceito, 204
resumo, 207
tipos, 205

Paródia, 136, 208
Periódicos Capes, SciELO, 63
Pesquisa
básica, 34
bibliográfica, 33, 59
científica, 31
classificação, 32, 57
de campo, 33
descritiva, 33, 34, 69 (nota)
documental, 69
etapas, 53
explicativa, 33, 34
exploratória, 33, 34, 69 (nota)
ex-post facto, 69
factual, 33
fases, 54
formal, 33
laboratório, 33
longitudinal, 73
métodos, 35
naturais, 33
procedimentos, 57
qualitativa, 58
quantitativa, 72
sociais, 33
técnicas, 52
transversal, 73
Pesquisa-piloto, 198
Planejamento na redação de textos
acadêmico-científicos, 313
Plano de pesquisa: estabelecimento, 64
Plano da redação, 301
Poder constitutivo da linguagem, 103
Positivismo, 46
Prática social: linguagem, 102
Precisão na linguagem, 324
Pressupostos na linguagem, 95
Problema: constituição em pesquisa,
278, 317
Programa de pesquisas, 46
Progressão textual, 297, 302

com tema constante, 310
por temas derivados, 311
por tematização linear, 310
Projeto de pesquisa, 202, 313

Quadro de referências, 318

Realidade posta pela linguagem, 320
Redação
de resumos, 133
plano, 301
Referências bibliográficas, 223
alinhamento, 241
anais e congressos, 241
ano de publicação (data), 227, 242
artigo assinado de jornal, 238
artigo assinado de revista, 237
artigo de revista publicado
eletronicamente, 237
artigo não assinado, 237
ausência de informação sobre o local
da publicação, 227
autor com mais de uma obra
citada, 227
autor: grafia de sobrenome e nome, 226
barra transversal: uso, 250
capítulo de livro com autoria
especial, 233
capítulo de livro sem autoria
especial, 232
citação de anais, 234
citação de artigo de periódico (jornal
ou revista), 236
citação de CD e outros suportes
eletrônicos, 239
citação de congressos e simpósios, 234
citação de dissertação de mestrado ou
tese de doutorado, 231
citação de monografia de final de curso
(TCC), 231

citação de obra de um autor, dois
autores, três autores, 228-229
citação de obra de mais de quatro
autores, 229
citação de tese de doutorado, 231-232
citação de textos de entidades
coletivas, 236
classificação de autor repetido e autor e
título repetidos, 242
Código, 240
colchete: uso, 250
coleção de revistas, 236
coleção (livros de coleção), 243
Constituição Federal, 240
data aproximada, 227
data certa, mas não indicada, 227
data provável, 227
década certa, 227
década provável, 227
Decreto, 240
destaque no uso de fontes, 243
dimensão física da obra, 244
dois autores, 229
dois-pontos: uso, 250
duas editoras de um mesmo local, 226
edição, 226, 244
editora, 226
elementos complementares, 225-226
elementos essenciais, 224
Emenda Constitucional, 240
entidades coletivas, 245
expressões latinas, 233, 244
fonte dos elementos bibliográficos, 245
hífen: usos, 250
ilustração, 245
Jurisprudência (decisões judiciais), 240
legislação, 240
letra maiúscula: usos, 243
letras maiúsculas e minúsculas:
usos, 245
livro com mais de um volume, 230

354 **Redação científica** • *Medeiros*

livro de coleção, 232
livro de série ou coleção, 232
livro em primeira edição, 229
livro em segunda ou mais edição, 229
local da publicação, 226
local e editor, 245
matéria assinada de jornal, publicada
  eletronicamente, 238
matéria não assinada de jornal,
  publicada eletronicamente, 238
matéria não assinada de revista,
  publicada eletronicamente, 238
Medida Provisória, 240
nome de autor/autores, 247
nome de meses: abreviaturas, 247
número de volumes, 227
obra publicada por um organizador ou
  coordenador, 228
ordenação cronológica das obras,
  227, 252
ordenação das referências, 252
organizador, coordenador, diretor, 249
parênteses: uso, 250
ponto e vírgula: uso, 249
pontuação, 249
quatro autores ou mais, 229
referência à página citada, 249
regras gerais de apresentação de
  livros, 228
século certo, 227
século provável, 227
separação dos nomes dos autores:
  pontuação, 228
sine nomine: ausência de informação
  sobre o editor, 227
sistema alfabético, 252
sistema numérico, 254
subtítulo: grafia, 226
textos *on-line*, 239
título da obra: tipos gráficos
  (fonte), 226

título e subtítulo, 226
tradução, 251
três autores, 229
uso de *In*, 233-234, 244
vírgula: uso, 250
volume, 230-231, 251
Referências na redação de textos, 301
Regras
  de apagamento e substituição nos
    resumos, 146
  para elaboração de resumo, 146
Relação intertextual, 136
Relações de poder, 105
Relatório
  de pesquisa para exame de
    qualificação, 202
  técnico-científico, 199
Resenha crítica, 149, 211
  características estruturais, 170
  características tipológicas (descrição,
    exposição, argumentação), 165
  conceito, 161
  elementos estruturais, 177
  redação, 161
Resumo, 17-18, 125, 271
  abordagem discursiva, 140
  abordagem tipológica, 140
  abstract, 151
  acadêmico-científico, 154
  analítico, 156
  apresentação de resumo acadêmico-
    científico, 158
  autônomo, 153
  crítico (resenha), 157
  descritivo, 156
  escolar, 148
  estratégia de construção, 127
  estratégias de apagamento, 126
  estratégias de substituição, 127
  extensão, 159
  generalização, 127

Índice remissivo

gênero discursivo, 138
indicativo, 156
informativo, 156
padrão de organização retórica, 174
redação, 133
regras para elaboração, 146
regras de apagamento e
substituição, 141
voz verbal, 158
Roteiro de seminário, 28
Rotinas sociais, 104

Saber partilhado, 137
Seções, 282
Seminário, 26
comentadores, 27
debatedores, 27
roteiro, 28
Sentido construído na leitura, 89
Significado
ideacional, 108
interpessoal, 108
Significado textual, 109
Síntese em resenha, 165
Sistema
autor-data, 211
de chamada, 211
numérico, 219
Subentendido, 19, 94
Sublinha, 21
Sumário, 274
Supressão (apagamento), 127
Survey, 73

Tabela "Cutter", 85
Tabela "Pha", 84
Técnicas de pesquisa, 52
Tema, 94
Teoria da estruturação, 103
Teoria, 31
Tese de doutorado, 191

estrutura, 257-259
Texto: conceito, 133
Tipos de informação, 83
Tipos de publicação, 83
Tipos textuais, 66
Títulos e seções, 288
Trabalho de conclusão de curso (TCC),
193, 257-259
Trabalhos acadêmico-científicos
agradecimentos, 268
apêndice e anexo, 287
capa, 259
conclusão em um trabalho
científico, 285
corpus de pesquisa, 281
dedicatória, 266, 267
desenvolvimento em um trabalho
científico, 285
epígrafe, 269
errata, 265
estrutura, 257
folha de aprovação, 265
folha de rosto, 262
fontes dos tipos gráficos, 294
glossário, 286
hipótese, 280-281
índice, 287
introdução em um trabalho
acadêmico-científico, 276
itálico: usos, 294
justificativa, 279
lista de abreviaturas, quadros e
tabelas, 273
lombada, 261
maiúsculas: usos, 294
métodos de pesquisa, 281
numeração das folhas de um trabalho
acadêmico, 295
objetivo, 277
objeto, 276
problema de pesquisa, 278

356 **Redação científica** • *Medeiros*

referências em trabalho científico, 285
resumo (*abstract*), 271
sumário, 274
título e seções, 288
variáveis, 280
verso da folha de rosto, 264
Tradições de pesquisa, 45

Uso da biblioteca, 84

Variáveis, 280
Variedade linguística de prestígio, 297
Verso da folha de rosto, 264
Versões e revisões do texto, 321
Viés, 96
Vocabulário: influência na leitura, 24